JN446238

Hands-On Graph Neural Networks Using Python

Practical techniques and architectures for
building powerful graph and
deep learning apps with PyTorch

핸즈온 그래프 인공신경망
with Python

Hands-On Graph Neural Networks Using Python

by Maxime Labonne

Copyright © 2023 Packt Publishing
First published in the English language under the title 'Hands-On Graph Neural Networks Using Python',
ISBN 9781804617526
Korean Translation Copyright © 2024 by HongReung Publishing co.
All rights reserved.

The Korean edition was published by arrangement with Packt Publishing Ltd. through Agency-One, Seoul.

핸즈온 그래프 인공신경망 with Python

인 쇄: 2024년 5월 20일 초판 1쇄
발 행: 2024년 5월 30일 초판 1쇄

역 자: 김현우 · 정지수 · 윤성준 · 박진영
발행인: 송 준
발행처: 도서출판 홍릉
주 소: 01093 서울시 강북구 인수봉로 50길 10
등 록: 1976년 10월 21일 제5-66호

전 화: 02-999-2274~5, 903-7037
팩 스: 02-905-6729
e-mail: hongpub@hongpub.co.kr
http://www.hongpub.co.kr
ISBN: 979-11-5600-213-0(93000)

정 가: 35,000원

낙장 및 파본은 구입처나 본사에서 교환하여 드립니다.

이 책의 한국어판 저작권은 에이전시 원을 통해 저작권자와의 독점 계약으로 도서출판 홍릉에 있습니다.
신 저작권법에 의해 한국 내에서 보호를 받는 저작물이므로 무단전재와 무단복제를 금합니다.

Hands-On Graph Neural Networks Using Python

Practical techniques and architectures for building powerful graph and deep learning apps with PyTorch

핸즈온 그래프 인공신경망 with Python

PyTorch로 강력한 그래프 및 딥 러닝 앱을 구축하기 위한 실용적인 기술과 아키텍처

Maxime Labonne 지음

김현우 · 정지수
윤성준 · 박진영 공역

컬러인쇄본

도서출판 홍릉

역자소개

김현우

현) 고려대학교 컴퓨터학과 부교수
- 아마존 Lab126 응용과학자
- 컴퓨터과학박사(위스콘신대)
- Area chair(CVPR '25, '24, ICLR '25)
- AI 그랜드 챌린지 장관상 수상('21)

정지수

현) 네이버 리더
- 왓챠 ML Research Scientist ('19 - '20)
- 삼성SDS Senior Engineer ('17 - '19)
- 수리과학박사 (카이스트)

윤성준

현) 아마존 근무
- 컴퓨터과학박사(고려대학교)
- 메타 인턴('21)
- 아마존 인턴('22 - '23)

박진영

현) 고려대학교 컴퓨터학과 박사과정(고려대학교)
- 아마존 인턴('22, '23)
- Google PhD Fellowship 수상('24)
- KU Achievement Award 수상('24)
- BK21 KU-미래인재 펠로우십 수상('22)

공동기여자

저자 소개

저자 **막심 라본**(Maxime Labonne)은 파리 공과대학교에서 기계 학습과 사이버 보안으로 박사 학위를 받은 후, J.P. Morgan에서 시니어 응용 연구원으로 활동하고 있다. 박사 과정 동안에는 컴퓨터 네트워크에서의 이상 탐지를 위한 기계 학습 알고리즘 개발에 참여하였다. 그 후 Airbus의 AI 커넥티비티 연구소에 합류하여 기계 학습 전문 지식을 활용하여 컴퓨터 네트워크의 보안 및 성능 향상에 기여하였다. 이후 J.P. Morgan에 합류하여 금융 및 기타 분야에서 다양한 도전적인 문제를 해결하기 위한 기술을 개발하고 있으며, 연구 활동 외에도 막심은 자신의 지식과 경험을 트위터(*@maximelabonne*)와 개인 블로그를 통해 열정적으로 다른 이들과 공유하고 있다.

리뷰어 소개

뮈르셀 타슈긴 박사(Dr. Mürsel Taşgın)는 컴퓨터 과학자로, 그는 2002년에 중동 기술 대학교 컴퓨터 공학과에서 학사 학위를 취득했으며, 보가지치 대학교 컴퓨터 공학과에서 과학 석사와 박사 학위를 마쳤다. 박사 과정 중에는 복잡한 시스템, 그래프, 기계 학습(ML) 분야에서 연구를 수행했다. 그는 Mostly.AI, KKB, Turkcell, Akbank에서 기술적, 연구적, 관리적 역할을 수행했다. 현재 뮈르셀 타슈긴 박사의 주요 연구 분야는 생성형 AI, 그래프 기계 학습, 기계 학습의 금융 응용 이다. 또한 대학에서 **인공 지능(AI)**/ML 과정을 가르치고 있다.

긴 근무 시간 동안 지지와 이해를 보여준 사랑하는 아내 제라와 소중한 아들 케렘에게 감사의 말을 전합니다.

아미르 시리안(Amir Shirian)은 Nokia에서 데이터 과학자로 근무하고 있으며, 멀티모달 신호 처리 및 기계 학습 분야의 전문 지식을 활용하여 복잡한 문제를 해결한다. 그는 이란 테헤란 대학교에서 전기 공학 학사 및 석사 학위를 마친 후 영국 워윅 대학교(University of Warwick)에서 컴퓨터 과학 박사 학위를 받았다. 아미르의 연구는 감정 및 행동 이해를 위한 알고리즘과 모델 개발에 중점을 두고 있으며, 특히 여러 출처의 데이터를 분석하고 해석하기 위해 그래프 신경망을 사용하는 데 관심이 있다. 그의 연구는 여러 우수 학술 저널에 게재되었으며 국제학술대회에서 발표되었다. 아미르는 여가 시간에 하이킹, 세타르 연주, 새로운 기술 탐색을 즐긴다.

공동기여자

로렌조 주스티(Lorenzo Giusti) 는 로마 라 사피엔자 대학교(La Sapienza, University of Rome)에서 데이터 과학 박사 과정의 학생으로, 토폴로지 딥러닝을 통한 그래프 인공신경망 확장에 중점을 두고 있다. 그는 케임브리지에서 방문 박사 연구생으로서, NASA에서 연구 과학자 인턴으로서 화성 환경을 합성하는 프로젝트를 주도하며 팀을 감독했으며, CERN에서 입자 물리 가속기의 이상 탐지 작업을 수행했다. 로렌조는 또한 라 사피엔자 대학교에서 데이터 과학 석사 학위를, 로마 트레 대학교에서 컴퓨터 공학 학사 학위를 취득했으며, 그곳에서 양자 기술을 중점적으로 연구했다.

저자서문

지난 10년 동안 **그래프 인공신경망(Graph Neural Networks, GNNs)**은 필수적이고 인기 있는 딥러닝 모델로 자리잡았다. 그래프 신경망은 이미 약물 발견(drug discovery) 분야에서 새로운 항생제인 할리신을 예측하고, 구글 맵스(Google Maps) 에서 도착 예정 시간(Estimated Time of Arrival, ETA) 계산을 개선하는 등 다양한 산업에 중대한 영향을 미쳤다. 기술 회사와 대학들은 추천 시스템, 가짜 뉴스 탐지, 칩 설계 등 다양한 응용 분야에서 GNN의 잠재력을 탐구하고 있다. GNN은 엄청난 잠재력을 지니고 있으며 아직 발견되지 않은 많은 응용 분야가 있어, 실세계 문제를 해결하는 데 있어 중요한 도구가 되고 있다.

이 책에서는 GNN에 대한 포괄적이고 실용적인 개요를 제공하고자 한다. 우리는 그래프 이론과 그래프 학습의 기본 개념을 탐구하는 것으로 시작하여 가장 널리 사용되고 잘 확립된 GNN 아키텍처에 대해 자세히 다룰 것이다. 또한, GNN의 최신 발전을 다루고 특정 작업을 해결하기 위해 설계된 전문 아키텍처도 소개할 것이다.

이와 같은 특화된 장 외에도, 실제 프로젝트 세 개를 통해 실제 경험을 제공할 예정이다. 이 프로젝트들은 교통 예측, 이상 탐지, 추천 시스템 등 GNN의 중요한 실제 응용 분야를 다룰 것이다. 이 프로젝트들을 통해 GNN이 어떻게 작동하는지 더 깊이 이해할 수 있을 뿐만 아니라 실제 시나리오에서 이를 구현할 수 있는 기술도 개발할 수 있다.

마지막으로, 이 책은 각 장의 기술과 관련 응용 프로그램에 대한 읽을 수 있는 코드를 제공하는 실제 학습 경험을 제공하며, 이 코드는 GitHub과 Google Colab에서 쉽게 접근할 수 있다.

이 책을 마칠 때쯤이면 그래프 학습과 GNN 분야에 대한 포괄적인 이해를 갖게 되며, 다양한 응용 분야에 이 모델을 설계하고 구현할 준비가 되어 있을 것이다.

이 책의 대상

이 책은 GNN에 대해 배우고 실제 세계의 문제에 적용하고자 하는 독자를 대상으로 한다. **데이터 과학자, 기계 학습 엔지니어, 인공지능(AI) 전문가** 등 실제 경험을 쌓고 GNN을 설계하고 구현하고자 하는 사람들에게 적합하다. 이 책은 딥러닝과 기계 학습에 대한 사전지식이 있는 독자를 대상으로 쓰여졌지만, 이 분야가 생소한 사람들을 위해 그래프 이론과 그래프 학습의 기본 개념에 대한 포괄적인 소개도 제공한다. 또한 컴퓨터 과학, 수학, 공학 분야의 연구자 및 학생들에게 이 빠르게 성장하는 연구 분야에서 지식을 확장할 수 있는 유용한 자료가 될 것이다.

이 책에서 다루는 내용

"1장, 그래프 학습 시작하기"는 최신 데이터 분석 및 기계 학습에서의 중요성을 포함하여 GNN에 대한 종합적인 소개를 제공한다. 이 장은 데이터의 표현으로서 그래프의 관련성과 다양한 도메인에서의 널리 사용되는 점을 탐구하면서 시작한다. 그 다음에는 다양한 응용 프로그램과 기술을 포함한 그래프 학습의 중요성에 대해 자세히 설명한다. 마지막으로, 이 장은 GNN 아키텍처에 초점을 맞추고 다른 방법들과 비교하여 그 고유의 특징과 성능을 강조한다.

"2장, 그래프 인공신경망을 위한 그래프 이론"은 그래프 이론의 기본을 다루고, 그들의 속성과 응용을 포함한 다양한 유형의 그래프를 소개한다. 이 장은 또한 인접 행렬(adjacency matrix)과 중심성(centrality) 같은 기본 그래프 개념과 그래프 알고리즘, **너비 우선 탐색**(Breadth-First Search, BFS)과 **깊이 우선 탐색**(Depth-First Search, DFS)을 다룬다.

"3장, 딥워크(DeepWalk)로 노드 표현(Node Representations) 생성"은 그래프 데이터에 기계 학습을 적용하는 방법론인 딥워크를 배운다. 딥워크 아키텍처의 주요 목표는 다른 모델이 노드 분류 같은 하위 작업에 활용할 수 있는 노드 표현을 생성하는 것이다. 이 장은 Word2Vec과 랜덤 워크(random walks)의 두 가지 주요 구성 요소를 다루며, 특히 Word2Vec 스킵그램(skip-gram) 모델에 중점을 둔다.

"4장, 노드투벡(Node2Vec)의 편향된 랜덤 워크(Random Walk)를 사용한 임베딩 개선"은 이전 장에서 다룬 DeepWalk 아키텍처를 기반으로 한 Node2Vec 아키텍처에 초점을 맞춘다. 이 장은 Node2Vec에서 랜덤 워크 생성의 수정 사항과 특정 그래프에 최적의 하이퍼파라미터를 선택하는 방법을 다룬다. Node2Vec의 구현은 Zachary's Karate Club 데이터셋에서 DeepWalk와 비교하여 두 아키텍처 간의 차이를 강조한다. 이 장은 Node2Vec을 사용하여 영화 추천 시스템을 구축하는 실제 응용 프로그램으로 마무리된다.

"5장, 기본 인공신경망(Vanilla Neural Networks)을 사용한 노드 특성값(Node Features) 포함시키

기"는 추가 정보(노드 및 간선 특성값)를 그래프 임베딩에 통합하여 더 정확한 결과를 생성하는 통합을 탐구한다. 이 장은 노드 특성값만을 사용하는 일반 신경망의 성능을 비교하면서 시작한다. 이 후 신경망에 위상 정보를 추가하는 실험을 통해 간단한 일반 GNN 아키텍처를 만든다.

"6장, 그래프 컨볼루션 신경망"은 그래프 인공신경망의 설계 원리로서 중요한 **그래프 컨볼루션 신경망(Graph Convolutional Network, GCN)** 아키텍처에 초점을 맞춘다. 이 장은 이전의 일반 GNN 레이어의 한계를 다루고 GCN 설계의 동기를 설명한다. GCN 레이어의 작동 방식, 일반 GNN 레이어에 비한 성능 향상, 그리고 PyTorch Geometric을 사용한 Cora와 Facebook Page-Page 데이터셋에서의 구현을 자세히 설명한다. 또한 노드 회귀 작업과 정형 데이터를 그래프로 변환할 때의 이점에 대해서도 언급한다.

"7장, 그래프 어텐션 신경망"은 GCN을 개선한 **그래프 어텐션 신경망(Graph Attention Networks, GATs)**에 초점을 맞춘다. 이 장은 GAT가 셀프 어텐션(self-attention) 개념을 사용하는 방법과 그래프 어텐션 레이어를 단계별로 이해하는 방법을 설명한다. 또한 NumPy를 사용하여 처음부터 그래프 어텐션 레이어를 구현한다. 이 장의 마지막 부분에서는 GAT를 두 노드 분류 데이터셋, Cora와 CiteSeer에서 사용하고 GCN과의 정확성을 비교한다.

"8장, GraphSAGE를 통한 그래프 인공신경망 확장"은 대규모 그래프를 효과적으로 처리할 수 있는 GraphSAGE 아키텍처를 다룬다. 이 장에서는 GraphSAGE의 두 주요 개념인 이웃 샘플링 기법(neighbor sampling)과 집계연산자를 다룬다. Uber Eats와 Pinterest 같은 기술 회사가 제안한 변형과 GraphSAGE의 귀납적 접근법(inductive approach)의 이점에 대해 배울 것이다. 마지막으로, 노드 분류와 다중 레이블 분류 작업에 GraphSAGE를 구현한다.

"9장, 그래프 분류를 위한 표현력 정의"는 그래프 인공신경망에서의 표현력(expressiveness) 개념을 탐구하고 이를 사용하여 더 나은 모델을 설계하는 방법을 설명한다. **Weisfeiler-Leman (WL)** 테스트를 소개하는데, 이는 그래프 인공신경망에서 표현력을 이해하는 데 필요한 프레임워크를 제공한다. 이 장에서는 WL 테스트를 사용하여 다양한 그래프 인공신경망 레이어를 비교하고 가장 표현력 있는 레이어를 결정한다. 이 결과를 바탕으로 더 강력한 그래프 인공신경망을 설계하고 PyTorch Geometric을 사용하여 구현한다. 마지막으로, PROTEINS 데이터셋에서 다양한 그래프 분류 방법을 비교한다.

저자서문

"10장, 그래프 신경망을 이용한 링크 예측"은 그래프에서의 링크 예측에 초점을 맞춘다. 이 장에서는 행렬 분해(matrix factorization)와 그래프 인공신경망 기반 방법과 같은 전통적인 기술을 다룬다. 링크 예측 개념과 소셜 네트워크 및 추천 시스템에서의 중요성에 대해 설명한다. 전통적인 기술의 한계와 그래프 인공신경망 기반 방법을 사용하는 이점에 대해 배울 것이다. 두 가지 다른 계열에서 세 가지 그래프 인공신경망 기반 기술, 즉 노드 임베딩과 서브그래프 표현자를 탐색할 것이다. 마지막으로, PyTorch Geometric을 사용하여 다양한 링크 예측 기술을 구현하고 주어진 문제에 가장 적합한 방법을 선택할 것이다.

"11장, 그래프 신경망을 이용한 그래프 생성"은 새로운 그래프를 생성하는 방법을 찾는 그래프 생성 분야를 탐구한다. 이 장은 먼저 에르되시-레니(Erdős–Rényi)와 소규모 세계 모델(small-world models)과 같은 전통적인 기술을 소개한다. 그런 다음 VAE 기반, 자기회귀(autoregressive), 생성적 적대 신경망(Generative Adversarial Network, GAN) 기반 모델을 포함한 GNN 기반 그래프 생성 솔루션의 세 가지 계열에 초점을 맞춘다. 이 장은 TensorFlow와 DeepChem 라이브러리를 사용하여 새로운 화학 화합물을 생성하기 위한 **강화 학습(RL)**을 통합한 GAN 기반 프레임워크의 구현으로 마무리된다.

"12장, 이종 그래프 인공신경망 학습"은 이종 GNN에 초점을 맞춘다. 이종 그래프(heterogeneous)는 서로 다른 유형의 노드와 간선을 포함하는 반면, 동종 그래프(homogeneous graph)는 하나의 유형의 노드와 간선만을 포함한다. 이 장은 동종 GNN을 위한 **메시지 패싱 인공신경망(Message Passing Neural Network, MPNN)** 프레임워크를 검토한 다음 이종 네트워크로 프레임워크를 확장한다. 마지막으로, 이종 데이터셋을 생성하는 기술을 소개하고 동종 아키텍처를 이종 아키텍처로 변환하며, 이종 네트워크를 처리하기 위해 특별히 설계된 아키텍처에 대해 논의한다.

"13장, 시간적 그래프 인공신경망"은 시간적 그래프 인공신경망, 또는 시공간적 그래프 인공신경망에 초점을 맞춘다. 이는 시간에 따라 변하는 간선과 특성값을 가진 그래프를 처리할 수 있는 GNN의 한 유형이다. 이 장은 동적 그래프의 개념과 시계열 예측에 초점을 맞춘 시간적 GNN의 응용을 설명한다. 그 다음으로, 시간 정보를 사용하여 결과를 개선하기 위해 웹 트래픽 예측에 시간적 GNN을 적용한다. 마지막으로, 동적 그래프를 위해 특별히 설계된 또 다른 시간적 GNN 아키텍처를 설명하고 이를 전염병 예측 작업에 적용한다.

"14장, 그래프 인공신경망 설명하기"는 그래프 인공신경망 모델의 예측과 행동을 더 잘 이해하기 위한 다양한 기술을 다룬다. 이 장에서는 두 가지 인기 있는 설명 방법인 GNNExplainer와 통합 기울기(integrated gradients)를 강조한다. 그 다음, 이 기술들을 MUTAG 데이터셋을 사용한 그래프 분류 작업과 Twitch 소셜 네트워크를 사용한 노드 분류 작업에 적용하는 것을 볼 것이다.

"15장, A3T-GCN을 사용한 교통 예측"은 시간적 그래프 신경망의 교통 예측 분야에서의 응용을 중점적으로 다룬다. 이 장은 스마트 도시에서 정확한 교통 예측의 중요성과 복잡한 공간적 및 시간적 의존성으로 인한 교통 예측의 도전을 강조한다. 새로운 데이터셋을 처리하여 시간적 그래프를 생성하는 단계와 미래 교통 속도를 예측하기 위한 새로운 유형의 시간적 그래프 인공신경망의 구현을 다룬다. 마지막으로, 아키텍처의 관련성을 검증하기 위해 기준 솔루션과 결과를 비교한다.

"16장, 이종 그래프 인공신경망을 활용한 이상 감지"는 그래프 인공신경망의 이상 감지 응용에 초점을 맞춘다. 복잡한 관계를 포착할 수 있는 그래프 인공신경망은 이상을 감지하고 대량의 데이터를 효율적으로 처리할 수 있게 해준다. 이 장에서는 CIDDS-001 데이터셋을 사용한 컴퓨터 네트워크의 침입 감지를 위한 그래프 인공신경망 구현 방법을 배울 것이다. 이 장은 데이터셋 처리, 관련 특성 구축, 이종 GNN 구현 및 네트워크 트래픽에서 이상을 감지하는 데 있어 그 효과를 평가하기 위한 결과 평가를 다룬다.

"17장, LightGCN을 활용한 추천 시스템 구축"은 그래프 인공신경망의 추천 시스템에서의 응용에 초점을 맞춘다. 추천 시스템의 목표는 사용자의 관심사와 과거 상호 작용을 바탕으로 개인화된 추천을 제공한다. 그래프 인공신경망은 사용자와 아이템 간의 복잡한 관계를 효과적으로 통합할 수 있기 때문에 이 작업에 적합하다. 이 장에서는 추천 시스템을 위해 특별히 설계된 그래프 인공신경망인 LightGCN 아키텍처를 소개한다. Book-Crossing 데이터셋을 사용하여, LightGCN 아키텍처로 협업 필터링을 사용한 도서 추천 시스템을 구축하는 방법을 보여준다.

"18장, 실세계 응용을 위한 그래프 인공신경망의 잠재력 활용하기"는 책 전체에서 배운 내용을 요약하고 그래프 인공신경망의 미래를 전망한다.

이 책을 최대한 활용하려면

그래프 이론과 기계 학습 개념에 대한 기본적인 이해가 요구된다. 여기에는 지도 학습(supervised learning)과 비지도 학습(unsupervised learning), 훈련, 그리고 모델 평가 등이 포함된다. 이러한 지식은 학습 경험을 극대화하는데 도움이 될 것이다. PyTorch와 같은 딥러닝 프레임워크에 익숙해지는 것도 도움이 될 수는 있지만 필수적으로 요구되는 지식은 아니다. 이 책에서는 수학적 개념과 그 구현에 대한 종합적 소개를 제공할 것이다.

책에서 다루는 소프트웨어/하드웨어	운영 체제 필요 조건
Python 3.8.15	Windows, macOS, or Linux
PyTorch 1.13.1	
PyTorch Geometric 2.2.0	

Python 3.8.15는 공식 Python 웹사이트(`https://www.python.org/downloads/`)에서 다운로드할 수 있다. venv나 conda와 같은 가상환경을 사용하는 것을 강력히 권장한다.

추가적으로, NVIDIA의 **그래픽 처리 장치(GPU)**를 사용하여 훈련과 추론을 가속화하기를 원한다면, **CUDA**와 **cuDNN**을 설치해야 한다.

CUDA는 NVIDIA에서 GPU의 일반 계산을 위해 개발한 병렬 컴퓨팅 플랫폼 및 API이다. CUDA를 설치하기 위해서는 NVIDIA 웹사이트(`https://developer.nvidia.com/cuda-downloads`)의 지침을 따라야 한다.

cuDNN은 딥러닝 알고리즘을 위해 고도로 최적화된 GPU 구현을 제공하는 라이브러리다. cuDNN을 설치하려면 NVIDIA 웹사이트(`https://developer.nvidia.com/cudnn`)에서 계정을 만들고 라이브러리를 다운로드 해야한다.

NVIDIA 웹사이트(`https://developer.nvidia.com/cuda-gpus`)에서 CUDA 지원 GPU 제품 목록을 확인할 수 있다.

PyTorch 1.13.1을 설치하려면 공식 PyTorch 웹사이트(`https://pytorch.org/`) 지침을 따라야 한다. 시스템에 가장 적합한 설치 방법을 선택할 수 있다. (여기에는 CUDA와 cuDNN이 포함될 수 있다.)

PyTorch Geometric 2.2.0을 설치하려면 GitHub 저장소(`https://pytorch-geometric.readthedocs.io/en/2.2.0/notes/installation.html`)의 지침을 따라야 한다.

이를 설치하기 전에 시스템에 PyTorch가 설치되어 있어야 한다.

11장에서는 TensorFlow 2.4가 필요하다. 설치하려면 공식 TensorFlow 웹사이트(`https://www.tensorflow.org/install`)의 지침을 따라야 한다. 시스템과 사용하려는 TensorFlow 버전에 가장 적합한 설치 방법을 선택할 수 있다.

14장에서는 PyTorch Geometric의 이전 버전(버전 2.0.4)이 필요하다. 이 장을 위해 특정 가상 환경을 생성하는 것이 좋다.

15장, 16장, 17장은 높은 GPU 메모리 사용을 요구한다. 코드에서 훈련 세트의 크기를 줄여 메모리 요구량을 낮출 수 있다.

일부 또는 대부분 장에서 필요한 Python 라이브러리가 있다. `pip install <name==version>`을 사용하거나, 설정에 따라 다른 설치 프로그램(예: conda)을 사용하여 설치할 수 있다.

- `pandas==1.5.2`
- `gensim==4.3.0`
- `networkx==2.8.8`
- `matplotlib==3.6.3`
- `node2vec==0.4.6`
- `seaborn==0.12.2`
- `scikit-learn==1.2.0`
- `deepchem==2.7.1`
- `torch-geometric-temporal==0.54.0`
- `captum==0.6.0`

필요한 전체 요구 사항 목록은 GitHub의 `https://github.com/PacktPublishing/Hands-On-Graph-Neural-Networks-Using-Python` 에서 확인할 수 있다. 대안으로, Google `Colab(https://colab.research.google.com)`에서 직접 노트북을 가져올 수도 있다.

이 책의 디지털 버전을 사용하는 경우, 코드를 직접 입력하거나 책의 GitHub 저장소에서 코드에 접근하는 것이 좋다(다음 섹션에서 링크가 제공될 것이다). 이렇게 하면 코드를 복사하여 붙여넣는 과정에서 발생할 수 있는 잠재적인 오류를 피할 수 있다.

예제 코드 다운로드

이 책의 예제 코드 파일은 GitHub(https://github.com/PacktPublishing/Hands-On-Graph-Neural-Networks-Using-Python)에서 다운로드할 수 있다. 코드에 대한 업데이트가 있을 경우 GitHub 리포지토리에 업데이트될 것이다.

또한 다양한 책과 동영상 카탈로그의 다른 코드들도 `https://github.com/PacktPublishing/`에서 확인할 수 있다.

컬러 이미지 다운로드

이 책에서 사용된 스크린샷과 다이어그램의 색상 이미지를 포함한 PDF 파일도 제공된다. 해당 파일들은 `https://packt.link/gaFU6`에서 다운로드 할 수 있다.

사용 규칙

이 책 전체에서 다양한 텍스트 규칙이 사용된다.

텍스트 내 코드: 텍스트 내의 코드 단어, 데이터베이스 테이블 이름, 폴더 이름, 파일 이름, 파일 확장자, 경로 이름, 더미 URL, 사용자 입력 및 Twitter 핸들을 나타낸다. 예를 들어, "우리는 두 개의 리스트(`visited`와 queue)를 초기화하고 시작 노드를 추가한다."와 같은 표현이 있다.

모든 코드 블록은 다음과 같이 작성될 것이다.

```
DG = nx.DiGraph()
DG.add_edges_from([('A', 'B'), ('A', 'C'), ('B', 'D'), ('B', 'E'), ('C', 'F'), ('C', 'G')])
```

> **팁과 중요 노트**
> 이렇게 나타난다.

연락처 정보

언제나 독자의 피드백은 환영한다.

일반 피드백: 이 책의 어떤 부분에 대해 질문이 있으시면 customercare@packtpub.com으로 이메일을 보내주시고 메시지 제목에 책 제목을 명시하길 권장한다.

정오표: 우리는 내용의 정확성을 확보하기 위해 최선을 다하고 있지만, 오류는 발생할 수 있다. 이 책에서 오류를 발견할 경우, 저희에게 보고해 주시면 감사하겠다. www.packtpub.com/support/errata에 방문하여 양식을 작성 부탁드린다.

저작권 침해: 인터넷상에서 저희 작품의 불법 복제본을 발견하시면, 해당 위치 주소나 웹사이트 이름을 저희에게 알려주길 바란다. copyright@packt.com으로 연락 주시고 자료 링크를 포함 부탁드린다.

저자 지원: 특정 주제에 대한 전문 지식이 있으시고 책을 쓰거나 기고하는 데 관심이 있으시다면 authors.packtpub.com을 방문 부탁드린다.

생각 공유

'파이썬을 이용한 핸즈온 그래프 인공신경망'을 읽으신 후, 여러분의 생각을 듣길 희망한다!

저자서문

https://packt.link/r/1-804-61752-0

이 책의 리뷰 페이지로 바로 가서 피드백을 공유해 주길 바란다. 여러분의 리뷰는 우리의 기술 커뮤니티에 중요하며, 우수한 품질의 콘텐츠를 제공하고 있는지 확인하는 데 도움이 된다.

무료 다운로드(PDF 사본)

이 책을 구입해 주셔서 고맙다!

이동 중에도 책을 읽고 싶지만 인쇄된 책을 가지고 다니기 불편한가? 구매한 전자책이 원하는 기기와 호환되지 않는가?

걱정하지 않으셔도 된다. 이제 어떤 Packt 도서를 구입하시든 해당 도서의 DRM이 없는 PDF 버전을 무료로 받을 수 있다.

언제 어디서나 어떤 기기에서든 읽을 수 있다. 좋아하는 기술 서적의 코드를 찾아 복사해서 여러분의 애플리케이션에 바로 붙여 넣을 수 있다.

혜택은 여기서 그치지 않고 여러분의 받은 편지함에 할인, 뉴스레터 및 훌륭한 무료 콘텐츠를 전달받을 수 있다.

다음의 간단한 단계를 따라 혜택을 받을 수 있다:

1. QR 코드를 스캔하거나 아래 링크를 방문한다.

   https://packt.link/free-ebook/9781804617526

2. 구매 증빙 자료를 제출한다.

3. 끝! 여러분의 이메일 주소로 무료 PDF 및 기타 혜택을 바로 보내드린다.

차례

PART 1 그래프 학습 기초

제1장 그래프 학습 시작하기 / 2

왜 그래프가 필요한가? / 2
왜 그래프 학습이 필요한가? / 5
왜 그래프 인공신경망이 필요한가? / 7
요약 / 10
더 읽을거리 / 10

제2장 그래프 인공신경망을 위한 그래프 이론 / 11

기술 요구사항 / 11
그래프 속성 소개 / 12
그래프 개념 탐구 / 17
그래프 알고리즘 / 23
요약 / 28

제3장 딥워크(DeepWalk)로 노드 표현(Node Representations) 생성 / 29

기술 요구사항 / 30
워드투벡 이해하기 / 30
딥워크와 랜덤 워크 / 37
딥워크 구현 / 40
요약 / 45
더 읽을거리 / 45

차례

PART

2 기초 모델

제4장 **노드투벡(Node2Vec)의 편향된 랜덤 워크(Random Walk)를 사용한 임베딩 개선 / 48**

기술 요구사항 / 48
노드투벡 소개 / 49
노드투벡 구현 / 55
영화 추천 시스템 구축 / 58
요약 / 64
더 읽을거리 / 64

제5장 **기본 인공신경망(Vanilla Neural Networks)을 사용한 노드 특성값(Node Features) 포함시키기 / 65**

기술 요구사항 / 66
그래프 데이터셋 소개 / 66
기본 인공신경망을 통한 노드 분류 / 72
기본 그래프 인공신경망을 통한 노드 분류 / 77
요약 / 81
더 읽을거리 / 82

제6장 **그래프 컨볼루션 신경망 / 83**

기술 요구사항 / 84
그래프 컨볼루션 레이어 설계하기 / 84
그래프 컨볼루션 레이어와 그래프 선형 레이어 비교하기 / 88
노드 회귀를 사용한 웹 트래픽 예측하기 / 93
요약 / 101
더 읽을거리 / 101

차례

제7장 **그래프 어텐션 신경망 / 102**

기술 요구사항 / 103
그래프 어텐션 레이어 소개하기 / 103
NumPy로 그래프 어텐션 레이어 구현하기 / 106
PyTorch Geometric으로 GAT 구현하기 / 111
요약 / 118

PART 3 고급 모델

제8장 **GraphSAGE를 통한 그래프 인공신경망 확장 / 120**

기술 요구사항 / 121
GraphSAGE 소개 / 121
PubMed 데이터셋에서의 노드 분류 / 125
단백질 상호 작용에서의 귀납적 학습 / 132
요약 / 137
더 읽어볼 거리 / 138

제9장 **그래프 분류를 위한 표현력 정의 / 139**

기술 요구사항 / 140
표현력 정의 / 140
GIN 소개하기 / 142
GIN을 이용한 그래프 분류 / 144
요약 / 155
더 읽을거리 / 155

차례

제10장 그래프 신경망을 이용한 링크 예측 / 157

기술 요구사항 / 158
전통적인 방법으로 링크 예측하기 / 158
노드 임베딩을 활용한 링크 예측 / 162
SEAL을 이용한 링크 예측 / 167
요약 / 176
더 읽을거리 / 176

제11장 그래프 신경망을 이용한 그래프 생성 / 178

기술 요구사항 / 179
기존 방법으로 그래프 생성하기 / 179
그래프 신경망으로 그래프 생성하기 / 183
MolGAN으로 분자 구조 생성하기 / 188
요약 / 192
더 읽을거리 / 192

제12장 이종 그래프 인공신경망 학습 / 194

기술 요구사항 / 195
메시지 패싱 인공신경망 프레임워크 / 195
이종 그래프 소개 / 198
동종 그래프 인공신경망을 이종 그래프 인공신경망으로 변환 / 201
계층적 셀프 어텐션 신경망 구현 / 207
요약 / 212
더 읽을거리 / 212

제13장 시간적 그래프 인공신경망 / 214

기술 요구사항 / 215
동적 그래프 소개하기 / 215
웹 트래픽 예측 / 216

COVID-19 발병 예측 / 225
요약 / 232
더 읽을거리 / 233

제14장 그래프 인공신경망 설명하기 / 234

기술 요구사항 / 235
설명 기술 소개하기 / 235
GNNExplainer를 활용한 GNN 설명하기 / 236
Captum을 활용한 GNN 설명하기 / 241
요약 / 246
더 읽을거리 / 247

PART 4 응용

제15장 A3T-GCN을 사용한 교통 예측 / 250

기술 요구사항 / 251
PeMS-M 데이터셋 탐색 / 251
데이터셋 처리 / 255
A3T-GCN 아키텍처 구현 / 260
요약 / 266
더 읽을거리 / 266

제16장 이종 그래프 인공신경망을 활용한 이상 감지 / 267

기술 요구사항 / 268
CIDDS-001 데이터셋 탐색 / 268
CIDDS-001 데이터셋 전처리 / 273
이종 그래프 인공신경망 구현 / 279

요약 / 285

더 읽을거리 / 286

제17장 **LightGCN을 활용한 추천 시스템 구축 / 287**

기술 요구사항 / 288

Book-Crossing 데이터셋 살펴보기 / 288

Book-Crossing 데이터셋 전처리하기 / 294

LightGCN 구조 구현하기 / 297

요약 / 306

더 읽을거리 / 306

제18장 **실세계 응용을 위한 그래프 인공신경망의 잠재력 활용하기 / 308**

그래프 학습 기초

PART 1

최근 데이터의 그래프적 표현은 사회관계망부터 분자 생물학까지 다양한 도메인에서 널리 사용되고 있다. 이러한 그래프적 표현의 가능성을 최대한 활용하기 위하여 그래프 구조의 데이터를 위해 구체적으로 디자인된 그래프 인공신경망(Graph Neural Networks: GNNs)을 깊이 이해하는 것은 중요하다.

이 책의 첫 파트는 두 챕터로 구성되어 있으며 이는 본 책의 나머지 챕터를 이해하기 위한 주요한 기초의 역할을 한다. 그래프 학습 및 그래프 인공신경망의 개념을 소개하고 다양한 태스크와 산업계의 문제와의 연관성을 소개한다. 또한 그래프 개념의 기초 개념을 다루고 그래프 학습의 응용, 그래프 중심성 척도(graph centrality measure) 등을 논한다. 본 파트는 다른 방법론과 다른 그래프 인공신경망의 고유한 특성과 성능을 강조한다.

본 파트를 읽고 나면 독자들은 많은 실세계 문제들을 해결하는데 있어 그래프 인공신경망의 중요성을 이해하게 될 것이다. 또한 그래프 학습의 기초와 그것들이 어떻게 다양한 도메인에서 사용되는지 배우게 될 것 이다. 또한, 이후 챕터에서 활용할 그래프 이론의 기초 개념에 대한 포괄적이며 개괄적 이해를 얻게 될 것 이다. 탄탄한 기초와 함께, 본 책의 이 후 파트에서 더 발전된 그래프 학습의 개념과 그래프 인공신경망에 대하여 다룰 것이다.

- 1장, 그래프 학습 시작하기
- 2장, 그래프 인공신경망을 위한 그래프 이론
- 3장, 딥워크(DeepWalk)로 노드 표현(Node Representations) 생성

제1장
그래프 학습 시작하기

그래프 인공신경망의 세계로의 여정의 첫 챕터에 오신 것을 환영한다. 본 챕터는 그래프 인공신경망의 기초를 다루고 왜 그것들이 현대의 데이터 분석과 기계 학습에서 중요한 툴로 사용되는지 설명한다. 이런 관점에서 그래프 인공신경망에 대한 포괄적 이해를 제공하기 위하여 우리는 세 가지의 필수 질문에 답할 것이다.

첫째, 우리는 데이터의 그래프적 표현의 중요성을 탐색하고 컴퓨터 과학, 생물학, 재무 등 다양한 도메인에서 넓게 사용되고 있는 이유에 대해서 공부할 것이다. 둘째, 그래프 학습의 중요성, 그래프 학습의 다양한 응용, 다양한 그래프 학습 기법을 이해한다. 셋째, 그래프 인공신경망 종류에 초점을 맞추어 각 종류에 따라 갖고 있는 고유한 특징, 성능, 그리고 다른 방법론과 비교하여 어떻게 차별화 되는지를 배울 것이다.

이 챕터가 끝나면, 독자들은 그래프 인공신경망이 왜 중요한지에 대하여 명확한 이해가 생길 것이며 그래프 인공신경망들이 실세계 문제 해결에 어떻게 적용되는지를 배울 것이고, 더욱 발전된 주제를 이해하기 위한 지식과 기술을 습득하게 될 것이다. 그럼, 이제 시작해 보자!

이 챕터는 다음과 같은 주요 토픽을 다룬다:

- 왜 그래프가 필요한가?
- 왜 그래프 학습이 필요한가?
- 왜 그래프 인공신경망이 필요한가?

왜 그래프가 필요한가?

우리가 대답해야 할 첫 질문은 "왜 우리가 그래프에 관심을 갖는가?" 이다. **그래프 이론**은 그래프를 수학적으로 연구하는 분야로 복잡한 시스템과 관계를 이해하기 위한 기초적인 도구로 떠올랐다. 그래프는 시각적으로 표현하면 **노드(node)** 또는 **정점(vertex)**의 집합과 그들을 잇는 **간선(edge)으**로 구성되어 있다. 이는 어떤 구조의 개체와 그들 간의 관계를 표현한다(그림 1.1 참조).

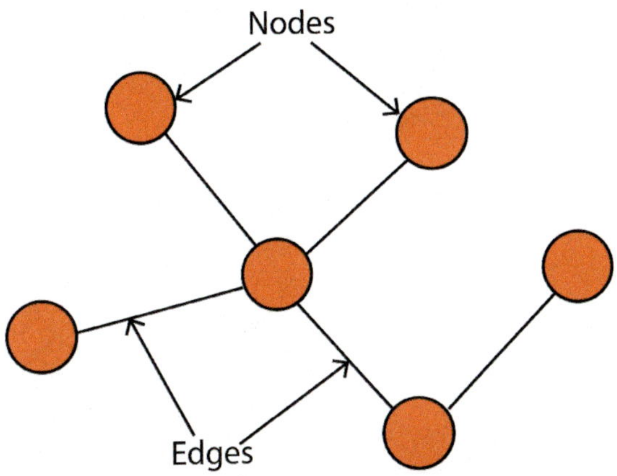

그림 1.1 6개의 노드와 5개의 간선으로 이루어진 그래프 예시

복잡한 시스템을 개체들과 상호 작용이 있는 하나의 네트워크로 표현함으로써, 그것들의 관계 분석할 수 있다. 이는 근본적인 구조와 패턴을 더욱 깊이 이해할 수 있게 한다. 그래프의 다기능성은 다음을 포함한 다양한 도메인에서 인기 있는 선택지가 되게 한다.

- 컴퓨터 과학에서는 그래프는 컴퓨터 프로그램의 구조를 모델링하는데 사용되고 이는 하나의 시스템의 서로 다른 요소들이 어떻게 상호작용을 하는지 쉽게 이해하게 해준다.
- 물리학의 경우는 물리 시스템들과 그들의 상호작용, 예를 들면 입자와 그들의 속성 간의 관계 등을 모델링하는데 사용된다.
- 생물학에서는 그래프는 종종 대사경로(metabolic pathways)와 같은 생물학적 시스템들을 개체들이 서로 연결된 하나의 네트워크로 모델링하는데 사용된다.
- 사회과학에서는 예를 들면 어떤 커뮤니티의 개개인의 관계를 포함하는 복잡한 사회관계망을 연구할 때 그래프가 활용된다.
- 재무(finance)에서는 주식 시장의 트렌드와 서로 다른 재무적 도구들의 관계를 분석하는데 사용 가능하다.
- 공학에서는 그래프는 복잡 시스템, 예를 들면 교통 네트워크(transportation network) 및 전력망(electrical power grids) 모델링 및 연구에 활용될 수 있다.

이러한 도메인은 관계 구조가 자연스럽게 드러난다. 예를 들면 사회관계망은 노드는 사용자, 간선은 친구 관계를 표현하는 그래프로 자연스럽게 표현된다. 그러나 유연한 그래프의 특성은 관계 구조가 덜 자연스러운 도메인에도 적용 가능하며 이는 새로운 직관(insight)과 이해를 제공하기도 한다.

예를 들면, 그림 1.2 의 이미지는 하나의 그래프로 표현될 수 있다. 각 픽셀(pixel)은 하나의 노드로 그리고 이웃한 픽셀들은 간선으로 연결한다. 이러한 기법은 그래프 기반의 알고리즘을 이미지 처리와 컴퓨터 비전 태스크에 적용할 수 있게 한다.

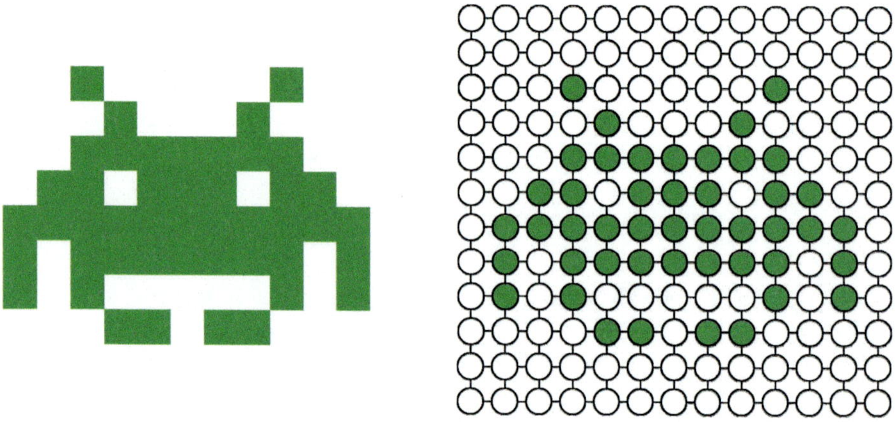

그림 1.2 좌측: 원본 이미지; 우측: 그래프로 표현된 이미지

유사하게 하나의 문장도 단어들은 노드로 이웃한 단어들은 간선으로 표현된 하나의 그래프로 변환될 수 있다. 이러한 기법은 문맥과 단어의 의미가 중요한 자연어 처리, 정보 검색 등에서 유용하게 사용될 수 있다.

텍스트와 이미지와는 다르게 그래프는 고정된 구조를 갖지 않는다. 하지만, 그러한 유연성(flexibility)이 그래프를 다루는 것을 더욱 도전적으로 만든다. 고정된 구조의 부재로 인해 임의의 수의 노드 및 간선을 가질 수 있고 그들의 순서도 정해져 있지 않다. 게다가 그래프는 시간에 따라 변화하는 동적 데이터를 표현할 수 있다. 예를 들면 사용자와 상품의 관계는 상호 작용에 따라서 변화한다. 이러한 시나리오에서는 노드와 간선은 실세계의 변화 즉 새로운 사용자, 새로운 상품, 새로운 관계를 반영하여 업데이트되어야 한다.

다음 섹션에서는, 그래프가 기계 학습과 함께 응용들에 어떻게 적용되는지 알아보자.

왜 그래프 학습이 필요한가?

그래프 학습은 기계 학습 기법을 그래프 데이터에 적용하는 것이다. 본 연구 분야는 그래프 구조의 데이터를 이해하고 조작하는 것을 목표로 하는 다양한 태스크를 포함한다. 다음을 포함하여 많은 그래프 학습 태스크가 존재한다.

- **노드 분류**(node classification)는 그래프상의 노드의 클래스(카테고리)를 예측하는 태스크이다. 예를 들면, 온라인 사용자 또는 아이템 등을 그것들의 속성에 기반하여 분류할 수 있다. 이러한 태스크에서는 모델은 레이블이 있는 노드 집합에 학습되고 레이블이 없는 노드들의 클래스를 예측하는 데 사용된다.
- **링크 예측**(link prediction)은 그래프상의 한 쌍의 노드 사이의 링크를 예측하는 태스크이다. 이는 그래프의 개체들과 그들의 관계로 구성된 그래프를 완성하는 것이 목표인 지식 그래프 완성(knowledge graph completion)에 유용하게 활용될 수 있다. 또한, 사회관계망의 연결 정보를 기반으로 사람들 사이의 관계를 예측하는데 활용될 수 있다(친구 추천).
- **그래프 분류**(graph classification)**는** 사전에 정의된 카테고리로 다양한 그래프를 분류하는 태스크이다. 하나의 예로 분자생물학에서 분자구조는 그래프로 표현될 수 있고 목표는 신약 개발을 위하여 그들의 속성을 예측하는 것이다. 이 태스크에서는 모델은 레이블이 된 그래프들의 집합 및 그것들의 속성에 기반하여 학습되고 학습되지 않은 새로운 그래프들을 분류한다.
- **그래프 생성**(graph generation)은 원하는 속성들을 지닌 새로운 그래프들을 생성하는 태스크이다. 주요 응용 중 하나는 신약 개발을 위하여 새로운 분자구조를 생성하는 것이다. 이것은 존재하는 분자구조에 모델을 학습하고 학습된 모델을 새로운 전에는 보지 못한 구조를 생성하는 것에 사용한다. 생성된 구조는 신약의 후보 또는 후속 연구에 사용될 수 있는지 평가될 수 있다.

그래프 학습은 이외의 다양한 실용적인 응용을 갖고 있으며 상당한 영향력을 가지고 있다. 가장 잘 알려진 응용 중 하나는 **추천 시스템**(recommender system)으로 그래프 학습 알고리즘이 이전 상호 작용이나 다른 아이템과의 관계를 기반으로 관련 있는 아이템을 추천한다. 다른 중요한 응용으로는 교통 예측(traffic forecasting)으로 그래프 학습 알고리즘이 노선(route)간의 복잡한 관계나 교통수단의 형태 등을 고려해 여행 시간 예측 정확도를 개선한다.

그래프 학습의 유연성과 잠재력은 그래프 학습을 흥미로운 연구 및 개발 분야로 만들어 준다.

대규모 데이터, 강력한 연산 자원, 기계 학습 및 인공지능의 발전으로 그래프 연구는 최근 빠르게 발전해 왔다. 그 결과 아래와 같은 네 가지의 주요한 그래프 학습 기법이 개발되었다.

- **그래프 신호 처리**(graph signal processing)는 전통적인 신호 처리 방법론들을 그래프에 적용하는 방법으로 그래프 푸리에 변환(graph Fourier transform) 및 스펙트럼 분석(spectral analysis)등을 예로 들 수 있다. 이러한 기법들은 그래프의 본질적 속성 즉 연결성과 구조 등을 드러낸다.
- **행렬 분해**(matrix factorization)는 큰 행렬들의 저차원 표현자를 찾는다. 주어진 행렬에서 관찰된 관계들을 설명하는 잠재 성분 또는 패턴을 찾는 것이다. 이런 접근방식은 작고 해석 가능한 데이터 표현법을 제공할 수 있다.
- **랜덤 워크**(random walk)는 그래프 상의 개체들의 움직임을 모델링하는 수학적 개념이다. 그래프 상에서 랜덤 워크를 시뮬레이션 함으로써 노드들의 관계에 대한 정보를 수집할 수 있다. 이러한 이유로 종종 기계 학습을 위한 학습 데이터 생성에도 사용된다.
- **딥러닝**(deep learning)은 기계 학습의 한 분야로 다계층 인공신경망을 연구한다. 딥러닝 방법론들은 인코딩을 효과적으로 하고 그래프 데이터를 벡터의 형태로 표현한다. 이러한 벡터들은 다양한 태스크에서 놀라운 성능을 보이며 활용되고 있다.

중요한 점은 이러한 기법들이 응용에 따라서 서로 각기 사용되지 않고 종종 함께 사용된다. 실제로 위의 기법들을 조합해 혼합 모델을 구성하여 각 기법의 장점들을 활용한다. 예를 들면 행렬 분해와 딥러닝 기법은 함께 활용될 수 있으며 이는 그래프 구조의 데이터를 위한 저차원 표현자를 학습하는데 사용될 수 있다.

그래프 학습을 깊이 이해하기 위해서는 모든 기계 학습 기법의 기초인 데이터셋을 이해하는 것은 중요하다. 전통적인 정형 데이터셋, 즉 스프레드시트와 같이 행과 열로 구성된 데이터 표현법은 각 행이 하나의 데이터 샘플을 표현한다. 그러나 많은 실세계 응용에서는 데이터 샘플들 사이의 관계가 데이터 샘플들만큼 중요하다. 이러한 그래프 데이터가 주어졌을 때 그래프 데이터셋들은 데이터를 노드와 간선으로 데이터 샘플과 관계를 표현한다.

그림 1.3의 테이블 형식의 데이터를 보자.

Tabular dataset

ID	Name	Age	Gender
1	Mary	76	Female
2	John	75	Male
3	Kate	46	Female
4	Robert	47	Male
5	Loise	18	Female

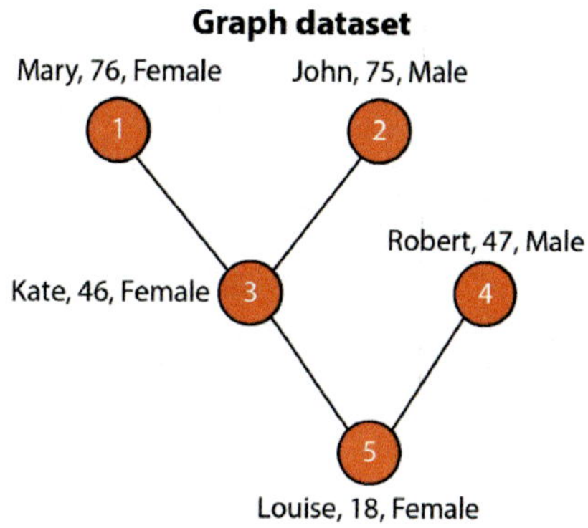

그림 1.3 가족관계를 나타내는 트리의 테이블 데이터셋과 그래프 데이터셋

이 데이터셋은 5명의 가족 구성원의 정보를 표현하고 있다. 각 구성원은 3개의 특성값(속성): 이름, 나이, 성별을 갖는다. 그러나 테이블 데이터는 구성원 사이의 관계를 보여주지 않는다. 반면에 그래프적 표현은 간선들을 통해 가족들의 관계를 표현한다. 많은 문맥 속에서 노드 간의 연결은 데이터를 이해하는데 중요하며 이러한 것이 그래프적 데이터 표현이 널리 쓰이는 이유이다.

지금까지 우리는 그래프 학습의 기초 및 관련된 다양한 종류의 태스크를 배웠다. 이제 우리는 이러한 문제들을 해결하는 가장 중요한 접근법인 **그래프 인공신경망**에 대하여 학습해보자.

왜 그래프 인공신경망이 필요한가?

이 책에서는 우리는 딥러닝 기법의 하나인 그래프 인공신경망에 초점을 맞춘다. 그래프 인공신경망은 새로운 딥러닝 구조의 한 종류이며 구체적으로 그래프 구조의 데이터를 위해 제안되었다. 이미지 또는 텍스트를 위해 개발된 전통적인 딥러닝 기법과는 달리 그래프 인공신경망은 명시적으로 그래프 데이터셋을 처리 분석하기 위해 제안되었다(그림 1.4).

(a) 노드 분류(node classification)

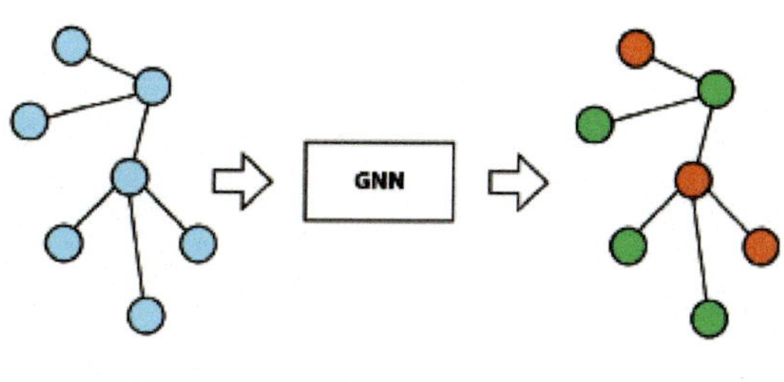

(b) 링크 예측(link prediction)

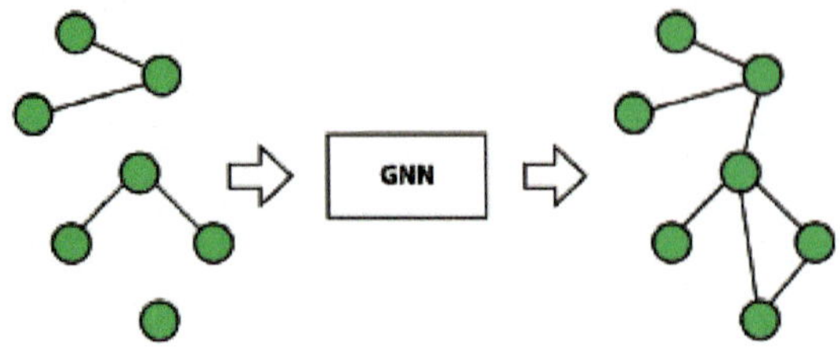

(c) 그래프 분류(graph classification)

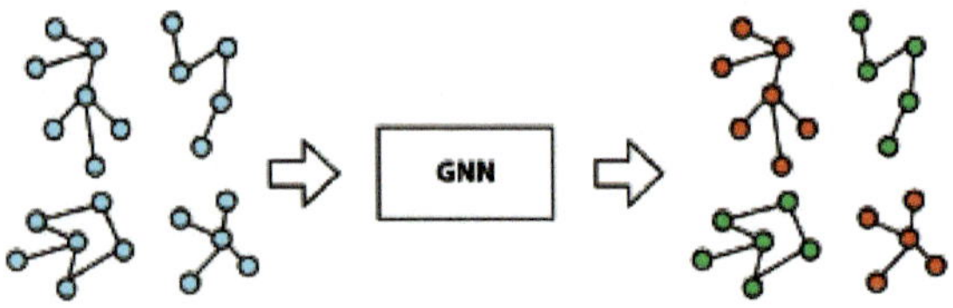

그림 1.4 그래프 인공신경망 파이프라인의 고수준 구조로 그래프를 입력으로 받고 주어진 태스크에 맞게 출력한다.

그래프 인공신경망은 그래프 학습을 위한 강력한 도구로 떠올랐으며 다양한 태스크와 산업계 문제에서 훌륭한 성능을 보여줬다. 가장 놀라운 예시 중 하나는 그래프 인공신경망이 밝혀낸 새로운 항생물질(antibiotic)[2] 이다. 해당 모델은 2,500개의 분자에 학습되었고 6,000개의 화합물 라이브러리에서 검증되었다. 해당 분자는 할리신이라고 불리는 내성균을 잡는 강력한 항생제로 사람 세포에는 독성이 매우 적다. 이에 기반하여 연구자들은 할리신을 내성균에 감염된 실험쥐를 치료하는데 사용하였다. 이를 통해 연구진들은 할리신의 효용성을 증명하였고 이러한 모델이 신약개발에 활용될 수 있을 것으로 보았다.

그래프 인공신경망은 어떻게 작동할까? 앞서 본 가계도(그림 1.3)와 유사하게 사회관계망에서 노드 분류 문제를 보자. 노드 분류 문제에서는 그래프 인공신경망이 데이터의 다양한 정보를 활용하여 그래프상의 각 노드를 하나의 벡터 표현자로 나타낸다. 이러한 표현자는 노드의 입력 특성값(즉, 이름, 나이, 성별) 뿐 아니라 간선 특성값(즉, 노드 간의 관계의 강도) 및 전역 특성값(global feature) (즉, 그래프 수준의 통계값) 등도 포함한다.

이런 특징이 그래프 상에서 그래프 인공신경망을 기존의 기계 학습 기법보다 더 효율적으로 만든다. 주어진 원래의 특성값에 제한되지 않고 그래프 인공신경망은 원래의 노드 특성값과 함께 이웃 노드, 간선, 글로벌 특성값을 활용하여 더욱 포괄적이고 의미있는 표현자를 가능하게 한다. 이러한 새로운 노드 표현자는 노드 분류, 회귀 분석, 링크 예측 등을 하기 위하여 사용된다.

구체적으로는 그래프 인공신경망은 이웃 노드들과 간선들로부터 온 정보를 통합하여 노드 표현자를 업데이트하는 그래프 컨볼루션 연산을 사용한다. 이러한 연산은 반복적으로 수행되며 반복 횟수가 증가함에 따라 모델이 보다 복잡한 노드 간의 관계를 학습할 수 있게 한다. 예를 들면 그림 1.5는 그래프 인공신경망이 노드 5의 표현자를 이웃 노드들을 활용하여 어떻게 계산하는지 보여주고 있다.

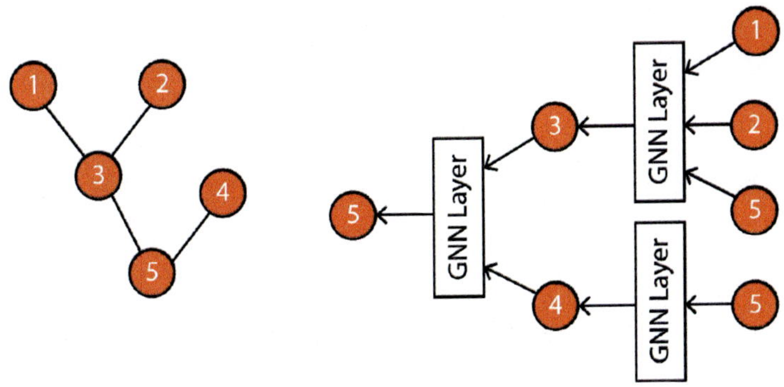

그림 1.5 좌: 입력 그래프; 우: 계산 그래프. 그래프 인공신경망이 노드 5의 표현자를 이웃을 기반하여 계산하는 방법을 보여주고 있다.

그림 1.5는 단순화된 계산 그래프를 보여주고 있다. 실제로는 다양한 종류의 그래프 인공신경망 레이어(GNN layers)들이 존재하고 각기 독특한 구조 및 이웃 노드 정보 집계(aggregation)방식을 갖는다. 이런 다양한 그래프 인공신경망의 변종은 각기 다른 장점과 한계점을 갖고 있고 잘 작동하는 특정한 그래프 데이터 및 태스크의 특성이 있을 수 있다. 특정한 문제를 위하여 적절한 그래프 인공신경망을 선택할 때는 그래프 데이터의 특성 및 원하는 출력값의 특징을 잘 이해하는 것이 중요하다.

더 일반적으로는 그래프 인공신경망은 다른 딥러닝 기법들과 같이 적절한 특정 문제에 적용되었을 때 가장 효과적이다. 그러한 문제들은 복잡도가 높은, 즉 문제 해결에 좋은 표현자 학습이 중요한 경우이다. 예를 들면 수백만 명의 고객에게 수십억 개의 상품 중 적절한 상품을 추천하는 것과 같은 복잡한 태스크이다. 반면에 가장 어린 가족 구성원을 찾는 것과 같은 단순한 문제는 기계 학습 기법 없이 해결될 수 있다.

그래프 인공신경망은 효과적으로 동작하기 위하여 상당한 양의 데이터를 요구한다. 데이터가 적을 경우 데이터 양에 상대적으로 덜 의존적이기 때문에 전통적인 기계 학습 기법들이 보다 적절할 수도 있다. 하지만, 이러한 기법들은 그래프 인공신경망만큼 확장성(scalability)을 갖지 않는다. 그래프 인공신경망은 병렬 그리고 분산 학습이 가능하여 거대한 데이터셋을 처리할 수 있다. 또한 그들은 추가적인 정보를 더욱 효율적으로 사용하여 더 좋은 결과를 도출한다.

요약

이 챕터에서는 우리는 세 가지의 주요 질문에 대답하였다. 그래프의 필요성, 그래프 학습의 필요성 그리고 그래프 인공신경망의 필요성이다. 첫째로 우리는 그래프의 유연성(versatility)을 다루었다. 그래프는 텍스트와 이미지를 포함하여 사회관계망 또는 교통 네트워크 등 다양한 종류의 데이터를 표현할 수 있다. 우리는 노드 분류, 그래프 분류 등 다양한 그래프 학습 응용에 대하여 논의하고 네 가지의 주요한 그래프 학습 기법을 중점적으로 논의하였다. 마지막으로 그래프 인공신경망의 중요성과 특히 거대하고 복잡한 데이터셋에서의 우수한 성능을 강조하였다. 세 가지의 주요한 질문에 대답을 함으로써 우리는 그래프 인공신경망의 중요성에 대한 포괄적인 요약을 제공하고 왜 기계 학습 분야에서 중요한 도구가 되었는지 논하였다.

*2장, 그래프 인공신경망을 위한 그래프 이론*에서 그래프 인공신경망을 이해하는데 기반이 될 기초 그래프 이론을 배울 것이다. 또한 이 챕터에서는 인접 행렬(adjacency matrix)과 차수(degree) 등의 그래프 이론의 기본 개념들을 다룰 것이다. 더 나아가, 우리는 방향성/방향성이 없는 그래프(directed/undirected graph)와 가중치가 있는/없는 그래프(weighted/unweighted graph)등 다양한 그래프 및 그들의 응용에 대해서 깊이 탐구할 것이다.

더 읽을거리

- [1] F. Xia et al., Graph Learning: A Survey, IEEE Transactions on Artificial Intelligence, vol. 2, no. 2, pp. 109–127, Apr. 2021, DOI: 10.1109/tai.2021.3076021. Available at https://arxiv.org/abs/2105.00696
- [2] A. Traft on, Artificial intelligence yields new antibiotic, MIT News, 20-Feb-2020. [Online]. Available at https://news.mit.edu/2020/artificial-intelligenceidentifies-new-antibiotic-0220

제2장
그래프 인공신경망을 위한 그래프 이론

그래프 이론은 그래프와 네트워크를 다루는 수학의 한 분야이다. 그래프는 복잡한 구조를 갖는 데이터를 시각적으로 표현한 것으로 서로 다른 개체(entity)들의 관계를 이해하는 것을 돕는다. 그래프 이론은 방대한 실세계 문제들, 예를 들면 운송 시스템, 사회관계망, 인터넷 연결관계 등을 모델링하고 분석할 수 있는 도구를 제공한다.

본 챕터는 그래프 이론의 기초 세 가지 : 그래프 속성, 그래프 개념, 그래프 알고리즘을 다룬다. 우리는 그래프와 구성요소를 정의하면서 시작한다. 이어서 서로 다른 그래프 종류를 소개하고 그들의 속성과 응용을 설명한다. 다음으로는 기초적인 그래프 개념, 객체(object)와 척도(measure)를 인접 행렬을 포함하여 다룬다. 마지막으로 우리는 그래프 알고리즘, 특히 **너비 우선 탐색**과 **깊이 우선 탐색** 알고리즘에 초점을 맞추어 탐구한다.

이 챕터를 마치고 나면 심화된 주제를 다루거나 그래프 인공신경망을 디자인하기 위한 그래프 이론에 대한 탄탄한 기초를 얻을 것이다.

이 챕터는 다음과 같은 주제를 중점적으로 다룬다.

- 그래프 속성 소개
- 그래프 개념 탐구
- 그래프 알고리즘

기술 요구사항

이 장의 모든 코드는 GitHub의 다음 위치에서 찾을 수 있다. `https://github.com/PacktPublishing/Hands-On-Graph-Neural-Networks-Using-Python/tree/main/Chapter02`.

개인 컴퓨터에서 코드를 실행하기 위한 설치 단계는 이 책의 서문에서 찾을 수 있다.

그래프 속성 소개

그래프 이론에서 그래프는 **정점**(vertex) 또는 **노드**(node)라고 부르는 객체의 집합과, 이를 연결하는 **간선**(edge)으로 구성된 수학적 구조이다. 그래프를 나타내기 위해 $G=(V, E)$ 표기법이 사용되며, 여기서 G는 그래프, V는 노드의 집합, 그리고 E는 간선의 집합이다.

그래프의 노드는 도시, 사람, 웹 페이지, 분자 등 어떤 객체든 나타낼 수 있으며, 간선은 물리적 도로, 사회적 관계, 하이퍼링크, 화학 결합과 같은 노드 간의 관계나 연결을 나타낸다.

이 섹션에서는 후속 장에서 광범위하게 사용될 기본적인 그래프 속성에 대한 개요를 제공한다.

방향성 그래프

그래프의 가장 기본적인 속성 중 하나는 그래프의 방향성 유무이다. 간선에 방향성이 있는 경우 **방향성 그래프**(directed geraph) 또는 **다이그래프**(digraph)라고 부른다. 이는 간선이 특정 방향으로 두 노드를 연결한다는 것을 의미하며, 한 노드는 출발점이고 다른 하나는 목적점인 반면, 방향성이 없는 그래프(undirected graph)는 방향성이 없는 간선을 가지고 있다. 이는 두 노드 사이의 간선을 어느 방향으로든 이동할 수 있으며, 노드를 방문하는 순서는 중요하지 않다는 것을 의미한다.

Python에서는 networkx 라이브러리의 nx.Graph()를 사용하여 방향성이 없는 그래프를 다음과 같이 정의할 수 있다:

```
import networkx as nx
G = nx.Graph()
G.add_edges_from([('A', 'B'), ('A', 'C'), ('B', 'D'),
('B', 'E'), ('C', 'F'), ('C', 'G')])
```

그래프 G는 다음 그림과 같이 표현될 수 있다.

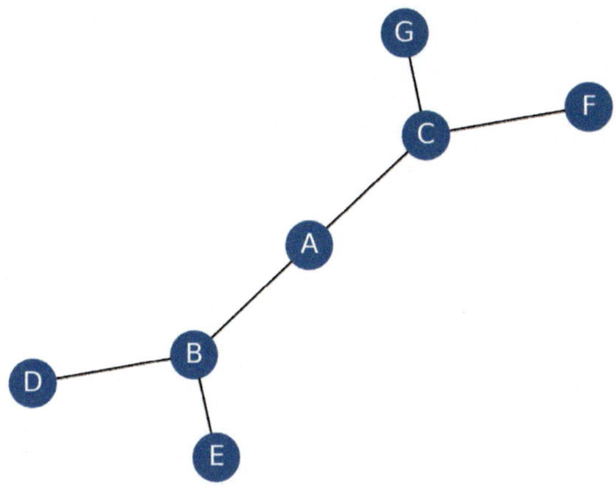

그림 2.1 방향성이 없는 그래프 예시

방향성 그래프를 생성하는 코드도 유사하다. 우리는 `nx.Graph()`를 `nx.DiGraph()`로 단순히 바꾸어서 다음과 같이 구현될 수 있다.

```
DG = nx.DiGraph()
DG.add_edges_from([('A', 'B'), ('A', 'C'), ('B', 'D'),
('B', 'E'), ('C', 'F'), ('C', 'G')])
```

DG 그래프는 다음 그림과 같이 표현될 수 있다.

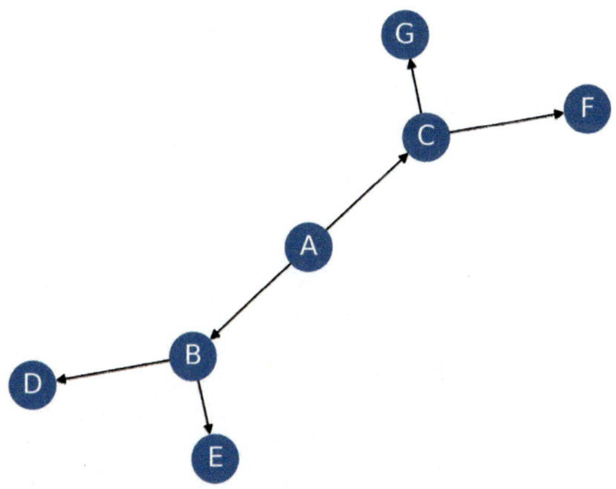

그림 2.2 방향성 그래프 예시

그림 2.2와 같이 방향성 그래프에서 간선은 방향을 표시하기 위해 일반적으로 화살표로 표현된다.

가중치가 있는 그래프

그래프의 또 다른 중요한 속성은 간선이 가중치가 있는지이다. **가중치가 있는 그래프(weighted graph)**에서는 각 간선에 가중치 또는 비용이 연결되어 있다. 이러한 가중치는 거리, 여행 시간 또는 비용과 같은 다양한 요소를 나타낼 수 있다.

예를 들어, 교통 네트워크에서 간선의 가중치는 다른 도시 간의 거리나 그 사이를 여행하는 데 걸리는 시간을 나타낼 수 있다. 반대로 가중치가 없는 그래프(unweighted graph)는 간선에 연결된 가중치가 없다. 이러한 유형의 그래프는 노드 간의 관계가 이진적(binary)이며, 간선은 단순히 두 노드 사이의 연결 유무를 나타내는 경우에 일반적으로 사용된다.

이전의 방향성이 없는 그래프를 수정하여 간선에 가중치를 추가할 수 있다. `networkx`에서 그래프의 간선은 시작 및 종료 노드를 포함하는 튜플(tuple)과 간선의 가중치를 지정하는 사전(dictionary)으로 정의된다:

```
WG = nx.Graph()
WG.add_edges_from([('A', 'B', {"weight": 10}), ('A', 'C',
{"weight": 20}), ('B', 'D', {"weight": 30}), ('B', 'E',
{"weight": 40}), ('C', 'F', {"weight": 50}), ('C', 'G',
{"weight": 60})])
labels = nx.get_edge_attributes(WG, "weight")
```

`WG` 그래프는 다음 그림과 같이 표현된다.

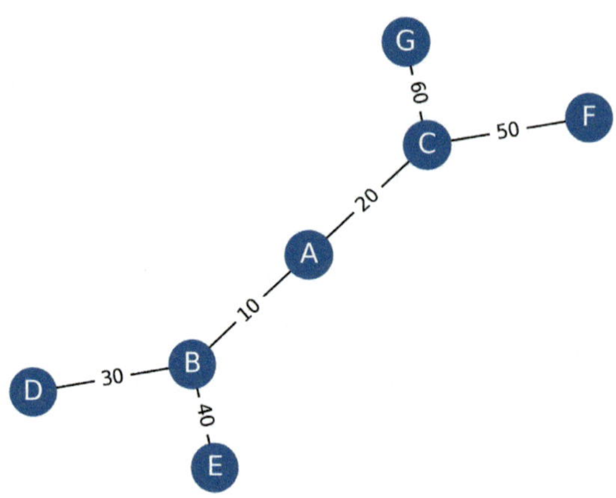

그림 2.3 가중치가 있는 그래프의 예

연결된 그래프

그래프 연결성은 그래프 이론의 기본적인 개념으로 그래프의 구조와 기능에 밀접한 관련이 있다.

연결된 그래프(connected graph)에서는 그래프의 두 노드(node) 사이에 경로(path)가 있다. 이론적으로 그래프 G는 G의 모든 u와 v 노드 쌍에 대해 u에서 v까지 경로가 존재하는 경우에만 연결된 그래프이다. 이는 필요충분조건이다. 반대로, 그래프가 연결된 그래프가 아니라면 연결되어 있지 않다는 것을 의미하며, 적어도 어느 두 노드 사이에는 경로가 존재하지 않는다는 것을 의미한다.

`networkx` 라이브러리는 그래프가 연결되어 있는지를 확인하기 위한 내장 함수를 제공한다. 다음 예제에서 첫 번째 그래프는 두 번째 그래프와 달리 고립된 노드(4와 5)를 포함하고 있다. 이는 그림 2.4에서 시각화되어 있다:

```
G1 = nx.Graph()
G1.add_edges_from([(1, 2), (2, 3), (3, 1), (4, 5)])
print(f"Is graph 1 connected? {nx.is_connected(G1)}")
G2 = nx.Graph()
G2.add_edges_from([(1, 2), (2, 3), (3, 1), (1, 4)])
print(f"Is graph 2 connected? {nx.is_connected(G2)}")
```

위 코드는 아래를 출력한다.

```
Is graph 1 connected? False
Is graph 2 connected? True
```

첫 번째 그래프는 노드(node) 4와 5 때문에 연결되어 있지 않다. 반면, 두 번째 그래프는 연결되어 있다. 이 속성은 다음 그림에서와 같이 작은 그래프로 쉽게 시각화할 수 있다:

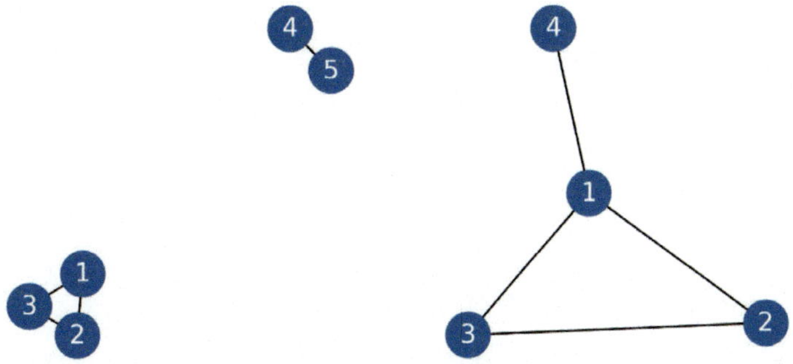

그림 2.4 왼쪽: 고립된 노드(node)를 가진 그래프 1 (연결되지 않은 그래프); 오른쪽: 각 노드가 적어도 다른 하나의 노드와 연결된 그래프 2 (연결된 그래프)

연결된 그래프는 여러 흥미로운 속성과 활용 가능성을 가지고 있다. 예를 들어, 통신 네트워크에서 연결된 그래프는 어떤 두 노드도 경로를 통해 서로 통신할 수 있음을 보장한다. 반대로, 연결되지 않은 그래프(disconnected graph)는 네트워크 내의 다른 노드와 통신할 수 없는 고립된 노드를 가질 수 있어, 효율적인 라우팅 알고리즘(routing algorithm)을 설계하는 것이 어려워진다.

그래프의 연결성(connectivity)을 측정하는 데는 여러 가지 방법이 있다. 가장 흔한 측정 방법 중 하나는 그래프를 연결 해제하기 위해 제거해야 할 간선의 최소 개수로, 이를 그래프의 최소 절단(minimum cut)이라고 한다. 최소 절단 문제는 네트워크 플로우 최적화, 클러스터링, 커뮤니티 탐지 등 다양한 분야에서 활용되고 있다.

그래프의 종류

일반적으로 사용되는 그래프 유형 외에도 독특한 속성과 특성을 가진 특별한 그래프 유형이 있다:

- **트리(tree)**는 순환(cycle)이 없는 연결된, 방향성이 없는 그래프이다(그림 2.1에서와 같은 그래프). 트리의 두 노드(node) 사이에는 하나의 경로만 있기 때문에 트리는 그래프의 특별한 경우이다. 트리는 가계도, 조직 구조 또는 분류 트리와 같은 계층적 구조를 모델링하는 데 자주 사용된다.
- **루트가 있는 트리(rooted tree)**는 하나의 노드가 루트로 지정되고 모든 다른 노드가 고유한 경로로 연결된 트리이다. 루트가 있는 트리는 컴퓨터 과학에서 파일 시스템이나 XML 문서의 구조와 같은 계층적 데이터 구조를 나타내는 데 자주 사용된다.
- **방향성 비순환 그래프(directed acyclic graph, DAG)**는 순환(cycle)이 없는 방향 그래프이다(그림 2.2에서와 같은 그래프). 이는 간선(edge)을 특정 방향으로만 순회할 수 있으며 루프나 순환(cycle)이 없다는 것을 의미한다. DAG는 프로젝트 관리 또는 작업의 중요 경로를 계산하는 것과 같이 작업 또는 이벤트 간의 의존성을 모델링하는 데 자주 사용된다.
- **이분 그래프(bipartite graph)**는 노드들을 두 개의 분리된 집합으로 나눌 수 있는 그래프로, 모든 간선은 다른 집합의 노드 간을 연결한다. 이분 그래프는 구매자와 판매자 또는 직원과 프로젝트와 같은 두 가지 다른 유형의 객체 간의 관계를 모델링하는 등 수학과 컴퓨터 과학에서 자주 사용된다.
- **완전 그래프(complete graph)**는 모든 꼭짓점 쌍이 간선(edge)으로 연결된 그래프이다. 완전 그래프는 모든 가능한 쌍의 연결을 포함하는 문제를 모델링하는 조합론에서 자주 사용되며, 컴퓨터 네트워크에서는 완전히 연결된 네트워크를 모델링하는 데 사용된다.

그림 2.5는 다양한 종류의 그래프를 보여준다.

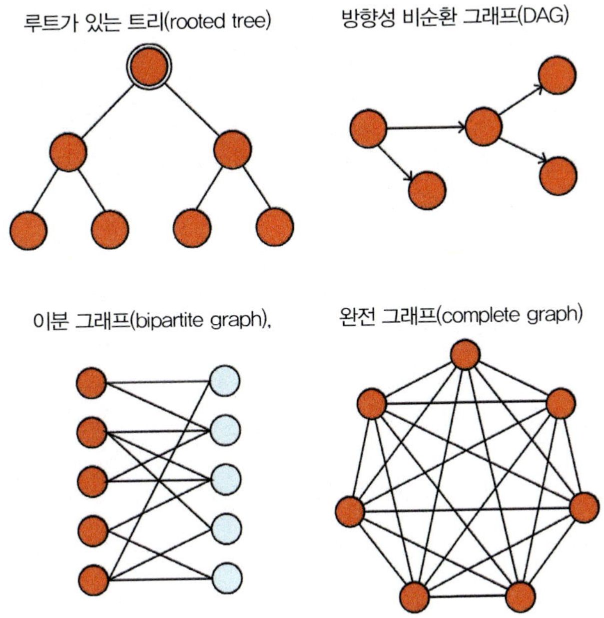

그림 2.5 그래프의 일반적인 유형들

이제 우리는 그래프의 핵심 유형들을 검토했으니, 그래프와 관련된 가장 중요한 요소들을 탐색하는 것으로 넘어가겠다. 이러한 개념들을 이해하면 그래프를 효과적으로 분석하고 조작하는 데 도움이 된다.

그래프 개념 탐구

이 섹션에서는 그래프 객체(노드의 차수(degree)와 이웃들 (neighbors) 등)와 그래프 척도(중심성(centrality) 및 밀도(density) 등)를 포함한 그래프 이론의 핵심 개념 그리고 인접 행렬 표현을 알아보자.

기본 객체들

그래프 이론에서의 핵심 개념 중 하나는 노드의 **차수(degree)**로, 이 노드에 **근접한(incident)** 간선의 수를 의미한다. 노드가 간선의 끝점 중 하나이면 그 간선은 노드에 근접하다고 말한다. 노드 v의 차수는 종종 $\deg(v)$로 표기된다. 이는 방향성 그래프와 방향성이 없는 그래프 모두에 대해 정의될 수 있다:

- 방향성이 없는 그래프에서, 정점의 차수는 그것에 연결된 간선의 수이다. 노드가 자신에게 연결되어 있으면(**루프**(loop) 또는 **자가 순환**(self-loop)라고 함), 차수에 두 개를 추가한다.
- 방향성 그래프에서는 차수(degree)가 두 가지 유형으로 나뉜다: **진입차수(indegree)**와 **진출차수(outdegree)**. 노드의 진입차수($deg^-(v)$로 표기)는 해당 노드를 향하는 간선(edge)의 수를 나타내며, 진출차수($deg^+(v)$로 표기)는 해당 노드에서 시작하는 간선의 수를 나타낸다. 이 경우에, 셀프 루프(self-loop)는 진입차수와 진출차수에 각각 하나씩 추가된다.

진입차수와 진출차수는 방향성 그래프를 분석하고 이해하는 데 필수적이며, 그래프 내에서 정보나 자원이 어떻게 분포되는지에 대한 통찰력을 제공한다. 예를 들어, 진입차수가 높은 노드는 정보나 자원의 중요한 출처일 가능성이 높다. 반대로, 진출차수가 높은 노드는 정보나 자원의 중요한 목적지 또는 소비자일 가능성이 높다.

networkx에서는 내장 메서드를 사용하여 노드의 차수, 진입차수 또는 진출차수를 간단히 계산할 수 있다. 그림 2.1의 방향이 없는 그래프와 그림 2.2의 방향성 그래프에 대해 적용해 보자.

```
G = nx.Graph()
G.add_edges_from([('A', 'B'), ('A', 'C'), ('B', 'D'), ('B',
'E'), ('C', 'F'), ('C', 'G')])
print(f"deg(A) = {G.degree['A']}")
DG = nx.DiGraph()
DG.add_edges_from([('A', 'B'), ('A', 'C'), ('B', 'D'), ('B',
'E'), ('C', 'F'), ('C', 'G')])
print(f"deg^-(A) = {DG.in_degree['A']}")
print(f"deg^+(A) = {DG.out_degree['A']}")
```

이 코드는 다음과 같은 출력을 보여준다:

```
deg(A) = 2
deg^-(A) = 0
deg^+(A) = 2
```

그림 2.1과 그림 2.2의 그래프와 비교해보면, 노드 A는 두 개의 간선에 연결되어 있다($deg(A) = deg^+(A) = 2$). 하지만 두 간선 중 어떤 것도 노드 A가 목적지는 아니다($deg^-(A) = 0$).

노드의 차수 개념은 이웃의 개념과 관련이 있다. 이웃은 특정 노드와 간선을 통해 직접 연결된 노드를 의미한다. 또한, 두 노드가 적어도 하나의 공통된 이웃을 공유하면 그들은 **인접**(adjacent)하다고 말한다. 이웃과 인접성의 개념은 두 노드 사이의 **경로**(path)를 탐색하거나 네트워크 내에서 클러스터를 식별하는 것과 같은 많은 그래프 알고리즘과 응용에 기초가 된다.

그래프 이론에서 경로(path)는 그래프 내에서 두 노드(또는 그 이상)를 연결하는 일련의 간선들을 의미한다. 경로의 길이는 경로를 따라 건너는 간선의 수이다. 경로에는 다양한 유형이 있지만, 두 가지는 특히 중요하다:

- **단순 경로**(simple path)는 시작과 끝 정점을 제외하고 어떤 노드도 두 번 이상 방문하지 않는 경로이다.
- **순환**(cycle)은 첫 번째와 마지막 정점이 같은 경로이다. 그래프가 순환을 포함하지 않으면 비순환(acyclic)으로 간주된다(예: 트리(tree) 및 방향성 비순환 그래프(DAG)).

차수(degree)와 경로는 네트워크 내에서 노드의 중요성을 결정하는 데 사용될 수 있다. 이런 척도를 **중심성**(centrality)이라고 한다.

그래프 척도

중심성은 네트워크 내에서 정점 또는 노드의 중요성을 정량화한다. 이는 그래프 내에서 그들의 연결성 및 네트워크 내 정보 또는 상호 작용의 흐름에 대한 영향을 기반으로 핵심 노드를 식별하는 데 도움이 된다. 중심성에는 여러 척도가 있으며, 각 척도는 노드의 중요성에 대한 다른 관점을 제공한다:

- **차수 중심성**(degree centrality)은 중심성에서 가장 간단하고 흔히 사용되는 척도 중 하나이다. 이는 단순히 노드의 차수로 정의된다. 높은 차수 중심성은 한 노드가 그래프 내의 다른 노드와 많이 연결되어 있음을 나타내며, 따라서 네트워크에 크게 영향을 준다는 것을 의미한다.
- **근접 중심성**(closeness centrality)은 그래프 내의 모든 다른 노드에 얼마나 가까운지 측정한다. 이는 대상 노드와 그래프 내의 모든 다른 노드 사이의 최단 경로의 평균 길이에 해당한다. 높은 근접 중심성을 가진 노드는 네트워크 내의 모든 다른 노드들에 빠르게 도달할 수 있다.
- **매개 중심성**(betweenness centrality)은 그래프 내의 다른 노드 쌍 사이의 최단 경로에 해당 노드가 얼마나 많이 위치하는지 측정한다. 높은 매개 중심성을 가진 노드는 그래프의 다른 부분 사이의 병목 또는 다리 역할을 한다.

이전에 언급한 그래프들에서 networkx의 내장 함수를 사용하여 이러한 척도들을 계산하고 결과를 분석해보자:

```
print(f"Degree centrality        = {nx.degree_centrality(G)}")
print(f"Closeness centrality     = {nx.closeness_centrality(G)}")
print(f"Betweenness centrality   = {nx.betweenness_
centrality(G)}")
```

이전 코드는 각 노드에 대한 점수를 포함하는 사전(dictionary)을 출력한다:

```
Degree centrality        = {'A': 0.333, 'B': 0.5, 'C': 0.5, 'D':
0.167, 'E': 0.167, 'F': 0.167, 'G': 0.167}
Closeness centrality     = {'A': 0.6, 'B': 0.545, 'C': 0.545,
'D': 0.375, 'E': 0.375, 'F': 0.375, 'G': 0.375}
Betweenness centrality   = {'A': 0.6, 'B': 0.6, 'C': 0.6, 'D':
0.0, 'E': 0.0, 'F': 0.0, 'G': 0.0}
```

그래프에서 노드 A, B, C의 중요성은 사용된 중심성(centrality)의 유형에 따라 다르다. 차수 중심성(degree centrality)에 따르면 노드 B와 노드 C가 더 중요하다. 왜냐하면 두 노드는 노드 A보다 더 많은 이웃(neighbors)을 가지고 있기 때문이다. 그러나 근접 중심성(closeness centrality)에서는 노드 A가 그래프(graph) 내의 다른 노드에 가장 짧은 경로로 도달할 수 있으므로 가장 중요하다. 반면에, 노드 A, B, C 모두 다른 노드들 사이의 가장 짧은 경로들에 위치하기 때문에 동일한 매개 중심성(betweenness centrality)을 갖는다.

이러한 척도 외에도, 다음 장에서 노드의 중요성을 기계 학습 기법을 사용하여 어떻게 계산하는지 알아볼 것이다. 그러나 이것이 우리가 다룰 유일한 척도는 아니다.

실제로 **밀도(density)**는 그래프가 얼마나 연결되어 있는지를 나타내는 또 다른 중요한 측정법이다. 이것은 그래프에서 실제 간선의 수와 가능한 최대 간선 수 사이의 비율이다. 밀도가 높은 그래프는 더 연결되어 있으며, 밀도가 낮은 그래프에 비해 더 많은 정보 흐름이 있다.

밀도를 계산하는 공식은 방향성 그래프(directed graph)와 방향이 없는 그래프(undirected graph)가 다르다. n개의 노드를 가진 방향성이 없는 그래프의 경우 최대 간선 수는 $\frac{n(n-1)}{2}$ 이다. n개의 노드를 가진 방향성 그래프의 경우 최대 간선 수는 $n(n-1)$이다.

그래프의 밀도는 간선의 수를 최대 간선 수로 나눈 값이다. 예를 들어, 그림 2.1의 그래프는 6개의 간선을 가지고 있고 가능한 최대 간선 수는 $\frac{7(7-1)}{2}=21$ 개이다. 따라서 해당 그래프의 밀도는 $\frac{6}{21} \approx 0.2857$ 이다.

밀집 그래프(dense graph)는 밀도가 1에 가깝고, 희소 그래프(sparse graph)는 밀도가 0에 가깝다. 밀집 그래프와 희소 그래프를 구분하는 엄격한 기준은 없지만, 일반적으로 밀도가 0.5보다 크면 그래프는 밀도가 높다고 간주되며, 밀도가 0.1보다 작으면 밀도가 낮다고 간주된다. 이 척도는 그래프에 관한 기본적인 문제와 연관이 있다: **인접 행렬(adjacency matrix)**을 어떻게 표현할 것인가에 대한 문제이다.

인접 행렬 표현

인접 행렬(adjacency matrix)은 그래프의 간선을 표현하는 행렬로, 각 성분(element)은 두 노드 사이에 간선이 있는지 여부를 표현한다. 이 행렬은 크기가 $n \times n$인 정방 행렬(square matrix)이며, 여기서 n은 그래프의 노드 수를 나타낸다. 셀 (i, j)의 값이 1이면 노드와 노드 사이에 간선이 있음을 나타내며, 값이 0이면 간선이 없음을 나타낸다. 방향성이 없는 그래프의 경우 인접 행렬이 대칭이며, 방향성 그래프의 경우 행렬은 반드시 대칭적이지 않다.

다음 그림에서 그래프와 해당 인접 행렬을 볼 수 있다.

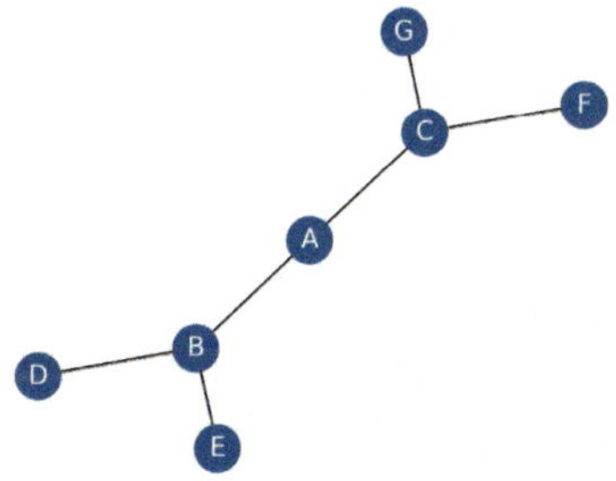

$$\begin{pmatrix} 0 & 1 & 1 & 0 & 0 & 0 & 0 \\ 1 & 0 & 0 & 1 & 1 & 0 & 0 \\ 1 & 0 & 0 & 0 & 0 & 1 & 1 \\ 0 & 1 & 0 & 0 & 0 & 0 & 0 \\ 0 & 1 & 0 & 0 & 0 & 0 & 0 \\ 0 & 0 & 1 & 0 & 0 & 0 & 0 \\ 0 & 0 & 1 & 0 & 0 & 0 & 0 \end{pmatrix}$$

그림 2.6 인접 행렬 예시

파이썬에서 인접 행렬은 다음과 같이 리스트의 리스트로 구현될 수 있다.

```
adj = [[0,1,1,0,0,0,0],
       [1,0,0,1,1,0,0],
       [1,0,0,0,0,1,1],
       [0,1,0,0,0,0,0],
       [0,1,0,0,0,0,0],
       [0,0,1,0,0,0,0],
       [0,0,1,0,0,0,0]]
```

인접 행렬은 쉽게 2D 배열로 시각화할 수 있는 직관적인 표현 방식이다. 인접 행렬을 사용할 때의 주요 장점 중 하나는 두 노드가 연결되어 있는지 확인하는 것이 상수 시간 연산이라는 점이다. 이는 그래프에서 간선의 존재를 테스트하는 효율적인 방법이다. 또한, 인접 행렬은 행렬 연산을 수행하는 데 사용되며, 이는 두 노드 사이의 최단 경로를 계산하는 등 특정 그래프 알고리즘에 유용하다.

그러나 노드를 추가하거나 제거하는 것은 비용이 많이 들 수 있다. 행렬의 크기를 조정하거나 행렬의 원소들을 이동시켜야 하기 때문이다. 인접 행렬을 사용할 때의 주요 단점 중 하나는 그 공간 복잡도에 있다: 그래프의 노드 수가 증가함에 따라 인접 행렬을 저장하는 데 필요한 공간은 기하급수적으로 증가한다. $|V|$개 노드 수를 갖는 그래프가 주어졌을 때 인접 행렬은 $O(|V|^2)$의 공간 복잡도를 가진다.

전반적으로 인접 행렬은 작은 그래프를 나타낼 때 유용한 데이터 구조이지만, 공간 복잡도 때문에 큰 그래프에는 실용적이지 않을 수 있다. 또한 노드를 추가하거나 제거하는 오버헤드가 동적으로 변화하는 그래프에서는 비효율적일 수 있다.

이러한 이유로 다른 표현법이 도움이 될 수 있다. 예를 들어, 그래프를 저장할 때 또 다른 자주 사용되는 방법은 **간선 리스트**(adge list)이다. 간선 리스트는 그래프의 모든 간선을 나열한 목록이다. 각 간선은 두 정점의 튜플이나 쌍으로 표현된다. 간선 리스트는 각 간선의 가중치나 비용도 포함할 수 있다.

이러한 데이터 구조를 활용하여 다음과 같이 `networkx`로 그래프를 생성할 수 있다:

```
edge_list = [(0, 1), (0, 2), (1, 3), (1, 4), (2, 5), (2, 6)]
```

우리의 그래프에 적용된 두 데이터 구조를 비교할 때, 간선 리스트가 더 간결하다는 것은 분명하다. 이는 우리의 그래프가 상당히 희소하기 때문이다. 반면에, 우리의 그래프가 완전 그래프(complete graph)였다면, 6개 대신에 21개의 튜플이 필요하다. 이것은 공간 복잡도가 $O(|E|)$이기 때문이다. 여기서 $|E|$는 간선의 수이다. 간선 리스트는 노드 수에 비해 간선의 수가 적은 희소 그래프를 저장할 때 더 효율적이다.

그러나 간선 리스트에서 두 정점이 연결되어 있는지 확인하기 위해서는 전체 리스트를 반복적으로 확인해야 하며, 이는 많은 간선을 가진 큰 그래프에서 시간이 많이 소요될 수 있다. 따라서, 간선 리스트는 공간이 중요한 고려 사항인 응용 프로그램에서 더 일반적으로 사용된다.

세 번째 인기 있는 표현 방식은 **인접 리스트(adjacency list)**이다. 이는 각각의 쌍이 그래프의 노드와 이에 인접한 노드들을 나타내는 쌍의 목록으로 구성된다. 이 쌍들은 구현에 따라 연결 리스트(linked list), 사전(dictionary), 또는 다른 데이터 구조에 저장될 수 있다. 예를 들어, 우리의 그래프에 대한 인접 리스트는 다음과 같을 수 있다:

```
adj_list = {
    0: [1, 2],
    1: [0, 3, 4],
    2: [0, 5, 6],
    3: [1],
    4: [1],
    5: [2],
    6: [2]
}
```

인접 리스트는 인접 행렬이나 간선 리스트에 비해 여러 가지 장점이 있다. 첫째, 공간 복잡도는 $(|V|+|E|)$로, 여기서 $|V|$는 노드의 수이고, $|E|$는 간선의 수이다. 이는 희소 그래프에서 인접 행렬의 $O(|V|^2)$ 공간 복잡도보다 효율적이다. 둘째, 노드의 인접 정점을 효율적으로 반복 처리할 수 있어 많은 그래프 알고리즘에서 유용하다. 마지막으로, 노드나 간선을 추가하는 것이 상수 시간에 가능하다.

그러나 두 정점이 연결되어 있는지 확인하는 것은 인접 행렬을 사용하는 것보다 느릴 수 있다. 이는 한 정점의 인접 리스트를 반복적으로 확인해야 하기 때문에, 큰 그래프에서는 시간이 많이 소요될 수 있다.

각 데이터 구조는 특정 응용 프로그램과 요구 사항에 따라 장단점을 가진다. 다음 섹션에서는 그래프를 처리하고 두 가지의 가장 기본적인 그래프 알고리즘을 소개할 것이다.

그래프 알고리즘

그래프 알고리즘은 두 노드 사이의 최단 경로 찾기나 순환 감지와 같은 그래프 관련 문제를 해결하는 데 중요하다. 이 섹션에서는 두 가지 그래프 순회 알고리즘인 너비 우선 탐색(BFS)과 깊이 우선 탐색(DFS)에 대해 논의할 것이다.

너비 우선 탐색은 루트 노드에서 시작하여 특정 레벨의 모든 이웃 노드를 탐색한 후 다음 레벨의 노드로 이동하는 그래프 순회 알고리즘이다. 이 알고리즘은 방문할 노드의 큐를 유지하며 큐에 추가된 노드를 방문한 경우 표시한다. 그런 다음 큐에서 다음 노드를 제거하고 그 이웃들을 모두 탐색하여, 아직 방문하지 않은 노드들이 있다면 큐에 추가한다.

너비 우선 탐색의 동작은 그림 2.7에서 설명된다:

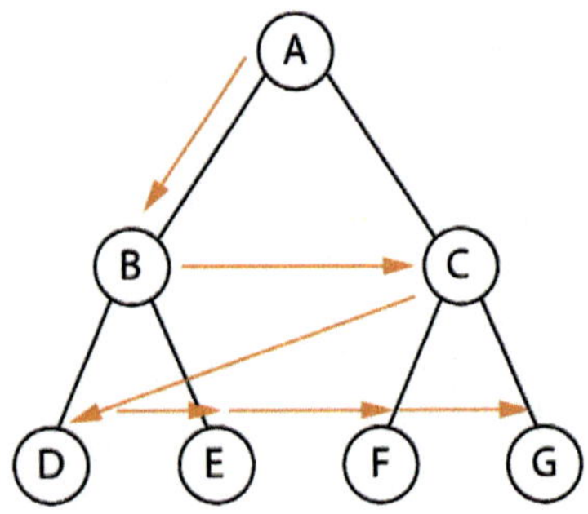

그림 2.7 너비 우선 탐색을 통한 그래프 순회 예시

이제 파이썬으로 구현을 어떻게 하는지 알아보자.

1. 우선 빈 그래프를 생성하고 add_edges_from() 메소드로 간선을 추가한다:

```
G = nx.Graph()
G.add_edges_from([('A', 'B'), ('A', 'C'), ('B', 'D'),
('B', 'E'), ('C', 'F'), ('C', 'G')])
```

2. 우리가 정의한 bfs() 함수는 너비 우선 탐색 알고리즘을 그래프에서 수행한다. 이 함수는 graph 객체와 탐색을 위한 시작 노드를 입력 인자로 받는다:

```
def bfs(graph, node):
```

3. 우리는 두 개의 리스트를 초기화하고 시작 노드를 추가한다. visited 리스트는 노드들이 탐색하는 동안 방문되었는지를 기록한다. queue는 방문이 필요한 노드를 저장한다.

```
    visited, queue = [node], [node]
```

4. 우리는 while 루프에 들어가 queue 리스트가 빌 때까지 반복한다. 루프 안에서 우리는 pop(0) 연산을 통해 queue 리스트의 첫 노드를 제거하고 node 변수에 결과를 저장한다:

```
    while queue:
        node = queue.pop(0)
```

5. 우리는 for 문을 통하여 노드들의 이웃을 반복한다. 또한 아직 방문하지 않은 각 이웃을 append() 메소드를 통하여 visited와 queue 리스트의 끝에 추가한다. 완료되었을 때 우리는 visited 리스트를 반환한다.

```
        for neighbor in graph[node]:
            if neighbor not in visited:
                visited.append(neighbor)
                queue.append(neighbor)
    return visited
```

6. 우리는 bfs() 함수를 그래프 G와 시작 노드 'A' 입력값과 함께 호출한다.

```
bfs(G, 'A')
```

7. 함수는 방문한 순서로 나열된 다음과 같은 방문 노드 리스트를 반환한다.

```
['A', 'B', 'C', 'D', 'E', 'F', 'G']
```

우리가 얻은 순서는 그림 2.7에서 예상한 것과 같다. 너비 우선 탐색은 가중치가 없는 그래프에서 두 노드 사이의 최단 경로를 찾는 데 특히 유용하다. 이는 알고리즘이 시작 노드로부터의 거리에 따라 노드들을 방문하기 때문에, 목표 노드를 처음 방문할 때, 그것은 시작 노드로부터 최단 경로에 있어야만 한다.

최단 경로를 찾는 것 외에도, 너비 우선 탐색은 그래프가 연결되어 있는지 확인하거나 그래프의 모든 연결된 구성 요소를 찾는 데 사용될 수 있다. 또한 웹 크롤러, 소셜 네트워크 분석, 네트워크 내의 최단 경로 라우팅과 같은 곳에서 활용된다.

너비 우선 탐색의 시간 복잡도는 $O(|V|+|E|)$이다. $|V|$와 $|E|$는 각각 노드 수 와 간선 수를 나타낸다. 이것은 연결도가 높거나 희소한 그래프에서 중요한 문제가 될 수 있다. 이 문제를 완화하기 위해 여러 가지 너비 우선 탐색 변형들이 개발되었는데, 예를 들면 **양방향 너비 우선 탐색(bidirectional BFS)**와 **A* 검색** 등은 탐색해야 하는 노드 숫자를 줄이기 위한 휴리스틱을 사용한다.

깊이 우선 탐색

깊이 우선 탐색은 루트 노드에서 시작하여 각 분기를 최대한 깊이 탐색한 다음 되돌아가는 재귀적 알고리즘이다.

이 알고리즘은 하나의 노드를 선택하고 그것의 모든 방문하지 않은 이웃을 탐색하며, 탐색되지 않은 첫 번째 이웃을 방문한다. 이웃 노드들을 모두 방문하였을 경우 되돌아간다. 모든 노드가 방문될 때까지 가능한 한 가장 깊은 경로를 따라 시작 노드에서 그래프를 탐색한 후 다른 분기를 탐색하기 위해 되돌아간다. 이를 그래프 상의 모든 노드가 탐색될 때까지 계속한다.

깊이 우선 탐색 알고리즘의 동작은 아래 그림 2.8에 보여져 있다:

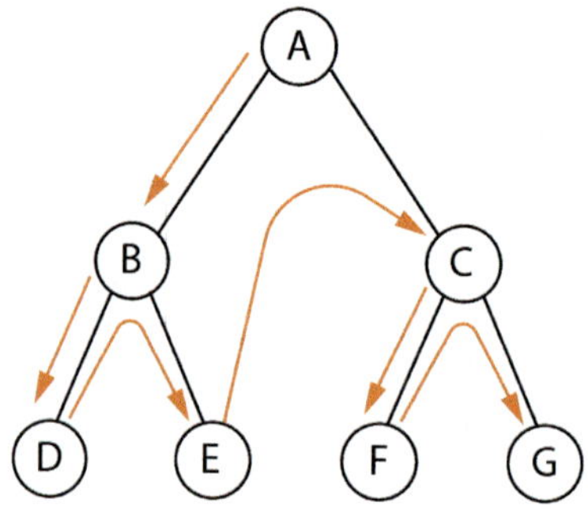

그림 2.8 깊이 우선 탐색 알고리즘을 통한 그래프 순회 예시

파이썬으로 깊이 우선 탐색을 구현해보자.

1. 우선 visited라는 빈 리스트를 선언한다.

```
visited = []
```

2. visited, graph, node를 인자로 받는 dfs() 함수를 정의한다.

```
def dfs(visited, graph, node):
```

3. 현재 노드가 visited 리스트에 없으면, 리스트에 추가(append)한다.

```
    if node not in visited:
        visited.append(node)
```

4. 현재 노드의 각 이웃을 반복하여 순회한다. 각 이웃에 대해 visited, graph, neighbor를 인자로 넘기며 dfs() 함수를 재귀적으로 호출한다.

```
        for neighbor in graph[node]:
            visited = dfs(visited, graph, neighbor)
```

5. dfs() 함수는 그래프를 깊이 우선으로 계속 탐색하며, 각 노드의 모든 이웃을 방문한다. 더 이상 방문하지 않은 이웃이 없을 때까지 진행된다. 마지막으로, visited 리스트를 반환한다.

```
    return visited
```

6. visited를 빈 리스트로 설정하고, G를 그래프로, A를 시작 노드로 하여 dfs() 함수를 호출한다.

```
dfs(visited, G, 'A')
```

7. 함수는 방문한 노드의 리스트를 방문한 순서대로 반환한다.

```
['A', 'B', 'D', 'E', 'C', 'F', 'G']
```

이번 예시 또한 우리가 얻은 순서는 그림 2.8에서 예상한 것과 같다.

깊이 우선 탐색은 연결된 구성 요소 찾기, 위상 정렬, 미로 문제 해결과 같은 다양한 문제를 해결하는 데 유용하다. 특히, 그래프를 깊이 우선 순서로 순회하기 때문에, 그래프에서 사이클을 찾는 데 유용하다. 사이클은 순회하는 동안 노드가 두 번 방문될 때에만 존재한다(필요충분조건).

너비 우선 탐색과 마찬가지로, 깊이 우선 탐색의 시간 복잡도는 $O(|V|+|E|)$ 으로 $|V|$와 $|E|$는 노드 수와 간선 수를 나타낸다. 메모리를 덜 사용하지만 가장 얕은 경로 해결책을 보장하지는 않는다. 마지막으로, 너비 우선 탐색과 달리 깊이 우선 탐색을 사용하면 무한 루프에 빠질 수 있다.

추가적으로, 다익스트라 최단 경로 알고리즘(Dijkstra's shortest path algorithm), 크루스칼 최소 신장 트리 알고리즘(Kruskal's minimum spanning tree algorithm), 타잔 강하게 연결된 구성 요소 알고리즘(Tarjan's strongly connected components algorithm)과 같은 그래프 이론의 많은 다른 알고리즘들은 너비 우선 탐색과 깊이 우선 탐색 위에 구축된다. 따라서, 그래프와 더 고급의 그래프 알고리즘을 개발하려는 사람에게 두 알고리즘에 대한 견고한 이해는 필수적이다.

요약

이 장에서는 그래프와 네트워크를 연구하는 수학의 한 분야인 그래프 이론의 핵심을 다루었다. 우리는 그래프가 무엇인지 정의하고 시작하여 방향성 그래프(directed graph), 가중치가 있는 그래프(weighted graph), 연결된 그래프(connected graph)와 같은 다양한 유형의 그래프를 설명했다. 그 후, 기본적인 그래프 객체(이웃 포함)와 그래프 구조를 이해하고 분석하는 데 사용되는 척도(중심성, 밀도 등)를 소개했다.

또한, 인접 행렬(adjacency matrix)과 그것의 다양한 표현 방식(representation)에 대해서도 논의했다. 마지막으로, 더 복잡한 그래프 알고리즘 개발의 기초가 되는 두 가지 기본적인 그래프 알고리즘인 너비 우선 탐색(BFS)과 깊이 우선 탐색(DFS)을 탐구했다.

*3장, 딥워크로 노드 표현 생성*에서는 DeepWalk 아키텍처와 그것의 두 구성 요소인 Word2Vec과 랜덤 워크(random walk)에 대해 탐구할 것이다. 우리는 먼저 Word2Vec을 이해하는 것으로 시작하고, 그 후에 특화된 라이브러리를 사용하여 구현할 것이다. 그런 다음, DeepWalk 알고리즘으로 들어가 그래프 상에서 랜덤 워크를 구현할 것이다.

제3장
딥워크(DeepWalk)로 노드 표현(Node Representations) 생성

딥워크(DeepWalk)는 기계 학습을 그래프 데이터에 가장 성공적으로 적용한 기법이다. 임베딩과 같이 그래프 인공신경망의 핵심이 되는 개념들을 도입했다. 기존 신경망과는 다르게 이 구조의 목표는 **표현(representation)**을 잘 만드는 것이다. 이렇게 만들어진 표현은 노드 분류 등 다른 하위 문제를 푸는 모델을 만들 때 사용된다.

이번 장에서는 딥워크의 구조를 알아볼 것이다. 딥워크는 크게 **워드투벡(Word2Vec)**과 **랜덤 워크(random walks)**로 이루어져있다. 워드투벡이 어떻게 작동하는지 스킵그램(skip-gram) 모델을 중점적으로 설명할 것이다. **자연어처리**에서 많이 쓰이는 라이브러리인 젠심(gensim)을 써서 구현할 것이다.

다음으로 딥워크 알고리즘에 초점을 맞추어 **계층형 소프트맥스(hierarchical softmax, H-Softmax)**를 사용하여 성능을 높이는 방법을 알아본다. 소프트맥스 함수를 최적화한 계층형 소프트맥스는 많은 분야에서 사용되며 특히 클래스가 많은 분류 문제를 풀 때 유용하다. 또한 자카리의 가라데 클럽(Zachary's Karate Club)을 예제로 그래프의 랜덤 워크를 구현하고 엔드투엔드(end-to-end) 지도 분류 문제를 풀며 마무리한다.

이 장을 마치면 자연어처리에서 사용되는 워드투벡을 마스터하게 되고 그래프의 위상 정보를 사용하여 노드 표현을 만들고 그래프 데이터에서 분류 문제를 해결할 수 있게 될 것이다.

본 파트는 다음 장으로 구성되어 있다.

- 워드투벡 이해하기
- 딥워크와 랜덤 워크
- 딥워크 구현

기술 요구사항

이 장에서 나오는 모든 코드는 GitHub(`https://github.com/PacktPublishing/Hands-On-Graph-Neural-Networks-Using-Python/tree/main/Chapter03`)에서 찾을 수 있다. 각자의 머신에서 코드를 돌리기 위한 설치 방법은 이 책의 서문을 참조하라.

워드투벡 이해하기

딥워크 알고리즘을 이해하기 위해선 가장 먼저 워드투벡을 알아야한다.

워드투벡은 자연어처리에서 가장 영향력있는 딥러닝 기술 중 하나이다. 2013년 토마스 미콜로프 등(Tomas Mikolov et al., Google)이 두 개의 다른 논문으로 발표한 이 기술은 대규모 텍스트 데이터셋을 사용하여 단어를 벡터(**임베딩**이라고도 부른다.)로 변환한다. 이 벡터 표현은 감정 분류와 같은 하위 문제에 사용된다. 또한 워드투벡은 특허를 받은 인기있는 기계 학습 구조 중 하나이다.

워드투벡이 어떻게 단어를 벡터로 바꾸는지에 대한 예시이다.

$$vec\,(\text{왕}) = [-2.1, 4.1, 0.6]$$

$$vec\,(\text{여왕}) = [-1.9, 2.6, 1.5]$$

$$vec\,(\text{남자}) = [3.0, -1.1, -1]$$

$$vec\,(\text{여자}) = [2.8, -2.6, -1.1]$$

이 예제에서 유클리드 거리로 측정했을 때 왕과 여왕 사이의 거리(4.37)가 왕과 여자 사이의 거리(8.47)보다 가까운 것을 알 수 있다. 일반적으로 **코사인 유사도(cosine similarity)** 같은 지표를 단어들 간의 유사성을 측정할 때 사용한다. 코사인 유사도는 두 벡터의 크기보다 사이각에 더 초점을 맞춘다. 코사인 유사도의 정의는 아래와 같다.

$$cosine\ similarity(\vec{A}, \vec{B}) = \cos(\theta) = \frac{\vec{A} \cdot \vec{B}}{\|\vec{A}\| \cdot \|\vec{B}\|}$$

워드투벡의 놀라운 결과 중 하나는 유추를 할 수 있다는 것이다. 대표적인 예는 "*남자는 여자와 대응한다면, 왕은 무엇과 대응하는가?*"라는 질문이다. 이는 아래와 같이 계산될 수 있다.

$$vec\,(\text{왕}) - vec\,(\text{남자}) + vec\,(\text{여자}) \approx vec\,(\text{여왕})$$

모든 유추에 적용되지 않지만 임베딩으로 산술 연산을 하는 흥미로운 응용들을 찾을 수 있다.

씨보우(CBOW) 대 스킵그램

이런 벡터를 만들기 위해 모델은 사전 작업을 수행해야 한다. 작업 자체가 의미 있을 필요는 없고 고품질의 임베딩을 만들 수만 있으면 된다. 실제로 이 작업은 항상 특정 상황에서 단어를 예측하는 것과 관련이 있다.

저자는 비슷한 작업을 하는 두 가지 구조를 제안했다.

- **씨보우(CBOW, continuous bag-of-words) 모델**: 주변 맥락(대상 단어의 앞과 뒤에 오는 단어)을 활용하여 단어를 예측하도록 훈련된다. 주변 단어들 임베딩의 합을 사용하기 때문에 주변 단어들의 순서는 중요하지 않다. 저자는 예측되는 단어의 앞, 뒤 네 단어를 사용하는 것의 성능이 좋다고 했다.
- **스킵그램 모델**: 이번에는 단어 하나를 모델에 넣고 주변 단어들을 예측한다. 주변 단어의 범위가 넓어질수록 좋은 임베딩을 얻을 수 있지만 학습 시간이 증가한다.

요약하면, 두 모델의 입력과 출력은 아래 그림과 같다.

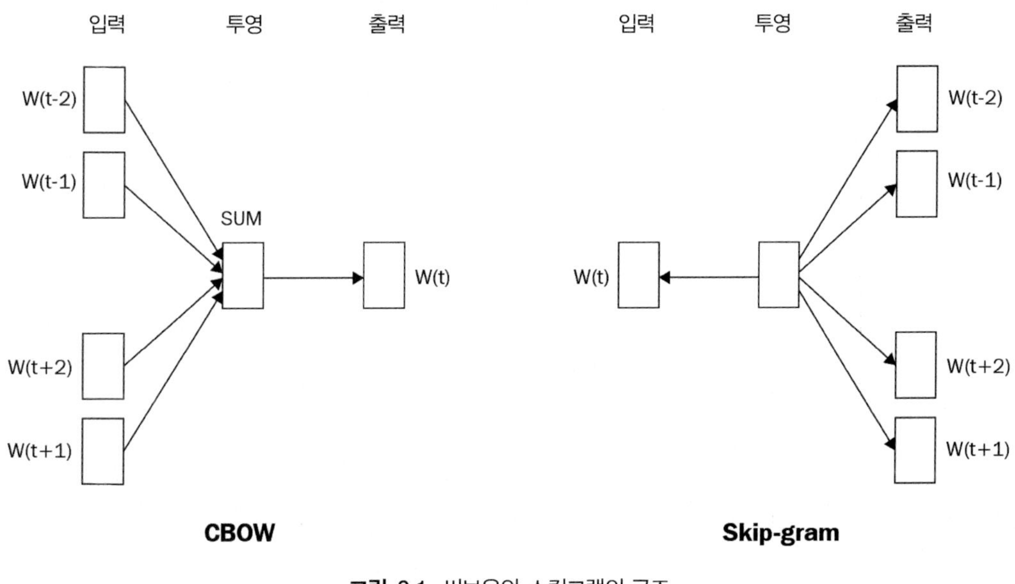

그림 3.1 씨보우와 스킵그램의 구조

일반적으로 씨보우 모델은 학습할 때 더 빠르고 스킵그램 모델은 자주 나오지 않는 단어를 학습하는 능력 덕분에 더 정확하다고 알려져 있다. 이 주제는 자연어처리 커뮤니티에서 계속 언급되고 있으며 다른 방법으로 구현하여 몇몇 맥락에서 씨보우와 관련된 문제를 해결할 수 있다.

스킵그램 만들기

지금부터 우리는 딥워크에 사용되는 구조인 스킵그램 모델에 집중한다. 스킵그램은 (대상 단어, 맥락 단어)의 쌍으로 표현할 수 있다. 이때, 대상 단어는 입력이고 맥락 단어는 예측할 단어이다. 그림 3.2처럼 같은 대상 단어라도 **맥락 크기**에 따라서 스킵그램의 수가 달라진다.

맥락 크기	텍스트	스킵그램
1	**the *train*** was late.	('the', 'train')
	the* train *was late	('train', 'the') ('train', 'was')
	the ***train* was *late***	('was', 'train') ('was', 'late')
	the train ***was* late**	('late', 'was')
2	**the *train* *was*** late	('the', 'train') ('the', 'was')
	the* train *was late	('train', 'the') ('train', 'was') ('train', 'late')
	the train* was *late	('was', 'the') ('was', 'train') ('was', 'late')
	the ***train was* late**	('late', 'train') ('late', 'was')

그림 3.2 텍스트에서 스킵그램으로

같은 아이디어를 한 문장 대신 더 긴 텍스트에도 똑같이 적용할 수 있다.

구현할 때는 메모리 절약을 위해 대상 단어 한 개에 대해서 모든 맥락 단어를 저장한다. 전체 문단에 대해서 어떻게 되는지 예제를 살펴보자.

아래 예제에서 `text` 변수에 저장된 문단 전체에서 스킵그램을 만든다. `CONTEXT_SIZE`(맥락 크기) 변수는 2로 한다. 이는 대상 단어를 기준으로 앞, 뒤 두 단어씩을 보겠다는 의미이다.

1. 필요한 라이브러리를 임포트(import)한다.

```
import numpy as np
```

2. `CONTEXT_SIZE`를 2로 정하고 우리가 분석할 문단을 단어 리스트로 `text`에 가져온다.

```
CONTEXT_SIZE = 2
text = """Lorem ipsum dolor sit amet, consectetur adipiscing elit. Nunc eu sem
scelerisque, dictum eros aliquam, accumsan quam. Pellentesque tempus, lorem ut semper
fermentum, ante turpis accumsan ex, sit amet ultricies tortor erat quis nulla. Nunc
consectetur ligula sit amet purus porttitor, vel tempus tortor scelerisque.
Vestibulum ante ipsum primis in faucibus orci luctus et ultrices posuere cubilia curae;
Quisque suscipit ligula nec faucibus accumsan. Duis vulputate massa sit amet viverra
hendrerit. Integer maximus quis sapien id convallis. Donec elementum placerat ex laoreet
gravida.
Praesent quis enim facilisis, bibendum est nec, pharetra ex. Etiam pharetra congue justo,
eget imperdiet diam varius non. Mauris dolor lectus, interdum in laoreet quis, faucibus
vitae velit. Donec lacinia dui eget maximus cursus. Class aptent taciti sociosqu ad
litora torquent per conubia nostra, per inceptos himenaeos.
Vivamus tincidunt velit eget nisi ornare convallis.
Pellentesque habitant morbi tristique senectus et netus et malesuada fames ac turpis
egestas. Donec tristique ultrices tortor at accumsan.
""".split()
```

3. text의 모든 단어를 for 문으로 훑으면서 스킵그램을 만든다. 리스트 표현은 맥락 단어를 만들고 skipgrams 변수에 저장한다.

```
skipgrams = []
for i in range(CONTEXT_SIZE, len(text) - CONTEXT_SIZE):
    array = [text[j] for j in np.arange(i - CONTEXT_SIZE,
i + CONTEXT_SIZE + 1) if j != i]
    skipgrams.append((text[i], array))
```

4. print() 함수를 사용하여 우리가 만든 스킵그램을 확인한다.

```
print(skipgrams[0:2])
```

5. 아래와 같은 결과를 출력한다.

```
[('dolor', ['Lorem', 'ipsum', 'sit', 'amet,']), ('sit', ['ipsum', 'dolor', 'amet,',
'consectetur'])]
```

위 두 대상 단어와 대응되는 맥락 단어는 워드투벡의 입력이 어떻게 생겼는지 보여준다.

스킵그램 모델

워드투벡의 목표는 고품질의 단어 임베딩을 만드는 것이다. 임베딩을 만들기 위한 스킵그램 모델의 학습은 주어진 대상 단어가 있을 때 올바른 맥락 단어를 예측하는 것이다.

단어 N개 $w_1, w_2, \cdots, w_N$가 주어져있다고 가정하자. 단어 w_1가 주어졌을 때 단어 w_2가 등장할 확률은 $p(w_2|w_1)$ 이다. 우리의 목표는 전체 텍스트에서 대상 단어가 주어졌을 때 맥락 단어가 나올 확률의 합을 최대화하는 것이다. 맥락 크기를 c라고 할 때, 아래와 같이 식으로 표현할 수 있다.

$$\frac{1}{N}\sum_{n=1}^{N}\sum_{-c\leq j\leq c, j\neq 0}\log p(w_{n+j}|w_n)$$

참고

왜 위 식에서 확률의 로그 값을 사용할까? 확률에 로그 연산을 하는 건 아래 두 가지 이유로 기계 학습이나 컴퓨터 과학에서 많이 쓰이는 기술이다.
곱이 덧셈이 된다(나눗셈은 뺄셈이 된다.). 곱셈은 덧셈보다 계산 비용이 더 많이 들기 때문에 로그를 취하는 것이 더 빠르다.

$$\log(A \times B) = \log(A) + \log(B)$$

컴퓨터가 매우 작은 수(예를 들어, 3.14e−128)를 저장하는건 완벽하게 정확하지는 않다. 반면에 그 값의 로그값(이 경우, −127.5)은 비교적 정확하게 저장할 수 있다. 극단의 경우에선 작은 오차들이 더해져 나중에 편향된 결과를 가져올 수도 있다.
전반적으로 이 간단한 변환을 통해 초기 목표함수를 바꾸지 않아도 속도와 정확성을 얻을 수 있다.

스킵그램 모델에서는 대상 단어 임베딩 h_t가 주어졌을 때 맥락 단어 임베딩 h_c의 확률을 계산하기 위해 아래 식처럼 소프트맥스 함수를 사용한다.

$$p(w_c|w_t) = \frac{\exp(h_c\, h_t^T)}{\sum_{i=1}^{|V|}\exp(h_i\, h_t^T)}$$

위 식에서 V는 단어 집합이다. 이 단어 집합은 모델이 예측할 단어의 집합을 말한다. 아래 코드에서 나오듯이 주어진 text에 set을 사용하여 얻을 수 있다.

```
vocab = set(text)
VOCAB_SIZE = len(vocab)
print(f"Length of vocabulary = {VOCAB_SIZE}")
```

아래와 같은 결과를 얻을 수 있다.

```
Length of vocabulary = 121
```

이제, 단어 집합의 크기는 정했고 추가로 정의해야 할 파라미터가 하나 더 있다. 단어 벡터의 차원 N이다. 일반적으로 100에서 1000 사이의 값을 갖지만 우리 예제의 크기가 작으니 10으로 하겠다.

스킵그램 모델은 아래 두 층으로 이루어져있다.

- **투영 층**(projection layer)의 가중치 행렬은 W_{embed}이며 원핫 인코딩된 단어 벡터를 입력으로 받아서 대응되는 N차원 단어 임베딩을 출력한다. N차원의 임베딩을 저장한 후 단순히 찾는 룩업 테이블(lookup table)의 역할을 한다.
- **완전 연결층**(fully connected layer)의 가중치 행렬은 W_{output}이며 단어 임베딩을 입력으로 받고 $|V|$차원 확률값을 출력한다. 예측 점수에 소프트맥스 함수를 사용하여 확률값을 얻는다.

참고

활성 함수는 없다. 워드투벡은 단어 사이의 선형관계를 모델링하는 선형 분류기이다.

원핫 인코딩된 단어 벡터 x를 입력이라고 하자. 대응되는 단어 임베딩은 아래와 같이 행렬곱을 통해 간단히 얻을 수 있다.

$$h = W_{embed}^T \cdot x$$

스킵그램 모델을 사용하기 위해 이전 확률식을 아래와 같이 다시 쓸 수 있다.

$$p(w_c|w_t) = \frac{\exp(W_{output} \cdot h)}{\sum_{i=1}^{|V|} \exp(W_{output_{(i)}} \cdot h)}$$

스킵그램 모델의 출력값은 $|V|$차원 벡터이며 단어 집합에 있는 모든 단어의 조건부확률이다.

$$word2vec(w_t) = \begin{bmatrix} p(w_1|w_t) \\ p(w_2|w_t) \\ \vdots \\ p(w_{|V|}|w_t) \end{bmatrix}$$

이 확률값을 원핫 인코딩된 정답 단어 벡터와 비교하며 학습을 한다. 크로스 엔트로피 로스와 같은 손실 함수를 사용해서 차이를 구하고 역전파를 통해 가중치를 업데이트하며 더 정확한 예측 결과를 얻는다.

아래 그림에 행렬과 최종 소프트맥스 함수를 포함한 워드투벡의 전체 구조를 요약하였다.

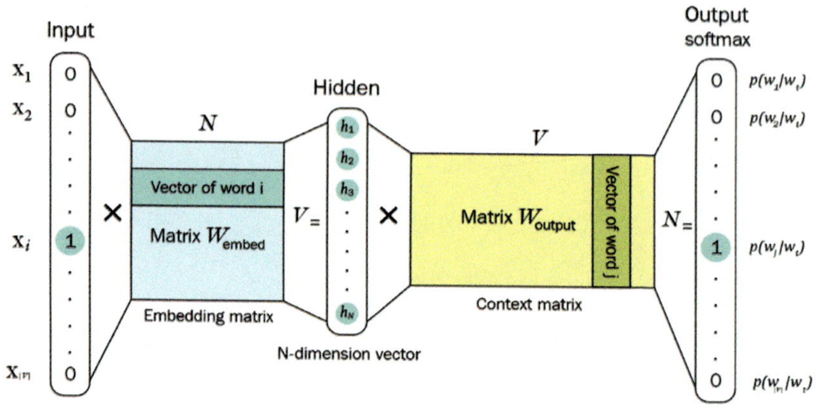

그림 3.3 워드투벡 구조

딥워크 공식 구현에도 사용된 젠심 라이브러리를 통해 이 모델을 구현할 수 있다. 단어 집합을 만들고 이전에 주어진 텍스트를 기반으로 모델을 학습시킨다.

1. 젠심을 설치하고 워드투벡 클래스를 임포트 한다.

```
!pip install -qU gensim
from gensim.models.word2vec import Word2Vec
```

2. 스킵그램 파라미터인 sq를 1로 하여 스킵그램 모델을 Word2Vec 객체로 초기화한다.

```
model = Word2Vec([text],
                 sg=1, # Skip-gram
                 vector_size=10,
                 min_count=0,
                 window=2,
                 workers=2,
                 seed=0)
```

3. 첫 번째 가중치 함수의 모양을 체크한다. 단어 집합의 크기와 단어 임베딩의 차원을 확인한다.

```
print(f'Shape of W_embed: {model.wv.vectors.shape}')
```

4. 아래와 같은 결과를 얻는다.

```
Shape of W_embed = (121, 10)
```

5. 학습을 10번 반복한다.

```
model.train([text], total_examples=model.corpus_count, epochs=10)
```

6. 학습 결과인 단어 임베딩이 어떻게 생겼는지 확인한다.

```
print('Word embedding =')
print(model.wv[0])
```

7. 출력 결과 아래와 같이 생겼다.

```
Word embedding =
[ 0.06947816 -0.06254371 -0.08287395 0.07274164
-0.09449387 0.01215031 -0.08728203 -0.04045384
-0.00368091 -0.0141237 ]
```

단어 수가 적어서 잘 학습되었지만 단어 수가 몇 백만 개가 된다면 모든 단어에 소프트맥스를 적용하는 건 너무 많은 비용이 든다. 이는 정확한 언어 모델을 만드는데 오랜 기간 한계로 남아 있었다. 다행히 다른 방법을 통해 이 문제를 해결할 수 있었다.

워드투벡(딥워크)은 계층적 소프트맥스를 사용했다. 모든 단어의 확률값을 한 번에 계산하는 단순한 소프트맥스 구조 대신 리프에 단어가 대응되는 이진 트리 구조를 사용한다. 더 재미있는 점은 자주 등장하지 않는 단어를 자주 등장하는 단어보다 더 깊은 곳에 저장한 허프만(Huffman) 트리를 사용할 수 있다는 점이다. 대부분의 경우에서 최소 50배 이상의 극적인 속도 향상 효과를 얻을 수 있었다.

계층적 소프트맥스는 젠심 라이브러리에서 hs를 1로 하면 활성화된다.

이게 딥워크에서 가장 어려운 부분이었다. 딥워크를 구현하기 전 한 단계가 남아있다. 바로 학습 데이터 만들기이다.

딥워크와 랜덤 워크

2014년 페로찌(Perozzi)가 발표한 딥워크는 그래프 연구자들 사이에서 큰 인기를 얻었다. 자연어처리의 최신 기술에 영감을 받아 여러 데이터셋에서 기존 방법들을 뛰어넘는 성능을 보였다. 그 이후 더 성능이 좋은 구조들이 발표되면서, 구현하기도 간단하고 성능도 준수한 딥워크는 믿을만한 베이스라인으로 많이 등장하였다.

딥워크의 목적은 비지도 방법으로 고품질의 노드 표현을 만드는 것이다. 이 구조는 워드투벡에서 크게 영감을 받았는데, 단어 대신 노드를 사용하였다. 문장과 같은 역할을 하는 노드 배열을 만들기 위해 랜덤 워크를 사용하였다. 아래 그림은 문장과 그래프의 관계를 보여준다.

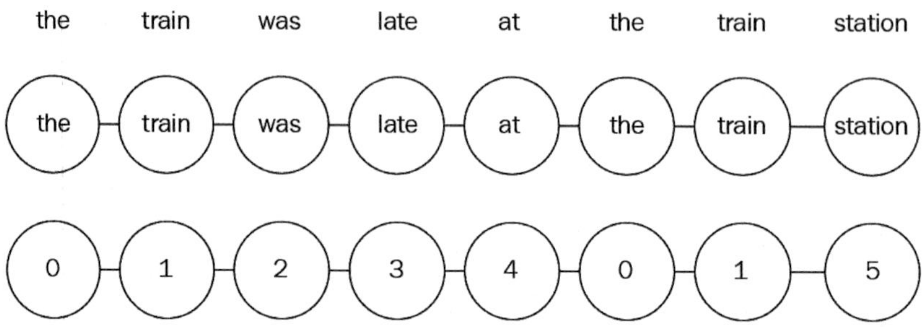

그림 3.4 문장은 그래프로 표현될 수 있다.

랜덤 워크는 매 단계마다 이웃 노드를 무작위로 고르며 만드는 노드의 배열이다. 따라서 한 배열에서 같은 노드가 여러 번 등장할 수도 있다.

왜 랜덤 워크가 중요할까? 노드가 무작위로 선택되더라도 배열에서 함께 나타난다는 것은 서로 가깝다는 것을 의미한다. **네트워크 동질성(network homophily)** 가설에 의하면 가까운 노드는 비슷하다. 특히 친구나 가족끼리 연결되어 있는 소셜 네트워크에서 그 특징이 두드러진다.

노드가 서로 가까우면 비슷한 점수를 얻는다는 아이디어가 딥워크의 핵심이다. 또한 멀리 떨어져있으면 점수가 낮길 바란다.

networkx라는 그래프 라이브러리를 사용해서 랜덤 워크 함수를 구현해 보자.

1. 라이브러리를 임포트하고 재현성을 위해 랜덤 시드를 정한다.

```
import networkx as nx
import matplotlib.pyplot as plt
import numpy as np
import random
random.seed(0)
```

2. erdos_renyi_graph 함수를 통해 주어진 개수만큼(10)의 노드를 갖는 랜덤 그래프를 만든다. 두 노드 사이에 간선이 있을 확률은 0.3으로 한다.

```
G = nx.erdos_renyi_graph(10, 0.3, seed=1, directed=False)
```

3. 그래프가 어떻게 생겼는지 확인한다.

```
plt.figure(dpi=300)
plt.axis('off')
nx.draw_networkx(G,
                 pos=nx.spring_layout(G, seed=0),
                 node_size=600,
                 cmap='coolwarm',
                 font_size=14,
                 font_color='white'
                 )
```

아래와 같은 결과를 얻는다.

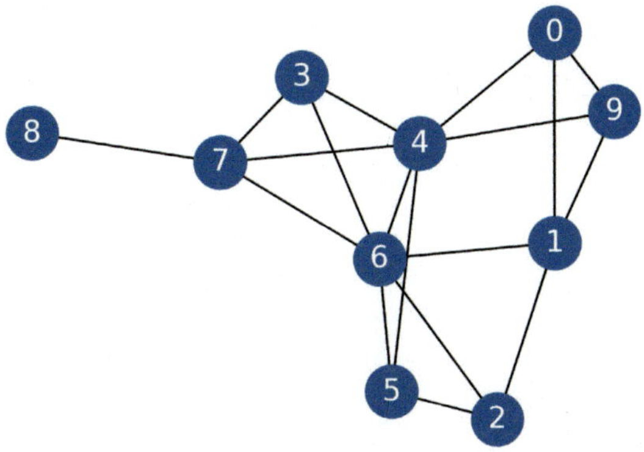

그림 3.5 랜덤 그래프

4. 랜덤 워크를 만드는 간단한 함수를 만든다. 이 함수는 시작하는 노드(start)와 워크의 길이(length)를 입력으로 받는다. 워크가 끝날 때까지 매 단계마다 무작위로 이웃 노드(np.random.choice를 사용한다.)를 고른다.

```
def random_walk(start, length):
    walk = [str(start)] # starting node

    for i in range(length):
        neighbors = [node for node in G.neighbors(start)]
        next_node = np.random.choice(neighbors, 1)[0]
        walk.append(str(next_node))
        start = next_node

    return walk
```

5. 시작하는 노드가 0이고 길이가 10인 랜덤 워크를 만들어본다.

```
print(random_walk(0, 10))
```

6. 결과는 아래와 같다.

```
['0', '4', '3', '6', '3', '4', '7', '8', '7', '4', '9']
```

0과 9처럼 함께 같이 나오는 노드를 확인할 수 있다. 0과 9가 비슷하다는 것을 의미한다. 이것이 바로 딥워크에서 파악하려는 성질이다.

지금까지 우리는 워드투벡과 랜덤 워크를 각각 구현하였다. 이번에는 두 개를 합쳐서 딥워크를 만들어보자.

딥워크 구현

지금까지 우리는 딥워크의 모든 부분을 살펴봤으니 이제는 이를 활용하여 기계 학습 문제를 풀어 보자.

우리가 사용할 데이터셋은 자카리의 가라데 클럽(Zachary's Karate Club)이다. 1970년대에 웨인 자카리(Wayne W. Zachary)가 한 가라데 클럽 안에 있는 사람들 사이의 관계를 연구한 결과이다. 모든 노드는 각 회원을 의미하고 클럽 밖에서도 연락한 멤버들은 서로 연결되어 있는 소셜 네트워크이다.

이 예제에서는 클럽은 크게 두 그룹으로 나뉜다. 연결을 확인하여 오른쪽 그룹에 속한 회원을 알아내보려한다.

1. nx.karate_club_graph()를 사용하여 데이터셋을 불러온다.

```
G = nx.karate_club_graph()
```

2. 문자열로 된 클래스 레이블을 수로 바꾼다 (Mr.Hi=0, Officer=1)

```
labels = []
for node in G.nodes:
    label = G.nodes[node]['club']
    labels.append(1 if label == 'Officer' else 0)
```

3. 새로운 레이블을 사용해서 그래프를 그린다.

```
plt.figure(figsize=(12,12), dpi=300)
plt.axis('off')
nx.draw_networkx(G,
                 pos=nx.spring_layout(G, seed=0),
                 node_color=labels,
                 node_size=800,
                 cmap='coolwarm',
                 font_size=14,
                 font_color='white'
                 )
```

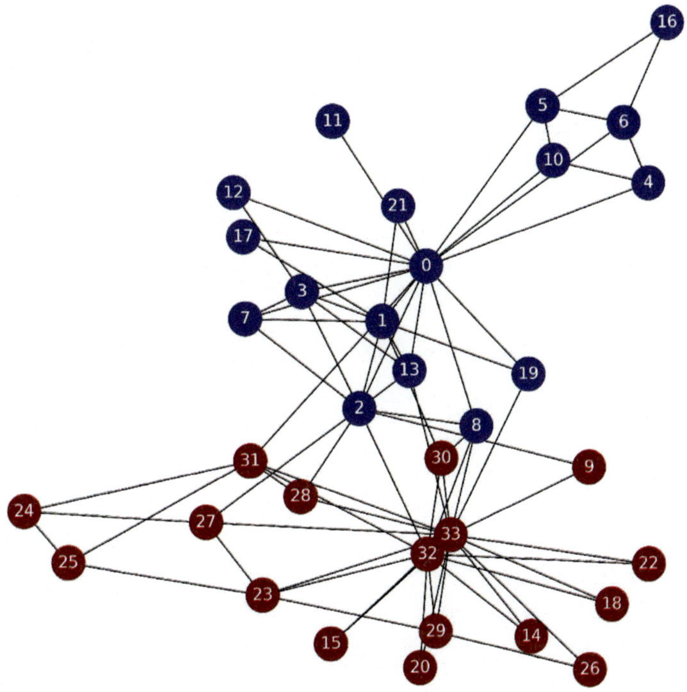

그림 3.6 자카리의 가라데 클럽

4. 다음 단계는 우리의 데이터셋인 랜덤 워크를 만드는 것이다. 최대한 많이 만들기 위해 모든 노드마다 길이가 10인 랜덤 워크를 80개씩 만들것이다.

```
walks = []
for node in G.nodes:
    for _ in range(80):
        walks.append(random_walk(node, 10))
```

5. 결과를 확인해 보자.

```
print(walks[0])
```

6. 첫 번째 워크 결과이다.

```
['0', '19', '1', '2', '0', '3', '2', '8', '33', '14', '33']
```

7. 마지막 단계는 워드투벡을 적용하는 것이다. 계층적 소프트맥스를 적용한 스킵그램 모델을 사용한다. 성능을 높이기 위해 다른 파라미터를 사용해도 된다.

```
model = Word2Vec(walks,
                 hs=1, # Hierarchical softmax
                 sg=1, # Skip-gram
                 vector_size=100,
                 window=10,
                 workers=2,
                 seed=0)
```

8. 아래 코드로 간단히 학습할 수 있다.

```
model.train(walks, total_examples=model.corpus_count,
epochs=30, report_delay=1)
```

9. 학습이 끝났으니 아래와 같이 특정 노드와 가까운 노드를 찾을 수 있다.

```
print('Nodes that are the most similar to node 0:')
for similarity in model.wv.most_similar(positive=['0']):
    print(f' {similarity}')
```

다음과 같은 결과를 얻을 수 있다.

```
('4', 0.6825815439224243)
('11', 0.6330500245094299)
('5', 0.6324777603149414)
('10', 0.6097837090492249)
('6', 0.6096848249435425)
('21', 0.5936519503593445)
('12', 0.5906376242637634)
('3', 0.5797219276428223)
('16', 0.5388344526290894)
('13', 0.534131646156311)
```

아래 코드로 두 노드가 얼마나 유사한지도 측정할 수 있다.

```
# Similarity between two nodes
print(f"Similarity between node 0 and 4: {model.wv.similarity('0', '4')}")
```

결과는 아래와 같다.

```
Similarity between node 0 and 4: 0.6825816631317139
```

이번에는 학습된 임베딩을 t-SNE(t-distributed stochastic neighbor embedding)을 써서 2차원에서 시각화를 해보자.

1. sklearn 라이브러리의 TSNE 를 임포트한다.

```
from sklearn.manifold import TSNE
```

2. 두 행렬을 만든다. 하나는 단어 임베딩을 저장하고 하나는 레이블을 저장한다.

```
nodes_wv = np.array([model.wv.get_vector(str(i)) for i in
range(len(model.wv))])
labels = np.array(labels)
```

3. t-SNE 모델을 2차원(n_compontents=2)으로 학습시킨다.

```
tsne = TSNE(n_components=2,
            learning_rate='auto',
            init='pca',
            random_state=0).fit_transform(nodes_wv)
```

4. 학습된 t-SNE 모델에서 얻은 2차원 벡터와 레이블로 아래와 같이 그림을 그린다.

```
plt.figure(figsize=(6, 6), dpi=300)
plt.scatter(tsne[:, 0], tsne[:, 1], s=100, c=labels,
cmap="coolwarm")
plt.show()
```

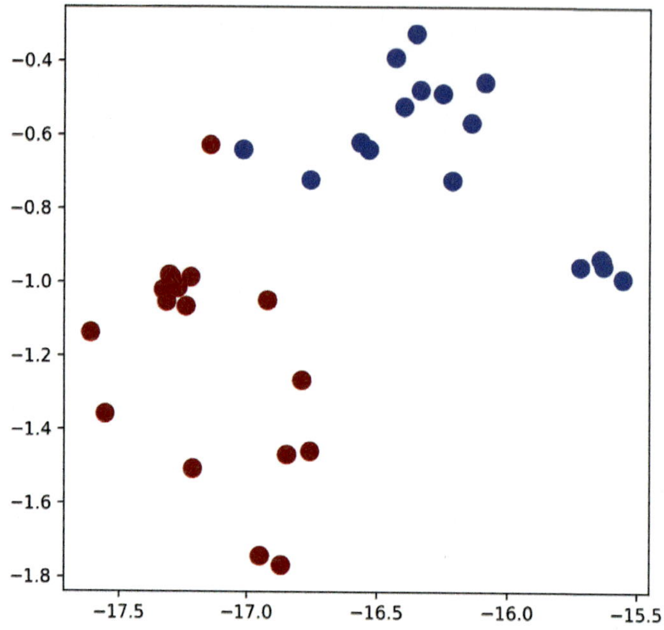

그림 3.7 노드의 t-SNE 그림

결과를 보면 두 색의 노드가 꽤 뚜렷하게 구분되는 것을 확인할 수 있다. 이 노드들은 간단한 기계 학습 알고리즘으로 구분할 수 있다. 노드 임베딩을 학습에 사용하는 분류기를 만들어보자.

1. 인기있는 분류 모델인 sklearn의 랜덤 포레스트를 임포트 한다. 정확도를 측정하기 위해 accuracy_score도 임포트 한다.

```
from sklearn.ensemble import RandomForestClassifier
from sklearn.metrics import accuracy_score
```

2. 훈련 데이터와 평가 데이터로 나눈다. 간단히 아래와 같이 나눈다.

```
train_mask = [0, 2, 4, 6, 8, 10, 12, 14, 16, 18, 20, 22, 24, 26, 28]
test_mask = [1, 3, 5, 7, 9, 11, 13, 15, 17, 19, 21, 23, 25, 27, 29, 30, 31, 32, 33]
```

3. Random Forest 룬류기로 학습 데이터를 학습한다.

```
clf = RandomForestClassifier(random_state=0)
clf.fit(nodes_wv[train_mask], labels[train_mask])
```

4. 학습된 모델에 테스트 데이터를 넣어서 나온 결과로 정확도를 계산한다.

```
y_pred = clf.predict(nodes_wv[test_mask])
accuracy_score(y_pred, labels[test_mask])
```

5. 아래 결과를 얻었다.

```
0.9545454545454546
```

우리 모델은 정확도 95.45%를 기록했고 훈련 데이터와 테스트 데이터를 반반씩 나눈거 치고 준수한 결과이다. 개선의 여지도 조금 있지만 딥워크의 아래 두 가지 능력을 보기에는 충분하다.

- 임베딩과 코사인 유사도를 사용해서 노드 사이의 유사도를 알아낼 수 있다. (비지도 학습)
- 노드 분류 등의 지도 학습에 데이터셋으로서 이 임베딩을 사용할 수 있다.

앞으로 나올 장에서 보겠지만 노드 표현을 배우는 능력 덕분에 더 깊고 복잡한 구조를 유연하게 설계할 수 있다.

요약

이번 장에서는 딥워크의 구조와 구성 요소를 알아봤다. 그 다음으로 그래프 데이터를 랜덤 워크를 통해 배열로 변환한 후 워드투벡 알고리즘을 적용하였다. 결과로 얻은 임베딩들은 노드 사이의 거리를 측정할 수도 있고 다른 알고리즘의 입력으로도 사용될 수 있다.

*4장, 노드투벡(Node2Vec)의 편향된 랜덤 워크(random walk)를 사용한 임베딩 개선*에서는 워드투벡을 활용한 두 번째 알고리즘을 소개한다. 딥워크와의 차이는 랜덤 워크를 생성할 때 더 탐험할지 덜 탐험할지 정한다는 것이고 이는 임베딩을 만들 때 직접적인 영향을 준다. 새로운 예제로 알고리즘을 구현할 것이며 딥워크와 노드투벡의 결과를 비교할 예정이다.

더 읽을거리

- [1] B. Perozzi, R. Al-Rfou, and S. Skiena, DeepWalk, Aug. 2014. DOI: 10.1145/2623330.2623732. Available at https://arxiv.org/abs/1403.6652.

기초 모델

PART 2

이 책의 두 번째 파트에서는, 그래프 학습(graph learning)을 통한 노드 표현(node representation)의 형성 과정에 대해 깊게 알아볼 것이다. 먼저 자연어 처리의 기술을 활용한 전통적인 그래프 학습 기법에 대해 알아볼 것이다. 이때, 목표는 이 기술들이 어떻게 그래프에 적용되고 노드 표현을 생성할 수 있을지 이해하는 것이다.

이 후, 노드 특성값(node features)을 모델에 통합하고 더 정확한 표현을 얻기 위해 노드 특성값을 활용하는 법에 대해 알아볼 것이다. 마지막으로, 가장 기초적인 두 GNN 구조인 그래프 컨볼루션 신경망(Graph Convolution Network, GCN)과 그래프 어텐션 신경망(Graph Attention Networks)을 소개할 것이다. 이 두 구조는 많은 최신 그래프 학습 방식에 활용되고 다음 파트를 이해하는데에 있어 기초가 될 것이다.

이번 파트를 통해, 랜덤 워크(random walks)와 같은 전통적인 그래프 학습 기법이 노드 표현을 만드는 데에 어떻게 활용되고 그래프 응용에 어떻게 쓰이는지 알게 될 것이다. 게다가, GNN이 더 강력한 표현을 만드는 방법을 배울 수 있을 것이다. 또한, 두 개의 중요한 GNN 구조를 다루고 이들이 다양한 그래프 기반 작업에 어떻게 쓰이는지에 대해 알게 될 것이다.

이번 파트는 아래의 장들로 구성된다.

- 4장, 노드투벡(Node2Vec)의 편향된 랜덤 워크(Random Walk)를 사용한 임베딩 개선
- 5장, 기본 인공신경망(Vanilla Neural Networks)을 사용한 노드 특성값(Node Features) 포함시키기
- 6장, 그래프 컨볼루션 신경망
- 7장, 그래프 어텐션 신경망

제4장

노드투벡(Node2Vec)의 편향된 랜덤 워크(Random Walk)를 사용한 임베딩 개선

노드투벡(Node2Vec)은 주로 딥워크(DeepWalk)를 기반으로 제안된 구조이다. 이전 장에서는 이 구조의 2가지 주요 구성 요소인 랜덤 워크(random walk)와 워드투벡(Word2Vec)을 살펴보았다. 그렇다면 이러한 임베딩의 품질을 어떻게 향상시킬 수 있을까? 흥미롭게도, 더 많은 기계 학습 방법들 없이도 노드투벡은 랜덤 워크의 생성 방식을 수정하여 임베딩의 품질을 향상시킨다.

이번 장에서는 이러한 수정 사항에 대해 이야기하고 주어진 그래프 데이터에 대해서 최적의 매개변수를 찾는 방법에 대해 논의하겠다. 우리는 노드투벡 구조를 구현하고 자카리의 가라테 클럽(Zachary's Karate Club) 그래프에서 딥워크를 사용하는 것과 비교할 것이다. 이를 통해 두 구조 간의 차이를 잘 이해할 수 있을 것이다. 마지막으로, 이 기술을 활용하여 노드투벡을 기반으로 하는 실제 응용 프로그램인 영화 **추천 시스템(RecSys)**을 구현해 볼 것이다.

이 장을 마치면, 그래프 데이터셋에서 노드투벡을 구현하는 방법과 최적의 매개변수를 찾는 방법을 알게 될 것이다. 또한, 일반적으로 노드투벡이 딥워크보다 더 잘 작동하는 이유를 이해하고 이를 활용하여 어떻게 창의적인 응용 프로그램을 구축하는지를 이해할 수 있다.

이 장에서는 다음과 같은 주제들을 다룰 것이다.

- 노드투벡 소개
- 노드투벡 구현
- 영화 추천 시스템 구축

기술 요구사항

이 장의 모든 코드 예제는 다음 GitHub에서 찾을 수 있다. (`https://github.com/PacktPubli`

shing/Hands-On-Graph-Neural-Networks-Using-Python/tree/ main/Chapter04.)

컴퓨터에서 코드를 실행하기 위해 필요한 설치 단계는 이 책의 서문에서 찾을 수 있다.

노드투벡 소개

노드투벡은 스탠퍼드 대학교의 Grover와 Leskovec에 의해 2016년에 소개되었다 [1]. 노드투벡은 딥워크에서 사용된 두 가지 구성 요소, 랜덤 워크와 워드투벡을 사용한다. 딥워크와의 차이점은 기존의 딥워크는 균등 분포에서 랜덤 워크를 수행하여 노드의 순서를 생성하는 것과 달리 노드투벡은 편향된 방식으로 랜덤 워크를 수행한다. 다음 두 절에서 이러한 **편향된 랜덤 워크**가 좋은 이유와 이를 어떻게 구현할지를 살펴보겠다.

- **이웃** 노드 정의
- 랜덤 워크에 편향 도입하기

먼저, 우리가 직관적으로 이해하는 이웃 노드의 개념에 대해 알아보도록 하겠다.

이웃 노드 정의

노드의 이웃을 어떻게 정의할 수 있을까? 노드투벡의 핵심 개념은 이웃에 대한 유연한 정의다. 직관적으로, 우리는 이를 한 노드에 가까운 노드들로 생각하지만 그래프에서 "가깝다"는 무엇을 의미할까? 다음과 같은 그래프로 예를 들어보자.

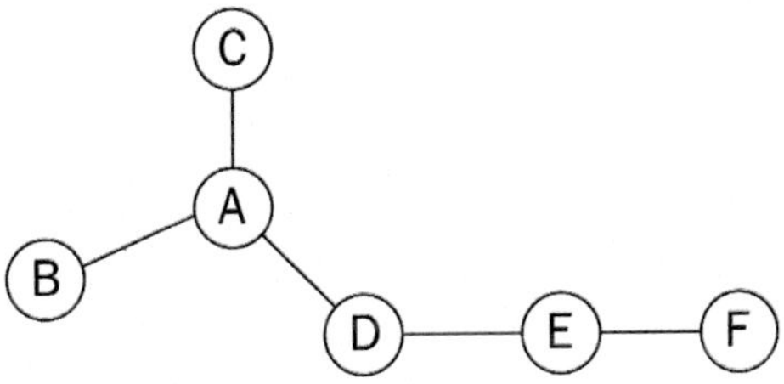

그림 4.1 랜덤 그래프의 예시

노드 A의 이웃 노드 세 개를 탐색한다고 생각해보자. 이 탐색 과정은 **샘플링 전략(sampling strategy)**이라고도 일컫는다.

- 한 가지 가능한 전략은 연결 관점에서 가장 가까운 세 개의 노드를 고려하는 것이다. 이 경우, 노드 A의 이웃인 $N(A)$는 $N(A)=\{B, C, D\}$가 될 것이다.
- 또 다른 가능한 샘플링 전략은 이전 노드와 인접하지 않은 노드를 먼저 선택하는 것이다.

이 예제에서는 노드 A의 이웃은 $N(A)=\{D, E, F\}$가 될 것이다.

즉, 첫 번째 경우에는 **너비 우선 탐색(Breadth-First Search, BFS)**을 구현하고 두 번째 경우에는 **깊이 우선 탐색(Depth-First Search, DFS)**을 구현하려고 한다. 이 알고리즘들의 설명과 구현에 대한 더 자세한 정보는 *2장, 그래프 신경망을 위한 그래프 이론*에서 찾아볼 수 있다.

여기서 중요한 점은 두 샘플링 전략들은 서로 반대되는 과정을 수행한다는 것이다. BFS는 노드 주변의 지역 네트워크에 집중하는 반면 DFS는 그래프의 더 큰 관점을 고려한다. 직관적인 이웃의 정의를 고려하면 DFS를 사용하지 않는 것이 좋아 보일 수 있다. 하지만 노드투벡의 저자들은 이러한 생각이 항상 정답이 아니라고 생각한다. 알고리즘 방식에 따라 그래프의 서로 다른 유의미한 정보들을 포착할 수 있다.

저자들은 두 알고리즘들(BFS, DFS)을 아래 두 가지 그래프 속성들과 연결시켜서 설명한다.

- **구조적 동등성(structural equivalence)**은 노드들이 많은 수의 공통 이웃을 공유할 경우 구조적으로 동등하다는 의미다. 따라서, 만약 노드들이 많은 이웃들을 서로 공유한다면, 그들의 구조적 동등성이 더 높다.
- **동질성(homophily)**은 이전 장에서 보았던 것처럼 비슷한 노드들이 더 서로 연결될 가능성이 높다는 것을 의미한다.

저자들은 BFS가 구조적 동등성(structural equivalence)을 향상시키는 데에 이상적이라 주장한다. 이는 BFS가 주변 노드만을 관찰하기 때문이다. 이러한 랜덤 워크에서는 노드들은 자주 반복되며 서로 가까이 위치하게 된다. 반면에, DFS는 동질성(homophily)의 반대를 강조하며 서로 거리가 먼 노드들의 순서를 생성하게 된다. 이 랜덤 워크는 시작 노드에서 멀리 떨어진 노드들을 선택할 수 있으며, 따라서 대표성이 떨어질 수 있다. 이는 우리가 이 두 가지 특성 사이에서 절충점을 찾고자 하는 이유다. 동질성은 특정 그래프를 이해하는 데 도움이 될 수도 있고 되지 않을 수도 있다.

이러한 연결 관계에 대해서 혼란스러울 수 있다. 많은 논문들과 블로그들 또한 BFS가 동질성을 강조하고 DFS가 구조적 동등성과 관련이 있다고 잘못 가정한다. 어쨌든, 우리는 동질성과 구조적 동등성을 결합하는 그래프를 이상적인 해결책으로 고려한다. 따라서 이러한 연결 관계와 관계없이 데이터를 생성하기 위해 두 샘플링 전략을 모두 사용하고자 한다.

이제 어떻게 이를 구현하여 랜덤 워크를 생성할 수 있는지 살펴보겠다.

랜덤 워크에 편향 도입하기

앞서 언급한 것처럼, 랜덤 워크는 그래프에서 무작위로 선택된 노드들의 순서이다. 이들은 시작점을 가지고 미리 정의된 길이를 가진다. 이러한 랜덤 워크에서 자주 함께 나타나는 노드들은 문장에서 함께 나타나는 단어들과 유사하다: 동질성 가설에 따르면, 이들은 유사한 의미를 공유하며, 따라서 유사한 표현을 갖는다.

노드투벡에서 랜덤 워크의 무작위성을 다음 중 하나로 편향시키는 것이 목표다.

- DFS와 유사하게 이전 노드와 연결되지 않은 노드를 선택
- BFS와 유사하게 이전 노드와 가까운 노드를 선택

그림 4.2를 예로 들어보겠다. 현재 노드를 j, 이전 노드를 i, 다음 노드를 k로 가정했을 때, 우리는 노드에서 노드로 이동하는 비정규화된 전이 확률(unnormalized transition probability)을 π_{jk}로 표기하겠다. 이 확률은 다음과 같이 분리될 수 있다: $\pi_{jk} = \alpha(i,k) \cdot w_{jk}$, 여기서 $\alpha(i,k)$는 노드 i와 노드 j 사이의 **탐색 편향**(search bias)이고 w_{jk}는 노드 j에서 노드 k로 가는 간선의 가중치다.

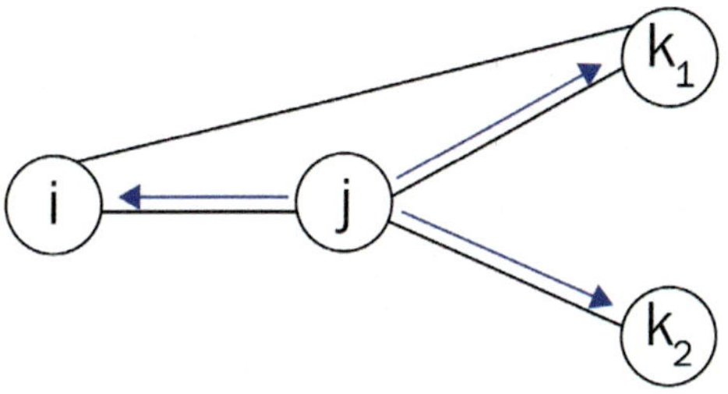

그림 4.2 랜덤 그래프의 예시

딥워크에서는 모든 노드 쌍에 대해 $\alpha(a,b) = 1$이다. 하지만 노드투벡에서는 $\alpha(a,b)$는 노드 간의 거리와 두 가지 추가 매개변수인 변환 매개변수 p, 입출력 매개변수 q에 기반하여 정의된다. 이 매개변수들의 역할은 각각 DFS와 BFS를 근사하는 것이다.

즉, $\alpha(a,b)$의 값은 다음과 같이 정의된다:

$$\alpha(a,b) = \begin{cases} \dfrac{1}{p} \; if \; d_{ab} = 0 \\ 1 \; if \; d_{ab} = 1 \\ \dfrac{1}{q} \; if \; d_{ab} = 2 \end{cases}$$

여기서 d_{ab}는 노드 a와 노드 b 사이의 최단 경로 거리(shortest path distance)를 나타낸다. 이전

그래프에서 비정규화된 전이 확률을 다음과 같이 업데이트할 수 있다.

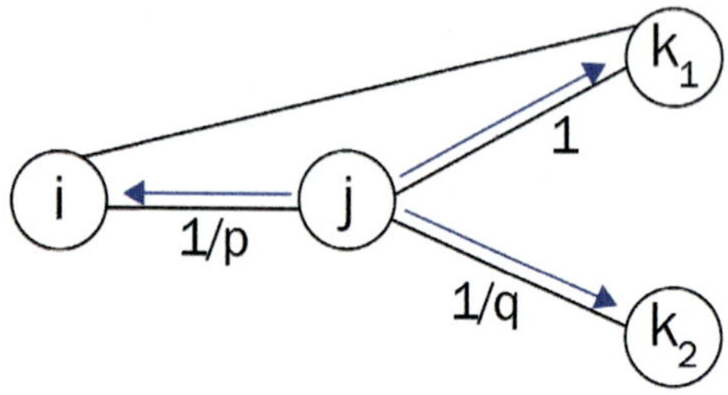

그림 4.3 전이 확률이 있는 그래프

위의 확률들을 해석해 보자.

- 랜덤 워크는 노드 i에서 시작하여 노드 j에 도착한다. 이전 노드 i로 돌아갈 확률은 매개변수 p에 의해 제어된다. 이 값이 높아질수록 랜덤 워크는 이전 노드를 반복하는 대신 새로운 노드를 탐색하며 DFS와 유사해진다.
- 노드 k_1로 가는 비정규화된 확률은 1이다. 이는 이 노드가 이전 노드 i의 직접적인 이웃이기 때문이다.
- 마지막으로, 노드 k_2로 이동하는 확률은 매개변수 q에 의해 제어된다. 이 값이 높을수록 랜덤 워크는 이전 노드와 가까운 노드로 이동할 확률이 높아지며 BFS와 유사해진다.

  이를 이해하는 가장 좋은 방법은 이 구조를 실제로 구현하고 매개변수를 조정해보는 것이다. 이를 위해 이전 장에서 소개한 자카리의 가라테 클럽(Zachary's Karate Club) (그림 4.4) 그래프 데이터를 이용하여 단계별로 진행해 보겠다.

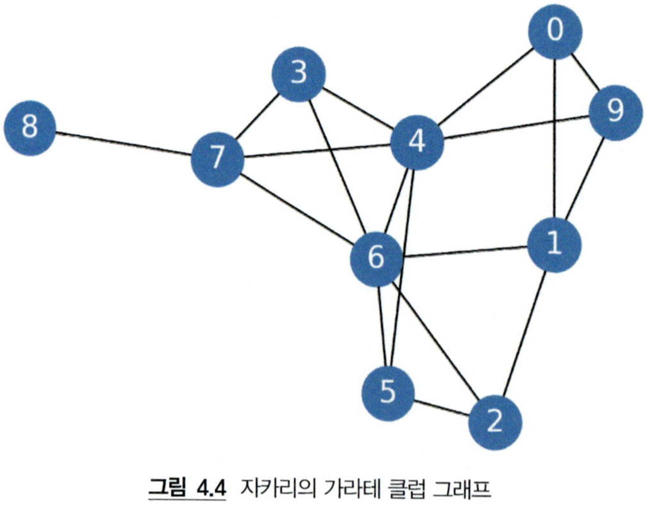

그림 4.4 자카리의 가라테 클럽 그래프

참고로, 이 그래프는 간선에 가중치가 없는 네트워크이기 때문에 전이 확률은 탐색 편향에 의해서만 결정된다.

우선, 이전 노드, 현재 노드, 그리고 두 매개변수 p와 q를 기반으로 그래프에서 다음 노드를 무작위로 선택하는 함수를 만들어 보겠다.

1. 먼저 필요한 라이브러리인 networkx, random, 그리고 numpy를 불러온다.

```
import networkx as nx
import random
random.seed(0)
import numpy as np
np.random.seed(0)

G = nx.erdos_renyi_graph(10, 0.3, seed=1, directed=False)
```

2. 다음과 같이 매개변수 목록을 사용하여 next_node 함수를 정의한다.

```
def next_node(previous, current, p, q):
```

3. 현재 노드로부터 이웃 노드 목록을 가져오고 탐색 편향 값들의 목록을 초기화한다.

```
    neighbors = list(G.neighbors(current))
    alphas = []
```

4. 각 이웃에 대해 적절한 탐색 편향 값을 계산한다: 이웃이 이전 노드인 경우 $1/p$, 이웃이 이전 노드와 연결된 경우 1, 그렇지 않은 경우 $1/q$로 설정한다.

```
    for neighbor in neighbors:
        if neighbor == previous:
            alpha = 1/p
        elif G.has_edge(neighbor, previous):
            alpha = 1
        else:
            alpha = 1/q
        alphas.append(alpha)
```

5. 이러한 값들을 정규화하여 확률로 변환한다.

```
probs = [alpha / sum(alphas) for alpha in alphas]
```

6. np.random.choice()를 활용하여 이전 단계에서 계산한 전이 확률에 따라 다음 노드를 무작위로 선택하고 이를 반환한다.

```
next = np.random.choice(neighbors, size=1, p=probs) [0]
return next
```

이 함수를 테스트하기 전에 전체 랜덤 워크를 생성하는 코드가 필요하다.

이러한 랜덤 워크들을 생성하는 방법은 이전 장에서 본 것과 유사하다. 차이점은 다음 노드가 next_node() 함수에 의해 선택된다는 것이고 이 함수는 추가적인 매개변수와 이전 노드와 현재 노드가 필요하다. 이 노드들은 walk 변수에 추가된 최근 두 요소들을 살펴봄으로써 쉽게 얻을 수 있다. 또한, 호환성을 위해 정수 대신 문자열을 반환한다.

다음은 random_walk() 함수의 새로운 버전이다.

```
def random_walk(start, length, p, q):
    walk = [start]

    for i in range(length):
        current = walk[-1]
        previous = walk[-2] if len(walk) > 1 else None
        next = next_node(previous, current, p, q)
        walk.append(next)

    return [str(x) for x in walk]
```

이제 랜덤 워크를 생성하는 데 필요한 모든 요소들이 준비되었다. 길이가 5이고 $p = 1$, $q = 1$인 랜덤 워크를 생성해 보겠다.

```
random_walk(0, 8, p=1, q=1)
```

함수는 다음과 같은 배열을 반환한다.

```
[0, 4, 7, 6, 4, 5, 4, 5, 6]
```

이는 모든 이웃 노드가 동일한 전이 확률을 가지기 때문에 무작위적이야 한다. 이 매개변수들로 인해 정확한 딥워크 알고리즘 재현이 가능하다.

이제 $q = 10$으로 설정하여 이전 노드로 돌아가는 것을 선호하도록 편향시켜 보겠다.

```
random_walk(0, 8, p=1, q=10)
```

함수는 다음과 같은 배열을 반환한다.

```
[0, 9, 1, 9, 1, 9, 1, 0, 1]
```

이번에는 랜덤 워크가 그래프의 더 많은 노드들을 탐색하도록 해 보겠다. $p = 10$으로 설정되었기 때문에 이전 노드로 돌아가는 확률이 낮아지고 따라서 이전 노드로 돌아가지 않는 것을 확인할 수 있다.

```
random_walk(0, 8, p=10, q=1)
```

함수는 다음과 같은 배열을 반환한다.

```
[0, 1, 9, 4, 7, 8, 7, 4, 6]
```

이러한 특성들을 실제 예제에서 어떻게 활용하는지를 살펴보고 딥워크와 비교해 보겠다.

노드투벡 구현

이제 편향된 랜덤 워크를 생성하는 함수들을 가지고 있기 때문에, 노드투벡을 구현하는 것은 딥워크를 구현하는 것과 매우 유사하다. 실제로 딥워크는 매개변수를 $p = 1$과 $q = 1$로 설정한 노드투벡의 특수한 경우로서 이를 구현할 수 있다. 이를 위해 자카리의 가라테 클럽 데이터를 재사용하겠다.

이전 장에서와 마찬가지로, 우리의 목표는 클럽의 각 멤버를 두 개의 그룹("Mr.Hi" 그룹과 "Officer" 그룹) 중 하나로 올바르게 분류하는 것이다. 우리는 노드투벡이 제공하는 노드 임베딩을 기계 학습 분류기의 한 종류인 랜덤 포레스트(Random Forest)의 입력으로 사용할 것이다.

이를 단계별로 어떻게 구현하는지 살펴 보겠다.

1. 먼저, 워드투벡을 사용하기 위해 gensim 라이브러리를 설치하고자 한다. 이번에는 호환성을 위해 버전 3.8.0을 사용하겠다.

```
!pip install -qI gensim==3.8.0
```

2. 필요한 라이브러리들을 불러온다.

```
from gensim.models.word2vec import Word2Vec
from sklearn.ensemble import RandomForestClassifier
from sklearn.metrics import accuracy_score
```

3. 데이터셋(Zachary's Karate Club)을 불러온다.

```
G = nx.karate_club_graph()
```

4. 노드의 레이블을 숫자 값(0 과 1)로 변환한다.

```
labels = []
for node in G.nodes:
    label = G.nodes[node]['club']
    labels.append(1 if label == 'Officer' else 0)
```

5. 그래프의 각 노드에 대해 random_walk() 함수를 80번씩 호출하여 랜덤 워크들을 생성한다. 여기에서 매개변수들은 다음과 같이 지정된다(각각 2와 1):

```
walks = []
for node in G.nodes:
    for _ in range(80):
        walks.append(random_walk(node, 10, 3, 2))
```

6. 워드투벡(스킵그램 모델)의 인스턴스를 생성한다. 이때 계층적 소프트맥스 함수를 사용한다:

```
node2vec = Word2Vec(walks,
                hs=1, # Hierarchical softmax
                sg=1, # Skip-gram
                vector_size=100,
                window=10,
                workers=2,
                min_count=1,
                seed=0)
```

7. 생성한 시퀀스로 스킵그램 모델을 30 에폭 동안 학습시킨다:

```
node2vec.train(walks, total_examples=node2vec.corpus_
count, epochs=30, report_delay=1)
```

8. 분류기를 학습하고 평가하기 위해 마스크를 생성한다:

```
train_mask = [2, 4, 6, 8, 10, 12, 14, 16, 18, 20, 22, 24]
train_mask_str = [str(x) for x in train_mask]
test_mask = [0, 1, 3, 5, 7, 9, 11, 13, 15, 17, 19, 21,
23, 25, 26, 27, 28, 29, 30, 31, 32, 33]
test_mask_str = [str(x) for x in test_mask]
labels = np.array(labels)
```

9. 랜덤 포레스트 분류기를 훈련 데이터로 학습한다:

```
clf = RandomForestClassifier(random_state=0)
clf.fit(node2vec.wv[train_mask_str], labels[train_mask])
```

10. 테스트 데이터에 대한 정확도를 기준으로 평가한다:

```
y_pred = clf.predict(node2vec.wv[test_mask_str])
acc = accuracy_score(y_pred, labels[test_mask])
print(f'Node2Vec accuracy = {acc*100:.2f}%')
```

딥워크를 구현하기 위해서는 $p = 1$과 $q = 1$로 정확히 동일한 과정을 반복할 수 있다. 그러나 공정한 비교를 위해서는 단일 정확도 점수를 사용할 수 없다. 실제로는 많은 확률적인 과정들이 관련되어 있기 때문에, 우리는 운이 나빠서 최악의 모델로부터 더 나은 결과를 얻을 수도 있다.

결과의 불확실성을 줄이기 위해 이 과정을 100번 반복하고 평균 값을 취할 수 있다. 결과는 더 안정적이며 정확도 점수의 변동성을 측정하기 위해 표준편차(`np.std()`)를 포함할 수도 있다.

하지만 그 전에 동질성에 관련한 한 가지 실험을 해볼 수 있다. 이전 장에서 자카리 가라테 클럽 그래프는 동질성을 가진 그래프라는 것을 확인했었다. 이러한 특징은 매개변수를 DFS에 유사하도록 증가시켰을 때 두드러지게 된다. 만약 이 주장과 DFS와 동질성의 연결 관계가 사실이라면 p 값이 높은 경우에 더 좋은 결과를 얻어야 할 것이다.

이를 확인하기 위해 1과 7 사이의 값으로 같은 실험을 반복해 보았다. 실제 기계 학습 프로젝트에서는 이러한 매개변수 탐색을 위해 검증 데이터를 사용할 것이다. 하지만 이 예제에서는 이미 현재 실험이 최종 응용 프로그램이기 때문에 테스트 데이터를 사용할 것이다.

실험 결과는 아래 표와 같다.

	p=1	p=2	p=3	p=4	p=5	p=6	p=7
q=1	92.95% (± 4.61%)	94.45% (± 4.19%)	96.36% (± 4.69%)	95.41% (± 4.14%)	95.59% (± 4.30%)	95.82% (± 4.67%)	95.41% (± 3.94%)
q=2	93.64% (± 4.36%)	93.95% (± 3.97%)	95.09% (± 4.34%)	95.55% (± 3.80%)	96.27% (± 3.82%)	96.18% (± 3.90%)	97.45% (± 3.60%)
q=3	93.45% (± 3.82%)	94.41% (± 4.11%)	95.77% (± 3.59%)	95.27% (± 3.63%)	96.68% (± 3.90%)	95.64% (± 3.69%)	96.00% (± 3.82%)
q=4	94.14% (± 3.93%)	94.14% (± 3.93%)	95.45% (± 3.40%)	95.05% (± 3.58%)	95.95% (± 3.46%)	96.41% (± 3.71%)	95.59% (± 3.31%)
q=5	94.41% (± 3.68%)	94.18% (± 3.64%)	94.68% (± 3.58%)	95.36% (± 3.75%)	95.64% (± 3.34%)	95.55% (± 3.58%)	95.27% (± 4.01%)
q=6	94.91% (± 3.71%)	94.55% (± 3.08%)	94.59% (± 3.13%)	95.05% (± 3.86%)	95.77% (± 3.23%)	94.55% (± 4.17%)	95.05% (± 3.75%)
q=7	94.64% (± 4.03%)	95.00% (± 3.78%)	93.59% (± 3.97%)	94.86% (± 3.67%)	94.14% (± 3.87%)	95.27% (± 3.74%)	95.82% (± 3.38%)

그림 4.5 서로 다른 p와 q의 값에 따른 평균 정확도와 표준편차

다음은 몇 가지 흥미로운 결과들이다.

- 딥워크 (p=1, q=1)는 어떤 다른 조합보다도 성능이 낮다. 이는 이 데이터셋에 대해서 편향된 랜덤 워크의 유용함을 보여준다. 하지만, 이는 데이터에 따라 다를 수 있다. 비편향 랜덤 워크가 다른 데이터셋에서 더 좋은 결과를 얻을 수도 있다.
- 높은 p 값은 더 나은 성능을 보여준다. 이는 우리의 가설을 검증하고 이 데이터가 사회 신경망 그래프인 것을 고려한다면 동질성을 위해 랜덤 워크를 편향시키는 것이 좋은 전략이라고 볼 수 있다. 이는 이러한 유형의 그래프를 다룰 때 염두에 두어야할 사항이다. 매개변수를 자유롭게 조정하면서 다른 흥미로운 결과를 찾아보면 매우 높은 값(>7)이나 그 반대로 값을 0과 1 사이로 조정하여 결과를 탐색해볼 수도 있다.

자카리의 가라테 클럽 그래프 데이터는 기본적인 데이터셋이지만 다음 절에서는 이 기술을 사용하여 더 흥미로운 응용 프로그램을 구축하는 방법을 살펴볼 것이다.

영화 추천 시스템 구축

그래프 인공신경망의 가장 유명한 응용 중 하나는 추천 시스템이다. 워드투벡, 딥워크와 노드

투벡의 기초를 생각해보면, 그 목표는 유사도를 측정할 수 있는 벡터를 생성하는 것이다. 단어 대신 영화를 인코딩하고, 주어진 입력 제목과 가장 유사한 영화를 찾는다고 생각해보자. 이는 추천 시스템이 하고자 하는 것과 매우 유사하게 볼 수 있다.

그러나 영화를 어떻게 인코딩할까? 우리는 영화들의 (편향된) 랜덤 워크를 만들고 싶지만, 이를 위해서는 비슷한 영화들이 서로 연결된 그래프 데이터셋이 필요하다. 이는 쉽게 찾기 어렵다.

다른 접근 방법은 사용자 평점을 살펴보는 것이다. 평점을 기반으로 그래프를 구축하는 다양한 방법들이 있다: 이분 그래프(bipartite graphs), 상호 정보에 기반한 간선 등. 이 절에서는 같은 사용자가 좋아하는 영화들을 연결하는 간단하고 직관적인 방법으로 구현해 보겠다. 그런 다음 이 그래프를 기반으로 노드투벡을 활용하여 영화 임베딩을 학습할 것이다.

1. 먼저 데이터셋을 다운로드 해보겠다. MovieLens [2]는 최신 데이터셋의 (09/2018) 의 작은 버전으로 100,836개의 평점, 9,742개의 영화, 그리고 610명의 사용자를 포함하고 있다. 다음 파이썬 코드를 통해 데이터셋을 다운로드할 수 있다.

```
from io import BytesIO
from urllib.request import urlopen
from zipfile import ZipFile

url = 'https://files.grouplens.org/datasets/movielens/
ml-100k.zip'
with urlopen(url) as zurl:
    with ZipFile(BytesIO(zurl.read())) as zfile:
        zfile.extractall('.')
```

2. 두 개의 파일(ratings.csv와 movies.csv)을 확인할 수 있다. 첫 번째 파일은 사용자가 작성한 모든 평점 정보가 있고, 두 번째 파일은 영화 식별자를 영화 제목으로 변환 할 수 있는 정보가 있다.

3. pandas의 pd.read_csv()를 사용하여 파일들을 불러와서 각각의 파일을 살펴보겠다.

```
import pandas as pd
ratings = pd.read_csv('ml-100k/u.data', sep='\t',
names=['user_id', 'movie_id', 'rating', 'unix_
timestamp'])
ratings
```

4. 이를 통해 우리는 다음과 같은 출력을 얻을 수 있다.

```
        user_id movie_id rating unix_timestamp
0       196     242      3      881250949
1       186     302      3      891717742
2       22      377      1      878887116
...     ...     ...      ...    ...
99998   13      225      2      882399156
99999   12      203      3      879959583
100000 rows × 4 columns
```

5. 이제 movies.csv를 불러와 보겠다.

```
movies = pd.read_csv('ml-100k/u.item', sep='|',
usecols=range(2), names=['movie_id', 'title'],
encoding='latin-1')
```

6. 이 데이터셋은 다음과 같은 출력을 제공한다.

```
movies
        movie_id   title
0       1          Toy Story (1995)
1       2          GoldenEye (1995)
2       3          Four Rooms (1995)
...     ...        ...
1680    1681       You So Crazy (1994)
1681    1682       Scream of Stone (Schrei aus Stein) (1991)
1682 rows × 2 columns
```

7. 여기서 우리는 같은 사용자가 좋아한 영화들을 보고 싶다. 이는 평점이 1, 2, 3인 경우가 크게 관련이 없다는 것을 의미한다. 따라서 이러한 평점을 제외하고 4와 5점만 고려할 것이다.

```
ratings = ratings[ratings.rating >= 4]
ratings
```

8. 이는 다음과 같은 출력을 생성한다.

```
        user_id movie_id rating unix_timestamp
5       298     474      4      884182806
7       253     465      5      891628467
```

```
11      286     1014    5       879781125
...     ...     ...     ...     ...
99991   676     538     4       892685437
99996   716     204     5       879795543
55375 rows × 4 columns
```

9. 우리는 이제 610명의 사용자가 작성한 48,580개의 평점에 대한 정보가 있다. 다음 단계는 두 영화가 같은 사용자에 의해 좋아하는 경우를 세는 것이다. 이러한 과정을 데이터셋의 모든 사용자에 대해 반복하겠다.

10. 이를 간단하게 하기 위해서 defaultdict 데이터 구조를 사용할 것이다. 이 구조는 누락된 항목을 자동으로 생성하여 오류를 발생시키지 않는다. 이 구조를 사용하여 같은 사용자가 좋아하는 영화를 셀 것이다.

```
from collections import defaultdict

pairs = defaultdict(int)
```

11. 데이터셋의 전체 사용자에 대해 과정을 반복한다.

```
for group in ratings.groupby("userId"):
```

12. 현재 사용자가 좋아하는 영화 목록을 가져온다.

```
user_movies = list(group[1]["movieId"])
```

13. 이들이 같은 목록에 함께 나타날 때마다 특정 영화 쌍에 대한 횟수를 증가시킨다.

```
for i in range(len(user_movies)):
          for j in range(i+1, len(user_movies)):
              pairs[(user_movies[i], user_movies[j])]+= 1
```

14. 이제 pairs 객체는 두 영화가 같은 사용자에 의해 좋아하는 횟수를 가지게 된다. 이 정보를 사용하여 그래프의 간선을 다음과 같이 구축할 수 있다.

15. networkx 라이브러리를 사용하여 그래프를 생성한다.

```
G = nx.Graph()
```

16. pairs 구조 내의 각 영화 쌍에 대해, 두 영화와 해당 점수를 가져온다.

```
for pair in pairs:
    movie1, movie2 = pair
    score = pairs[pair]
```

17. 만약 이 점수가 10보다 높다면, 우리는 이 점수를 기반으로 두 영화를 연결하는 가중치를 가지는 간선을 그래프에 추가한다. 10보다 낮은 점수는 유의미하지 않은 간선이 포함된 큰 그래프를 만들기 때문에 고려하지 않는다.

```
if score >= 20:
    G.add_edge(movie1, movie2, weight=score)
```

18. 우리가 생성한 그래프에는 410개의 노드(영화)와 14,936개의 간선이 있다. 이제 이 그래프에서 노드투벡을 학습하여 노드 임베딩을 학습할 수 있다.

우리는 이전 절에서 구현한 것을 재사용할 수 있지만, 사실 노드투벡에 특화된 전용 파이썬 라이브러리인 node2vec이 있다. 이 예제에서는 이를 사용해보자:

1. node2vec 라이브러리를 설치하고 Node2Vec 클래스를 가져온다.

```
!pip install node2vec
from node2vec import Node2Vec
```

2. node2Vec의 인스턴스를 생성한다. 이 인스턴스는 자동으로 매개변수를 기반으로 편향된 랜덤 워크를 생성한다.

```
node2vec = Node2Vec(G, dimensions=64, walk_length=20,
num_walks=200, p=2, q=1, workers=1)
```

3. 이러한 편향된 랜덤 워크로 윈도우 범위가 10 (현재 노드로부터 5개의 이전 노드, 5개의 이후 노드)인 모델을 학습한다.

```
model = node2vec.fit(window=10, min_count=1,
batch_words=4)
```

이제 노드투벡 모델이 학습되었으며 우리는 gensim 라이브러리의 Word2Vec 객체와 같은 방식으로 사용할 수 있다. 특정 제목을 기반으로 영화를 추천하는 함수를 만들어 보겠다.

4. 영화 제목을 입력으로 받는 recommend() 함수를 생성한다. 먼저 입력된 제목을 모델에 질의할 수 있는 영화 ID로 변환한다.

```
def recommend(movie):
    movie_id = str
        movies.title == movie].movie_ id.values[0])
```

5. 다섯 개의 가장 유사한 단어 벡터를 순회하면서 해당 ID들을 영화 제목으로 변환하고 해당 유사도 점수와 함께 출력한다.

```
    for id in model.wv.most_similar(movie_id)[:5]:
        title = movies[movies.movie_id == int(id[0])].
title.values[0]
        print(f'{title}: {id[1]:.2f}')
```

6. 코사인 유사도 측면에서 스타워즈와 가장 유사한 다섯 개의 영화를 얻기 위해 작성된 함수를 호출한다.

```
recommend('Star Wars (1977)')
```

7. 다음과 같은 출력을 얻는다.

```
Return of the Jedi (1983): 0.61
Raiders of the Lost Ark (1981): 0.55
Godfather, The (1972): 0.49
Indiana Jones and the Last Crusade (1989): 0.46
White Squall (1996): 0.44
```

모델은 Return of the Jedi와 Raiders of the Lost Ark가 Star Wars와 가장 유사하다고 알려주지만, 상대적으로 낮은 점수(<0.7)를 보여준다. 그럼에도 불구하고 이것은 우리가 처음으로 추천 시스템의 세계에 한 걸음 내딛는 데 좋은 결과다! 이후 장에서는 최첨단 추천 시스템을 구축하기 위한 더 강력한 모델과 접근 방법을 살펴볼 것이다.

요약

이번 장에서는 워드투벡을 기반으로 한 두 번째 구조인 노드투벡에 대해 배웠다. 우리는 편향된 랜덤 워크를 생성하는 함수들을 구현하고, 이들의 매개변수와 두 개의 네트워크 속성인 동질성과 구조적 동등성 사이의 관계를 설명했다. 우리는 이들의 유용성을 보여주기 위해 자카리의 가라테 클럽 데이터를 기반으로 노드투벡과 딥워크를 비교해 보았다. 마지막으로, 우리는 직접 구축한 데이터셋과 노드투벡의 구현을 활용하여 첫 번째 추천 시스템을 구축하였다. 이를 통해 정확한 추천을 예측할 수 있었고, 다음 장들에서 이를 개선해 볼 것이다.

*5장, 기본 인공신경망(Vanilla Neural Networks)을 사용한 노드 특성값(node features) 포함시키기*에서는 딥워크와 노드투벡과 관련하여 간과되었던 문제 중 하나인 적절한 노드 특성값의 부재에 대해 이야기할 것이다. 우리는 전통적인 신경망을 이용하여 이 문제를 해결해 볼 것인데, 이러한 신경망은 네트워크의 형태를 이해는 데 어려움을 겪는다. 이러한 딜레마에 해답이 될 수 있는 그래프의 신경망을 이해하기 전에 이 딜레마를 이해하는 것이 중요하다.

더 읽을거리

- [1] A. Grover and J. Leskovec, node2vec: Scalable Feature Learning for Networks. arXiv, 2016. DOI: 10.48550/ARXIV.1607.00653. Available: https://arxiv.org/abs/1607.00653.
- [2] F. Maxwell Harper and Joseph A. Konstan. 2015. The MovieLens Datasets: History and Context. ACM Transactions on Interactive Intelligent Systems (TiiS) 5, 4: 19:1–19:19. https://doi. org/10.1145/2827872. Available: https://dl.acm.org/doi/10.1145/2827872.

제5장
기본 인공신경망(Vanilla Neural Networks)을 사용한 노드 특성값(Node Features) 포함시키기

지금까지는, 그래프 연결 구조 정보만을 사용하여 그래프를 다루었다. 하지만, 그래프 데이터셋(datasets)은 연결 관계뿐만 아니라 더 많은 정보를 가지고 있는 경우가 많다. 예를 들어 노드(nodes)와 간선(edges)들이 점수, 색, 단어 등의 다양한 정보를 가지고 있을 수 있다. 그래프 연결 구조와 더불어 부가적인 정보들을 잘 활용하는 것은 그래프 표현 학습(representation learning)에 매우 중요하다. 노드나 간선 특성값(feature)은 정형 데이터(tabular datasets)와 같은 형식을 가지기에 자연스럽게 기계 학습으로 학습할 수 있다. 이는 인공신경망이 그래프 데이터에도 자연스럽게 적용될 수 있음을 보여준다.

이번 장에서는 두 새로운 그래프 데이터셋 `Cora`와 `Facebook Page-Page`에 대해 알아볼 것이다. 노드 피처값(node features)을 정형 데이터로 간주하여 **기본 인공신경망(Vanilla Neural Networks)**이 노드 특성값에 어떻게 적용될 수 있을지 지켜볼 것이다. 그 후, 그래프의 구조 정보를 고려한 인공 신경망을 설계하여 실험을 진행할 것이다. 그래프 구조 정보를 고려한 인공 신경망은 여러분들의 첫 GNN(노드 특성값과 간선을 고려한 인공신경망)이 될 것 이다. 마지막으로, 위의 두 신경망의 성능을 비교한 후에 이 책에서 아주 중요한 결론을 도출할 것이다.

이번 장의 마지막에는, PyTorch Geometric을 이용하여 기본 인공신경망과 GNN의 구현에 대해 배울 예정이다. 이를 통해 모든 GNN 구조의 기초인 그래프 구조 정보를 노드 표현자(representations)로 나타낼 수 있게 될 것이다. 이는 정형 데이터를 그래프 문제로 변환할 수 있게 해주어 당신의 모델의 성능을 상당 부분 향상시킬 수 있도록 도와줄 것이다.

이번 장에서, 우리는 아래 내용들을 다룬다.

- 그래프 데이터셋 소개

- 기본 인공신경망을 통한 노드 분류
- 기본 그래프 인공신경망을 통한 노드 분류

기술 요구사항

이 장에서 나오는 모든 코드는 GitHub(https://github.com/PacktPublishing/Hands-On-Graph-Neural-Networks-Using-Python/tree/ main/Chapter05)에서 찾을 수 있다. 각자의 머신에서 코드를 실행하기 위한 설치 방법은 이 책의 서문에서 참고할 수 있다.

그래프 데이터셋 소개

이번 장에서 다룰 그래프 데이터셋은 자카리의 가라데 클럽(Zachary's Karate Club) 데이터에 비해 더 많은 정보를 가지고 있다: 더 많은 노드 및 간선 뿐만 아니라 노드 피처를 가지고 있다. 이번 절에서, 두 가지 그래프를 소개하고 PyTorch Geometric을 통해 이들을 가공하는 방법에 대해 알아볼 것이다.

우리가 사용할 두 그래프 데이터셋이다.

- Cora
- Facebook Page-Page

먼저, 좀 더 작은 Cora 데이터셋에 대해 알아보자.

Cora 데이터셋

Set et al. [1]에 의해 소개된 Cora(라이센스 없음)는 과학 논문들에 관한 노드 분류(node classification)에서 많이 사용되는 유명한 데이터셋이다. 이 데이터셋은 2,708개의 논문들과 논문 간의 인용으로 연결된 그래프다. 각각의 논문들은 1,433개의 단어들의 이진 벡터(binary vector)로 표현된다. 0과 1은 각각 해당 단어가 포함 되어 있지 않는지 혹은 되어 있는지를 나타낸다. 이러한 방식은 자연어 처리(natural language processing)에서 이진 **백오브워즈(bag of words)**로 불리기도 한다. 이 데이터셋의 목표는 각각의 노드(논문)를 7개의 카테고리 중 하나로 분류하는 것이다.

데이터의 종류와 상관없이, 시각화(visualization)는 우리가 마주하는 문제를 이해하는 데에 있어 중요한 단계다. 그러나 너무 큰 그래프의 경우 networkx와 같은 파이썬 라이브러리를 사용-

하여 시각화하기에 어려움이 있을 수 있다. 그래서, 그래프 시각화만을 위한 툴(tools)들이 존재한다. 이 책에서는, 그래프 시각화로 유명한 두 개의 툴인 **yEd Live**(`https://www.yworks.com/yed-live/`)와 **Gephi**(`https://gephi.org/`)을 사용할 것이다.

아래의 그림은 yEd Live를 통해 시각화한 `Cora` 그래프다. 노드는 주황색으로 노드 간 연결은 초록색으로 나타냈다. 몇몇 논문들은 서로서로 연결되어 클러스터를 형성하는 것을 확인할 수 있다. 이러한 클러스터에 존재하는 노드들은 연결이 거의 없는 노드들에 비해 카테고리를 분류하기 쉽다.

그림 5.1 yED Live를 통해 시각화한 Cora 데이터

이제 그래프를 임포트(import)해서 PyTorch Geometric을 활용하여 그래프의 주요 특징들을 분석해보자. PyTorch Geometric 라이브러리에는 데이터셋을 다운로드하고 그래프 데이터를 다룰 수 있도록 하는 자료 구조를 반환 해주는 클래스(class)가 있다. 아래 코드는 PyTorch Geometric이 이미 설치되었다고 가정하고 진행하도록 하겠다.

1. PyTorch Geometric에서 `Planetoid` 클래스를 임포트한다.

```
from torch_geometric.datasets import Planetoid
```

2. `Planetoid` 클래스를 통해 `Cora` 그래프를 다운로드한다.

```
dataset = Planetoid(root=".", name="Cora")
```

3. data 변수에 하나만 있는 Cora 그래프를 저장한다.

```
data = dataset[0]
```

4. 데이터셋에 대한 일반적인 통계를 출력한다.

```
print(f'Dataset: {dataset}')
print('---------------')
print(f'Number of graphs: {len(dataset)}')
print(f'Number of nodes: {data.x.shape[0]}')
print(f'Number of features: {dataset.num_features}')
print(f'Number of classes: {dataset.num_classes}')
```

5. 출력 결과는 아래와 같다.

```
Dataset: Cora()
---------------
Number of graphs: 1
Number of nodes: 2708
Number of features: 1433
Number of classes: 7
```

6. PyTorch Geometric의 함수(functions)를 통해 세부적인 정보도 얻을 수 있다.

```
print(f'Graph:')
print('------')
print(f'Edges are directed: {data.is_directed()}')
print(f'Graph has isolated nodes: {data.has_isolated_
nodes()}')
print(f'Graph has loops: {data.has_self_loops()}')
```

7. 위 코드의 실행 결과다.

```
Graph:
------
Edges are directed: False
Graph has isolated nodes: False
Graph has loops: False
```

첫 번째 출력은 노드, 특성값(features)과 클래스(classes)의 개수에 대한 정보를 보여 준다. 두 번째 출력은 그래프 자체에 대한 자세한 정보를 제공해 준다: 해당 그래프가 방향성이 없는 그래프(undirected graph)이며 모든 노드가 이웃(neighbors)을 가지고 있고, 그래프가 자가 순환(self-loop) 노드를 포함하고 있지 않다. PyTorch Geometric의 utils 함수를 이용하여 그래프의 다른 특성들에 대해 알아볼 수 있지만 이번 예시에서는 더 다루지 않도록 하겠다.

`Cora`에 대해 자세히 알아봤으니, 실세계 소셜 네트워크의 대표 데이터인 `Facebook Page-Page`에 대해 알아보자.

Facebook Page-Page 데이터셋

이 데이터셋은 Rozemb erczki et al., in 2019 [2]에 의해 소개된 데이터셋이다. 이 그래프 데이터셋은 2017년 11월에 Facebook Graph API를 통해 생성된 데이터셋이다. 이 데이터셋에는 공식 Facebook 페이지(official Facebook Page)를 나타내는 22,470개의 노드가 있다. 페이지들은 서로 간의 "좋아요"가 있을 경우 연결되어 있다. 특성값은 128차원 벡터로 해당 페이지 주인에 의해 작성된 페이지 설명을 기반으로 만들어졌다.

이 데이터셋의 목표는 노드를 네 개의 카테고리(정치인, 회사, 텔레비전 쇼, 정부 기관) 중 하나로 분류하는 것이다.

`Facebook Page-Page` 데이터셋은 `Cora` 데이터와 유사하게 노드 분류 문제를 다루는 사회 관계망(social network)다. 그러나 `Cora`와 세 가지 큰 차이점이 있다.

- 노드의 개수가 훨씬 많다
- 노드 피처의 차원(dimensionality)이 훨씬 작다
- 분류해야할 카테고리의 개수가 7개가 아닌 4개다

아래 그림은 Gephi를 통해 시각화한 `Facebook Page-Page` 데이터셋이다. 첫 번째로, 연결이 적은 노드들은 성능 향상을 위해 필터링되어 있다. 노드들의 크기는 연결이 많을수록 크고 노드들의 색은 카테고리에 따라 다르다. 해당 시각화에는 Fruchterman-Reingold와 ForceAtlas2 레이아웃(layout)이 적용되었다.

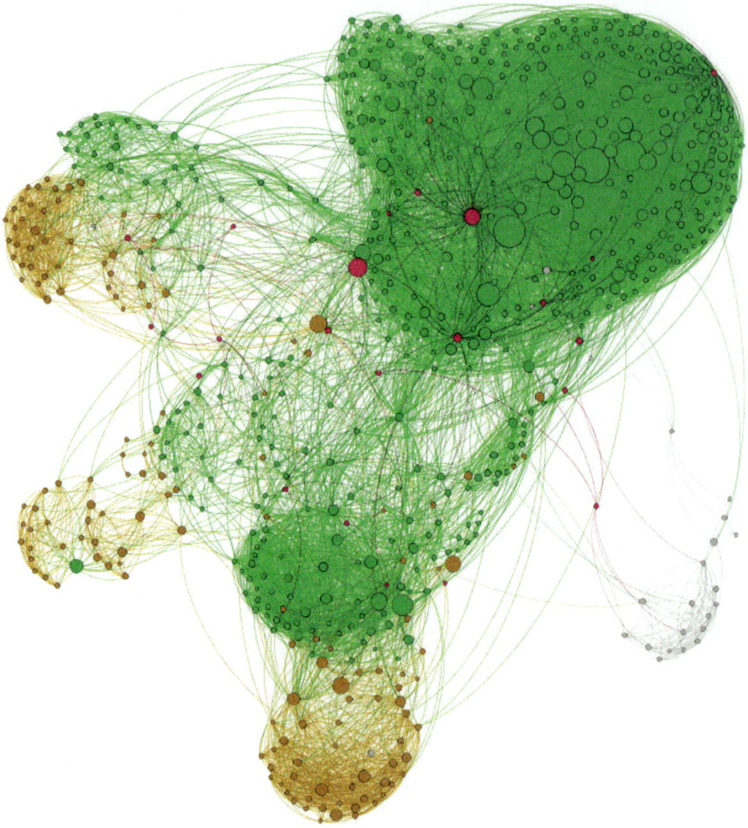

그림 5.2 Gephi를 통해 시각화한 Facebook Page-Page 데이터셋

Cora를 임포트한 방식과 유사하게 Facebook Page-Page 데이터셋을 임포트할 수 있다.

1. FacebookPagePage 클래스를 PyTorch Geometric에서 임포트한다.

```
from torch_geometric.datasets import FacebookPagePage
```

2. FacebookPagePage 클래스를 이용해서 데이터셋을 다운로드한다.

```
dataset = FacebookPagePage(root=".")
```

3. data 변수에 해당 그래프를 저장한다.

```
data = dataset[0]
```

4. 데이터셋에 대한 일반적인 통계를 출력한다.

```
print(f'Dataset: {dataset}')
print('-----------------------')
print(f'Number of graphs: {len(dataset)}')
print(f'Number of nodes: {data.x.shape[0]}')
print(f'Number of features: {dataset.num_features}')
print(f'Number of classes: {dataset.num_classes}')
```

5. 출력 결과는 아래와 같다.

```
Dataset: FacebookPagePage()
-----------------------
Number of graphs: 1
Number of nodes: 22470
Number of features: 128
Number of classes: 4
```

6. PyTorch Geometric의 함수(functions)를 통해 세부적인 정보를 얻는다.

```
print(f'\nGraph:')
print('------')
print(f'Edges are directed: {data.is_directed()}')
print(f'Graph has isolated nodes: {data.has_isolated_
nodes()}')
print(f'Graph has loops: {data.has_self_loops()}')
```

위 코드의 실행 결과이다.

```
Graph:
------
Edges are directed: False
Graph has isolated nodes: False
Graph has loops: True
```

7. `Cora` 데이터셋과 다르게, `Facebook Page-Page`는 훈련, 평가, 테스트 마스크가 없다. 임의로 `range()` 함수를 통해 만들어 준다.

```
data.train_mask = range(18000)
data.val_mask = range(18001, 20000)
data.test_mask = range(20001, 22470)
```

혹은 대안으로 PyTorch Geometric에서 랜덤 마스크를 위해 데이터셋을 불러올 때 사용할 수 있도록 제공하는 변환(transform) 함수를 사용한다.

```
import torch_geometric.transforms as T
dataset = Planetoid(root=".", name="Cora")
data = dataset[0]
```

첫 번째 출력 결과는 데이터셋을 설명할 때 보았던 노드와 클래스의 수를 확인시켜 주는 것을 알 수 있다. 두 번째 출력 결과는 이 그래프가 자가 순환(self-loop)을 가지고 있다는 것을 보여준다. 즉, 몇몇 페이지들은 본인과의 연결이 있다는 것이다. 이런 식으로 자가 순환이 있는 것이 이상하게 보일 수 있지만, 나중에 보면 이는 문제가 되지 않는다는 것을 알 수 있을 것이다.

Cora와 Facebook Page-Page는 다음 섹션에서 기본 인공신경망과 처음으로 구현할 GNN 간의 성능 비교를 위해 사용할 그래프다. 기본 인공신경망과 GNN을 차례대로 구현해 보자.

기본 인공신경망을 통한 노드 분류

자카리의 가라데 클럽 데이터셋과 다르게, 이 장에서 다룬 두 데이터셋은 노드 특성값이라는 새로운 유형의 정보를 가지고 있다. 노드 특성값은 사용자의 나이, 성별 혹은 관심 분야 등의 노드에 대한 부가적인 정보를 제공한다. 기본 인공신경망(multilayer perceptron으로 불리기도 한다)에서, 이 임베딩(embeddings)은 노드 분류와 같은 작업을 수행하는 데 직접적으로 사용될 수 있다.

이번 절에서, 노드 특성값을 일반적인 정형 데이터로 생각할 것이다. 노드 분류를 위해 단순한 인공신경망을 이 데이터에 대해 학습할 것이다. 중요한 것은 이 단순한 인공신경망은 그래프 구조를 반영하지 않다는 것이다. 다음 섹션에서 이러한 문제를 다룰 것이고 결과를 비교해 볼 것이다.

노드 피처의 정형 데이터는 우리가 생성한 data 객체(object)를 통해 쉽게 다룰 수 있다. 우선, 이 객체를 data.x(노드 피처)와 data.y(노드 클래스)를 통합시킴으로써 pandas DataFrame으로 변환시키겠다. Cora 데이터를 활용하여 이를 진행하겠다.

```
import pandas as pd
df_x = pd.DataFrame(data.x.numpy())
df_x['label'] = pd.DataFrame(data.y)
```

이러한 작업은 아래의 데이터셋을 만들어 준다.

	0	1	...	1432	label
0	0	0	...	0	3
1	0	0	...	0	4
...	...	...	...	...	...
2707	0	0	...	0	3

그림 5.3 Cora 데이터셋의 정형 데이터

만약 기계 학습에 익숙하다면, 위의 데이터가 일반적인 데이터 및 레이블 형태라는 것을 아마 알 것이다. 이제 단순 다계층 퍼셉트론(Multilayer Perceptron, MLP)에 `data.y`를 통해 제공되는 레이블과 `data.x`를 학습시킬 수 있다.

MLP class를 아래의 네 개의 메소드와 함께 생성한다:

- `__init__()` : 인스턴스 초기화
- `forward()` : 순전파 수행
- `fit()` : 모델 학습
- `test()` : 모델 평가

모델을 학습하기 전, 주요 평가 지표(metric)를 정해야 한다. 다중 클래스 분류 문제를 위해서 정확도, F1, 수신자 조작 특성 곡선 아래 면적(Area Under the Receiver Operating Characteristic Curve, ROC AUC) 점수 등 다양한 평가 지표가 사용될 수 있다. 이번 실험에서는, 전체에서 얼마나 맞게 예측했는지를 나타내는 정확도를 이용도록 하겠다. 다중 클래스 분류 문제에서 정확도가 최선은 아니지만, 직관적으로 이해하기 쉽기 때문이다. 하지만, 어떤 평가 지표를 사용해도 상관없다:

```
def accuracy(y_pred, y_true):
    return torch.sum(y_pred == y_true) / len(y_true)
```

이제, 실제 구현 파트를 시작하도록 하겠다. 이번 섹션에서 MLP 구현을 위해서는 PyTorch Geometric이 필요하지 않다. 모든 작업들이 아래와 같이 PyTorch만을 통해 가능하다:

1. PyTorch를 통해 필수 클래스를 임포트한다.

```
import torch
from torch.nn import Linear
import torch.nn.functional as F
```

2. torch.nn.Module을 상속받는 MLP라는 새로운 클래스를 생성한다.

```
class MLP(torch.nn.Module):
```

3. __init__() 메소드는 입력층 뉴런의 수, 은닉층 뉴런의 수, 출력층 뉴런의 수를 나타내는 세 개의 인자(dim_in, dim_h, dim_out)를 가진다. 또한 두 개의 선형 레이어를 선언한다.

```
    def __init__(self, dim_in, dim_h, dim_out):
        super().__init__()
        self.linear1 = Linear(dim_in, dim_h)
        self.linear2 = Linear(dim_h, dim_out)
```

4. forward() 메소드는 순전파를 수행한다. 입력이 첫 번째 레이어 및 Recitified Linear Unit (ReLU) 활성화 함수를 지나가고 두 번째 레이어를 거치며 결과값을 얻을 수 있다. 분류를 위해 결과값에 로그 소프트맥스를 씌운 값을 반환한다.

```
    def forward(self, x):
        x = self.linear1(x)
        x = torch.relu(x)
        x = self.linear2(x)
        return F.log_softmax(x, dim=1)
```

5. fit() 메소드는 훈련 루프(training loop)를 담당한다. 우선, 학습 과정에 쓰일 손실 함수(loss function)와 최적화기(optimizer)를 초기화(initialize)한다.

```
    def fit(self, data, epochs):
        criterion = torch.nn.CrossEntropyLoss()
        optimizer = torch.optim.Adam(self.parameters(), lr=0.01, weight_decay=5e-4)
```

6. 그 후, PyTorch 훈련 루프를 구현한다. accuracy() 함수를 손실 함수 다음에 선언하도록 한다.

```
self.train()
for epoch in range(epochs+1):
    optimizer.zero_grad()
    out = self(data.x)
    loss = criterion(out[data.train_mask], data.y[data.train_mask])
    acc = accuracy(out[data.train_mask]. argmax(dim=1), data.y[data.train_mask])
    loss.backward()
    optimizer.step()
```

7. 같은 루프 내에, 훈련 및 테스트 데이터에 대한 손실 함수와 정확도 값을 20에폭마다 그래프에 그리도록 한다.

```
if epoch % 20 == 0:
    val_loss = criterion(out[data.val_mask], data.y[data.val_mask])
    val_acc = accuracy(out[data.val_mask]. argmax(dim=1), data.y[data.val_mask])
    print(f'Epoch {epoch:>3} | Train Loss: {loss:.3f} | Train Acc: {acc*100:>5.2f}% |
    Val Loss: {val_loss:.2f} | Val Acc: {val_acc*100:.2f}%')
```

8. test() 메소드는 테스트 셋에 대해 모델을 평가하고 정확도 점수를 반환한다.

```
    def test(self, data):
        self.eval()
        out = self(data.x)
        acc = accuracy(out.argmax(dim=1)[data.test_mask], data.y[data.test_mask])
        return acc
```

이것으로 클래스가 완성되었으므로, 이제 MLP의 인스턴스를 생성, 학습 및 평가할 수 있다.

데이터셋이 두 개 있으므로 두 데이터 Cora 및 Facebook Page-Page를 위한 각각의 모델이 필요하다. 먼저, Cora에 MLP를 학습시켜 보도록 하겠다:

1. 먼저, MLP 모델을 만든 후 레이어들이 올바르게 선언되어 있는지 확인을 위해 모델을 출력하겠다.

```
mlp = MLP(dataset.num_features, 16, dataset.num_classes)
print(mlp)
```

2. 출력 결과는 다음과 같다.

```
MLP(
    (linear1): Linear(in_features=1433, out_features=16, bias=True)
    (linear2): Linear(in_features=16, out_features=7, bias=True)
)
```

3. 숫자가 올바른 것 같으니 100에폭 동안 모델을 학습시켜 보겠다:

```
mlp.fit(data, epochs=100)
```

4. 학습 루프 동안 출력된 평가 지표들은 아래와 같다.

```
Epoch 0 | Train Loss: 1.954 | Train Acc: 14.29% | Val
Loss: 1.93 | Val Acc: 30.80%
Epoch 20 | Train Loss: 0.120 | Train Acc: 100.00% | Val
Loss: 1.42 | Val Acc: 49.40%
Epoch 40 | Train Loss: 0.015 | Train Acc: 100.00% | Val
Loss: 1.46 | Val Acc: 50.40%
Epoch 60 | Train Loss: 0.008 | Train Acc: 100.00% | Val
Loss: 1.44 | Val Acc: 53.40%
Epoch 80 | Train Loss: 0.008 | Train Acc: 100.00% | Val
Loss: 1.40 | Val Acc: 54.60%
Epoch 100 | Train Loss: 0.009 | Train Acc: 100.00% | Val
Loss: 1.39 | Val Acc: 54.20%
```

5. 마지막으로, 정확도를 통해 모델의 성능을 평가하겠다:

```
acc = mlp.test(data)
print(f'MLP test accuracy: {acc*100:.2f}%')
```

6. 테스트 데이터에 대해 다음 정확도 점수를 얻었다:

```
MLP test accuracy: 52.50%
```

7. Facebook Page-Page 데이터셋에 대해 같은 작업을 반복하여 다음과 같은 결과를 얻을 수 있을 것이다:

```
Epoch 0 | Train Loss: 1.398 | Train Acc: 23.94% | Val
Loss: 1.40 | Val Acc: 24.21%
Epoch 20 | Train Loss: 0.652 | Train Acc: 74.52% | Val
Loss: 0.67 | Val Acc: 72.64%
Epoch 40 | Train Loss: 0.577 | Train Acc: 77.07% | Val
Loss: 0.61 | Val Acc: 73.84%
Epoch 60 | Train Loss: 0.550 | Train Acc: 78.30% | Val
Loss: 0.60 | Val Acc: 75.09%
Epoch 80 | Train Loss: 0.533 | Train Acc: 78.89% | Val
Loss: 0.60 | Val Acc: 74.79%
Epoch 100 | Train Loss: 0.520 | Train Acc: 79.49% | Val
Loss: 0.61 | Val Acc: 74.94%
MLP test accuracy: 74.52%
```

비록, 두 데이터가 어떤 부분에서 비슷한 측면이 있을지라도, 정확도 점수가 꽤 다른 것을 알 수 있다.

기본 그래프 인공신경망을 통한 노드 분류

잘 알려진 GNN 구조를 지금 구현하는 대신, GNN 구현 방식을 정확히 이해하기 위해 직접 우리만의 GNN 모델 구현을 먼저 해보겠다. 첫 번째로, 단순 선형 레이어(linear layer)부터 시작해야 한다.

기초적인 인공신경망 레이어는 선형 변환(linear transform) $h_A = x_A W^T$와 같다. 이때, x_A는 노드 A의 입력 벡터(input vector)이고 W는 가중치 행렬(weight matrix)이다. PyTorch에서 `torch.mm()` 함수나 `nn.Linear` 클래스를 통해 해당 선형 변환을 구현할 수 있다.

우리가 다룰 그래프 데이터셋의 경우, 입력 벡터는 노드 특성값이 된다. 이 말은 기본 인공 신경망을 사용할 경우 노드들이 본인과 다른 노드들을 고려하지 않는다는 것을 의미한다. 이는 그래프를 다루기에 충분하지 않다. 이미지에 있는 픽셀처럼, 노드의 맥락을 고려하는 일은 그래프를 다루는 데에 있어 필수적이다. 픽셀 하나를 보는 대신 픽셀 그룹을 봐야, 그림에 존재하는 간선, 패턴 등을 알아낼 수 있다. 마찬가지로, 노드를 이해하는 데 있어서 노드의 주위 이웃을 볼 필요가 있다.

N_A를 노드 A의 이웃이라고 정의하겠다. 그러면 **그래프 선형 레이어**는 다음과 같이 표현할 수 있다.

$$h_A = \sum_{i \in \mathcal{N}_A} x_i W^T$$

위 식에 대한 다양한 변형식을 떠올릴 수도 있다. 예를 들어, 중심 노드에는 가중치 행렬 W_1, 중심 노드가 아닌 이웃 노드들에 대해서는 가중치 행렬 W_2를 사용할 수도 있다.

각각의 노드에 대해 따로따로 위 식을 적용할 수 있지만 훨씬 효율적인 행렬곱 연산을 수행하도록 하겠다. 예를 들어, 선형 레이어의 식은 입력 행렬이 X라고 할 경우 $H = XW^T$로 표현할 수 있다.

인접 행렬(adjacency matrix) A는 그래프 내의 모든 노드들의 연결 관계를 나타낸다. 즉, 입력 행렬과 인접 행렬을 곱하는 것은 이웃 노드들의 특성값을 더하여 중심 노드를 표현하는 것과 같다. 우리는 이에 더해 인접 행렬에 자가 순환(self-loop)을 더해줄 수도 있는데 이는 중심 노드의 특성값도 같이 고려하는 효과를 가져다 줄 것이다. 우리는 인접 행렬에 자가 순환을 더한 새로운 인접 행렬을 $\tilde{A}= A+I$로 표현하겠다. $\tilde{A}$를 사용한 새로운 그래프 선형 레이어는 아래와 같이 나타낼 수 있다.

$$H = \tilde{A}^T X W^T$$

PyTorch Geometric을 사용해서 위 레이어를 검증해보고 검증한 후에 해당 레이어를 사용하여 GNN을 구현해보자.

1. 먼저, `torch.nn.Module`의 서브클래스로 새로운 클래스를 생성한다.

```
class VanillaGNNLayer(torch.nn.Module):
```

2. 이 클래스는 입력의 특성값 수를 나타내는 `dim_in`과 출력의 특성값 수를 나타내는 `dim_out`이라는 두 인자를 가진다. 우리는 편향(bias)이 없는 기본 선형 변환을 나타내는 코드를 추가할 것이다.

```
def __init__(self, dim_in, dim_out):
    super().__init__()
    self.linear = Linear(dim_in, dim_out, bias=False)
```

3. 선형 변환과 인접 행렬에 곱 연산을 하는 두 연산 과정을 추가적으로 수행할 것이다.

```
def forward(self, x, adjacency):
    x = self.linear(x)
    x = torch.sparse.mm(adjacency, x)
    return x
```

단순 GNN 구조를 구현하기 위해서는 그래프 데이터셋의 간선 인덱스(`data.edge_index`)의 형식을 인접 행렬 형식으로 변환해야 한다. 우리는 또한 자가 순환을 포함시켜야 한다. 그렇지 않을 경우, 중심 노드의 임베딩에 자기 자신에 대한 정보가 포함되지 않을 수 있다.

4. 이 과정은 `to_dense_adj()`와 `torch.eye()` 함수를 통해 쉽게 구현할 수 있다.

```
from torch_geometric.utils import to_dense_adj

adjacency = to_dense_adj(data.edge_index)[0]
adjacency += torch.eye(len(adjacency))
adjacency
```

아래는 인접 행렬이 어떻게 표현되는지 보여 준다.

```
tensor([[0., 0., 0., ..., 0., 0., 0.],
        [0., 0., 0., ..., 0., 0., 0.],
        [0., 0., 0., ..., 0., 0., 0.],
        ...,
        [0., 0., 0., ..., 0., 0., 0.],
        [0., 0., 0., ..., 0., 0., 0.],
        [0., 0., 0., ..., 0., 0., 0.]])
```

안타깝게도, 인접 행렬은 희소 행렬(sparse matrix)이라 우리는 텐서(tensor)에서 0 밖에 볼 수 없다. 더 자세한 방식으로 출력을 할 경우 (1로 표현되는) 노드 간의 연결을 보여줄 수도 있을 것이다. 레이어와 인접 행렬을 구현했으니 단순 GNN 구현은 MLP 구현과 매우 유사해진다.

5. 두 개의 단순 그래프 선형 레이어를 이용하여 새로운 클래스를 생성한다.

```
class VanillaGNN(torch.nn.Module):
    def __init__(self, dim_in, dim_h, dim_out):
        super().__init__()
        self.gnn1 = VanillaGNNLayer(dim_in, dim_h)
        self.gnn2 = VanillaGNNLayer(dim_h, dim_out)
```

6. 인접 행렬을 추가로 입력받는 새로운 그래프 레이어를 작동시킨다.

```
    def forward(self, x, adjacency):
        h = self.gnn1(x, adjacency)
        h = torch.relu(h)
        h = self.gnn2(h, adjacency)
        return F.log_softmax(h, dim=1)
```

7. `fit()`과 `test()` 메소드를 MLP를 구현할 때 했던 것과 같은 방식으로 구현한다.

```
    def fit(self, data, epochs):
        criterion = torch.nn.CrossEntropyLoss()
        optimizer = torch.optim.Adam(self.parameters(), lr=0.01, weight_decay=5e-4)
        self.train()
        for epoch in range(epochs+1):
            optimizer.zero_grad()
            out = self(data.x, adjacency)
            loss = criterion(out[data.train_mask], data.y[data.train_mask])
            acc = accuracy(out[data.train_mask].
argmax(dim=1), data.y[data.train_mask])
```

```
            loss.backward()
            optimizer.step()
            if epoch % 20 == 0:
                val_loss = criterion(out[data.val_mask], data.y[data.val_mask])
                val_acc = accuracy(out[data.val_mask].
argmax(dim=1), data.y[data.val_mask])
                print(f'Epoch {epoch:>3} | Train Loss:
{loss:.3f} | Train Acc: {acc*100:>5.2f}% | Val Loss:
{val_loss:.2f} | Val Acc: {val_acc*100:.2f}%')

    def test(self, data):
        self.eval()
        out = self(data.x, adjacency)
        acc = accuracy(out.argmax(dim=1)[data.test_mask], data.y[data.test_mask])
        return acc
```

8. 아래 코드와 같이 우리의 모델을 생성, 학습 및 평가할 수 있다.

```
gnn = VanillaGNN(dataset.num_features, 16, dataset.num_classes)
print(gnn)
gnn.fit(data, epochs=100)
acc = gnn.test(data)
print(f'\nGNN test accuracy: {acc*100:.2f}%')
```

9. 위 코드는 아래의 결과를 나타낸다.

```
VanillaGNN(
    (gnn1): VanillaGNNLayer(
        (linear): Linear(in_features=1433, out_features=16, bias=False)
)
    (gnn2): VanillaGNNLayer(
        (linear): Linear(in_features=16, out_features=7, bias=False)
    )
)
Epoch 0 | Train Loss: 2.008 | Train Acc: 20.00% | Val
Loss: 1.96 | Val Acc: 23.40%
Epoch 20 | Train Loss: 0.047 | Train Acc: 100.00% | Val
Loss: 2.04 | Val Acc: 74.60%
Epoch 40 | Train Loss: 0.004 | Train Acc: 100.00% | Val
Loss: 2.49 | Val Acc: 75.20%
Epoch 60 | Train Loss: 0.002 | Train Acc: 100.00% | Val
Loss: 2.61 | Val Acc: 74.60%
Epoch 80 | Train Loss: 0.001 | Train Acc: 100.00% | Val
```

```
Loss: 2.61 | Val Acc: 75.20%
Epoch 100 | Train Loss: 0.001 | Train Acc: 100.00% | Val
Loss: 2.56 | Val Acc: 75.00%

GNN test accuracy: 76.80%
```

그 후, Facebook Page-Page 데이터셋에 대해 같은 학습 방식을 적용한다. 신뢰성 있는 결과를 도출하기 위해, 각 모델과, 데이터셋에 대해 같은 실험을 100번 반복한다. 아래 표는 실험 결과를 보여준다.

	MLP	GNN
Cora	53.47% (±1.81%)	74.98% (±1.50%)
Facebook	75.21% (±0.40%)	84.85% (±1.68%)

그림 5.4 정확도 점수 요약

표에 따르면, MLP는 Cora에서 안 좋은 성능을 보여주고 있다. Facebook Page-Page 데이터셋에서는 더 나은 성능을 보이지만 두 데이터셋 모두 기본 GNN에 비해 떨어지는 성능을 보인다. 이 결과는 노드 특성값에 그래프 구조 정보를 포함하는 것의 중요성을 보여준다고 할 수 있다. MLP에 비해 GNN은 각 노드의 이웃들을 고려하여 각 데이터셋에 대해 10-20% 성능 향상을 보여준다. 이번 장에서 구현한 GNN은 완벽하지는 않았지만 수정을 통해 더 나은 모델로 만드는 법을 알려 주었다.

요약

이번 장에서, 기본 인공신경망과 GNN의 차이점을 배웠다. 약간의 직관과 약간의 선형대수(linear algebra)를 사용하여 여러분만의 GNN 구조를 구현할 수 있었다. 또한, 기본 인공 신경망과 GNN을 비교하기 위해 연구적으로 많이 사용되는 두 데이터셋에 대해 알아보았다. 마지막으로, PyTorch를 통해 두 인공신경망을 구현하고 그들의 성능을 평가해 보았다. 실험을 통해 두 데이터셋에 대해 GNN이 MLP를 완벽히 압도함을 확인할 수 있었다.

*6장, 그래프 컨볼루션 신경망*에서는 우리의 기본 GNN의 입력값을 올바르게 정규화(normalize)

하도록 GNN을 수정해 볼 것이다. 이 GCN은 앞으로 계속 사용할 수 있는 상당히 효율적인 모델이다. 지금까지 사용한 두 데이터셋에 대해 GCN의 결과를 비교하고 노드 회귀(node regression)라는 새로운 태스크를 6장에서 다룰 것이다.

더 읽을거리

- [1] P. Sen, G. Namata, M. Bilgic, L. Getoor, B. Galligher, and T. Eliassi-Rad, "Collective Clas sifi cation in Network Data", AIMag, vol. 29, no. 3, p. 93, Sep. 2008. Available: https://ojs.aa ai.org//index.php/aimagazine/article/view/2157
- [2] B. Rozemberczki, C. Allen, and R. Sarkar, Multi-Scale Attributed Node Embedding. arXi v, 2019. doi: 10.48550/ARXIV.1909.13021. Available: https://arxiv.org/abs/1909.13021

제6장
그래프 컨볼루션 신경망

이번 장에서는 **그래프 컨볼루션 신경망(GCN, Graph Convolutional Network)** 아키텍처에 대해 다룬다. GCN은 2017년 Kipf와 Welling에 의해 2017년에 소개되었으며 [1], 그래프에 적용 가능한 **컨볼루션 신경망(CNNs)**의 효율적인 변형을 만드는 아이디어에 기반을 두고 있다. 더 정확하게는, 그래프 신호 처리에서의 그래프 컨볼루션 연산을 근사한다. 그 유연성과 사용의 용이함 덕분에 GCN은 과학 문헌에서 가장 인기 있는 GNN이 되었다. 더 일반적으로, 그래프 데이터를 다룰 때 견고한 비교 기준(baseline)을 만들기 위한 아키텍처로 선택된다.

이 장에서는 이전의 기본 GNN 레이어의 한계에 대해 논할 것이다. 이것은 GCN을 제안한 동기를 이해하는 데 도움이 될 것이다. GCN 레이어가 어떻게 작동하는지, 그리고 왜 우리의 솔루션보다 더 나은 성능을 보이는지에 대해 자세히 설명할 것이다. 이 주장을 PyTorch Geometric을 사용하여 `Cora` 및 `Facebook Page-Page` 데이터셋에 GCN을 구현함으로써 검증할 것이다. 이는 우리의 결과를 더욱 개선할 것이다.

마지막 섹션은 새로운 태스크인 **노드 회귀**를 소개한다. 이것은 GNN을 사용할 때 흔한 과제는 아니지만, 정형 데이터로 작업할 때 특히 유용하다. 정형 데이터셋을 그래프로 변환할 수 있다면, 분류뿐만 아니라 회귀도 수행할 수 있다.

이 장을 마치면 PyTorch Geometric에서 GCN을 구현하여 분류 또는 회귀 작업을 수행할 수 있게 될 것이다. 선형대수학 덕분에 이 모델이 기본 GNN보다 왜 더 나은 성능을 보이는지 이해할 것이다. 마지막으로, 노드의 차수와 목표 변수의 밀도 분포를 그래프로 그리는 방법을 알게 될 것이다.

이 장에서는 다음 주제들을 다룰 것이다:

- 그래프 컨볼루션 레이어 설계하기

- 그래프 컨볼루션 레이어와 그래프 선형 레이어 비교하기
- 노드 회귀를 사용한 웹 트래픽 예측하기

기술 요구사항

이번 장의 모든 코드 예제는 GitHub의 다음 위치에서 찾을 수 있다. `https://github.com/PacktPublishing/Hands-On-Graph-Neural-Networks-Using-Python/tree/main/Chapter06.`

코드를 로컬 머신에서 실행하기 위해 필요한 설치 단계는 이 책의 서문 섹션에서 찾을 수 있다.

그래프 컨볼루션 레이어 설계하기

우선, 이전 장에서 예상하지 못했던 문제에 대해 이야기해 보자. 정형 데이터나 이미지 데이터와는 달리, 노드는 항상 같은 수의 이웃을 가지고 있지 않다. 예를 들어, 그림 6.1에서 노드 1은 3개의 이웃을 가지고 있는 반면 노드 2는 단지 1개만을 가지고 있다:

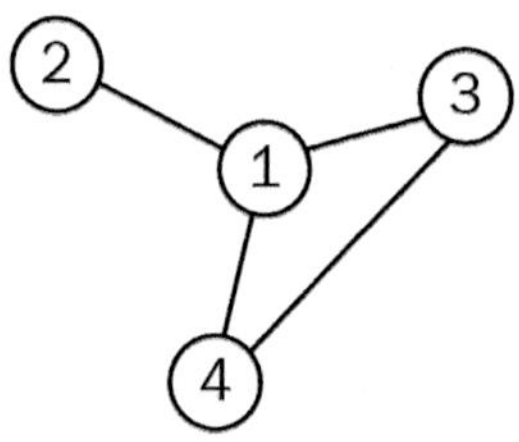

그림 6.1 노드 마다 다양한 수의 이웃을 갖는 그래프 예시

그러나 기본 GNN 레이어를 살펴보면, 이웃의 수에 대한 이러한 차이를 고려하지 않고 있다. 우리의 레이어는 정규화 계수 없이 단순한 합으로 구성된다. 다음은 i번째 노드의 임베딩을 계산하는 방법이다:

$$h_i = \sum_{j \in \mathcal{N}_i} x_j W^T$$

노드 A가 1,000개의 이웃을 가지고 있고 노드 B가 단 1개만 가지고 있다고 가정해 보자: 임베딩 h_A는 h_B보다 훨씬 큰 값을 가질 것이다. 이는 우리가 이러한 임베딩을 비교하고자 할 때 문제가 된다. 값의 차이가 너무 큰 상황에서 어떻게 의미 있는 비교를 할 수 있을까?

다행이도 간단한 해결책이 있다. 이웃의 수로 임베딩 값을 나누어 주는 것이다. 그럼 노드 A의 차수를 의미하는 $\deg(A)$와 함께 GNN 레이어의 새로운 공식을 다음과 같이 작성해 보자:

$$h_i = \frac{1}{\deg(i)} \sum_{j \in \mathcal{N}_i} x_j W^T$$

위의 공식을 어떻게 행렬 연산으로 바꾸어 표현할 수 있을까? 기본 GNN 레이어의 공식을 떠올려 보면 다음과 같다.

$$H = \tilde{A}^T X W^T$$

여기서 $\tilde{A} = A + I$ 이다.

위의 공식에서 유일하게 추가되어야 부분은 정규화 상수 $\frac{1}{\deg(i)}$이다. 이것은 차수 행렬 D로부터 얻을 수 있는데, 이는 각 노드의 이웃의 수를 나타낸다. 그림 6.1의 그래프의 차수행렬은 다음과 같다:

$$D = \begin{pmatrix} 3 & 0 & 0 & 0 \\ 0 & 1 & 0 & 0 \\ 0 & 0 & 2 & 0 \\ 0 & 0 & 0 & 2 \end{pmatrix}$$

NumPy를 이용해 다음과 같이 표현될 수 있다.

```
import numpy as np

D = np.array([
    [3, 0, 0, 0],
    [0, 1, 0, 0],
    [0, 0, 2, 0],
    [0, 0, 0, 2]
])
```

차수 행렬 D의 정의에 의해서 대각 성분은 노드별 차수를 표현한다. 그러므로 역행렬 D^{-1}에서 정규화 상수 $\frac{1}{\deg(i)}$을 바로 계산할 수 있다:

$$D^{-1} = \begin{pmatrix} \frac{1}{3} & 0 & 0 & 0 \\ 0 & 1 & 0 & 0 \\ 0 & 0 & \frac{1}{2} & 0 \\ 0 & 0 & 0 & \frac{1}{2} \end{pmatrix}$$

역행렬은 numpy.linalg.inv() 함수를 통해 다음과 같이 계산할 수 있다:

```
np.linalg.inv(D)
array([[0.33333333, 0.        , 0.        , 0.        ],
       [0.        , 1.        , 0.        , 0.        ],
       [0.        , 0.        , 0.5       , 0.        ],
       [0.        , 0.        , 0.        , 0.5       ]])
```

보다 정확하게는 그래프에 자가 순환(self-loop)를 추가한다. $\tilde{A} = A + I$. 또한, 동일하게 자가 순환을 차수 행렬에도 더한다. $\tilde{D} = D + I$. 최종적으로 우리가 실제로 관심 있어 하는 정규화 행렬은 다음과 같다. $\tilde{D}^{-1} = (D + I)^{-1}$:

$$\tilde{D}^{-1} = \begin{pmatrix} \frac{1}{4} & 0 & 0 & 0 \\ 0 & \frac{1}{2} & 0 & 0 \\ 0 & 0 & \frac{1}{3} & 0 \\ 0 & 0 & 0 & \frac{1}{3} \end{pmatrix}$$

NumPy에서는 n차원 항등 행렬 I을 만들기 위한 함수로 numpy.identity(n)를 제공한다. 예를 들어 4차원의 항등 행렬은 다음과 같이 얻어진다:

```
np.linalg.inv(D + np.identity(4))
array([[0.25      , 0.        , 0.        , 0.        ],
       [0.        , 0.5       , 0.        , 0.        ],
       [0.        , 0.        , 0.33333333, 0.        ],
       [0.        , 0.        , 0.        , 0.33333333]])
```

이제 정규화 계수 행렬을 공식의 어디에 추가할 수 있을까? 두 가지 선택이 있다.

- $\tilde{D}^{-1}\tilde{A}XW^T$는 모든 행의 특성값을 정규화할 것이다.
- $\tilde{A}\tilde{D}^{-1}XW^T$는 모든 열의 특성값을 정규화할 것이다.

우리는 $\tilde{D}^{-1}\tilde{A}$ 와 $\tilde{A}\tilde{D}^{-1}$를 계산하여 실험적으로 검증할 수 있다.

$$\tilde{D}^{-1}\tilde{A} = \begin{pmatrix} \frac{1}{4} & 0 & 0 & 0 \\ 0 & \frac{1}{2} & 0 & 0 \\ 0 & 0 & \frac{1}{3} & 0 \\ 0 & 0 & 0 & \frac{1}{3} \end{pmatrix} \cdot \begin{pmatrix} 1 & 1 & 1 & 1 \\ 1 & 1 & 0 & 0 \\ 1 & 0 & 1 & 1 \\ 1 & 0 & 1 & 1 \end{pmatrix} = \begin{pmatrix} \frac{1}{4} & \frac{1}{4} & \frac{1}{4} & \frac{1}{4} \\ \frac{1}{2} & \frac{1}{2} & 0 & 0 \\ \frac{1}{3} & 0 & \frac{1}{3} & \frac{1}{3} \\ \frac{1}{3} & 0 & \frac{1}{3} & \frac{1}{3} \end{pmatrix}$$

$$\tilde{A}\tilde{D}^{-1} = \begin{pmatrix} 1 & 1 & 1 & 1 \\ 1 & 1 & 0 & 0 \\ 1 & 0 & 1 & 1 \\ 1 & 0 & 1 & 1 \end{pmatrix} \cdot \begin{pmatrix} \frac{1}{4} & 0 & 0 & 0 \\ 0 & \frac{1}{2} & 0 & 0 \\ 0 & 0 & \frac{1}{3} & 0 \\ 0 & 0 & 0 & \frac{1}{3} \end{pmatrix} = \begin{pmatrix} \frac{1}{4} & \frac{1}{2} & \frac{1}{3} & \frac{1}{3} \\ \frac{1}{4} & \frac{1}{2} & 0 & 0 \\ \frac{1}{4} & 0 & \frac{1}{3} & \frac{1}{3} \\ \frac{1}{4} & 0 & \frac{1}{3} & \frac{1}{3} \end{pmatrix}$$

실제로, 첫 번째 경우에는 모든 행의 합이 1과 같다. 두 번째 경우에는 모든 열의 합이 1과 같다.

행렬 곱셈은 `numpy.matmul()` 함수를 사용하여 수행할 수 있다. 더 편리하게도, 파이썬은 3.5 버전부터 자체 행렬 곱셈 연산자인 '@'를 가지고 있다. 인접 행렬을 정의하고 이 연산자를 사용하여 행렬 곱셈을 계산해 보자:

```
A = np.array([
    [1, 1, 1, 1],
    [1, 1, 0, 0],
    [1, 0, 1, 1],
    [1, 0, 1, 1]
])

print(np.linalg.inv(D + np.identity(4)) @ A)
[[0.25       0.25    0.25       0.25 ]
 [0.5        0.5     0.         0.]
 [0.33333333 0.      0.33333333 0.33333333]
 [0.33333333 0.      0.33333333 0.33333333]]

print(A @ np.linalg.inv(D + np.identity(4)))
[[0.25       0.5     0.33333333 0.33333333]
 [0.25       0.5     0. 0. ]
 [0.25       0.      0.33333333 0.33333333]
 [0.25       0.      0.33333333 0.33333333]]
```

우리는 손으로 직접 계산한 경우와 동일한 결과를 얻었다.

그렇다면 어느 옵션을 사용해야 할까? 자연스럽게 첫 번째 옵션이 더 매력적으로 보인다. 왜냐하면 이는 이웃 노드의 특성을 잘 정규화하기 때문이다.

그러나 Kipf와 Welling [1]은 많은 이웃을 가진 노드의 특성이 상대적으로 고립된 노드의 특성보다 쉽게 퍼진다는 것을 발견했다. 원래의 GCN 논문에서, 저자들은 이 효과를 균형잡기 위해 하이브리드 정규화를 제안했다. 실제로, 그들은 다음 공식을 사용하여 이웃이 적은 노드에 더 높은 가중치를 할당한다:

$$H = \tilde{D}^{-\frac{1}{2}}\tilde{A}^{T}\tilde{D}^{-\frac{1}{2}}XW^{T}$$

위와 같은 연산(operation)을 노드별 임베딩 계산으로 작성하면 다음과 같다:

$$h_i = \sum_{j \in \mathcal{N}_i} \frac{1}{\sqrt{\deg(i)}\sqrt{\deg(j)}} x_j W^T$$

이는 그래프 컨볼루션 레이어를 구현하기 위한 원래의 공식들이다. 기본 GNN 레이어와 마찬가지로, 이 레이어들을 쌓아 GCN을 생성할 수 있다. GCN을 구현하고 이전 접근 방식보다 더 나은 성능을 보이는지 확인해 보자.

그래프 컨볼루션 레이어와 그래프 선형 레이어 비교하기

이전 장에서 기본 GNN은 노드투벡 모델을 능가했지만, GCN과 비교하면 어떨까? 이 섹션에서는 Cora와 Facebook Page-Page 데이터셋에서 둘의 성능을 비교할 것이다.

기본 GNN에 비해 GCN의 주요 특징은 노드 차수를 고려하여 특성에 가중치를 부여한다는 것이다. 실제 구현에 앞서, 두 데이터셋에서 노드 차수를 분석해 보자. 이 정보는 GCN의 성능과 직접적으로 연결되어 있기 때문에 중요하다.

이 아키텍처에 대해 알고 있는 바에 따르면, 노드 차수가 크게 변할 때 더 나은 성능을 보일 것으로 예상된다. 모든 노드가 같은 수의 이웃을 가지고 있다면, 이러한 아키텍처들은 동등하다: ($\sqrt{\deg(i)}\sqrt{\deg(i)} = \deg(i)$)

1. PyTorch Geometric에서 `Planetoid` 클래스를 가져온다. 노드 차수를 시각화하기 위해 `matplotlib`와 각 노드의 이웃 수를 얻기 위한 `degree`와 각 차수에 대한 노드 수를 세기 위한 `Counter`와 같은 추가적인 클래스도 가져온다.

```
from torch_geometric.datasets import Planetoid
from torch_geometric.utils import degree
from collections import Counter
import matplotlib.pyplot as plt
```

2. Cora 데이터셋을 가져와서 그 그래프를 `data`에 저장한다.

```
dataset = Planetoid(root=".", name="Cora")
data = dataset[0]
```

3. 그래프의 각 노드에서 이웃의 수를 계산한다.

```
degrees = degree(data.edge_index[0]).numpy()
```

4. 더 자연스러운 시각화를 위해 각 차수에 대한 노드 수를 센다.

```
numbers = Counter(degrees)
```

5. 막대 그래프를 사용하여 이 결과를 그려 보자.

```
fig, ax = plt.subplots()
ax.set_xlabel('Node degree')
ax.set_ylabel('Number of nodes')
plt.bar(numbers.keys(), numbers.values())
```

이는 다음과 같은 그래프를 출력한다.

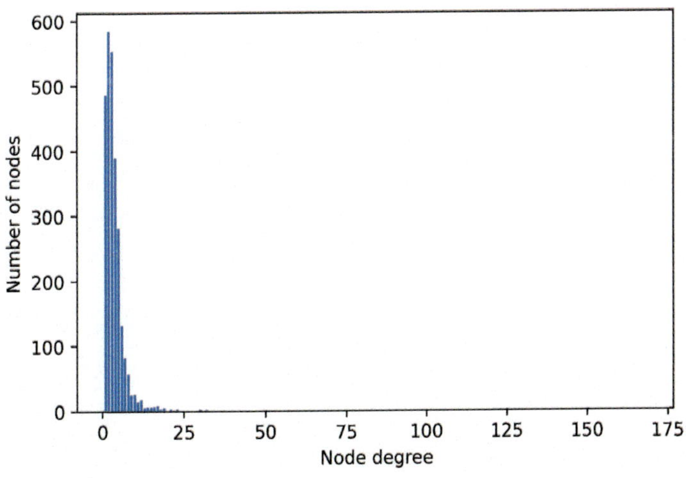

그림 6.2 Cora 데이터셋의 노드 차수별 노드 수

이 분포는 1개의 이웃을 가진 노드(485개)에서 168개의 이웃을 가진 노드(1개)에 이르기까지, 무거운 꼬리를 가진 지수적인 모습을 보인다! 이것은 정확히 우리가 정규화 과정을 통해 이러한 불균형을 고려하고자 하는 데이터셋의 유형이다.

같은 과정을 통하여 Facebook Page-Page 데이터셋에 대해서는 다음과 같은 결과를 얻는다:

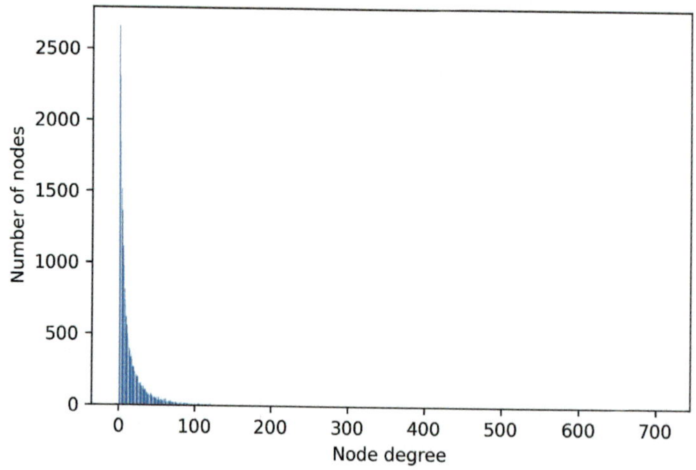

그림 6.3 Facebook Page-Page 데이터셋에서 노드 차수별 노드 수

위의 노드 차수 분포는 더욱 치우쳐져 보이며, 이웃의 수는 1에서 709에 이른다. 동일한 이유로 Facebook Page-Page 데이터셋도 GCN을 적용하기에 좋은 사례이다.

우리 스스로 그래프 레이어를 만들 수도 있지만, 편리하게도 PyTorch Geometric에는 이미 정의된 GCN 레이어가 있다. 우선 Cora 데이터셋에 이를 구현해 보자:

1. PyTorch와 PyTorch Geometric의 GCN 레이어를 가져온다.

```
import torch
import torch.nn.functional as F
from torch_geometric.nn import GCNConv
```

2. 정확도 점수를 계산하는 함수를 만든다.

```
def accuracy(pred_y, y):
    return ((pred_y == y).sum() / len(y)).item()
```

3. 세 가지 매개변수를 입력으로 받는 `__init__()` 함수를 가진 GCN 클래스를 생성한다. 입

력값은 입력 차원의 수 dim_in, 은닉 차원의 수 dim_h, 출력 차원의 수 dim_out으로 구성되어 있다.

```
class GCN(torch.nn.Module):
    """Graph Convolutional Network"""
    def __init__(self, dim_in, dim_h, dim_out):
        super().__init__()
        self.gcn1 = GCNConv(dim_in, dim_h)
        self.gcn2 = GCNConv(dim_h, dim_out)
```

4. forward 메소드는 동일하며, 두 개의 GCN 레이어를 가지고 있다. 분류를 위해 결과에 log softmax 함수가 적용된다.

```
    def forward(self, x, edge_index):
        h = self.gcn1(x, edge_index)
        h = torch.relu(h)
        h = self.gcn2(h, edge_index)
        return F.log_softmax(h, dim=1)
```

5. fit() 메서드는 동일하며, Adam 최적화기에 대해 동일한 매개변수(학습률 0.1 및 L2 정규화 0.0005)를 사용한다.

```
    def fit(self, data, epochs):
        criterion = torch.nn.CrossEntropyLoss()
        optimizer = torch.optim.Adam(self.parameters(), lr=0.01, weight_decay=5e-4)
        self.train()
        for epoch in range(epochs+1):
            optimizer.zero_grad()
            out = self(data.x, data.edge_index)
            loss = criterion(out[data.train_mask], data.y[data.train_mask])
            acc = accuracy(out[data.train_mask].
argmax(dim=1), data.y[data.train_mask])
            loss.backward()
            optimizer.step()

            if(epoch % 20 == 0):
            val_loss = criterion(out[data.val_mask], data.y[data.val_mask])
            val_acc = accuracy(out[data.val_mask].
argmax(dim=1), data.y[data.val_mask])
            print(f'Epoch {epoch:>3} | Train Loss:
{loss:.3f} | Train Acc: {acc*100:>5.2f}% | Val Loss:
{val_loss:.2f} | Val Acc: {val_acc*100:.2f}%')
```

6. test() 메소드를 이전과 동일하게 구현한다.

```
@torch.no_grad()
def test(self, data):
    self.eval()
    out = self(data.x, data.edge_index)
    acc = accuracy(out.argmax(dim=1)[data.test_mask], data.y[data.test_mask])
    return acc
```

7. gcn 객체를 만들고 100에폭 동안 모델을 학습시킨다.

```
gcn = GCN(dataset.num_features, 16, dataset.num_classes)
print(gcn)
gcn.fit(data, epochs=100)
```

8. 학습 과정 동안 얻은 출력문은 다음과 같다.

```
GCN(
    (gcn1): GCNConv(1433, 16)
    (gcn2): GCNConv(16, 7)
)
Epoch 0 | Train Loss: 1.963 | Train Acc: 8.57% | Val
Loss: 1.96 | Val Acc: 9.80%
Epoch 20 | Train Loss: 0.142 | Train Acc: 100.00% | Val
Loss: 0.82 | Val Acc: 78.40%
Epoch 40 | Train Loss: 0.016 | Train Acc: 100.00% | Val
Loss: 0.77 | Val Acc: 77.40%
Epoch 60 | Train Loss: 0.015 | Train Acc: 100.00% | Val
Loss: 0.76 | Val Acc: 76.40%
Epoch 80 | Train Loss: 0.018 | Train Acc: 100.00% | Val
Loss: 0.75 | Val Acc: 76.60%
Epoch 100 | Train Loss: 0.017 | Train Acc: 100.00% | Val
Loss: 0.75 | Val Acc: 77.20%
```

9. 마지막으로 우리는 테스트 셋에 모델을 평가한다.

```
acc = gcn.test(data)
print(f'GCN test accuracy: {acc*100:.2f}%')
GCN test accuracy: 79.70%
```

이 실험을 100번 반복하여 얻은, 평균 정확도 점수는 80.17% (± 0.61%)로, 기본 GNN이 얻은 74.98% (± 1.50%)보다 현저히 높다.

동일한 모델을 Facebook Page-Page 데이터셋에 적용하면, 평균 정확도는 91.54% (± 0.28%)로 나타난다. 이것 역시 기본 GNN이 얻은 84.85% (± 1.68%)보다 유의미하게 높은 결과이다. 다음 표는 정확도를 표준편차와 함께 요약한 것이다:

	MLP	GNN	GCN
Cora	53.47% (±1.81%)	74.98% (±1.50%)	80.17% (±0.61%)
Facebook	75.21% (±0.40%)	84.85% (±1.68%)	91.54% (±0.28%)

그림 6.4 모델의 정확도와 표준편차

이 두 데이터셋에서 노드 차수 범위가 넓기 때문에 이러한 높은 점수를 얻을 수 있었다. 특성값을 정규화하고 중심 노드와 그 이웃의 이웃 수를 고려함으로써, GCN은 많은 유연성을 얻고 다양한 유형의 그래프에서 잘 작동할 수 있다.

GNN는 노드 분류 외에 다른 태스크에 적용될 수 있다. 다음 섹션에서는 문헌에서 거의 다루어지지 않은 새로운 유형의 응용 프로그램을 살펴볼 것이다.

노드 회귀를 사용한 웹 트래픽 예측하기

기계 학습에서 **회귀(regression)**는 연속적인 값의 예측을 의미한다. 이는 올바른 카테고리(연속적이지 않은)를 찾는 것이 목표인 **분류(classification)**와 대비된다. 그래프 데이터에서 이에 해당하는 것은 노드 분류와 노드 회귀이다. 이 섹션에서는 각 노드에 대해 범주형 변수가 아닌 연속적인 값을 예측해보려 한다.

우리가 사용할 데이터셋은 Rozemberckzi et al.이 2019년에 소개한 위키백과 네트워크(GNU General Public License v3.0)이다. 이 데이터셋은 chameleons(2,277개의 노드와 31,421개의 간선), crocodiles(11,631개의 노드와 170,918개의 간선), squirrels(5,201개의 노드와 198,493개의 간선)의 세 가지 페이지-페이지 네트워크로 구성되어 있다. 이 데이터셋에서 노드는 문서를 나타내고, 간선은 그들 사이의 상호 링크이다. 노드의 특성은 문서에서 특정 단어의 존재 여부 나타낸다. 마지막으로, 태스크의 목표는 2018년 12월의 월 평균 트래픽을 로그값으로 예측하는 것이다.

이 섹션에서는 chameleons 데이터셋에서 이 트래픽을 예측하기 위해 GCN을 적용할 것이다:

1. 위키백과 네트워크를 가져오고 chameleons 데이터셋을 다운로드한다. `RandomNodeSplit()` 변환 함수를 적용하여 평가 마스크와 테스트 마스크를 랜덤하게 생성한다.

```
from torch_geometric.datasets import WikipediaNetwork
import torch_geometric.transforms as T

dataset = WikipediaNetwork(root=".", name="chameleon",
transform = T.RandomNodeSplit(num_val=200, num_test=500))
data = dataset[0]
```

2. 데이터셋에 대한 정보를 출력한다.

```
print(f'Dataset: {dataset}')
print('-------------------')
print(f'Number of graphs: {len(dataset)}')
print(f'Number of nodes: {data.x.shape[0]}')
print(f'Number of unique features: {dataset.num_
features}')
print(f'Number of classes: {dataset.num_classes}')
```

다음은 우리가 얻은 출력 결과이다:

```
Dataset: WikipediaNetwork()
-------------------
Number of graphs: 1
Number of nodes: 2277
Number of unique features: 2325
Number of classes: 5
```

3. 우리의 데이터셋에 문제가 있다: 출력에서 우리는 5개의 클래스가 있다고 나타난다. 그러나 우리는 노드 회귀를 수행하고 싶은 것이지, 분류를 수행하고 싶지 않다. 그렇다면 무슨 일이 발생한 것일까?

   실제로 이 5개의 클래스는 우리가 예측하고자 하는 연속된 값을 구간으로 나눈 것이다. 이 레이블들은 우리가 원하는 것이 아니다: 우리는 이것들을 수동으로 변경해야 한다. 먼저, 다음 페이지에서 `wikipedia.zip` 파일을 다운로드한다: `https://snap.stanford.edu/data/wikipedia-article-networks.html`. 파일을 압축 해제한 후, pandas를 가져와서 타겟을 로드한다:

```
import pandas as pd
df = pd.read_csv('wikipedia/chameleon/musae_chameleon_
target.csv')
```

4. np.log10()을 사용하여 타겟 값에 로그 함수를 적용한다. 왜냐하면 목표는 월 평균 트래픽의 로그값을 예측하는 것이기 때문이다.

```
values = np.log10(df['target'])
```

5. 이전 단계에서 얻은 연속적인 값의 텐서(tensor)로 data.y를 재정의한다. 이 예제에서 이 값들은 정규화되지 않았음을 유의해야 한다. 정규화는 일반적으로 구현되는 좋은 관행이지만, 설명을 간단하게 하기 위해 여기서는 수행하지 않을 것이다.

```
data.y = torch.tensor(values)
tensor([2.2330, 3.9079, 3.9329, ..., 1.9956, 4.3598,
2.4409], dtype=torch.float64)
```

이전 두 데이터셋과 마찬가지로 노드 차수를 시각화 한다. 동일한 코드를 사용하여 다음 그림을 생성한다:

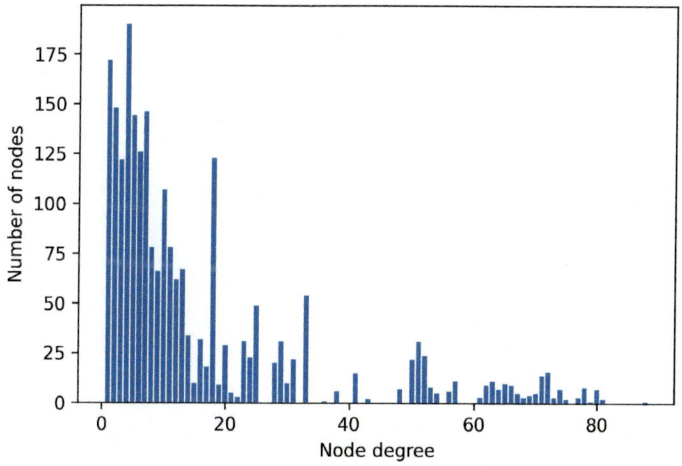

그림 6.5 위키피디아 네트워크의 노드 차수별 노드수

이 분포는 이전 것들보다 꼬리(tail, 밀도가 낮은 부분)가 짧지만 비슷한 형태를 유지한다: 대부분의 노드는 하나 또는 몇 개의 이웃을 가지지만, 일부 노드는 "허브" 역할을 하여 80개 이상의

노드를 연결할 수 있다.

노드 회귀의 경우, 노드 차수의 분포뿐 아니라 우리의 목표 값의 분포도 확인해야 한다. 실제로, 비정규 분포(예: 노드 차수)는 예측하기가 더 어려울 수 있다. seaborn 라이브러리를 사용하여 목표 값을 그리고 `scipy.stats.norm`에서 제공하는 정규 분포와 비교할 수 있다:

```
import seaborn as sns
from scipy.stats import norm
df['target'] = values
sns.distplot(df['target'], fit=norm)
```

이를 통해 다음과 같은 그래프를 얻을 수 있다:

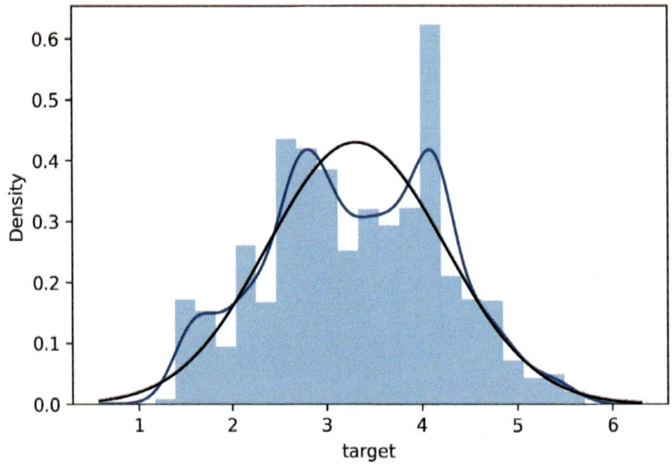

그림 6.6 위키피디아 네트워크 종속변수(target value)값의 분포

이 분포는 정확히 정규 분포는 아니지만, 노드 차수처럼 지수적이지 않다. 이러한 값들을 예측하는 데 우리 모델이 잘 동작할 것으로 기대할 수 있다.

PyTorch Geometric을 활용하여 단계별로 구현해 보자:

1. 우선 GCN 클래스 및 `__init__()` 함수를 정의한다. 이번에는 세 개의 `GCNConv` 레이어를 생성하고 뉴런의 수를 레이어가 올라 갈수록 줄어들게 설정한다. 인코더 구조의 이런 아이디어는 모델이 최종 목표값을 예측하는데 관련된 특성값을 선택하도록 한다. 또한 이진 분류의 출력값인 {0,1} 또는 {-1, 1}를 넘어 회귀분석을 위한 예측을 출력하기 위하여 하나의 선형 레이어를 추가한다.

```
class GCN(torch.nn.Module):
    def __init__(self, dim_in, dim_h, dim_out):
        super().__init__()
        self.gcn1 = GCNConv(dim_in, dim_h*4)
        self.gcn2 = GCNConv(dim_h*4, dim_h*2)
        self.gcn3 = GCNConv(dim_h*2, dim_h)
        self.linear = torch.nn.Linear(dim_h, dim_out)
```

2. `forward()` 메소드는 새로운 GCNConv와 `nn.Linear` 레이어를 포함한다. 우리는 분류 문제를 풀지 않기 때문에 로그 소프트맥스 함수는 더 이상 필요 없다.

```
def forward(self, x, edge_index):
    h = self.gcn1(x, edge_index)
    h = torch.relu(h)
    h = F.dropout(h, p=0.5, training=self.training)
    h = self.gcn2(h, edge_index)
    h = torch.relu(h)
    h = F.dropout(h, p=0.5, training=self.training)
    h = self.gcn3(h, edge_index)
    h = torch.relu(h)
    h = self.linear(h)
    return h
```

3. 주요한 차이점은 `fit()` 메소드에 있는데 `F.mse_loss()` 함수로 이는 분류 문제를 위한 크로스 엔트로피(cross-entropy)를 대체한다. **평균제곱오차(MSE, Mean-Squared Error)**는 우리의 주요한 평가 기준이다. 이는 오차를 제곱한 것의 평균으로 다음과 같이 정의된다:

$$MSE = \frac{1}{N}\sum_{i=1}^{N}(y_i - \hat{y}_i)^2$$

4. 코드상으로는 다음과 같이 구현된다.

```
def fit(self, data, epochs):
    optimizer = torch.optim.Adam(self.parameters(), lr=0.02, weight_decay=5e-4)
    self.train()
    for epoch in range(epochs+1):
        optimizer.zero_grad()
        out = self(data.x, data.edge_index)
        loss = F.mse_loss(out.squeeze()[data.train_
mask], data.y[data.train_mask].float())
        loss.backward()
        optimizer.step()
```

```
        if epoch % 20 == 0:
            val_loss = F.mse_loss(out.squeeze()[data.
val_mask], data.y[data.val_mask])
            print(f"Epoch {epoch:>3} ¦ Train Loss:
{loss:.5f} ¦ Val Loss: {val_loss:.5f}")
```

5. MSE 함수는 test() 메소드에서 사용된다.

```
@torch.no_grad()
def test(self, data):
    self.eval()
    out = self(data.x, data.edge_index)
    return F.mse_loss(out.squeeze()[data.test_mask],data.y[data.test_mask].float())
```

6. 우리는 128 차원의 잠재 벡터를 갖고 1차원의 출력을 내뱉는 모델을 생성한다. 그리고 200 에폭 동안 학습시킨다.

```
gcn = GCN(dataset.num_features, 128, 1)
print(gcn)
gcn.fit(data, epochs=200)

GCN(
    (gcn1): GCNConv(2325, 512)
    (gcn2): GCNConv(512, 256)
    (gcn3): GCNConv(256, 128)
    (linear): Linear(in_features=128, out_features=1,bias=True)
)
Epoch 0 | Train Loss: 12.05177 | Val Loss: 12.12162
Epoch 20 | Train Loss: 11.23000 | Val Loss: 11.08892
Epoch 40 | Train Loss: 4.59072 | Val Loss: 4.08908
Epoch 60 | Train Loss: 0.82827 | Val Loss: 0.84340
Epoch 80 | Train Loss: 0.63031 | Val Loss: 0.71436
Epoch 100 | Train Loss: 0.54679 | Val Loss: 0.75364
Epoch 120 | Train Loss: 0.45863 | Val Loss: 0.73487
Epoch 140 | Train Loss: 0.40186 | Val Loss: 0.67582
Epoch 160 | Train Loss: 0.38461 | Val Loss: 0.54889
Epoch 180 | Train Loss: 0.33744 | Val Loss: 0.56676
Epoch 200 | Train Loss: 0.29155 | Val Loss: 0.59314
```

7. 우리는 학습된 모델을 테스트 셋에서 MSE를 통해 평가한다.

```
loss = gcn.test(data)
print(f'GCN test loss: {loss:.5f}')

GCN test loss: 0.43005
```

이 MSE 손실 함수는 해석이 쉬운 평가 지표는 아니다. 우리는 보다 의미있는 결과를 얻기 위해 다음 두 가지의 평가 지표를 사용한다.

- RMSE는 평균 제곱 오류의 제곱근을 측정함.

$$RMSE = \sqrt{MSE} = \sqrt{\frac{1}{N}\sum_{i=1}^{N}(y_i - \hat{y}_i)^2}$$

- Mean Absolute Error (MAE)는 예측과 실제값의 차이의 절대값의 평균을 의미함.

$$MAE = \frac{1}{N}\sum_{i=1}^{N}|y_i - \hat{y}_i|$$

파이썬으로 이 평가 지표들을 구현해 보자.

1. MSE와 MAE 함수는 scikit-learn 라이브러리에서 가져온다(import).

```
from sklearn.metrics import mean_squared_error, mean_absolute_error
```

2. `.detach()` `.numpy()`를 이용하여 PyTorch 텐서 형태의 예측값을 NumPy 배열로 변환한다.

```
out = gcn(data.x, data.edge_index)
y_pred = out.squeeze()[data.test_mask].detach().numpy()
mse = mean_squared_error(data.y[data.test_mask], y_pred)
mae = mean_absolute_error(data.y[data.test_mask], y_pred)
```

3. MSE, MAE를 계산한다. RMSE는 `np.sqrt()`를 이용하여 MSE의 제곱근 값으로 계산된다.

```
print('=' * 43)
print(f'MSE = {mse:.4f} | RMSE = {np.sqrt(mse):.4f} | MAE = {mae:.4f}')
print('=' * 43)
===========================================
MSE = 0.4300 | RMSE = 0.6558 | MAE = 0.5073
===========================================
```

이러한 평가 지표(metrics)은 다른 모델을 비교할 때 유용하다. 하지만, MSE, RMSE 또한 해석하기 어렵다.

최고의 도구는 우리의 모델의 결과를 시각화하는 것이다. 가로 축은 우리의 예측을 표현하고 세로 축은 실제 값을 말한다. Seaborn은 이러한 타입의 시각화를 위한 함수인 `regplot()`을 제공한다.

```
fig = sns.regplot(x=data.y[data.test_mask].numpy(), y=y_pred)
```

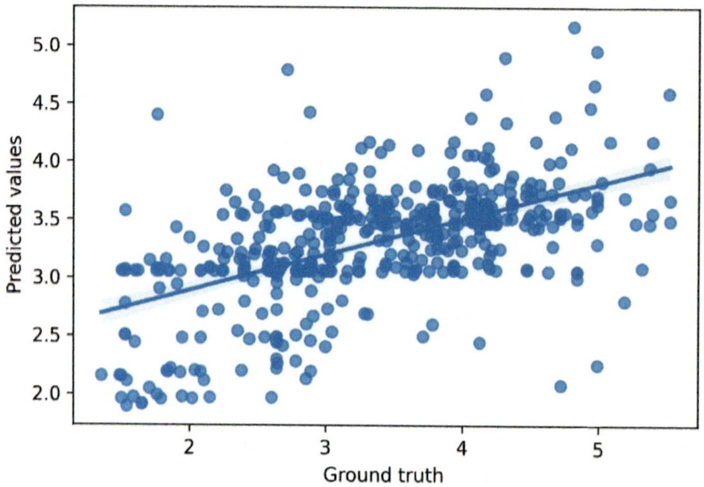

그림 6.7 실제 테스트 값(x축) 과 예측값 (y축)

비록 이 예제에서는 우리가 얻은 결과가 좋은 것인지 비교하기 위해 기준으로 삼을 알고리즘이 없지만, 일부 예외를 제외하고 상당히 괜찮은 예측이 가능하다는 것을 확인할 수 있다. 작은 데이터셋이지만 이러한 모델은 다양한 응용에서 활용될 수 있을 것이다. 이러한 결과를 개선하기를 원하면 우리는 하이퍼파라미터들을 조정하거나 예외들이 어디서 오는지를 이해하는 등 더 많은 오류 분석을 할 수 있다.

요약

이 장에서는 우리는 특성값을 올바르게 정규화하기 위하여 기본 GNN을 개선하였다. 이러한 개선은 GCN 레이어와 정규화 기법을 가져왔다. 우리는 새로운 구조를 Cora와 Facebook Page-Page 데이터셋에서 Node2Vec과 기본 GNN와 비교하였다. 제안된 정규화 기법 덕분에 GCN은 의미있는 성능 개선 및 높은 정확도를 보였다. 마지막으로 우리는 이를 위키피디아 네트워크 데이터셋에서의 노드 회귀분석 문제에 적용하였고 새로운 태스크를 다루는 방법을 배웠다.

7장에서는 그래프 어텐션 네트워크를 다룬다. 우리는 노드들의 중요도에 따라 선별적으로 이웃을 다루면서 더 모델을 개선할 것이다. 우리는 자동으로 셀프 어텐션(self-attention)을 통해 자동으로 노드 특성값의 가중치를 설정하는 방법을 배운다. 이는 성능을 향상시키며 우리는 이를 GCN 구조와 비교할 것이다.

더 읽을거리

- [1] T. N. Kipf and M. Welling, Semi-Supervised Classifi cation with Graph Convolutional N etworks. arXiv, 2016. DOI: 10.48550/ARXIV.1609.02907. Available: https://arxiv.org/abs/1 609.02907.
- [2] B. Rozemberczki, C. Allen, and R. Sarkar, Multi-scale Attributed Node Embedding. arXi v, 2019. DOI: 10.48550/ARXIV.1909.13021. Available: https://arxiv.org/abs/1909.13021.

제7장

그래프 어텐션 신경망

그래프 어텐션 신경망(Graph Attention Networks, GAT)는 GCN을 이론적으로 고도화한 결과물이다. 계수를 정적으로 정규화하는 대신 셀프 어텐션(self-attention)을 적용하여 계수를 계산하는 방법을 제안한다. 이는 BERT와 GPT-3로 유명해진 딥러닝 구조 중 가장 성공한 **트랜스포머(transformer)**의 핵심 기술과 같은 원리이다. 2017년 벨리코빅 외(Velickovic et al.)가 소개한 GAT는 매우 뛰어난 성능 덕분에 GNN에서 가장 인기 있는 그래프 인공신경망이다.

이번 장에서는 그래프 어텐션 레이어(graph attention layer)가 어떻게 동작하는지 네 단계로 나누어서 배워 볼 것이다. 이는 셀프 어텐션이 일반적으로 어떻게 동작하는지 이해하는 데 실제로 가장 좋은 예제이다. 이론적을 학습하고 나면 `NumPy`로 처음부터 그래프 어텐션 레이어를 구현할 수 있다. 각 단계에서 파라미터들이 어떻게 계산되는지 이해하기 위해 직접 행렬을 만들 것이다.

마지막 절에서는 노드 분류 문제를 풀기 위해 두 데이터셋 `Cora`, `CiteSeer`에 GAT를 사용할 것이다. 이전 장에서 그랬듯이 우리의 결과를 더 이해하는데 좋은 기회가 될 것이다. 마지막으로 GCN과의 정확도를 비교해 볼 것이다.

이 장이 끝날 땐 그래프 어텐션 레이어를 처음부터 구현할 수 있고 PyTorch Geometric(PyG)을 써서 GAT를 구현할 수 있게 될 것이다. 이 구조와 GCN의 차이를 배울 것이며, 더 나아가 그래프 데이터에서 에러를 분석하는 것을 마스터할 것이다.

이 장에서는 아래 내용을 다룬다.

- 그래프 어텐션 레이어 소개하기
- NumPy로 그래프 어텐션 레이어 구현하기
- PyTorch Geometric으로 GAT 구현하기

기술 요구사항

이 장에서 나오는 모든 코드는 GitHub(https://github.com/PacktPublishing/Hands-On-Graph-Neural-Networks-Using-Python/tree/main/Chapter07)에서 찾을 수 있다.

각자의 머신에서 코드를 돌리기 위한 설치 방법은 이 책의 서문을 참조하라.

그래프 어텐션 레이어 소개하기

GAT의 핵심 아이디어는 어떤 노드들은 다른 노드들보다 더 중요하다는 것이다. 사실 이건 그래프 컨볼루션 신경망(graph convolution layer)의 경우에서도 마찬가지이다. 이웃이 적은 노드는 정규화 계수 $\frac{1}{\sqrt{deg(i)}\sqrt{deg(j)}}$를 활용하여 다른 것들보다 더 중요하게 취급하였다. 이 방법은 노드의 차수(degree)만 본다는 한계가 있다. 반면에 그래프 어텐션 레이어는 가중치를 만들 때 노드 특성값(node feature)를 고려한다.

이 가중치를 **어텐션 점수**라고 부른다. 노드 i와 j사이의 어텐션 점수를 α_{ij}라고 하자. 그래프 어텐션 연산을 아래와 같이 정의할 수 있다.

$$h_i = \sum_{j \in \mathcal{N}_i} \alpha_{ij} \mathbf{W} x_j$$

GAT의 주요 특징은 입력값들을 서로를 비교하며 어텐션 점수를 계산한다는 것이다(이름이 셀프 어텐션인 이유이다.). 이번 절에서 어텐션 점수를 어떻게 계산하는지 네 단계로 나눠서 살펴보고 그래프 어텐션 레이어의 성능을 더 높여볼 것이다.

- 선형 변환(linear transformation)
- 활성화 함수(activation function)
- 소프트맥스 정규화(softmax normalization)
- 멀티 헤드 어텐션 (multi-head attention)
- 그래프 어텐션 레이어 성능 높이기

먼저, 선형 변환 단계에서 다른 구조들과 어떻게 다른지 살펴보자.

선형 변환

어텐션 점수는 노드 i와 그 이웃 노드 j 사이의 중요도를 의미한다. 전에 말했듯, 두 노드의 특성

값이 필요하다. 그래프 어텐션 레이어에서 그건 두 은닉 벡터(hidden vector) $\boldsymbol{W}x_i$, $\boldsymbol{W}x_j$를 연결(concatenation)하는 것($[\boldsymbol{W}x_i \| \boldsymbol{W}x_j]$)으로 표현한다. 여기에서 $\boldsymbol{W}$는 은닉 벡터를 구하는 고전적인 공유 가중치 행렬이다. 이 결과에 학습 가능한 가중치 행렬 W_{att}를 추가로 곱해준다. 이 행렬은 어텐션 계수 a_{ij}를 얻기 위해 가중치를 학습한다. 모든 과정을 아래 수식으로 요약할 수 있다.

$$a_{ij} = W_{att}^T[\mathbf{W}x_i \,||\, \mathbf{W}x_j]\,W$$

이 결과를 다른 일반적인 신경망들처럼 활성화 함수에 넣는다.

활성화 함수

비선형성은 신경망에서 비선형 목표 함수를 근사하는데 꼭 필요한 요소이다. 선형 레이어를 단순하게 쌓아도 결국 하나의 선형 레이어처럼 동작하기 때문에 이런 함수를 표현할 수 없다.

저자들은 공식 구현(https://github.com/PetarV-/GAT/blob/master/utils/layers.py)에서 활성화 함수로 Leaky ReLU(Leaky Rectified Linear Unit)를 사용했다(그림 7.1 참고). 이 함수는 ReLU가 항상 0을 출력하는 부분을 개선했다.

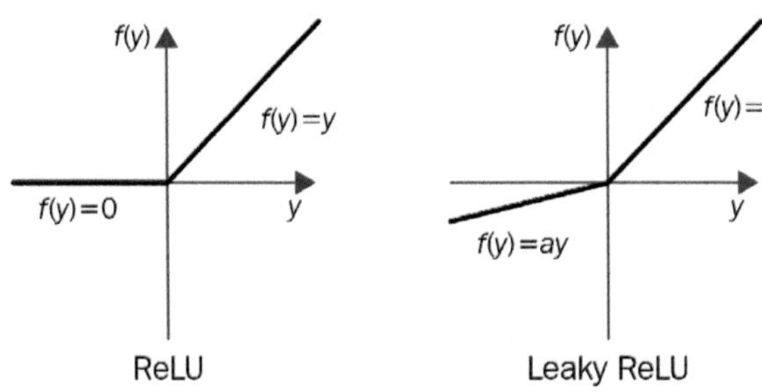

그림 7.1 ReLU와 Leaky ReLU

앞 단계의 결과에 Leaky ReLU를 적용한다.

$$e_{ij} = LeakyReLU(a_{ij})$$

결과 값들이 정규화가 안 되어있다는 문제가 남아있다.

소프트맥스 정규화

우리는 서로 다른 어텐션 점수를 비교하고 싶다. 즉, 비교할 수 있도록 정규화가 필요하다는 뜻이다. 기계 학습에서는 같은 목적으로 주로 소프트맥스 함수를 사용한다. $\mathcal{N}_i$를 i의 이웃 노드라고 할 때 아래처럼 쓸 수 있다.

$$\alpha_{ij} = softmax_j(e_{ij}) = \frac{exp(e_{ij})}{\sum_{k\in\mathcal{N}_i} exp(e_{ik})}$$

이 연산의 결과로 최종 어텐션 점수를 얻을 수 있다. 이제 남은 문제는 셀프 어텐션이 안정적이지 않다는 것이다.

멀티 헤드 어텐션

이 문제는 이미 Vaswani et al. (2017)의 트랜스포머 논문에서 발견되었다. 하나의 어텐션 점수 대신 여러 임베딩으로 각각의 어텐션 점수를 계산하는 해결책을 제시하였다. 이 기술을 멀티 헤드 어텐션(multi-head attention)이라고 한다.

구현은 직관적이다. 위 세 단계를 여러 번 반복한다. 각 입력은 h_i^k를 만든다. k는 어텐션 헤드의 인덱스이다. 이들을 조합하는 두 가지 방법이 있다.

- **평균**: 벡터들을 다 더하고 어텐션 헤드의 수로 나눈다.

$$h_i = \frac{1}{n}\sum_{k=1}^{n} h_i^k = \frac{1}{n}\sum_{k=1}^{n}\sum_{j\in\mathcal{N}_i} \alpha_{ij}^k \mathbf{W}^k x_j$$

- **연결**(Concatenation): 벡터들을 다 붙인다. 따라서 더 큰 행렬을 얻게 된다.

$$h_i = \|_{k=1}^{n} h_i^k = \|_{k=1}^{n} \sum_{j\in\mathcal{N}_i} \alpha_{ij}^k \mathbf{W}^k x_j$$

실제로 어떤 것을 선택할지 판단하는 간단한 규칙이 있다. 은닉층에서는 붙임 방법을 사용하고 신경망의 마지막 층에서는 평균 방법을 사용하는 것이다. 전체 과정을 아래 다이어그램으로 요약할 수 있다.

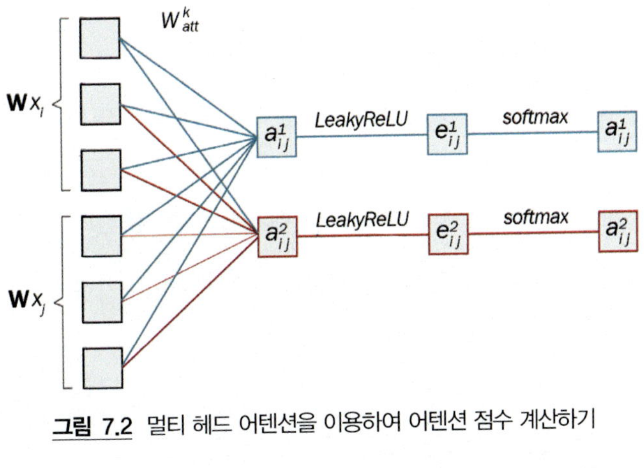

그림 7.2 멀티 헤드 어텐션을 이용하여 어텐션 점수 계산하기

지금까지 그래프 어텐션 레이어의 이론적 배경을 모두 알아보았다. 하지만, 처음 도입된 2017년 이후 성능을 높이는 방법이 제안되었다.

그래프 어텐션 레이어 성능 높이기

2021년 브로디(Brody)는 그래프 어텐션 레이어가 정적인 유형의 어텐션만 계산한다고 주장했다. GAT로 표현할 수 없는 그래프 문제들이 있기 때문에 개선되어야 한다. GATv2라고 부르는, 표현력이 더 뛰어난 동적 어텐션을 제안한다.

이 문제는 연산 순서를 바꾸는 것으로 해결할 수 있다. 공유 가중치 행렬 W는 은닉 벡터를 붙인 후에 적용하고, 어텐션 가중치 행렬 W_{att}은 LeakyReLU 함수 후에 적용한다. 정리하면, 원래 **그래프 어텐션 연산자**, 즉 GAT에서는 아래 수식으로 표현할 수 있고

$$\alpha_{ij} = \frac{exp\,(LeakyReLU\,W_{att}^{t}(\mathbf{W}[x_i \mid\mid x_j]))}{\sum_{k\in\mathcal{N}_i} exp(W_{att}^{t}\,LeakyReLU(\mathbf{W}[x_i \mid\mid x_k]))}$$

이것이 수정된 버전, GATv2 이다.

$$\alpha_{ij} = \frac{exp\,(W_{att}^{t}\,LeakyReLU(\mathbf{W}[x_i \mid\mid x_j]))}{\sum_{k\in\mathcal{N}_i} exp(W_{att}^{t}\,LeakyReLU(\mathbf{W}[x_i \mid\mid x_k]))}$$

어떤 것을 사용해야할까? 브로디에 따르면 GATv2가 일관적으로 GAT보다 뛰어난 성능을 보이고 있다고 한다. 이론적인 증명 외에도 여러 실험을 통해 기존 GAT보다 개선된 GATv2가 더 뛰어난 것을 확인하였다. 이 장의 나머지 부분에서는 GAT와 GATv2 모두 고려할 것이다. 두 번째 절에서는 GAT를, 세 번째 절에서는 GATv2를 다룰 계획이다.

NumPy로 그래프 어텐션 레이어 구현하기

전에 언급한 대로, 신경망은 행렬 곱셈을 기반으로 작동한다. 따라서 우리는 개별 임베딩을 전체 그래프에 대한 연산으로 변환해야 한다. 이번 절에서는 그래프 어텐션 레이어의 초기 버전을 밑바닥부터 구현함으로써 셀프 어텐션이 어떻게 작동하는지 확실하게 이해해 볼 것이다. 이 작업을 여러 번 반복하면 자연스럽게 멀티 헤드 어텐션을 만들 수 있다.

첫 단계는 그래프 어텐션 연산을 행렬 연산으로 표현하는 것이다. 지난 절에서 아래 식을 얻었다.

$$h_i = \sum_{j \in \mathcal{N}_i} \alpha_{ij} \mathbf{W} x_j$$

그래프 선형 레이어에서 했던 것처럼 아래와 같이 쓸 수 있다. W_α는 α_{ij}로 이루어진 행렬이다.

$$H = \tilde{A}^T W_\alpha X \mathbf{W}^T$$

이전 챕터에서 사용했던 아래 그래프를 생각해 보자.

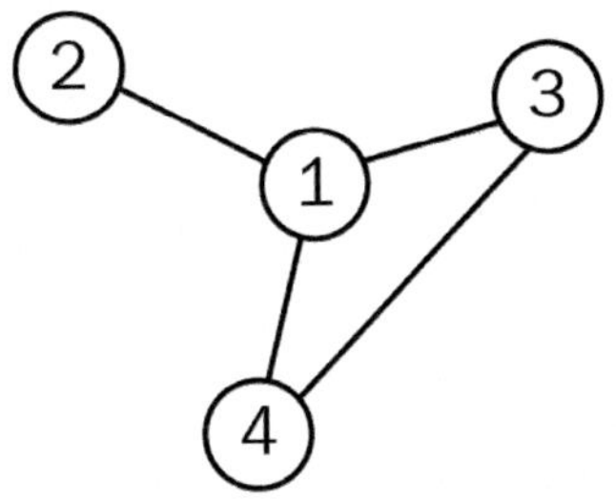

그림 7.3 이웃 노드의 수가 다른 노드로 이루어진 간단한 그래프

그래프는 두 가지 중요한 정보를 제공해야 한다. 자가 순환이 있는 인접 행렬 $\tilde{A}$과 노드 특성값 X이다. 이제 NumPy로 구현을 해 보자.

1. 그림 7.3에 있는 그래프의 인접 행렬을 만들자.

```
import numpy as np
np.random.seed(0)

A = np.array([
[1, 1, 1, 1],
[1, 1, 0, 0],
[1, 0, 1, 1],
[1, 0, 1, 1]
])

array([[1, 1, 1, 1],
[1, 1, 0, 0],
[1, 0, 1, 1],
[1, 0, 1, 1]])
```

2. `np.random.uniform()`을 사용하여 노드 특성값 X를 임의로 만들자.

```
X = np.random.uniform(-1, 1, (4, 4))

array([[ 0.0976270, 0.4303787, 0.2055267, 0.0897663],
       [-0.1526904, 0.2917882, -0.1248255, 0.783546 ],
       [ 0.9273255, -0.2331169, 0.5834500, 0.0577898],
       [ 0.1360891, 0.8511932, -0.8579278, -0.8257414]])
```

3. 다음은 가중치 행렬을 정의하는 것이다. 실제로 그래프 어텐션 층에는 두 가지가 있다. 일반적인 가중치 행렬 $\boldsymbol{W}$와 어텐션 가중치 행렬 W_{att}이다. 이들을 초기화하는 여러 가지 방법(Xavier 초기화 또는 He 초기화)이 있지만 우리는 위에서 썼던 랜덤 함수를 재사용한다. 행렬 $\boldsymbol{W}$의 차원은 (은닉 차원의 개수, 노드의 수)이다. 위 예제에서 노드의 수는 4개로 고정된 값이며 은닉 차원의 개수는 우리가 정하기 나름이다. 이번 예제에서는 2로 한다.

```
W = np.random.uniform(-1, 1, (2, 4))

array([[-0.9595632, 0.6652396, 0.556313 , 0.740024 ],
       [ 0.9572366, 0.5983171, -0.0770412, 0.5610583]])
```

4. 어텐션 행렬은 은닉 벡터를 연결한 결과에 곱하기 때문에 차원은 (1, 은닉 차원의 개수 × 2)이다.

```
W_att = np.random.uniform(-1, 1, (1, 4))

array([[-0.7634511, 0.2798420, -0.7132934, 0.8893378]])
```

5. 간선의 양 끝 두 노드의 은닉 벡터를 연결하고 싶다. 간단한 방법은 인접 행렬을 COO 형식(행에 시작 노드를 저장하고 열에 도착 노드를 저장하는 형식)으로 바꿔서 두 노드 쌍들을 얻는 것이다. `np.where()`로 간단히 할 수 있다.

```
connections = np.where(A > 0)

(array([0, 0, 0, 0, 1, 1, 2, 2, 2, 3, 3, 3]),
array([0, 1, 2, 3, 0, 1, 0, 2, 3, 0, 2, 3]))
```

6. np.concatenate를 사용하여 은닉 벡터들을 연결한다.

```
np.concatenate([(X @ W.T)[connections[0]], (X @ W.T)
[connections[1]]], axis=1)

array([[ 0.3733923, 0.3854852, 0.3733923, 0.3854852],
       [ 0.3733923, 0.3854852, 0.8510261, 0.4776527],
       [ 0.3733923, 0.3854852, -0.6775590, 0.7356658],
       [ 0.3733923, 0.3854852, -0.6526841, 0.2423597],
       [ 0.8510261, 0.4776527, 0.3733923, 0.3854852],
       [ 0.8510261, 0.4776527, 0.8510261, 0.4776527],
       [-0.6775590, 0.7356658, 0.3733923, 0.3854852],
       [-0.6775590, 0.7356658, -0.6775590, 0.7356658],
       [-0.6775590, 0.7356658, -0.6526841, 0.2423597],
       [-0.6526841, 0.2423597, 0.3733923, 0.3854852],
       [-0.6526841, 0.2423597, -0.6775590, 0.7356658],
       [-0.6526841, 0.2423597, -0.6526841, 0.2423597]])
```

7. 위 결과에 W_{att}를 곱해서 선형 변환을 한다.

```
a = W_att @ np.concatenate([(X @ W.T)[connections[0]], (X @ W.T)[connections[1]]],
axis=1).T
array([[-0.1007035 ,
-0.35942847, 0.96036209, 0.50390318,
-0.43956122, -0.69828618, 0.79964181, 1.8607074
, 1.40424849, 0.64260322, 1.70366881, 1.2472099 ]])
```

8. 두 번째 단계였던 활성화 함수를 적용한다. 위 결과에 Leaky ReLU 함수를 통과시킨다.

```
def leaky_relu(x, alpha=0.2):
    return np.maximum(alpha*x, x)

e = leaky_relu(a)
array([[-0.0201407 ,
-0.07188569, 0.96036209, 0.50390318,
-0.08791224, -0.13965724, 0.79964181, 1.8607074
, 1.40424849, 0.64260322, 1.70366881, 1.2472099 ]])
```

9. 올바른 값들은 얻었지만 행렬에서 올바른 위치에 넣어줘야 한다. 이 행렬은 $\tilde{A}$처럼 생겼을 것이다. 왜냐하면 연결되지 않은 두 노드 사이에는 어텐션 점수가 없기 때문이다. COO를 만든 방법을 떠올리면, 우리가 얻은 e의 첫 번째 값은 e_{00}, 두 번째 값은 e_{01}임을 알 수 있고, 일곱 번째 값은 (노드1은 노드2, 노드3과 연결되지 않았기 때문에) e_{12}가 아니라 e_{20}

임을 알 수 있다. 따라서 아래와 같은 결과를 얻을 수 있다.

```
E = np.zeros(A.shape)
E[connections[0], connections[1]] = e[0]

array([[-0.020140 , -0.0718856, 0.9603620, 0.5039031],
       [-0.0879122, -0.1396572, 0. , 0. ],
       [ 0.7996418, 0. , 1.8607074, 1.4042484],
       [ 0.6426032, 0. , 1.7036688, 1.247209 ]])
```

10. 다음 단계는 각 행에 있는 어텐션 점수를 정규화하는 것이다. `softmax` 함수를 만들어서 아래와 같이 최종 어텐션 점수를 얻을 수 있다.

```
def softmax2D(x, axis):
    e = np.exp(x - np.expand_dims(np.max(x, axis=axis),axis))
    sum = np.expand_dims(np.sum(e, axis=axis), axis)
    return e / sum

W_alpha = softmax2D(E, 1)

array([[0.15862414, 0.15062488, 0.42285965, 0.26789133],
       [0.24193418, 0.22973368, 0.26416607, 0.26416607],
       [0.16208847, 0.07285714, 0.46834625, 0.29670814],
       [0.16010498, 0.08420266, 0.46261506, 0.2930773 ]])
```

11. 이 어텐션 행렬 W_α는 네트워크에서 모든 가능한 연결에 대한 점수를 제공한다. 이를 사용해서 각 노드를 표현하는 2차원 임베딩으로 이루어진 행렬 H를 얻을 수 있다.

```
H = A.T @ W_alpha @ X @ W.T

array([[-1.10126376, 1.99749693],
       [-0.33950544, 0.97045933],
       [-1.03570438, 1.53614075],
       [-1.03570438, 1.53614075]])
```

우리의 그래프 어텐션 레이어가 완성되었다. 다른 $\boldsymbol{W}$와 $\boldsymbol{W}_{att}$를 가지고 지금까지 했던 것들을 반복하여 멀티 헤드 어텐션을 구현할 수 있다.

그래프 어텐션 연산자는 발전된 GNN 모델을 개발할 때 필수적인 구성 요소이다. 다음 절에서는 PyG를 활용하여 GAT를 구현할 것이다.

PyTorch Geometric으로 GAT 구현하기

이제 우리는 그래프 어텐션 레이어가 어떻게 동작하는지 완전히 알게 되었다. 이 레이어들을 쌓아서 새로운 구조인 GAT를 만들 수 있다. 이번 절에는 PyG를 사용해서 GAT 논문에서 소개한 모델을 만들 것이다. `Cora`와 `CiteSeer` 데이터셋에서 노드 분류 문제를 풀고 결과를 분석해볼 것이다.

`Cora` 데이터셋을 먼저 보자.

1. PyG 라이브러리에 있는 `Planetoid` 클래스에서 `Cora` 데이터셋을 불러온다.

```
from torch_geometric.datasets import Planetoid

dataset = Planetoid(root=".", name="Cora")
data = dataset[0]

Data(x=[2708, 1433], edge_index=[2, 10556], y=[2708],
train_mask=[2708], val_mask=[2708], test_mask=[2708])
```

2. GATv2 층을 포함하여 우리의 GAT를 만드는 데 쓰이는 여러 함수와 클래스를 불러온다.

```
import torch
import torch.nn.functional as F
from torch_geometric.nn import GATv2Conv
from torch.nn import Linear, Dropout
```

3. 모델 성능 평가를 위해 `accuracy()` 함수를 만든다.

```
def accuracy(y_pred, y_true):
    return torch.sum(y_pred == y_true) / len(y_true)
```

4. 아래 클래스는 개선된 그래프 어텐션 레이어 두 개를 초기화한다. 멀티 헤드 어텐션에 쓰이는 헤드의 수를 정하는 것이 중요하다. 저자들은 첫 번째 층에서 사용한 여덟 개의 헤드는 성능을 향상시켰지만 두 번째 층은 효과가 없었다고 했다.

```
class GAT(torch.nn.Module):
    def __init__(self, dim_in, dim_h, dim_out, heads=8):
        super().__init__()
        self.gat1 = GATv2Conv(dim_in, dim_h, heads=heads)
        self.gat2 = GATv2Conv(dim_h*heads, dim_out,
heads=1)
```

5. GCN에서 구현한 것과 다르게 과적합을 막기 위해 드롭아웃 층 두 개를 추가한다. 이 층들은 입력 텐서에서 일정 확률(아래 예제는 0.6)로 몇몇 값을 0으로 만든다. 원 논문을 따라 활성화 함수로 Leaky ReLU의 지수 버전인 ELU(Exponential Linear Unit)을 사용한다.

```
    def forward(self, x, edge_index):
        h = F.dropout(x, p=0.6, training=self.training)
        h = self.gat1(h, edge_index)
        h = F.elu(h)
        h = F.dropout(h, p=0.6, training=self.training)
        h = self.gat2(h, edge_index)
        return F.log_softmax(h, dim=1)
```

6. `fit()` 함수는 GCN과 같다. 저자들에 따르면 Adam 옵티마이저를 사용하는 것이 `Cora` 데이터셋에 좋다고 한다.

```
    def fit(self, data, epochs):
        criterion = torch.nn.CrossEntropyLoss()
        optimizer = torch.optim.Adam(self.parameters(),lr=0.01, weight_decay=0.01)

        self.train()
        for epoch in range(epochs+1):
            optimizer.zero_grad()
            out = self(data.x, data.edge_index)
            loss = criterion(out[data.train_mask],data.y[data.train_mask])
            acc = accuracy(out[data.train_mask].
argmax(dim=1), data.y[data.train_mask])
            loss.backward()
            optimizer.step()

            if(epoch % 20 == 0):
                val_loss = criterion(out[data.val_mask],data.y[data.val_mask])
                val_acc = accuracy(out[data.val_mask].
argmax(dim=1), data.y[data.val_mask])
                print(f'Epoch {epoch:>3} | Train Loss:
{loss:.3f} | Train Acc: {acc*100:>5.2f}% | Val Loss:
{val_loss:.2f} | Val Acc: {val_acc*100:.2f}%')
```

7. test() 함수도 전에 했던 것들과 완전히 같다.

```
    @torch.no_grad()
    def test(self, data):
        self.eval()
        out = self(data.x, data.edge_index)
        acc = accuracy(out.argmax(dim=1)[data.test_mask],data.y[data.test_mask])
        return acc
```

8. GAT를 만들고 100번 반복하여 학습한다.

```
gat = GAT(dataset.num_features, 32, dataset.num_classes)
gat.fit(data, epochs=100)

GAT(
    (gat1): GATv2Conv(1433, 32, heads=8)
    (gat2): GATv2Conv(256, 7, heads=1)
)
Epoch 0 ¦ Train Loss: 1.978 ¦ Train Acc: 12.86% ¦ Val
Loss: 1.94 ¦ Val Acc: 13.80%
Epoch 20 ¦ Train Loss: 0.238 ¦ Train Acc: 96.43% ¦ Val
Loss: 1.04 ¦ Val Acc: 67.40%
Epoch 40 ¦ Train Loss: 0.165 ¦ Train Acc: 98.57% ¦ Val
Loss: 0.95 ¦ Val Acc: 71.00%
Epoch 60 ¦ Train Loss: 0.209 ¦ Train Acc: 96.43% ¦ Val
Loss: 0.91 ¦ Val Acc: 71.80%
Epoch 80 ¦ Train Loss: 0.172 ¦ Train Acc: 100.00% ¦ Val
Loss: 0.93 ¦ Val Acc: 70.80%
Epoch 100 ¦ Train Loss: 0.190 ¦ Train Acc: 97.86% ¦ Val
Loss: 0.96 ¦ Val Acc: 70.80%
```

9. 최종 테스트 정확도는 아래와 같다.

```
acc = gat.test(data)
print(f'GAT test accuracy: {acc*100:.2f}%')

GAT test accuracy: 81.10%
```

GCN에서 얻었던 점수보다 조금 더 좋은 점수를 얻었다. 두 번째 데이터셋에서 GAT 구조를 도입한 후의 비교를 확인해 보자.

이번에는 노드 분류 문제에서 인기 있는 데이터인 CiteSeer를 사용할 것이다. Cora처럼 인용한 논문을 연결한 논문으로 이루어진 네트워크이다. CiteSeer는 3327개의 노드로 이루어져 있고 노드의 피처는 3703개의 단어가 논문에 있는지(presence, 1) 없는지(absence, 0)를 나타낸다. 데이터셋의 목표는 노드를 여섯 개의 카테고리로 올바르게 분류하는 것이다. 그림 7.4에서 yEd Live로 그린 CiteSeer의 그래프를 볼 수 있다.

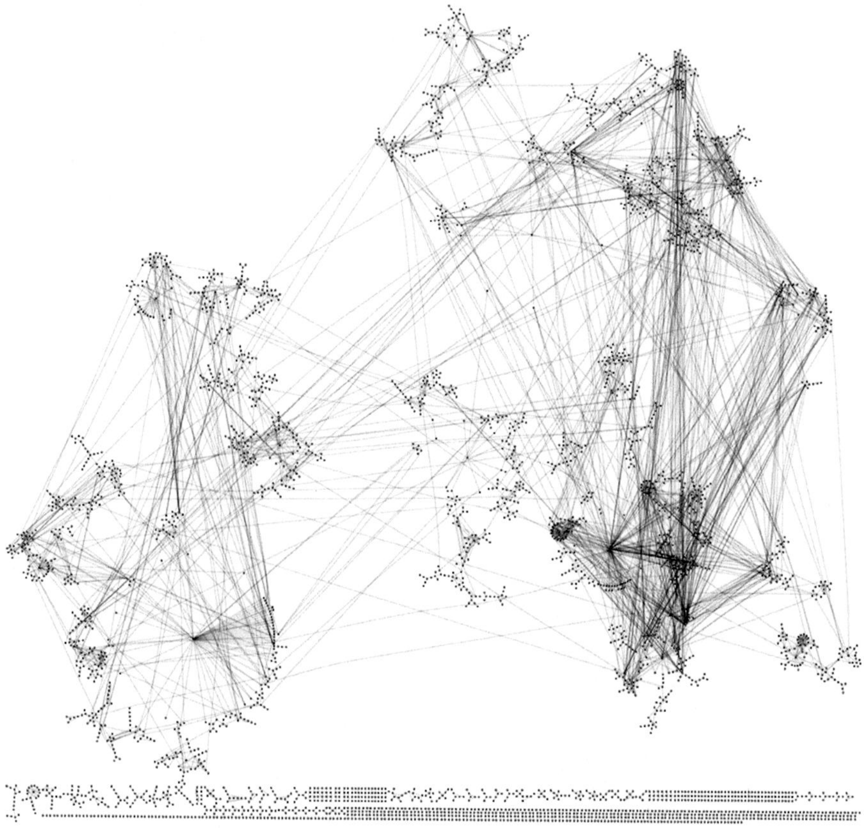

그림 7.4 (yEd Live로 그린) CiteSeer 데이터셋

Cora와 비교해서 노드의 수(2708개에서 3327개로)와 특성값의 차원(1433에서 3703으로)이 증가하였다. 그래도 우리는 같은 과정을 적용할 수 있다.

1. 먼저, CiteSeer 데이터셋을 불러온다.

```
dataset = Planetoid(root=".", name="CiteSeer")
data = dataset[0]
Data(x=[3327, 3703], edge_index=[2, 9104], y=[3327],
train_mask=[3327], val_mask=[3327], test_mask=[3327])
```

2. 추가로, 이전 장에서 썼던 코드를 사용하여 노드 차수별로 노드의 수를 그려 본다.

```
import matplotlib.pyplot as plt
from torch_geometric.utils import degree
from collections import Counter

degrees = degree(dataset[0].edge_index[0]).numpy()

numbers = Counter(degrees)

fig, ax = plt.subplots(dpi=300)
ax.set_xlabel('Node degree')
ax.set_ylabel('Number of nodes')
plt.bar(numbers.keys(), numbers.values())
```

3. 아래와 같은 결과를 얻을 수 있다.

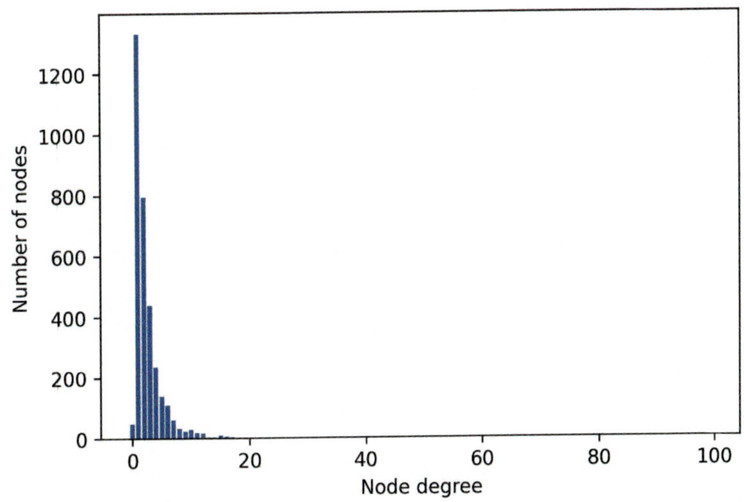

그림 7.5 노드 차수별 노드 수 (CiteSeer)

그림 7.5는 전형적인 두꺼운 꼬리 분포(heavy-tailed distribution)처럼 보이지만 일부 노드의 차수는 0이라는 특징이 있다. 다시 말해서 다른 노드와 연결이 안 된 노드들이 있다는 의미이다. 그 노드들은 다른 노드들보다 분류하기 훨씬 더 어려울 것이라고 예상할 수 있다.

4. GAT 모델을 만든 뒤에 입력 값들을 알맞게 넣고 100번 반복하여 학습한다.

```
gat = GAT(dataset.num_features, 16, dataset.num_classes)
gat.fit(data, epochs=100)
Epoch 0 | Train Loss: 1.815 | Train Acc: 15.00% | Val
Loss: 1.81 | Val Acc: 14.20%
```

```
Epoch 20 | Train Loss: 0.173 | Train Acc: 99.17% | Val
Loss: 1.15 | Val Acc: 63.80%
Epoch 40 | Train Loss: 0.113 | Train Acc: 99.17% | Val
Loss: 1.12 | Val Acc: 64.80%
Epoch 60 | Train Loss: 0.099 | Train Acc: 98.33% | Val
Loss: 1.12 | Val Acc: 62.40%
Epoch 80 | Train Loss: 0.130 | Train Acc: 98.33% | Val
Loss: 1.19 | Val Acc: 62.20%
Epoch 100 | Train Loss: 0.158 | Train Acc: 98.33% | Val
Loss: 1.10 | Val Acc: 64.60%
```

5. 아래와 같이 테스트 정확도를 얻었다.

```
acc = gat.test(data)
print(f'GAT test accuracy: {acc*100:.2f}%')

GAT test accuracy: 68.10%
```

좋은 결과인가? 이번에는 비교할 것이 없다.

Schur의 *Pitfalls of Graph Neural Network Evaluation*에 따르면 GAT는 GCN에 비해 Cora(82.8% ± 0.6% vs 81.9% ± 0.8%)와 CiteSeer(71.0% ± 0.6% vs 69.5% ± 0.9%)에서 약간씩 좋은 성능을 보였다. 또한, 저자들은 정확도 점수가 정규분포를 따르지 않기 때문에 편차의 영향은 덜하다고 했다. 이런 유형의 벤치마크에서는 이를 염두에 두는 것이 중요하다.

이전에 거의 연결되지 않은 노드들은 성능에 부정적인 영향을 줄 수도 있다고 하였다. 노드 차수별로 평균 정확도를 그려서 이 가설을 검증할 수 있다.

1. 모델의 분류 결과를 얻는다.

```
out = gat(data.x, data.edge_index)
```

2. 각 노드의 차수를 계산한다.

```
degrees = degree(data.edge_index[0]).numpy()
```

3. 정확도 점수와 샘플 크기를 저장한다.

```
accuracies = []
sizes = []
```

4. 차수가 0부터 5까진 노드들에 대해서 각각의 평균 정확도를 계산한다.

```
for i in range(0, 6):
    mask = np.where(degrees == i)[0]
    accuracies.append(accuracy(out.argmax(dim=1)[mask],data. y[mask]))
    sizes.append(len(mask))
```

5. 노드의 차수가 5 초과인 노드에 대해 한 번 더 계산한다.

```
mask = np.where(degrees > 5)[0]
accuracies.append(accuracy(out.argmax(dim=1)[mask],data. y[mask]))
sizes.append(len(mask))
```

6. 위에서 계산한 값들을 그린다.

```
fig, ax = plt.subplots(dpi=300)
ax.set_xlabel('Node degree')
ax.set_ylabel('Accuracy score')
plt.bar(['0','1','2','3','4','5','6+'], accuracies)
for i in range(0, 7):
    plt.text(i, accuracies[i],
f'{accuracies[i]*100:.2f}%', ha='center', color='black')
for i in range(0, 7):
    plt.text(i, accuracies[i]//2, sizes[i], ha='center', color='white')
```

7. 결과는 아래와 같다.

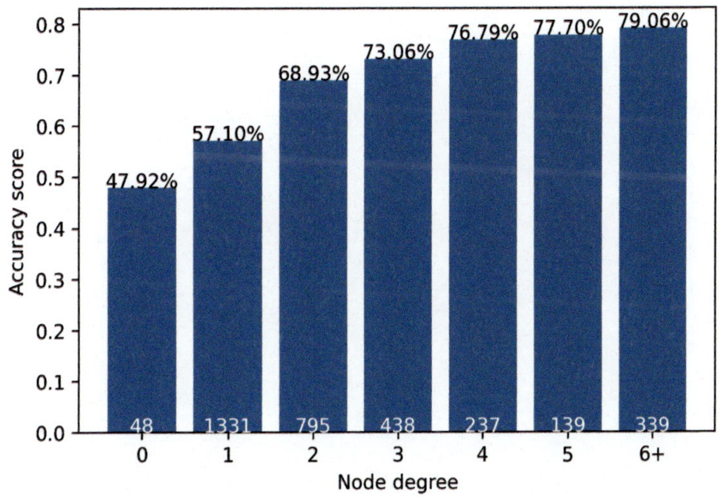

그림 7.6 노드 차수별 정확도 (CiteSeer)

그림 7.6으로 이웃이 적은 노드는 분류를 정확하게 하기 더 어렵다는 우리의 가설을 검증하였다. 더 나아가 이웃이 많을수록 정확도가 높아지는 경향까지 확인할 수 있었다. 사실 이는 이웃의 수가 많을수록 예측할 때 GNN에 더 많은 정보를 제공하기 때문에 자연스러운 현상이다.

요약

이 장에서 우리는 꼭 알아야 할 새로운 구조인 GAT에 대해 알아보았다. 선형 변환부터 멀티 헤드 어텐션까지 네 가지 단계로 나눠서 내부에서 어떻게 동작하는지 알아보았다. 또한, NumPy만을 사용해서 그래프 어텐션 층을 구현하여 실제로 어떻게 작동하는지 알아보았다. `Cora` 데이터셋과 `CiteSeer` 데이터셋에 (GATv2로) GAT 모델을 적용하여 뛰어난 정확도를 얻었다. 또한 정확도가 이웃의 수와 관계가 있다는 것을 분석을 통해 확인하였다.

*8장, GraphSAGE를 사용한 그래프 인공신경망 확장*에서는 거대한 그래프를 다루는 새로운 구조를 소개할 것이다. 이를 확인하기 위해 지금까지 봐온 데이터들보다 몇 배나 더 큰 데이터셋을 갖고 구현을 할 것이다. 또한 GNN 실무자에게 중요한 차이인 추론적(transductive) 학습과 귀납적(inductive) 학습에 대해 얘기할 것이다.

고급 모델

PART 3

이 책의 세 번째 파트에서는, 다양한 그래프 응용 문제에 특화된 고급 GNN 구조에 대해 깊게 알아볼 것이다. 먼저 특정 작업 혹은 도메인을 위해 설계된 최신 GNN 모델들에 대해 알아 볼 것이다. 게다가, GNN을 통해 해결될 수 있는 링크 예측(link prediction), 그래프 분류(graph classification)와 같은 새로운 그래프 태스크에 대해 알아보고 실제 구현 및 코드를 통해 GNN의 효용성을 보일 것이다.

이번 파트를 통해, 고급 GNN 구조를 이해하고 구현하고 이를 본인만의 그래프 기반 문제에 적용할 수 있을 것이다. 또한, 특화된 GNN과 이들의 강점 및 코드를 이해하게 될 것이다. 이러한 지식들은 GNN을 실제 환경에 적용하고 새롭고 혁신적인 GNN 구조를 개발하도록 도움을 줄 것이다.

이번 파트는 아래의 장들로 구성된다.

- 8장, GraphSAGE를 통한 그래프 인공신경망 확장
- 9장, 그래프 분류를 위한 표현력 정의
- 10장, 그래프 신경망을 이용한 링크 예측
- 11장, 그래프 신경망을 이용한 그래프 생성
- 12장, 이종 그래프 인공신경망 학습
- 13장, 시간적 그래프 인공신경망
- 14장, 그래프 인공신경망 설명하기

제8장
GraphSAGE를 통한 그래프 인공신경망 확장

GraphSAGE는 대규모 그래프를 처리하기 위해 설계된 그래프 인공신경망(Graph Neural Networks, GNN) 구조다. 기술 산업에서는 확장성(scalability)이 성장을 위한 주요한 동력이다. 따라서 다양한 시스템들은 근본적으로 수백만의 사용자를 수용하기 위해 설계되어 있다. 이러한 확장성은 GCN과 GAT와 비교하여 그래프 인공신경망 모델의 작동하는 방식에 근본적인 변화를 요구한다. 따라서 Uber Eats와 Pinterest와 같은 기술 중심의 회사들이 GraphSAGE를 채택한 것은 당연한 일이다.

이 장에서는 GraphSAGE의 두 가지 주요 아이디어에 대해 배울 것이다. 첫째, 확장성 측면에서의 성능의 핵심이 되는 **이웃 샘플링(neighbor sampling)** 기술을 설명하도록 하겠다. 그런 다음 노드 임베딩을 생성하는 데 사용되는 세 가지 집계 연산자에 대해 알아보겠다. 또한, 기존의 방식뿐만 아니라 Uber Eats와 Pinterest에서 제안한 변형에 대해서도 자세히 알아보겠다.

GraphSAGE는 학습 측면에서도 새로운 가능성을 제공한다. PubMed을 사용한 노드 분류와 **단백질–단백질 상호 작용을 위한 다중 라벨 분류**와 같은 두 가지 문제에 대한 학습 방법을 구현해보도록 하겠다. 마지막으로 새로운 **귀납적(inductive)** 접근법의 이점과 사용 방법에 대해 논의할 것이다.

이 장을 마치면 이웃 샘플링 알고리즘이 어떻게 작동하며 왜 작동하는지를 이해하게 될 것이다. 이를 구현하여 미니 배치를 생성하고 GPU를 사용하여 대부분의 그래프 인공신경망 구조에서 학습 속도를 높일 수 있게 될 것이다. 또한 그래프 상의 귀납적 학습과 다중 라벨 분류를 숙달하게 될 것이다.

이 장에서는 다음 주제들을 다룰 것이다:

- GraphSAGE 소개

- PubMed 데이터셋에서의 노드 분류
- 단백질 상호작용에서의 귀납적 학습

기술 요구사항

이 장의 모든 코드 예제는 다음 GitHub 주소에서 찾을 수 있다: `https://github.com/PacktPublishing/Hands-On-Graph-Neural-Networks-Using-Python/tree/main/Chapter08`.

각자의 머신에서 코드를 돌리기 위한 설치 방법은 이 책의 서문을 참조하라.

GraphSAGE 소개

Hamilton 등은 2017년에 GraphSAGE를 발표했다(더 읽을거리 절의 [1] 참조). 이 프레임워크는 대규모 그래프(10만 개 이상의 노드)에 대한 귀납적 표현 학습(inductive representation learning)을 위한 것으로, 노드 분류와 같은 구체적인 문제를 위한 노드 임베딩을 생성하는 것을 목표로 한다. 또한, 이는 GCN과 GAT의 두 가지 문제점을 해결하여 대규모 그래프로 확장 가능하고 학습 중에 관찰하지 못한 데이터에 효율적으로 일반화가 가능하다.

이 섹션에서는 GraphSAGE의 두 가지 주요 구성 요소를 설명하면서 어떻게 구현하는지 설명하겠다:

- 이웃 샘플링(neighbor sampling)
- 집계(aggregation)

이웃 샘플링(Neighbor Sampling)

지금까지 전통적인 인공신경망에서 중요한 개념 중 하나인 **미니 배치(mini-batching)**에 대해서 자세히 논의하지 않았다. 이는 데이터셋을 더 작은 조각(배치)으로 나누는 것을 의미한다. 이들은 **경사 하강법**에서 사용되며, 학습 중에 최적의 가중치와 편향을 찾는 최적화 알고리즘이다. 다음과 같이 세 가지 유형의 경사 하강법이 있다:

- **배치 경사 하강법(batch gradient descent)**: 가중치(weight)와 편향(bias)이 전체 데이터셋이 처리된 후 매 에폭마다 업데이트된다. 이것은 지금까지 우리가 구현한 기술이다. 그러나 이는 전체 데이터셋이 메모리에 존재해야 가능한 느린 과정이다.
- **확률적 경사 하강법(stochastic gradient descent)**: 가중치와 편향이 데이터셋의 각 학습 예

제마다 업데이트된다. 이것은 오류가 평균화되지 않기 때문에 노이즈가 있는 과정이다. 그러나 온라인 학습(online training)을 수행하는 데 사용할 수 있다.

- **미니 배치 경사 하강법(mini-batch gradient descent)**: 가중치와 편향이 각 미니 배치의 학습 예제가 끝날 때마다 업데이트된다. 이 방법은 다른 방법들에 비해서 더 빠르며(미니 배치는 GPU를 사용하여 병렬로 처리될 수 있음), 더 안정적인 수렴을 이끌어낸다. 또한 전체 데이터셋은 사용 가능한 메모리를 초과할 수 있기 때문에 이 방법은 대규모 그래프 처리에 필수적이라고 할 수 있다.

실제로는 **RMSprop** 또는 `Adam`과 같은 더 고급 최적화 기법을 사용하며, 이 또한 미니 배치로 구현한다.

정형 데이터셋(tabular dataset)을 미니 배치로 나누는 것은 간단하다. 테이블 내의 여러 행(샘플)들을 선택하면 된다. 그러나 그래프 데이터셋의 경우 '어떻게 하면 중요한 연결을 끊지 않고 노드를 선택할 수 있을지'에 대한 문제가 발생한다. 이에 대해서 신경쓰지 않으면 집계(aggregation)를 수행할 수 없는 고립된 노드들만을 얻게 될 수도 있다.

따라서 그래프 인공신경망을 위해 데이터셋을 어떻게 사용할지에 대해 생각해야 한다. 모든 그래프 인공신경망 레이어는 이웃에 기반하여 노드 임베딩을 계산한다. 이는 임베딩을 계산하는 데 직접적으로 연결된 이웃 노드(**1 홉**)만 필요하다는 것을 의미한다. 그래프 인공신경망이 두 개의 레이어를 가지고 있다면 이웃과 그들의 또 다른 이웃(**2 홉**)이 필요하며, 이와 같이 계속된다(그림 8.1 참조). 나머지 네트워크는 이 개별 노드 임베딩을 계산하는 데 관계가 없다.

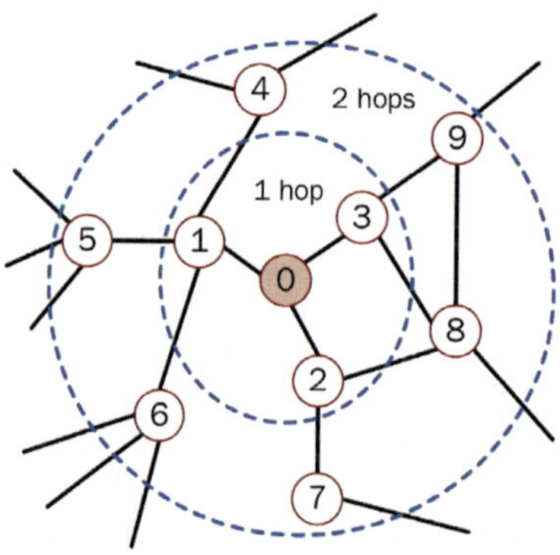

그림 8.1 노드 0을 대상 노드로 하고 1홉 및 2홉 이웃을 가진 그래프

이 기술을 사용하면 미니 배치를 계산 그래프로 채울 수 있으며, 이는 노드 임베딩을 계산하기 위한 연산 순서 전체를 설명한다. 그림 8.2는 보다 직관적인 표현에서 노드 0의 계산 그래프

(computation graph)를 보여 준다.

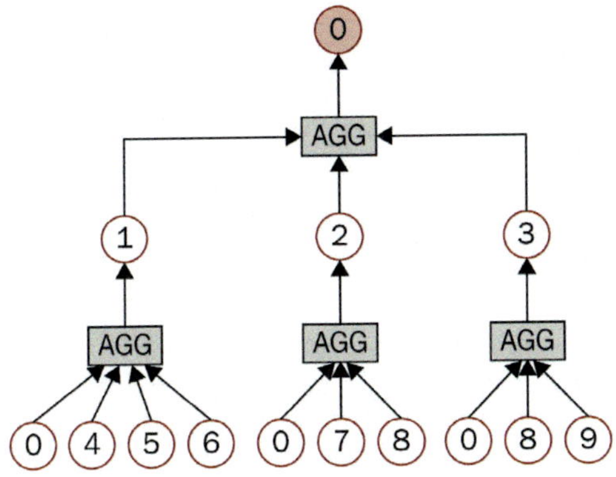

그림 8.2 노드 0에 대한 계산 그래프

1홉 이웃의 임베딩을 계산하기 위해서는 2홉 이웃을 집계해야 하고 해당 임베딩은 노드 0의 임베딩을 얻기 위해 집계된다. 그러나 이 설계에는 두 가지 문제점이 있다:

- 계산 그래프의 크기는 홉(hop) 수에 대해 지수적으로 커지는 것.
- 소셜 네트워크의 유명인들과 같은 매우 높은 **연결성을 가진 노드인 허브 노드**(hub node)는 거대한 계산 그래프를 생성한다는 것.

이러한 문제를 해결하기 위해 우리는 계산 그래프의 크기를 제한해야 한다. GraphSAGE에서 저자들은 이웃 샘플링(neighbor sampling)이라는 기술을 제안한다. 계산 그래프에 모든 이웃을 추가하는 대신, 우리는 미리 정의된 수의 이웃을 샘플링 한다. 예를 들어, 첫 번째 홉에서는 최대 3개의 이웃만 유지하고, 두 번째 홉에서는 최대 5개의 이웃을 유지하기로 결정할 수 있다. 따라서 이 경우 계산 그래프는 $3 \times 5 = 15$개의 노드를 초과할 수 없게 된다.

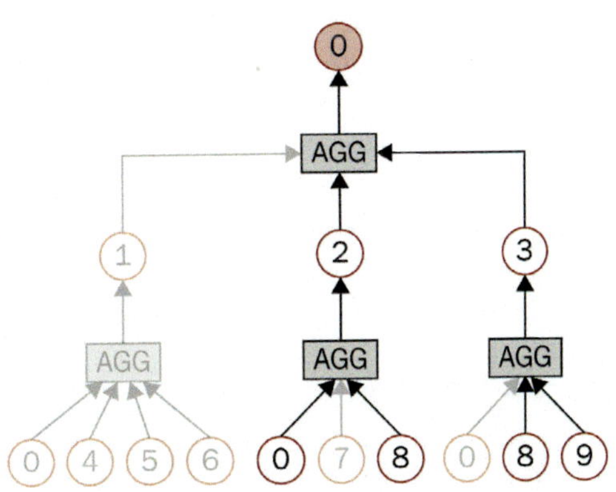

그림 8.3 이웃 샘플링을 사용하여 1홉 이웃을 2개, 그리고 2홉 이웃을 2개 유지하는 계산 그래프

낮은 샘플링 숫자는 학습을 더 무작위로 만들지만(높은 분산), 계산 그래프가 지수적으로 커지는 것을 피하기 위해서는 홉 수를 결정하는 그래프 인공신경망 레이어 수를 낮춰야 한다. 이웃 샘플링은 대규모 그래프를 처리할 수 있지만, 중요한 정보를 제거하므로(정확도와 같은 성능에 부정적인 영향을 줄 수 있는) 트레이드오프(trade-off)가 발생한다. 계산 그래프는 많은 중복된 계산을 포함하므로 전체 프로세스가 계산적으로 효율성이 떨어지게 된다.

그럼에도 불구하고 이 무작위 샘플링(random sampling)이 유일한 기술은 아니다. Pinterest는 GraphSAGE의 새로운 버전인 PinSAGE(더 읽을거리 [2] 참조)를 갖고 있다. PinSAGE는 추천 시스템에 활용되는데, 여기서는 랜덤 워크를 사용한 또 다른 샘플링 방법을 구현한다. PinSAGE는 일정한 수의 이웃 노드를 유지하면서 어떤 노드가 가장 자주 만나는지를 랜덤 워크를 통해 파악한다. 이 빈도가 그들의 상대적인 중요성을 결정하게 된다. PinSAGE의 샘플링 전략은 가장 중요한 노드를 선택하도록 허용하며 실제로 더 효율적이다.

집계(Aggregation)

이웃 노드를 샘플링 하는 방법을 살펴보았으므로 이제는 임베딩을 계산해야 한다. 이것은 집계 연산자(집계기)에 의해 수행된다. GraphSAGE에서 저자들은 세 가지 방법을 제안했다:

- 평균 집계기(mean aggregator)
- **장기 단기 메모리(LSTM)** 집계기 (long short-term memory (LSTM) aggregator)
- 풀링 집계기 (pooling aggregator)

우리는 가장 이해하기 쉬운 평균 집계기에 초점을 맞출 것이다. 먼저, 평균 집계기는 대상 노드의 임베딩과 그들의 샘플링된 이웃들의 임베딩을 평균하여 계산한다. 그런 다음 결과에 가중 행렬을 사용한 선형 변환을 적용한다.

평균 집계기는 다음 공식으로 요약할 수 있다. 여기서 σ은 ReLU나 tanh와 같은 비선형 함수(non-linear function)이다:

$$h_i' = \sigma\left(\mathbf{W} \cdot mean_{j \in \tilde{\mathcal{N}}_i}(h_j)\right)$$

PyG와 Uber Eats의 GraphSAGE 구현의 경우 [3], 우리는 하나가 아닌 두 개의 가중치 행렬을 사용한다. 첫 번째는 대상 노드에, 두 번째는 이웃들에 할당된다. 이 집계기는 다음과 같이 쓸 수 있다:

$$h_i' = \sigma\left(\mathbf{W}_1 h_i + \mathbf{W}_2 \cdot mean_{j \in \mathcal{N}_i}(h_j)\right)h$$

LSTM 집계기는 LSTM 구조를 기반으로 한 재귀 신경망 유형이다. 평균 집계기와 비교하여 LSTM 집계기는 이론적으로 더 많은 그래프 구조를 구별하고, 따라서 더 나은 임베딩을 생성할 수 있다. 그러나 문제는 순환 신경망이 순서가 존재하는 입력(시작과 끝이 있는 문장)만을 고려한다는 것이다. 그러나 노드는 어떤 순서도 가지고 있지 않다. 따라서 이 문제를 해결하기 위해 노드의 이웃들을 무작위로 순열하는 방법이 있다. 이 방법을 통해 입력 순서에 의존하지 않고도 LSTM 구조를 사용할 수 있다.

마지막으로, 풀링 집계기는 두 단계로 작동한다. 먼저, 각 이웃의 임베딩은 새로운 벡터를 생성하기 위해 MLP에 공급된다. 그런 다음 요소별 최대 연산(element-wise max operation)이 수행되어 각 요소(element)에서 가장 높은 값을 유지한다.

GraphSAGE 프레임워크에서 이 세 가지 방법에 제한되지 않고 다른 집계기를 구현할 수도 있다. 실제로 GraphSAGE의 주요 아이디어는 효율적인 이웃 샘플링에 있다. 다음 섹션에서는 이를 사용하여 새 데이터셋에서 노드 분류를 수행해 보겠다.

PubMed 데이터셋에서의 노드 분류

이 섹션에서는 `PubMed` 데이터셋(`https://github.com/kimiyoung/planetoid`에서 MIT 라이선스로 제공됨) [4]에서 노드 분류를 수행하기 위한 GraphSAGE 구조를 구현할 것이다.

그림 8.4 PubMed 데이터셋의 시각화

이전에는 Cora, CiteSeer와 같은 Planetoid 계열의 두 가지 다른 인용 네트워크 데이터셋을 살펴보았다. PubMed 데이터셋은 이와 비슷하지만 더 큰 그래프로, 19,717개의 노드와 88,648개의 간선이 있다. 그림 8.4는 이 데이터셋의 Gephi (https://gephi.org/)에 의해 생성된 시각화를 보여준다.

각 노드의 특성값은 500 차원의 TF-IDF 가중 단어 벡터다. 목표는 노드를 다음 세 가지 범주로 올바르게 분류하는 것이다 - 당뇨병 실험, 제 1형 당뇨병, 제 2형 당뇨병. PyG를 사용하여 단계별로 구현해 보겠다:

1. 먼저 Planetoid 클래스에서 PubMed 데이터셋을 로드하고 그래프에 대한 몇 가지 정보를 출력한다:

```
from torch_geometric.datasets import Planetoid

dataset = Planetoid(root='.', name="Pubmed")
data = dataset[0]

print(f'Dataset: {dataset}')
print('-------------------')
print(f'Number of graphs: {len(dataset)}')
print(f'Number of nodes: {data.x.shape[0]}')
print(f'Number of features: {dataset.num_features}')
print(f'Number of classes: {dataset.num_classes}')

print('Graph:')
print('------')
print(f'Training nodes: {sum(data.train_mask).item()}')
print(f'Evaluation nodes: {sum(data.val_mask).item()}')
print(f'Test nodes: {sum(data.test_mask).item()}')
print(f'Edges are directed: {data.is_directed()}')
print(f'Graph has isolated nodes: {data.has_isolated_
nodes()}')
print(f'Graph has loops: {data.has_self_loops()}')
```

2. 다음과 같은 출력이 생성된다:

```
Dataset: Pubmed()
-------------------
Number of graphs: 1
Number of nodes: 19717
Number of features: 500
```

```
Number of classes: 3

Graph:
------
Training nodes: 60
Evaluation nodes: 500
Test nodes: 1000
Edges are directed: False
Graph has isolated nodes: False
Graph has loops: False
```

위와 같이 훈련 노드가 60개이고 테스트 노드가 1,000개밖에 되지 않아 상당히 제한적이다 (6/94 분할). 다행히 19,717개의 노드만 있는 PubMed는 GraphSAGE로 처리하면 매우 빠를 것이다.

3. GraphSAGE 프레임워크의 첫 번째 단계는 이웃 샘플링이다. PyG는 NeighborLoader 클래스를 구현하여 이를 수행한다. 대상 노드의 이웃 10개와 그들 자신의 이웃 10개를 유지하겠다. 우리는 60개의 대상 노드를 16개씩의 노드 배치로 그룹화할 것이며, 이는 네 개의 배치를 생성할 것이다:

```
from torch_geometric.loader import NeighborLoader

train_loader = NeighborLoader(
    data,
    num_neighbors=[10,10],
    batch_size=16,
    input_nodes=data.train_mask,
)
```

4. 그들의 정보를 출력함으로써, 우리가 네 개의 하위 그래프(배치)를 얻었는지 확인해 보겠다:

```
for i, subgraph in enumerate(train_loader):
    print(f'Subgraph {i}: {subgraph}')

Subgraph 0: Data(x=[400, 500], edge_index=[2, 455],
y=[400], train_mask=[400], val_mask=[400], test_mask=[400], batch_size=16)
Subgraph 1: Data(x=[262, 500], edge_index=[2, 306],
y=[262], train_mask=[262], val_mask=[262], test_mask=[262], batch_size=16)
Subgraph 2: Data(x=[275, 500], edge_index=[2, 314],
y=[275], train_mask=[275], val_mask=[275], test_
mask=[275], batch_size=16)
```

```
Subgraph 3: Data(x=[194, 500], edge_index=[2, 227],
y=[194], train_mask=[194], val_mask=[194], test_mask=[194], batch_size=12)
```

5. 이 하위 그래프는 이웃이 샘플링될 수 있기 때문에 60개 이상의 노드를 포함한다. 또한 우리는 matplotlib의 서브플롯을 사용하여 그래프처럼 그릴 수 있다:

```
import numpy as np
import networkx as nx
import matplotlib.pyplot as plt
from torch_geometric.utils import to_networkx

fig = plt.figure(figsize=(16,16))
for idx, (subdata, pos) in enumerate(zip(train_loader, [221, 222, 223, 224])):
    G = to_networkx(subdata, to_undirected=True)
    ax = fig.add_subplot(pos)
    ax.set_title(f'Subgraph {idx}', fontsize=24)
    plt.axis('off')
    nx.draw_networkx(G,
                    pos=nx.spring_layout(G, seed=0),
                    with_labels=False,
                    node_color=subdata.y,
                    )
plt.show()
```

6. 다음 그림을 얻을 수 있다:

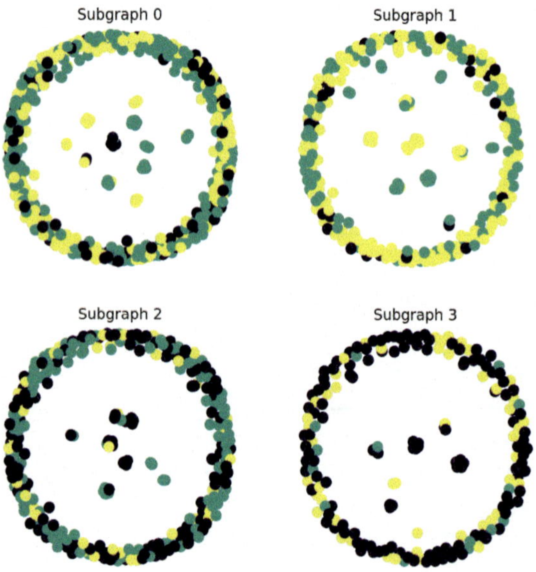

그림 8.5 이웃 샘플링으로 얻은 부분 그래프

노드의 대부분은 이웃 샘플링 방식 때문에 차수가 1이다. 이 경우에는 문제가 되지 않는다. 그들의 임베딩은 계산 그래프에서 두 번째 레이어의 임베딩을 계산하기 위해 한 번만 사용되기 때문이다.

7. 우리는 다음 함수를 구현하여 모델의 정확도를 평가한다:

```
def accuracy(pred_y, y):
    return ((pred_y == y).sum() / len(y)).item()
```

8. 두 개의 SAGEConv 레이어(평균 집계기가 기본적으로 선택됨)를 사용하는 GraphSAGE 클래스를 만들어 보겠다:

```
import torchmport torch.nn.functional as F
from torch_geometric.nn import SAGEConv

class GraphSAGE(torch.nn.Module):
    def __init__(self, dim_in, dim_h, dim_out):
        super().__init__()
        self.sage1 = SAGEConv(dim_in, dim_h)
        self.sage2 = SAGEConv(dim_h, dim_out)
```

9. 두 개의 평균 집계기를 사용하여 임베딩을 계산한다. 또한 비선형 함수(ReLU)와 드롭아웃 레이어를 사용한다:

```
    def forward(self, x, edge_index):
        h = self.sage1(x, edge_index)
        h = torch.relu(h)
        h = F.dropout(h, p=0.5, training=self.training)
        h = self.sage2(h, edge_index)
        return F.log_softmax(h, dim=1)
```

10. 이제 배치를 고려해야 하므로 fit() 함수는 에폭을 반복하고 각 에폭 안에서 배치를 반복해야 한다. 측정하려는 성능은 모든 에폭마다 다시 초기화되어야 한다.

```
    def fit(self, data, epochs):
        criterion = torch.nn.CrossEntropyLoss()
        optimizer = torch.optim.Adam(self.parameters(), lr=0.01)
        self.train()
        for epoch in range(epochs+1):
        total_loss, val_loss, acc, val_acc = 0, 0, 0, 0
```

11. 두 번째 반복문은 각 배치에서 모델을 학습한다:

```
        for batch in train_loader:
            optimizer.zero_grad()
            out = self(batch.x, batch.edge_index)
            loss = criterion(out[batch.train_mask], batch.y[batch.train_mask])
            total_loss += loss
            acc += accuracy(out[batch.train_mask].
argmax(dim=1), batch.y[batch.train_mask])
            loss.backward()
            optimizer.step()

            # Validation
            val_loss += criterion(out[batch.val_mask], batch.y[batch.val_mask])
            val_acc += accuracy(out[batch.val_mask].
argmax(dim=1), batch.y[batch.val_mask])
```

12. 각 에폭의 성능을 출력하기 위해서 이들은 배치 수로 나누어져야 한다:

```
    if epoch % 20 == 0:
            print(f'Epoch {epoch:>3} | Train
Loss: {loss/len(train_loader):.3f} | Train Acc: {acc/
len(train_loader)*100:>6.2f}% | Val Loss: {val_loss/
len(train_loader):.2f} | Val Acc: {val_acc/len(train_
loader)*100:.2f}%')
```

13. 테스트 셋에 대해서는 배치를 사용하지 않기 때문에 `test()` 함수는 변경되지 않는다:

```
    @torch.no_grad()
    def test(self, data):
        self.eval()
        out = self(data.x, data.edge_index)
        acc = accuracy(out.argmax(dim=1)[data.test_mask],data.y[data.test_mask])
        return acc
```

14. 64개의 은닉 차원을 가진 모델을 생성하고 200에폭 동안 학습해 보겠다:

```
graphsage = GraphSAGE(dataset.num_features, 64, dataset.
num_classes)
print(graphsage)
graphsage.fit(data, 200)
```

15. 이로써 다음 출력이 생성된다:

```
GraphSAGE(
    (sage1): SAGEConv(500, 64, aggr=mean)
    (sage2): SAGEConv(64, 3, aggr=mean)
)
Epoch 0 | Train Loss: 0.317 | Train Acc: 28.77% | Val
Loss: 1.13 | Val Acc: 19.55%
Epoch 20 | Train Loss: 0.001 | Train Acc: 100.00% | Val
Loss: 0.62 | Val Acc: 75.07%
Epoch 40 | Train Loss: 0.000 | Train Acc: 100.00% | Val
Loss: 0.55 | Val Acc: 80.56%
Epoch 60 | Train Loss: 0.000 | Train Acc: 100.00% | Val
Loss: 0.35 | Val Acc: 86.11%
Epoch 80 | Train Loss: 0.002 | Train Acc: 100.00% | Val
Loss: 0.64 | Val Acc: 73.58%
Epoch 100 | Train Loss: 0.000 | Train Acc: 100.00% | Val
Loss: 0.79 | Val Acc: 74.72%
Epoch 120 | Train Loss: 0.000 | Train Acc: 100.00% | Val
Loss: 0.71 | Val Acc: 76.75%
Epoch 140 | Train Loss: 0.000 | Train Acc: 100.00% | Val
Loss: 0.75 | Val Acc: 67.50%
Epoch 160 | Train Loss: 0.000 | Train Acc: 100.00% | Val
Loss: 0.63 | Val Acc: 73.54%
Epoch 180 | Train Loss: 0.000 | Train Acc: 100.00% | Val
Loss: 0.47 | Val Acc: 86.11%
Epoch 200 | Train Loss: 0.000 | Train Acc: 100.00% | Val
Loss: 0.48 | Val Acc: 78.37%
```

평균 집계기가 SAGEConv 레이어의 두 개 모두에 자동으로 선택되었으니 유의해야 한다.

16. 마지막으로, 테스트 셋에서 평가한다:

```
acc = graphsage.test(data)
print(f'GraphSAGE test accuracy: {acc*100:.2f}%')

GraphSAGE test accuracy: 74.70%
```

이 데이터셋의 적합하지 않은 훈련/테스트 분할을 고려할 때, 우리는 74.70%의 나쁘지 않은 정확도를 얻었다. 그러나 GraphSAGE는 PubMed에서 GCN(-0.5%) 또는 GAT(-1.4%)보다 낮은 평균 정확도를 보이게 된다. 그렇다면 우리는 왜 GraphSAGE를 사용해야 할까?

답은 세 모델을 학습해 보면 명백해진다. GraphSAGE는 굉장히 빠르다. 하나의 GPU에서 GCN

보다 4배, GAT보다 88배 빠르다. 심지어 GPU 메모리가 문제가 되지 않더라도 GraphSAGE는 더 큰 그래프를 처리하고 작은 네트워크보다 더 좋은 결과를 생성할 수 있을 것이다.

GraphSAGE의 구조를 자세히 살펴보는 것을 완료하려면 한 가지 특징에 대해 더 논의해야 하는데 그것은 귀납 능력이다.

단백질 상호 작용에서의 귀납적 학습

그래프 인공신경망에서는 두 가지 유형의 학습을 구분한다 - **귀납적(inductive)** 학습과 **추론적(transductive)** 학습이다. 이들을 다음과 같이 요약할 수 있다.

- 귀납적 학습에서 그래프 인공신경망은 학습 중에 학습 데이터만 볼 수 있다. 이는 기계 학습의 전형적인 지도 학습 설정이다. 이 상황에서 레이블은 그래프 인공신경망의 매개 변수를 조정하는 데 사용된다.
- 추론적 학습에서 그래프 인공신경망은 학습 중에 훈련 및 테스트 셋의 데이터를 모두 볼 수 있다. 그러나 실제로 훈련 셋의 데이터만 학습한다. 이 상황에서 레이블은 정보 확산을 위해 사용된다.

추론적 학습은 익숙할 수 있으며, 지금까지 다루었던 유일한 학습 방식이다. 실제로 이전 예에서 볼 수 있듯이 GraphSAGE는 학습 중에 전체 그래프를 사용하여 예측을 수행한다(`self(batch.x, batch.edge_index)`). 그런 다음 이러한 예측 일부를 마스킹하여 손실을 계산하고 훈련 데이터만을 사용하여 모델을 학습한다(`criterion(out[batch.train_mask], batch.y[batch.train_mask])`).

추론적 학습은 고정된 그래프에 대한 임베딩을 생성할 수 있지만, 새로운 노드나 그래프에 대해 일반화할 수 없다. 그러나 이웃 샘플링 덕분에 GraphSAGE는 계산 그래프에서 특정 범위(노드)에 대한 예측을 수행하도록 설계되었다. 이는 동일한 구조를 가진 모든 계산 그래프에 적용할 수 있는 귀납적 프레임워크로 간주된다.

이를 새로운 데이터셋인 단백질-단백질 상호 작용(PPI) 네트워크에 적용해 보겠다 [5]. 이 데이터셋은 인간 단백질을 나타내는 노드(21,557)와 인간 세포 내의 단백질 간 물리적 상호작용을 나타내는 간선(342,353)의 집합이다. 그림 8.6은 Gephi로 만든 PPI의 표현을 보여 준다.

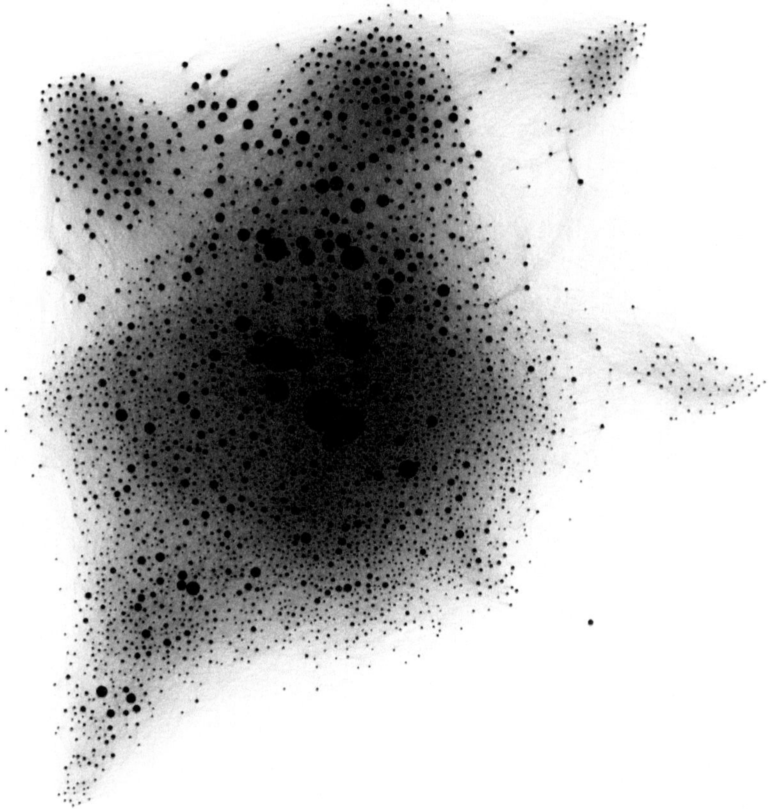

그림 8.6 단백질-단백질 상호 작용 네트워크의 시각화

이 데이터셋의 목표는 121개의 레이블로 다중 레이블 분류를 수행하는 것이다. 이는 모든 노드가 0부터 121까지의 레이블 범위를 가질 수 있다는 것을 의미한다. 이는 모든 노드가 하나의 클래스만 갖는 다중 클래스 분류와 다르다.

PyG를 사용하여 새로운 GraphSAGE 모델을 구현해 보겠다:

1. 우리는 `PPI` 데이터셋을 훈련, 검증 및 테스트로 세 가지 다른 분할로 로드한다:

```
from torch_geometric.datasets import PPI

train_dataset = PPI(root=".", split='train')
val_dataset = PPI(root=".", split='val')
test_dataset = PPI(root=".", split='test')
```

2. 훈련 셋은 20개의 그래프로 구성되어 있고, 검증 및 테스트 셋은 각각 두 개의 그래프만 가지고 있다. 우리는 훈련 셋에 이웃 샘플링을 적용하려 한다. 편의상 모든 훈련 그래프

를 Batch.from_data_list()을 사용하여 하나의 셋으로 통합한 다음 이웃 샘플링을 적용하겠다:

```
from torch_geometric.data import Batch
from torch_geometric.loader import NeighborLoader

train_data = Batch.from_data_list(train_dataset)
loader = NeighborLoader(train_data, batch_size=2048,
shuffle=True, num_neighbors=[20, 10], num_workers=2,
persistent_workers=True)
```

3. 훈련 셋이 준비되었다. DataLoader 클래스를 사용하여 배치를 생성할 수 있다. 배치 크기 값을 2로 정의하겠다. 이는 각 배치에 포함되는 그래프 수와 일치한다:

```
from torch_geometric.loader import DataLoader

train_loader = DataLoader(train_dataset, batch_size=2)
val_loader = DataLoader(val_dataset, batch_size=2)
test_loader = DataLoader(test_dataset, batch_size=2)
```

4. 이러한 배치의 주요 이점 중 하나는 GPU에서 처리할 수 있다는 것이다. 가능한 경우 GPU를 사용하고 그렇지 않은 경우 CPU를 사용해도 무방하다:

```
device = torch.device('cuda' if torch.cuda.is_available()
else 'cpu')
```

5. 직접 구현하는 대신에 PyTorch Geometric의 torch_geometric.nn에서의 구현을 사용할 수 있으며, 이때 두 개의 레이어와 512의 은닉 차원으로 선언한다. 또한 데이터와 동일한 장치에 모델을 배치하려면 to(device)를 사용한다:

```
from torch_geometric.nn import GraphSAGE

model = GraphSAGE(
    in_channels=train_dataset.num_features,
    hidden_channels=512,
    num_layers=2,
    out_channels=train_dataset.num_classes,
).to(device)
```

6. fit() 함수는 이전 절에서 사용한 함수와 유사하지만 두 가지 예외가 있다. 먼저 데이터를 가능한 경우 GPU로 이동시키려 한다. 둘째로 배치당 두 개의 그래프가 있으므로 개별 손실을 두 배(data.num_graphs)로 곱해야 한다.

```
criterion = torch.nn.BCEWithLogitsLoss()
optimizer = torch.optim.Adam(model.parameters(),
lr=0.005)

def fit():
    model.train()

    total_loss = 0
    for data in train_loader:
        data = data.to(device)
        optimizer.zero_grad()
        out = model(data.x, data.edge_index)
        loss = criterion(out, data.y)
        total_loss += loss.item() * data.num_graphs
        loss.backward()
        optimizer.step()
    return total_loss / len(train_loader.dataset)
```

test() 함수에서는 val_loader와 test_loader가 두 개의 그래프와 배치 크기 값이 2인 점을 활용할 수 있다. 즉, 두 개의 그래프가 동일한 배치에 있으므로 학습 중과 같이 로더를 반복할 필요가 없다.

7. 정확도 대신 F1 점수라는 다른 평가 지표를 사용하겠다. 이는 정밀도와 재현율의 조화 평균에 해당한다. 그러나 우리의 예측은 121차원의 실수 벡터다. 이를 이진 벡터로 변환해야 한다. 이를 위해 out > 0을 사용하여 data.y와 비교한다.

```
from sklearn.metrics import f1_score
@torch.no_grad()
def test(loader):
    model.eval()
    data = next(iter(loader))
    out = model(data.x.to(device), data.edge_index.
to(device))
    preds = (out > 0).float().cpu()
    y, pred = data.y.numpy(), preds.numpy()
    return f1_score(y, pred, average='micro') if pred.
sum() > 0 else 0
```

8. 300 에폭 동안 모델을 학습하고 학습 중 검증 셋의 F1 점수를 출력하겠다:

```
for epoch in range(301):
    loss = fit()
    val_f1 = test(val_loader)
    if epoch % 50 == 0:
        print(f'Epoch {epoch:>3} | Train Loss: {loss:.3f}
| Val F1 score: {val_f1:.4f}')

Epoch 0 | Train Loss: 0.589 | Val F1-score: 0.4245
Epoch 50 | Train Loss: 0.194 | Val F1-score: 0.8400
Epoch 100 | Train Loss: 0.143 | Val F1-score: 0.8779
Epoch 150 | Train Loss: 0.123 | Val F1-score: 0.8935
Epoch 200 | Train Loss: 0.107 | Val F1-score: 0.9013
Epoch 250 | Train Loss: 0.104 | Val F1-score: 0.9076
Epoch 300 | Train Loss: 0.090 | Val F1-score: 0.9154
```

9. 마지막으로 테스트 셋에서 F1 점수를 계산하겠다:

```
print(f'Test F1 score: {test(test_loader):.4f}')
Test F1 score: 0.9360
```

우리는 귀납적 설정에서 높은 F1 점수 0.9360을 얻었다. 이 값은 은닉 벡터의 차원 수를 증가시키거나 감소시킬 때 크게 변한다. 512 대신 128 또는 1,024와 같은 다른 값으로 시도해 볼 수 있다.

코드를 자세히 살펴보면 마스킹이 없다는 것을 알 수 있다. 실제로 단백질-단백질 상호 작용(PPI) 데이터셋에서는 귀납적 학습이 강제된다. 훈련, 검증 및 테스트 데이터는 서로 다른 그래프와 로더에 있다. 자연스럽게 `Batch.from_data_list()`를 사용하여 이들을 병합하고 추론적 문제로 풀 수 있다.

우리는 또한 레이블 없이 GraphSAGE를 비지도 학습으로 훈련시킬 수 있다. 이는 레이블이 희소하거나 응용 프로그램에서 제공되는 경우 특히 유용하다. 그러나 근접한 노드가 유사한 표현을 가지도록 새로운 손실 함수가 필요하며, 동시에 서로 먼 노드가 다른 임베딩을 가지도록 해야 한다:

$$J_{\mathcal{G}}(h_i) = -log\left(\sigma(h_i^{\mathrm{T}} h_j)\right) - Q \cdot E_{j_n \sim P_n(j)} log\left(\sigma(-h_i^{\mathrm{T}} h_{j_n})\right)_j$$

여기서 j는 랜덤 워크에서의 u의 이웃을 나타낸다. σ는 시그모이드 함수이며, $P_n(j)$는 j의 네거티브 샘플링 분포(negative sampling distribution)다. 또한 Q는 네거티브 샘플의 개수다:

마지막으로, PinSAGE와 Uber Eats의 GraphSAGE 버전은 추천 시스템을 위한 것이다. 이들은 활용 분야에 맞게 다른 손실 함수를 사용하여 비지도 설정을 결합한다. 이들의 목표는 각 사용자에게 가장 관련 있는 아이템(음식, 레스토랑, 핀 등)을 순위 매기는 것으로, 이는 완전히 다른 작업이다. 이를 수행하기 위해 그들은 임베딩 쌍을 고려하는 최대 마진 랭킹 손실을 구현한다.

그래프 인공신경망을 확장해야 할 필요가 있다면, 다른 해결책도 고려할 수 있다. 다음은 두 가지 표준 방법들에 대한 간단한 설명이다:

- **Cluster-GCN** [6]은 미니 배치를 어떻게 만들어야 할지에 대한 다른 답을 제공한다. 이웃 샘플링 대신에 그래프를 여러 고립된 커뮤니티들로 분할한다. 그런 다음 이 커뮤니티는 독립적인 그래프로 처리되며, 이는 결과 임베딩의 품질에 부정적인 영향을 미칠 수 있다.
- 그래프 인공신경망을 단순화하면 훈련 및 추론 시간을 줄일 수 있다. 실제로 간소화는 비선형 활성화 함수를 제거하는 것을 포함한다. 그런 다음 선형 레이어는 선형 대수를 사용하여 하나의 행렬 곱으로 압축될 수 있다. 당연히 이러한 간소화된 버전은 작은 데이터셋에서 실제 GNN만큼 정확하지 않지만 Twitter [7]와 같은 대규모 그래프에 대해 효율적이다.

GraphSAGE는 목표에 맞게 조정하고 세밀하게 조정할 수 있는 유연한 구조다. 정확한 공식을 재사용하지 않더라도, GraphSAGE는 일반적인 그래프 인공신경망 구조에 큰 영향을 미칠 수 있는 핵심 개념을 제공한다.

요약

이 장에서는 GraphSAGE 구조와 두 가지 구성 요소 - 이웃 샘플링 알고리즘과 세 가지 집계 연산자를 소개했다. 이웃 샘플링은 GraphSAGE가 대량 그래프를 짧은 시간에 처리할 수 있는 핵심 요소이다. 이것은 또한 귀납적 학습을 가능하게 하고, 이를 통해 학습 데이터에 존재하지 않는 노드와 그래프에 대한 예측을 일반화할 수 있다. 우리는 PubMed에서 추론적 상황을 테스트하고 PPI 데이터셋에서 새로운 작업을 수행하기 위해 귀납적 상황을 사용하여 다중 레이블 분류를 수행했다. GCN이나 GAT만큼 정확하지는 않지만, GraphSAGE는 대량의 데이터를 처리하는 데 효과적인 인기 있는 구조이다.

*9장, 그래프 분류를 위한 표현력 정의*에서는 표현 관점에서 그래프 인공신경망의 강력함을 어떻게 정의할 수 있는지 알아보겠다. 우리는 Weisfeiler-Lehman 동형성 테스트라는 유명한 그래

프 알고리즘을 소개하겠다. 이는 그래프 동형성 네트워크(graph isomorphism network)를 포함한 다양한 그래프 인공신경망 구조의 이론적 성능을 평가하기 위한 기준 역할을 할 것이다. 그래프 인공신경망을 새로운 주요 문제인 그래프 분류를 수행하기 위해 적용할 것이다.

더 읽어볼 거리

- [1] W. L. Hamilton, R. Ying, and J. Leskovec. Inductive Representation Learning on Large Graphs. arXiv, 2017. DOI: 10.48550/ARXIV.1706.02216.
- [2] R. Ying, R. He, K. Chen, P. Eksombatchai, W. L. Hamilton, and J. Leskovec. Graph Convolutional Neural Networks for Web-Scale Recommender Systems. Jul. 2018. DOI: 10.1145/3219819.3219890.
- [3] Ankit Jain. Food Discovery with Uber Eats: Using Graph Learning to Power Recommendations: https://www.uber.com/en-US/blog/uber-eats-graphlearning/.
- [4] Galileo Mark Namata, Ben London, Lise Getoor, and Bert Huang. Query-Driven Active Surveying for Collective Classifi cation. International Workshop on Mining and Learning with Graphs. 2012.
- [5] M. Agrawal, M. Zitnik, and J. Leskovec. Large-scale analysis of disease pathways in the human interactome. Nov. 2017. DOI: 10.1142/9789813235533_0011.
- [6] W.-L. Chiang, X. Liu, S. Si, Y. Li, S. Bengio, and C.-J. Hsieh. Cluster-GCN. Jul. 2019. DOI: 10.1145/3292500.3330925.
- [7] F. Frasca, E. Rossi, D. Eynard, B. Chamberlain, M. Bronstein, and F. Monti. SIGN: Scalable Inception Graph Neural Networks. arXiv, 2020. DOI: 10.48550/ARXIV.2004.11198.

제9장
그래프 분류를 위한 표현력 정의

이전 장에서 확장성(scalability)을 위해 정확성을 포기했다. 이는 추천 시스템과 같은 응용에서 중요한 역할을 하는 것을 확인했다. 그러나 그래프 인공신경망을 "정확"하게 만드는 요소에 대해 몇 가지 의문을 제기할 수 있다. 정밀도(precision)는 어디서 나오는 걸까? 이 정밀도라는 개념을 활용하여 더 나은 그래프 인공신경망을 설계할 수 있을까?

이 장에서는 Weisfeiler-Leman(WL) 테스트를 소개하여 GNN을 강력하게 만드는 요소를 명확히 할 것이다. 이 테스트는 GNN에서 중요한 개념인 **표현력(expressiveness)**을 이해하기 위한 기본적인 개념을 제공한다. 우리는 이를 활용하여 다양한 GNN 레이어를 비교하고 어떤 레이어가 가장 표현력이 있는지 확인할 것이다. 그리고 비교 결과를 사용하여 그래프 컨볼루션 신경망(graph convolutional networks), 그래프 어텐션 신경망(graph attention networks), 그리고 GraphSAGE 보다 강력한 GNN을 설계할 것이다.

마지막으로, 이를 PyTorch Geometric을 사용하여 새로운 작업인 그래프 분류를 수행하기 위해 구현할 것이다. 1,113개의 단백질을 나타내는 `PROTEINS` 데이터셋에서 새로운 GNN을 구현할 것이며, 다양한 그래프 분류 방법을 비교하고 결과를 분석할 것이다.

이 장이 끝나면, GNN 표현력이 있는지를 이해하고 측정하는 방법에 대해 알 수 있을것이다. WL 테스트를 기반으로 한 새로운 GNN 아키텍처를 구현하고 다양한 기술을 사용하여 그래프 분류도 수행할 수 있을 것이다.

이 장에서는 다음과 같은 핵심 주제를 다룰 것이다.

- 표현력 정의
- GIN 소개하기
- GIN을 이용한 그래프 분류

기술 요구사항

이 장에서 나오는 모든 코드는 GitHub(`https://github.com/PacktPublishing/Hands-On-Graph-Neural-Networks-Using-Python/tree/main/Chapter09`)에서 찾을 수 있다. 각자의 머신에서 코드를 돌리기 위한 설치 방법은 이 책의 서문을 참조하라.

표현력 정의

인공 신경망은 함수를 근사하는 데에 사용된다. 이 사실은 레이어 하나로 구성된 피드포워드 인공신경망(feedforward neural network)이 어떠한 부드러운 함수(smooth function)도 근사할 수 있다는 "Universal approximation theorem"에 의해 옳다고 알려져 있다. 그러나 그래프에서 Universal function approximation은 어떨까? 그래프 구조를 구분할 수 있는 능력이 필요되기에 이는 더 복잡한 문제가 된다.

GNN을 이용한 우리의 목표는 가능한 최고의 노드 임베딩을 만드는 것이다. 이는 서로 다른 노드들은 서로 다른 임베딩을 가지고, 비슷한 노드들은 비슷한 임베딩을 가져야 한다는 것을 의미한다. 그러나 두 노드가 비슷한지 비슷하지 않은지 어떻게 알 수 있을까? 임베딩들은 노드 특성값(node features)과 연결(connection)을 통해 계산된다. 그러므로 노드를 구분하기 위해서는 노드들의 특성값과 이웃들을 비교해 봐야 한다.

그래프 이론에서, 이를 그래프 **동형성** 문제(graph isomorphism problem)이라 부른다. 두 그래프가 같은 연결 구조를 가지고 있을 경우 두 그래프가 동형성(isomorphic("the same"))을 가진다고 한다. 1968년, Weisfeiler와 Lehman은 WL test라고 불리는 그래프 동형성 문제를 해결하는 효율적인 알고리즘을 제안했다.

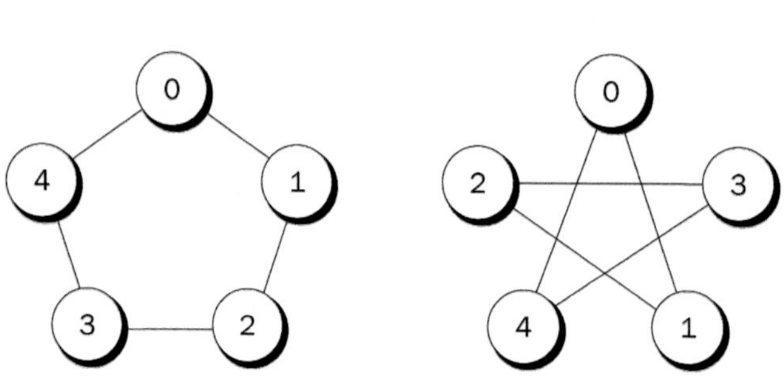

그림 9.1 두 동형 그래프의 예시

WL test는 **그래프의 정규 형태**(canonical form of a graph)를 구축하는 것을 목표로 한다. 그런 다음 두 그래프의 정규 형태를 비교하여 그들이 동형인지 아닌지에 대한 여부를 확인할 수 있다. 그러나 이 테스트는 완벽하지 않으며, 동형이 아닌 그래프도 동형이라고 판단할 수 있다. 동형성을 판단하는 것은 여전히 완벽하게 이해되지 않은 복잡한 문제이다. 예를 들어, WL 알고리즘의 복잡도는 여전히 알려져 있지 않다.

WL 테스트는 아래와 같이 작동한다.

1. 처음에 그래프의 각 노드는 동일한 색을 받는다.
2. 각 노드는 본인 생상과 이웃의 색상을 집계(aggregate)한다.
3. 그 결과를 새로운 색상을 생성하는 해시 함수(hash function)에 넣어준다.
4. 각 노드는 새로운 색상과 이웃의 새로운 색상을 집계한다.
5. 결과는 새로운 색상을 생성하는 해시 함수에 넣어준다.
6. 이러한 단계를 노드들의 색상이 변경되지 않을때까지 반복한다.

다음 그림은 WL 알고리즘의 요약이다.

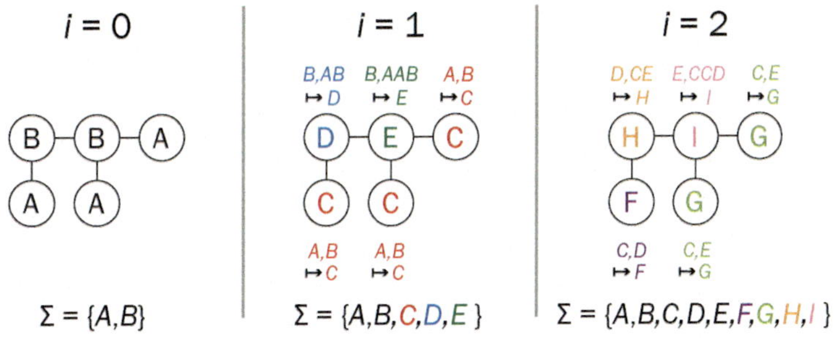

그림 9.2 WL 알고리즘을 사용하여 그래프의 정규 형태를 얻는 응용

결과로 얻는 색상들은 그래프의 정규 형태를 제공한다. 두 그래프가 동일한 색상을 공유하지 않는다면, 그들은 동형이 아니다. 반대로 동일한 색상을 얻는다고 해서 그들이 동형이라고 확신할 수는 없다.

위의 방식이 GNN이 수행되는 방식과 상당히 유사하기 때문에 WL 알고리즘에 익숙해질 필요가 있다. 색상은 임베딩의 한 형태이며, 해시 함수를 집계기(aggregator)로 볼 수 있다. 해시 함수를 다른 함수로 대체할 경우에도 효율적일 수 있을까? 예를 들어 평균 집계기(mean aggregator)나 최대 집계기(max aggregator)로 대체하면 어떨까?

각 연산자(operator)에 대한 결과를 보자.

- 평균 집계기를 사용할 경우 1개의 파란색 노드와 1개의 빨간색 노드 또는 10개의 파란색 노드와 10개의 빨간색 노드가 동일한 임베딩을 결과로 얻게 된다(파란색과 빨간색이 반반이기 때문이다).
- 최대 집계기를 사용하면 이전 예시에서 절반의 노드가 무시되어 임베딩은 파란색 혹은 빨간색만을 고려하게 될 것이다.
- 그러나 합 집계기(sum aggregator)를 사용할 경우 모든 노드가 최종 임베딩에 기여하게 된다. 1개의 빨간색 노드와 1개의 파란색 노드가 10개의 파란색 노드와 10개의 빨간색 노드와 다른 결과를 가져 올 수 있다.

실제로 합 집계기는 다른 두 집계기 방식보다 더 많은 그래프 구조를 구별할 수 있다. 만약 이 논리를 따른다면 이것은 단 하나의 의미만을 나타낸다 - 지금까지 사용해온 집계기들이 최적이 아니라는 것이다. 이를 활용해 더 나은 GNN을 만들 수 있을까? 다음 절에서는 이 아이디어를 기반으로 하는 Graph Isomorphism Netowrk(GIN)을 소개할 것이다.

GIN 소개하기

이전 절에서, 이전 장에서 소개한 GNN들이 WL 테스트에 비해 표현력이 약하다는 것을 확인해 보았다. 더 많은 서로 다른 그래프 구조를 구분할 수 있는 능력은 임베딩(embedidngs)의 품질(quality)과 연관이 있기 때문에 GNN이 WL 테스트에 비해 표현력이 약하다는 것은 문제가 될 수 있다. 이번 절에서, 우리는 이론적인 프레임워크를 새로운 구조(architecture)로 녹여낼 것이다 - GIN.

2018년에 Xu et al.이 작성한 "How powerful are Graph Neural Networks?"에 소개된 GIN은 WL 테스트와 같은 표현력을 가지도록 설계되었다. 저자들은 관측 결과를 일반화하기 위해 집계 과정을 두 가지 함수로 나누었다:

- 집계: 함수 f는 GNN이 다루는 이웃노드를 선택한다.
- 결합(combine): 함수 ϕ는 선택된 노드로부터 임베딩을 결합하여 타겟 노드(target node)에 대한 새로운 임베딩을 생성한다.

i번째 노드의 임베딩은 다음과 같이 표현된다:

$$h_i' = \phi(h_i, f(\{h_j : j \in \mathcal{N}_i\}))$$

GCN의 경우, 함수 f는 i번째 노드의 모든 이웃 노드를 집계하는 역할을 하고 ϕ는 특별한 평균 집계기가 해당된다. GraphSAGE의 경우, 이웃 샘플링이 f함수가 되고, ϕ는 평균, LSTM, 최대 집계기라는 세 가지 집계기 옵션을 가진다.

그래서, GIN에서는 이러한 함수들이 무엇일까? Xu et al.은 이 함수들이 단사(injective) 함수여야 한다고 주장한다. 그림 9.3에서 볼수 있듯이, 단사 함수는 다른 인풋을 넣었을 때 다른 아웃풋을 얻어야 하는 함수다. 이 함수는 그래프 구조를 구별하기 위해서 정확히 우리에게 필요한 함수이다. 만약 함수가 단사 함수가 아니라면, 우리는 다른 인풋에 대해 같은 아웃풋을 얻을 수도 있다. 이 경우에, 우리의 임베딩(embeddings)이 적은 정보를 가지고 있기 때문에 임베딩의 가치가 떨어질 수 있다.

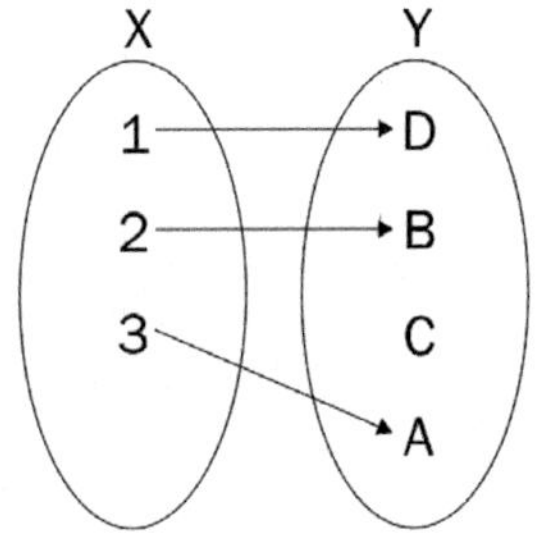

그림 9.3 단사 함수의 매핑 다이어그램(mapping diagram)

GIN의 저자들은 이 두 함수를 만들기 위해 기발한 전략을 사용했다 - 함수들을 단순 근사하는 것이다. GAT 레이어에서 우리는 셀프 어텐션 가중치에 대해 배웠다. 아래 예시에서, Universal Approximation Theorem 덕분에, 두 함수들이 MLP를 사용하는 것을 알 수 있다.

$$h_i' = MLP\left((1+\varepsilon) \cdot h_i + \sum_{j \in \mathcal{N}_i} h_j\right)$$

위 식에서, ε은 학습 가능한 파라미터 또는 상수 스칼라 값이며 ε은 이웃들의 임베딩에 비해 타겟 노드의 중요성을 나타낸다. 저자들은 또한 MLP가 특정 그래프 구조를 구분하기 위해서 MLP가 1개 이상을 레이어를 가져야한다고 주장한다.

우리는 WL 테스트만큼 표현력을 가지는 GNN을 만들 수 있다. 그러면, 과연 우리가 더 잘 할 수 있을까? 정답은 "할 수 있다" 이다. WL 테스트는 k-WL로 알려져 있는 상위 레벨 테스트로 일반화 될 수 있다. 개별적인 노드만 고려하는 것 대신에 k-WL 테스트는 노드의 k-tuple을 이용한다. 즉, 먼거리의 노드들을 이용하기 때문에, k-WL 테스트는 비지역적(non-local)이라고 할 수 있다. 이러한 이유로, $k \geq 2$일 때, $(k+1)$-WL 테스트는 k-WL 테스트에 비해 더 많은 그래프 구조를 구분할 수 있다고 말할 수 있다.

k-WL 테스트에 기반한 몇몇 신경망 구조들이 제안되었고 그 중 하나는 Morriss et al.에 의한 **k-GNN** 이다. 이 신경망 구조들은 GNN의 작동 방식을 이해하는데 도움을 주었지만, GNN 또는 GAT와 같이 표현력이 떨어지는 모델에 비해 실제 데이터에서 떨어지는 성능을 보이는 경향이 있다. 그러나 아직 희망은 있다. 다음 절에서 다룰 그래프 분류(graph classification)와 같은 특정 업무에서 말이다.

GIN을 이용한 그래프 분류

노드 분류를 위해 GIN 모델을 직접적으로 설계할 수도 있지만 GIN은 그래프 분류를 수행하는데에 있어 더욱 흥미로운 신경망 구조이다. 이번 절에서, **전역 풀링(global pooling)** 기술을 이용하여 노드 임베딩을 그래프 임베딩으로 변환하는 방법에 대해서 먼저 알아볼 것이다. 그 다음에, 이 기술들을 `PROTEINS` 데이터에 적용해보고 GIN 모델과 GCN 모델의 성능을 비교해 볼 것이다.

그래프 분류

그래프 분류는 GNN이 만들어내는 노드 임베딩에 기반한다. 이 연산은 주로 전역 풀링 또는 그래프 수준의 리드아웃(readout)이라고 불린다. 이를 구현하는 데는 세 가지 방법이 있다.

- **평균 그래프 풀링(mean graph pooling)**: 그래프에 있는 모든 노드 임베딩을 평균하여 그래프 임베딩 h_G을 구하는 방식이다.

$$h_G = \frac{1}{N}\sum_{i=0}^{N} h_i$$

- **최댓값 그래프 풀링(max graph pooling)**: 노드 차원(dimension)의 가장 높은 값을 선택하여 그래프 임베딩을 구하는 방식이다.

$$h_G = \max_{i=0}^{N}(h_i)$$

- **합산 그래프 풀링(sum graph pooling)**: 그래프 내의 모든 노드 임베딩을 더하여 그래프 임베딩을 구하는 방식이다.

$$h_G = \sum_{i=0}^{N} h_i$$

첫 번째 절에 의하면, 합산 그래프 풀링이 다른 두 가지 방식에 비해 표현력이 강하다. GIN의 저자는 모든 구조적인 정보를 고려하기 위해서 GNN의 모든 레이어에서 만들어내는 임베딩들을 고려하는 것이 필수적이라고 강조했다. 이를 요약하여, 우리는 GNN의 각 k layer에서의 노드 임베딩을 다 더한 후 연결(concatenate)했다.

$$h_G = \sum_{i=0}^{N} h_i^0 \,||\, \dots \,||\, \sum_{i=0}^{N} h_i^k$$

이 방식은 합 연산(sum operator)의 표현력과 연결(concatenation)으로부터 얻을 수 있는 레이어에 대한 정보를 우아하게 결합해 준다.

GIN 구현

이제, 이전에 배운 그래프 수준 리드아웃 함수를 이용한 GIN 모델을 `PROTEINS` [5, 6, 7] 데이터셋에 대해 구현해 볼 것이다.

이 데이터셋은 단백질을 나타내는 1,113개의 그래프로 이루어져있으며, 그래프의 각 노드는 아미노산을 나타낸다. 간선(edge)은 두 노드의 거리가 0.6 나노미터보다 작을 때 연결된다. 이 데이터셋에서의 목표는 각각의 단백질을 **효소**(enzyme)로 분류하는 것이다. 효소는 세포 내에 화학적 반응의 속도를 올리는 촉매(catalysts) 역할을 하는 특별한 종류의 단백질이다. 예를 들어, 라이페이스(lipase)라는 단백질은 음식의 소화를 돕는다. 그림 9.4는 단백질의 3D 모형을 보여준다.

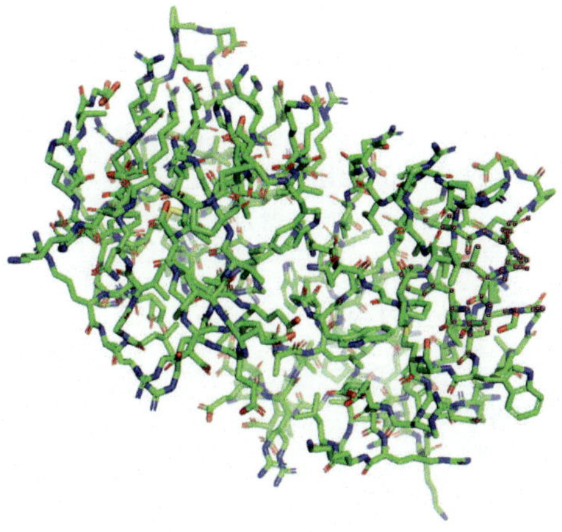

그림 9.4 3D로 나타낸 단백질

이 데이터셋에 대해 GIN 모델을 구현해보자.

1. 첫 번째로 PyTorch Geometric의 `TUDataset` 클래스를 이용하여 `PROTEINS` 데이터셋을 임포트(import)하고 그래프 정보를 출력한다.

```
from torch_geometric.datasets import TUDataset

dataset = TUDataset(root='.', name='PROTEINS').shuffle()

print(f'Dataset: {dataset}')
print('-----------------------')
print(f'Number of graphs: {len(dataset)}')
print(f'Number of nodes: {dataset[0].x.shape[0]}')
print(f'Number of features: {dataset.num_features}')
print(f'Number of classes: {dataset.num_classes}')

Dataset: PROTEINS(1113)
-----------------------
Number of graphs: 1113
Number of nodes: 30
Number of features: 0
Number of classes: 2
```

2. 데이터(그래프들)를 80/10/10 비율로 훈련(train), 검증(validation) 및 테스트(test) 셋으로 나눈다.

```
from torch_geometric.loader import DataLoader

train_dataset  = dataset[:int(len(dataset)*0.8)]
val_dataset    =
dataset[int(len(dataset)*0.8):int(len(dataset)*0.9)]
test_dataset   = dataset[int(len(dataset)*0.9):]

print(f'Training set   = {len(train_dataset)} graphs')
print(f'Validation set = {len(val_dataset)} graphs')
print(f'Test set       = {len(test_dataset)} graphs')
```

3. 위 코드는 다음과 같은 결과를 보여준다.

```
Training set   = 890 graphs
Validation set = 111 graphs
Test set       = 112 graphs
```

4. `DataLoader` 객체를 이용하여 이 그래프들을 64의 배치 크기를 가지는 미니 배치로 변환한다. 이는 각 배치마다 최대 64개의 그래프를 가진다는 것을 의미한다.

```
train_loader = DataLoader(train_dataset, batch_size=64,
shuffle=True)
val_loader = DataLoader(val_dataset, batch_size=64,
shuffle=True)
test_loader = DataLoader(test_dataset, batch_size=64,
shuffle=True)
```

5. 각 배치의 정보를 출력함으로써 아래와 같이 배치에 대한 정보를 확인할 수 있다.

```
print('\nTrain loader:')
for i, batch in enumerate(train_loader):
    print(f' - Batch {i}: {batch}')

print('\nValidation loader:')
for i, batch in enumerate(val_loader):
    print(f' - Batch {i}: {batch}')

print('\nTest loader:')
for i, batch in enumerate(test_loader):
    print(f' - Batch {i}: {batch}')

Train loader:
- Batch 0: DataBatch(edge_index=[2, 8622], x=[2365, 0],
y=[64], batch=[2365], ptr=[65])
- Batch 1: DataBatch(edge_index=[2, 6692], x=[1768, 0],
y=[64], batch=[1768], ptr=[65])
…
- Batch 13: DataBatch(edge_index=[2, 7864], x=[2102, 0],
y=[58], batch=[2102], ptr=[59])
Validation loader:
y=[64], batch=[2275], ptr=[65])
- Batch 1: DataBatch(edge_index=[2, 8388], x=[2257, 0],
y=[47], batch=[2257], ptr=[48])
Test loader:
- Batch 0: DataBatch(edge_index=[2, 7906], x=[2187, 0],
y=[64], batch=[2187], ptr=[65])
- Batch 1: DataBatch(edge_index=[2, 9442], x=[2518, 0],
y=[48], batch=[2518], ptr=[49])
```

이제 GIN 모델 구현을 시작해보자. 우리가 답해야 하는 첫 번째 질문은 우리의 GIN 레이어(layer)의 구성이다. 우리는 최소 두 개의 레이어를 가진 MLP가 필요하다. 저자들의 가이드라인(guidelines)에 따르면, 우리는 또한 각 은닉 레이어(hidden layer)의 인풋을 표준화(standardize)하는 배치 정규화(batch normalization)을 도입할 수 있고 이는 학습을 안정화하고 학습 속도를 올려준다. 요약하자면, 우리의 GIN 레이어는 아래와 같은 구성을 가진다:

Linear -> BatchNorm -> ReLU -> Linear -> ReLU

코드로는 아래와 같이 정의될 수 있다.

```
import torch
torch.manual_seed(0)
import torch.nn.functional as F
from torch.nn import Linear, Sequential, BatchNorm1d,
ReLU, Dropout
from torch_geometric.nn import GINConv
from torch_geometric.nn import global_add_pool

class GIN(torch.nn.Module):
    def __init__(self, dim_h):
        super(GIN, self).__init__()
        self.conv1 = GINConv(
            Sequential(Linear(dataset.num_node_features,
dim_h), BatchNorm1d(dim_h), ReLU(), Linear(dim_h, dim_h),
ReLU()))
        self.conv2 = GINConv(
            Sequential(Linear(dim_h, dim_h),
BatchNorm1d(dim_h), ReLU(), Linear(dim_h, dim_h),
ReLU()))
        self.conv3 = GINConv(
            Sequential(Linear(dim_h, dim_h),
BatchNorm1d(dim_h), ReLU(), Linear(dim_h, dim_h),
ReLU()))
```

참고

PyTorch Geometric은 또한 GIN layer의 변형된 버전인 GINE layer를 제공해준다. GINE layer는 2019년 Hu et al.의 "Strategies for Pre-training Graph Neural Networks"[8]에서 소개되었다. 이전의GIN 버전과 비교하여 가장 큰 향상점은 집계 과정에서 간선 특성값(edge features)을 고려하는 것이다. PROTEINS 데이터셋은 간선 특성값이 없기 때문에 우리는 대신 클래식 GIN모델을 사용할 것이다.

6. 아직 우리의 모델은 미완 상태이다. 우리가 해야할 것은 그래프 분류라는 것을 절대 잊으

면 안된다. 그래프 분류는 각 레이어의 그래프 내 모든 노드 임베딩을 더하는 것을 필요로 한다. 즉, 레이어마다 dim_h 사이즈의 일벡터를 저장할 필요가 있다. 이번 예시에서는 레이어는 3개이다. 고로, 우리는 이진 분류(binary classification)를 위한 마지막 linear 레이어 이전에 3*dim_h 사이즈를 가지는 linear 레이어를 추가할 것이다.

```
        self.lin1 = Linear(dim_h*3, dim_h*3)
        self.lin2 = Linear(dim_h*3, dataset.num_classes)
```

7. 우리가 초기화한 레이어들과 연결되는 로직(logic)을 구현해야한다. 각 레이어는 다른 임베딩 텐서를 만든다 - h1, h2, h3. 우리는 이들을 global_add_pool() 함수를 통해서 더해주고 torch.cat()을 통해 연결할 것이다. 이를 통해 분류기에 대한 입력을 제공하며, 이 분류기는 드롭아웃 레이어(dropout layer)가 있는 일반적인 인공신경망으로 작동한다.

```
    def forward(self, x, edge_index, batch):
        # Node embeddings
        h1 = self.conv1(x, edge_index)
        h2 = self.conv2(h1, edge_index)
        h3 = self.conv3(h2, edge_index)

        # Graph-level readout
        h1 = global_add_pool(h1, batch)
        h2 = global_add_pool(h2, batch)
        h3 = global_add_pool(h3, batch)

        # Concatenate graph embeddings
        h = torch.cat((h1, h2, h3), dim=1)

        # Classifier
        h = self.lin1(h)
        h = h.relu()
        h = F.dropout(h, p=0.5, training=self.training)
        h = self.lin2(h)

        return F.log_softmax(h, dim=1)
```

8. 우리는 이제 100 에폭의 미니 배치에 따른 일반적인 훈련 루프(training loop)를 구현할 수 있다.

```
def train(model, loader):
    criterion = torch.nn.CrossEntropyLoss()
```

```
    optimizer = torch.optim.Adam(model.parameters(), lr=0.01)
    epochs = 100

    model.train()
    for epoch in range(epochs+1):
        total_loss = 0
        acc = 0
        val_loss = 0
        val_acc = 0

        # Train on batches
        for data in loader:
            optimizer.zero_grad()
            out = model(data.x, data.edge_index, data.batch)
            loss = criterion(out, data.y)
            total_loss += loss / len(loader)
            acc += accuracy(out.argmax(dim=1), data.y) /len(loader)
            loss.backward()
            optimizer.step()

            # Validation
            val_loss, val_acc = test(model, val_loader)
```

9. 매 20 에폭마다 훈련 및 검정 정확도를 출력하고 학습된 모델을 return 한다.

```
        # Print metrics every 20 epochs
        if(epoch % 20 == 0):
            print(f'Epoch {epoch:>3} | Train Loss:
{total_loss:.2f} | Train Acc: {acc*100:>5.2f}% | Val
Loss: {val_loss:.2f} | Val Acc: {val_acc*100:.2f}%')

    return model
```

10. 이전 장(chapter)의 test 함수와 다르게, 우리의 검증 및 테스트 로더들이 배치 하나를 사용할 경우 보다 큰 배치를 가지기 때문에, test 함수는 미니 배치를 포함해야만 한다.

```
@torch.no_grad()
def test(model, loader):
    criterion = torch.nn.CrossEntropyLoss()
    model.eval()
    loss = 0
    acc = 0
```

```
    for data in loader:
        out = model(data.x, data.edge_index, data.batch)
        loss += criterion(out, data.y) / len(loader)
        acc += accuracy(out.argmax(dim=1), data.y) / len(loader)

    return loss, acc
```

11. 정확도를 계산하는 데에 사용할 함수를 정의한다.

```
def accuracy(pred_y, y):
    return ((pred_y == y).sum() / len(y)).item()
```

12. GIN 모델을 초기화하고 학습한다.

```
gin = GIN(dim_h=32)
gin = train(gin, train_loader)

Epoch 0 | Train Loss: 1.33 | Train Acc: 58.04% | Val
Loss: 0.70 | Val Acc: 59.97%
Epoch 20 | Train Loss: 0.54 | Train Acc: 74.50% | Val
Loss: 0.55 | Val Acc: 76.86%
Epoch 40 | Train Loss: 0.50 | Train Acc: 76.28% | Val
Loss: 0.56 | Val Acc: 74.73%
Epoch 60 | Train Loss: 0.50 | Train Acc: 76.77% | Val
Loss: 0.54 | Val Acc: 72.04%
Epoch 80 | Train Loss: 0.49 | Train Acc: 76.95% | Val
Loss: 0.57 | Val Acc: 73.67%
Epoch 100 | Train Loss: 0.50 | Train Acc: 76.04% | Val
Loss: 0.53 | Val Acc: 69.55%
```

13. 마지막으로, 테스트 로더를 이용하여 테스트 해보자.

```
test_loss, test_acc = test(gin, test_loader)
print(f'Test Loss: {test_loss:.2f} | Test Acc: {test_acc*100:.2f}%')

Test Loss: 0.44 | Test Acc: 81.77%
```

마지막 테스트 스코어에 대해 더 나은 이해를 위해, 전역 평균 풀링(PyTorch Geometric의 `global_mean_pool()`)을 이용하여 그래프 분류를 수행하는 GCN을 구현해 볼 수 있다. 정확히 같은 세팅에서, GCN은 100번 실험결과 평균 53.72%(± 0.73%) 정확도 성능을 얻었다. 이는

GIN 모델을 통해 얻은 평균 76.56% (± 1.77%)에 비해 상당히 낮은 결과다.

그래프 분류에서 GIN이 GCN에 비해 훨씬 적합한 구조라고 결론지을 수 있다. 우리가 이용했던 이론적 프레임워크에 따르면, 이는 GIN에 비하여 GCN이 적은 표현력을 가진다는 사실에 의해 설명될 수 있다. 즉, GIN은 GCN에 비해 더 많은 그래프 구조를 분별할 수 있기에 GIN이 훨씬 정확도를 얻는 것이다. 두 가지 모델의 오답을 시각화함으로써 이 가정을 검증할 수 있다.

1. 단백질의 4×4 그림을 그리기 위해 matplotlib와 networkx 라이브러리를 임포트한다.

```
import numpy as np
import networkx as nx
import matplotlib.pyplot as plt
from torch_geometric.utils import to_networkx

fig, ax = plt.subplots(4, 4)
```

2. 각 단백질에 대해, GNN으로부터의 마지막 분류 결과를 얻는다. 만약 분류가 정답일 경우 초록색, 오답일 경우에 빨간색을 준다.

```
for i, data in enumerate(dataset[-16:]):
    out = gcn(data.x, data.edge_index, data.batch)
color = "green" if out.argmax(dim=1) == data.y else "red"
```

3. 편의를 위해 우리의 단백질 그래프를 networkx 그래프로 변환한다. 그럼 이제 nx.draw_networkx()함수를 이용하여 그래프를 그릴 수 있다.

```
    ix = np.unravel_index(i, ax.shape)
    ax[ix].axis('off')
    G = to_networkx(dataset[i], to_undirected=True)
    nx.draw_networkx(G,
                pos=nx.spring_layout(G, seed=0),
                with_labels=False,
                node_size=10,
                node_color=color,
                width=0.8,
                ax=ax[ix]
                )
```

4. GIN 모델을 이용해서 아래 그림을 얻었다.

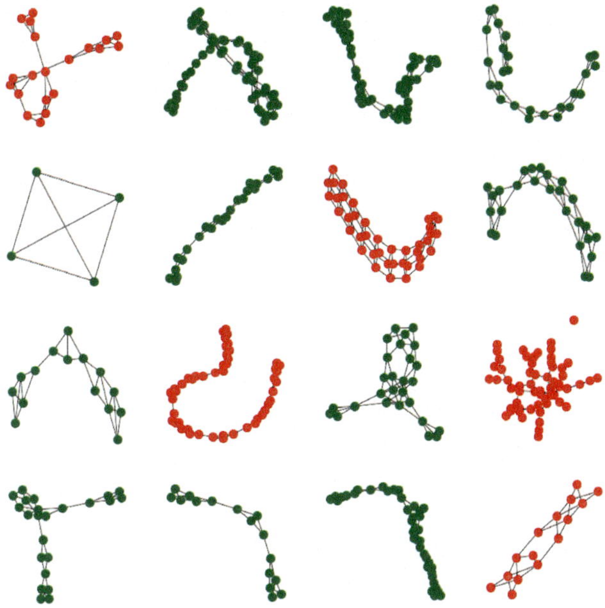

그림 9.5 GIN 모델에 의한 그래프 분류 결과

5. 이 과정을 GCN 모델에 대해 반복하여 아래 그림을 얻었다.

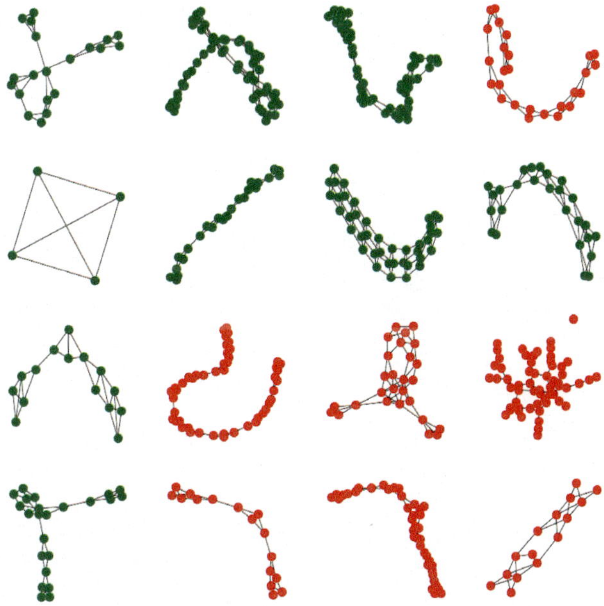

그림 9.6 GCN 모델에 의한 그래프 분류 결과

예상한 것처럼, GCN 모델이 더 많은 실수를 했다. 어떠한 그래프 구조들을 적절하게 파악했는지 알아보기 위해서는 GIN이 어떤 단백질을 정확히 분류했는지에 대한 더 많은 분석을 필요로 한다. 하지만, GIN 또한 GCN과 다른 실수를 하는 것을 확인할 수 있다. 이는 모델들이 상호보완적일 수 있다는 것을 보여주기에 흥미로운 사실이다.

서로 다른 실수들을 하는 모델들로부터 앙상블(ensembles)을 생성하는 것은 기계 학습(machine learning)에서 흔한 기술이다. 우리의 최종 분류(final classification)에서 학습된 세 번째 모델과 같은 다양한 접근 방식을 취할 수도 있다. 이번 장(chapter)의 목표는 앙상블(ensembles)을 생성하는 것이 아니기 때문에, 우리는 대신 단순 모델 평균화(model-averaging) 기술을 이용할 것이다.

1. 첫 번째로, 모델들을 평가(evaluation) 모드로 두고 정확도를 저장할 변수들을 정의한다.

```
gcn.eval()
gin.eval()
acc_gcn = 0
acc_gin = 0
acc_ens = 0
```

2. 각 모델에 대한 최종 분류 결과를 얻고 이들을 합쳐 앙상블의 예측 결과를 얻는다.

```
for data in test_loader:
    out_gcn = gcn(data.x, data.edge_index, data.batch)
    out_gin = gin(data.x, data.edge_index, data.batch)
    out_ens = (out_gcn + out_gin)/2
```

3. 세 개의 예측 결과들에 대한 정확도를 계산한다.

```
acc_gcn += accuracy(out_gcn.argmax(dim=1), data.y) / len(test_loader)
acc_gin += accuracy(out_gin.argmax(dim=1), data.y) / len(test_loader)
acc_ens += accuracy(out_ens.argmax(dim=1), data.y) / len(test_loader)
```

4. 마지막으로, 결과를 출력한다.

```
print(f'GCN accuracy:     {acc_gcn*100:.2f}%')
print(f'GIN accuracy:     {acc_gin*100:.2f}%')
print(f'GCN+GIN accuracy: {acc_ens*100:.2f}%')

GCN accuracy: 72.14%
GIN accuracy: 80.99%
GCN+GIN accuracy: 81.25%
```

이번 예시에서, 우리의 앙상블(ensemble)은 두 모델을 능가하여 81.25%의 정확도를 얻었다(GCN의 72.14%, GIN의 80.99%와 비교해서). 해당 결과는 인상적이며, 이런 류의 기술들의 가능성을 보여준다. 그러나 이는 꼭 일반화되지 않는다 - 심지어 이번 예시에서, 앙상블 모델은 GIN을 안정적으로 능가하지는 못했다. Node2vec과 같은 다른 구조의 임베딩을 활용해서 모델을 더욱 강화할 수도 있고 이것이 성능을 향상시키는지 확인해 볼 수도 있다.

요약

이번 장(chapter)에서 우리는 GNN의 표현력에 대해 알아보았다. 이 정의는 그래프의 정규 형태를 결과값으로 가지는 WL 방식에 기반한다. 이 알고리즘은 완벽하지 않지만, 대부분의 그래프 구조를 분별할 수 있다. 이 알고리즘은 WL 테스트만큼의 표현력을 가지는 GIN 구조에 영감을 주었고 GIN은 고로 GCN, GAT, GraphSAGE에 비해 더 강력한 표현력을 가진다.

그 다음 이 구조를 그래프 분류에 대해 구현했다. 노드 임베딩을 그래프 임베딩으로 결합하는 다양한 방법을 보았다. GIN은 각 GIN 레이어에서 생성된 그래프 임베딩을 합산 연산자와 연결하는 새로운 기술을 제공한다. 이는 GCN 레이어로 얻은 고전적인 전역 평균 풀링을 크게 능가했다. 마지막으로 두 모델에서 내린 예측 결과를 결합하여 정확도 점수를 더욱 향상시키는 간단한 앙상블을 만들었다.

*10장, 그래프 신경망을 이용한 링크 예측*에서는 그래프 인공 신경망을 사용하는 인기있는 태스크인 링크 예측에 대해 알아볼 것이다. 사실 이는 이전에 본 딥워크(DeepWalk)와 노드투벡(Node2Vec)과 같은 기존 기술이 이미 이 아이디어를 기반으로 하고 있기에 완전히 새로운 것이 아니다. 우리는 왜 이것을 다루는지 설명하고 그래프 오토인코더(Graph Autoencoder)와 SEAL이라는 두 가지 새로운 GNN 프레임워크를 소개할 것이다. 마지막으로 `Cora` 데이터셋에서 링크 예측 작업을 수행하여 이러한 모델을 구현하고 비교할 것이다.

더 읽을거리

- [1] Weisfeiler and Lehman, A.A. (1968) A Reduction of a Graph to a Canonical Form and an Algebra Arising during Th is Reduction. Nauchno-Technicheskaya Informatsia, 9.
- [2] K. Xu, W. Hu, J. Leskovec, and S. Jegelka, How Powerful are Graph Neural Networks? ar Xiv, 2018. doi: 10.48550/ARXIV.1810.00826.

- [3] C. Morris et al., Weisfeiler and Leman Go Neural: Higher-order Graph Neural Networks. arXiv, 2018. doi: 10.48550/ARXIV.1810.02244.
- [4] V. P. Dwivedi et al. Benchmarking graph neural networks. arXiv, 2020. doi: 10.48550/AR XIV.2003.00982.
- [5] K. M. Borgwardt, C. S. Ong, S. Schoenauer, S. V. N. Vishwanathan, A. J. Smola, and H. P. Kriegel. Protein function prediction via graph kernels. Bioinformatics, 21(Suppl 1):i47–i5 6, Jun 2005.
- [6] P. D. Dobson and A. J. Doig. Distinguishing enzyme structures from non-enzymes witho ut alignments. J. Mol. Biol., 330(4):771–783, Jul 2003.
- [7] Christopher Morris and Nils M. Kriege and Franka Bause and Kristian Kersting and Petra Mutzel and Marion Neumann. TUDataset: A collection of benchmark datasets for learning w ith graphs. In ICML 2020 Workshop on Graph Representation Learning and Beyond.
- [8] W. Hu et al., Strategies for Pre-training Graph Neural Networks. arXiv, 2019. doi: 10.485 50/ARXIV.1905.12265.

제10장
그래프 신경망을 이용한 링크 예측

링크 예측(link prediction)은 그래프를 이용한 가장 인기 있는 작업 중 하나이다. 이는 두 노드 사이의 링크 존재 여부를 예측하는 문제이다. 이는 소셜 네트워크와 추천 시스템의 핵심이다. 소셜 미디어 네트워크가 다른 사람들과 공통으로 가진 친구와 팔로워를 보여주는 것이 좋은 예이다. 직관적으로, 이 숫자가 높으면 이 사람들과 연결될 가능성이 더 높다. 이 가능성은 바로 링크 예측이 추정하려는 것이다.

이 장에서는 먼저 기계 학습 없이 링크 예측을 수행하는 방법을 살펴볼 것이다. 이러한 전통적인 기술은 GNN이 배우는 것을 이해하는 데 필수적이다. 또한, `DeepWalk`와 `Node2Vec`에 대한 이전 장을 참조하여 행렬 분해를 통한 링크 예측에 대해 설명할 것이다. 이 기술들은 한계를 극복하기 위해 GNN 기반 방법을 소개한다.

두 가지 다른 유형의 세 가지 방법을 탐구할 것이다. 첫 번째 유형은 노드 임베딩을 기반으로 하며 GNN 기반 행렬 분해를 수행한다. 두 번째 유형은 서브그래프 표현에 초점을 맞춘다. 각 링크(가짜 또는 실제) 주변의 이웃은 링크 확률을 예측하기 위한 입력으로 고려된다. 마지막으로, PyTorch Geometric에서 각 방법론을 구현할 것이다.

이 장을 마치면 다양한 링크 예측 기술을 구현할 수 있게 될 것이다. 링크 예측 문제가 주어졌을 때, 휴리스틱(heuristics), 행렬 분해(matrix factorization), GNN 기반 임베딩 또는 서브그래프 기반 기술 중 어떤 기법이 그 문제를 해결하는 데 가장 적합한지 알게 될 것이다.

이 장에서는 다음과 같은 주요 주제를 다룰 것이다:

- 전통적인 방법으로 링크 예측하기
- 노드 임베딩을 활용한 링크 예측
- SEAL을 이용한 링크 예측

기술 요구사항

이번 장의 모든 코드 예제는 GitHub의 다음 위치에서 찾을 수 있다. https://github.com/PacktPublishing/Hands-On-Graph-Neural-Networks-Using-Python/tree/main/Chapter10

코드를 로컬 머신에서 실행하기 위해 필요한 설치 단계는 이 책의 서문 섹션에서 찾을 수 있다.

전통적인 방법으로 링크 예측하기

링크 예측 문제는 오랫동안 존재해왔으며 이를 해결하기 위한 다양한 기술들이 제안되었다. 먼저, 이 섹션에서는 지역 및 전역 이웃을 기반으로 하는 인기 있는 휴리스틱에 대해 설명할 것이다. 그런 다음, 행렬 분해와 딥워크 및 노드투벡과의 연결을 소개할 것이다.

휴리스틱 기법

휴리스틱 기법(heuristic techniques)은 노드 간의 링크를 예측하는 간단하고 실용적인 방법이다. 구현하기 쉽고 강력한 비교 기준(baseline)을 제공한다. 우리는 그들이 수행하는 홉(hop)의 수에 따라 그들을 분류할 수 있다(그림 10.1 참조). 이 중 일부는 목표 노드에 인접한 1홉(1-hop) 이웃만을 필요로 한다. 더 복잡한 기술은 2홉 이웃이나 전체 그래프를 고려한다. 이 섹션에서는 지역(1홉 및 2홉) 및 전역 휴리스틱으로 나눌 것이다.

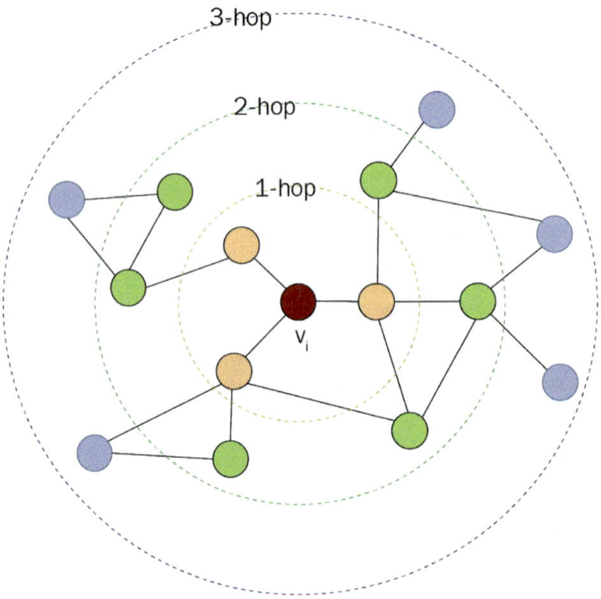

그림 10.1 그래프와 1홉, 2홉과 3홉 이웃

지역 휴리스틱은 두 노드 사이의 유사성을 측정할 때 각 지역적 이웃을 고려한다.

$\mathcal{N}(u)$는 노드 u의 이웃을 의미한다. 여기서 자주 사용되는 지역 휴리스틱의 세 가지 예는 다음과 같다.

- **공통 이웃(common neighbors)**은 두 노드 사이에 공통인 (1홉) 이웃의 수를 측정한다. 이는 앞서 말한 소셜 네트워크의 예시와 같은 아이디어로 많은 공통 이웃을 가질수록 연결되어 있을 가능성이 높다:

$$f(u,v) = |\mathcal{N}(u) \cap \mathcal{N}(v)|$$

- **자카드 계수(Jaccard's coefficient)**는 (1홉) 공통 이웃의 비율을 측정한다. 이는 공통이웃과 같은 아이디어 이지만 결과를 두 노드의 전체 이웃 수로 정규화 한 값이다. 이러한 방법은 이웃이 적은 노드들을 차수가 높은 노드들에 비해 더 보상한다:

$$f(u,v) = \frac{|\mathcal{N}(u) \cap \mathcal{N}(v)|}{|\mathcal{N}(u) \cup \mathcal{N}(v)|}$$

- **아다믹-아다르 인덱스(Adamic-Adar index)**는 (2홉) 공통 이웃 노드의 차수의 로그값의 역수들의 합이다. 공통 이웃이 큰 이웃을 가지고 있다면 그들은 작은 이웃을 가진 이웃보다 중요성이 적다는 것이 아이디어이다. 이 때문에 최종 점수에서 그들은 더 적은 중요성을 가져야 한다:

$$f(u,v) = \sum_{x \in \mathcal{N}(u) \cap \mathcal{N}(v)} \frac{1}{\log|\mathcal{N}(x)|}$$

이러한 기술들은 모두 이웃 노드의 차수에 의존한다, 직접적인(공통 이웃 또는 자카드 계수)이든 간접적인(아다믹-아다르 인덱스)이든. 이는 속도와 설명 가능성에 유리하지만, 그들이 포착할 수 있는 관계의 복잡성에는 한계가 있다.

전역 휴리스틱은 전체 네트워크를 고려함으로써 이 문제에 대한 해결책을 제공한다. 다음은 잘 알려진 두 가지 예이다:

- **카츠 인덱스(Katz index)**는 두 노드 사이의 모든 가능한 경로의 가중 합을 계산한다. 가중치는 할인 요인(discount factor), $\beta \in [0, 1]$ (보통 0.8과 0.9 사이)에 해당하여, 더 긴 경로에 대한 패널티를 준다. 이 정의에 따르면, 두 노드 사이에 많은 (가급적 짧은) 경로가 있으면 연결될 가능성이 더 높다. 모든 길이의 경로는 인접 행렬의 제곱 A^n을 사용하여 계산될 수 있기 때문에 카츠 인덱스는 다음과 같이 정의된다:

$$f(u,v) = \sum_{i=1}^{\infty} \beta^i A^i$$

- **재시작 랜덤 워크(random walk with restart)** [1]는 타겟 노드에서 시작하는 랜덤 워크를 수행한다. 각 행보 후에 현재 노드의 방문 횟수를 증가시킨다. α 확률로 대상 노드에서 워크를 다시 시작한다. 그렇지 않으면 랜덤 워크를 계속한다. 미리 정의된 횟수의 반복 후에 알고리즘을 멈추고 대상 노드와 가장 방문 횟수가 높은 노드 사이에 링크를 제안할 수 있다. 이 아이디어는 `DeepWalk`와 `Node2Vec` 알고리즘에서도 중요하다.

전역 휴리스틱은 일반적으로 더 정확하지만 그래프 전체를 알아야 한다. 그러나 이 지식을 가지고 링크를 예측하는 것을 위 두 가지가 유일한 방법은 아니다.

행렬 분해(Matrix Factorization)

링크 예측을 위한 행렬 분해는 추천 시스템에 대한 이전 연구에서 영감을 받았다 [2]. 이 기술을 사용하면, 전체 인접 행렬 $\hat{A}$을 예측함으로써 간접적으로 링크를 예측한다. 이것은 노드 임베딩을 사용하여 수행된다 - 유사한 노드 u와 v는 유사한 임베딩 z_u와 z_v를 가져야 한다. 내적을 사용하여 다음과 같이 쓸 수 있다:

- 노드들이 유사하면 $z_v^T z_u$가 최대가 되어야 한다.
- 노드들이 상이하면 $z_v^T z_u$가 최소가 되어야 한다.

지금까지 우리는 유사한 노드들이 연결되어야 한다고 가정했다. 이것이 내적을 사용하여 인접 행렬의 각 요소(링크)를 근사할 수 있는 이유이다:

$$A_{uv} \approx z_v^T z_u$$

행렬 곱셈 측면에서는 다음과 같다:

$$A \approx Z^T Z$$

여기서 Z는 노드 임베딩 행렬이다. 다음 그림은 행렬 분해가 어떻게 작동하는지를 시각적으로 설명해준다:

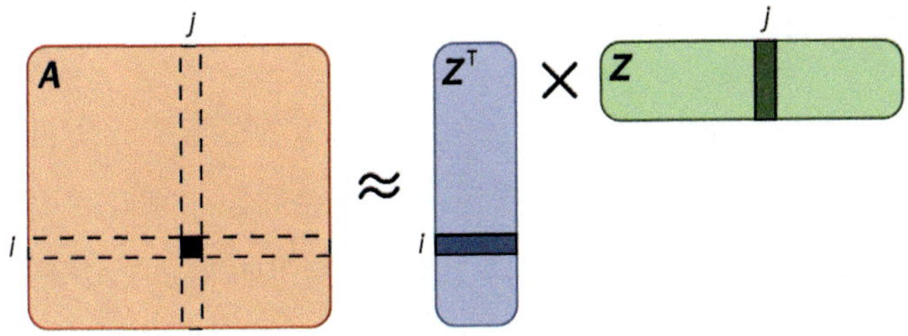

그림 10.2 노드 임베딩의 행렬곱

이 기술은 인접 행렬 A가 두 행렬의 곱으로 분해되기 때문에 행렬 분해(matrix factorization)라고 불린다. 목표는 관련된 노드 임베딩을 학습하여 실제값과 예측된 값 $A_{u,v}$ 사이의 L_2 노름(norm)을 최소화하는 것으로 그래프 $G=(V, E)$에 대해:

$$\underset{z}{\text{minimize}} \sum_{i \in V,\, j \in V} (A_{uv} - z_v^T z_u)^2$$

라플라시안 행렬과 A의 거듭제곱을 포함하는 행렬 분해의 더 발전된 변형들도 있다. 또 다른 해결책은 `DeepWalk`와 `Node2Vec`과 같은 모델을 사용하는 것이다. 이들은 링크 표현을 생성하기 위해 짝지어질 수 있는 노드 임베딩을 생성한다. 기존 연구[3]에 따르면, 이 알고리즘들은 복잡한 행렬을 암묵적으로(implicitly) 근사하여 분해한다. 예를 들어, `DeepWalk`에 의해 계산된 행렬은 다음과 같다:

$$\log\left(\sum_{i=1}^{|V|}\sum_{j=1}^{|V|} A_{ij}\left(\frac{1}{T}\sum_{r=1}^{T}(D^{-1}A)^r\right)D^{-1}\right) - \log b$$

여기서 b는 네거티브 샘플링(negative sampling)을 위한 매개변수이다. LINE과 PTE와 같은 비슷한 알고리즘도 유사하다. 비록 이들이 더 복잡한 관계를 모델링 할 수 있지만, 3장과 4장에서 본 것과 같은 동일한 한계를 가진다:

- **노드 특성을 사용할 수 없다:** 이들은 임베딩을 생성하기 위해 오직 위상적 정보만을 사용한다.
- **귀납적 능력(inductive capability)이 없다:** 훈련 세트에 없었던 노드에 대해 일반화할 수 없다.
- **구조적 유사성을 포착할 수 없다:** 그래프 내에서 구조적으로 유사한 노드가 극히 다른 임베딩을 얻을 수 있다.

이러한 한계들은 우리가 다음 섹션에서 볼 GNN 기반 기술의 필요성을 제기한다.

노드 임베딩을 활용한 링크 예측

이전 장에서 우리는 GNN을 사용하여 노드 임베딩을 생성하는 방법을 살펴보았다. 널리 사용되는 링크 예측 기술 중 하나는 임베딩을 사용하여 행렬 분해를 수행하는 것이다. 이 섹션에서는 링크 예측을 위한 두 가지 GNN 아키텍처 - **그래프 오토인코더(GAE, Graph Autoencoder)**와 **변분 그래프 오토인코더(VGAE, Variational Graph Autoencoder)**에 대해 논의할 것이다.

그래프 오토인코더(Graph Autoencoder)

두 아키텍처 모두 2016년 Kipf와 Welling에 의해 세 페이지짜리 논문[5]에서 소개되었다. 이들은 두 가지 인기 있는 신경망 구조 – Autoencoder와 Variational Autoencoder (VAE)의 GNN 대응물(counterparts)을 제안하였다. 기존 두 아키텍처에 대한 사전 지식이 유용하지만 필수적이지는 않다. 이해를 돕기 위해 우선 GAE에 초점을 맞춰 설명한다.

GAE는 두 가지 모듈로 구성된다:

- **인코더(encoder)**는 클래식한 두 개의 계층으로 구성된 GCN으로 노드 임베딩을 다음과 같이 계산한다:

$$Z = \text{GCN}(X, A)$$

- **디코더(decoder)**는 행렬 분해와 시그모이드(sigmoid)함수, σ를 사용하여 인접행렬, $\hat{A}$을 근사한다. 이를 통해 확률을 출력한다:

$$\hat{A} = \sigma(Z^T Z)$$

노드나 그래프를 분류하려는 것이 아니라, 인접 행렬 $\hat{A}$의 각 요소에 대한 확률(0과 1 사이)을 예측하는 것이 목표이다. 이것이 GAE가 두 인접 행렬의 요소 사이의 이진 교차 엔트로피 손실함수(binary cross-entropy, 부정적 로그 우도)를 사용하여 훈련되는 이유이다.

$$\mathcal{L}_{BCE} = \sum_{i \in V, j \in V} -A_{ij} \log(\hat{A}_{ij}) - (1 - A_{ij}) \log(1 - \hat{A}_{ij})$$

그러나 인접 행렬은 종종 매우 희소하기 때문에, GAE는 0 값을 예측하는 것을 편향되게 만든다. 이 편향을 수정하기 위한 두 가지 간단한 기법이 있다. 첫째, 이전 손실 함수에서 $A_{ij} = 1$을 선호하는 가중치를 추가할 수 있다. 둘째, 훈련 중에 0 값을 더 적게 샘플링하여 레이블을 더 균형 있게 만들 수 있다. 후자의 기법이 Kipf와 Welling에 의해 구현된 것이다.

위에서 소개된 아키텍처는 유연하다 - 인코더는 다른 유형의 GNN(예: GraphSAGE)으로 대체

될 수 있으며, 디코더 역할은 MLP(Multi-layer Perceptron)가 할 수도 있다. 가능한 개선 사항으로는 GAE의 확률적 변형 - VGAE로 변환하는 것이 있다.

VGAE (Variational Graph Autoencoder)

GAE와 VGAE 사이의 차이는 오토인코더(autoencoder)와 변분 오토인코더(VAE) 사이의 차이와 동일하다. 노드 임베딩을 직접 학습하는 대신, VGAE는 샘플링하여 임베딩을 생성하는 정규 분포를 학습한다. 이들은 또한 두 가지 모듈로 나뉜다:

- **인코더**는 첫 번째 계층을 공유하는 두 GCN으로 구성된다. 목표는 각 잠재 정규 분포의 매개변수를 학습하는 것이다. 평균(mean) μ_i (GCN_μ 로 학습됨), 그리고 분산(variance) σ^{2_i} (실제 구현에서는 $\log_\sigma$가 GCN_σ로 학습됨).
- **디코더**는 학습된 분포, $\mathcal{N}(\mu, \sigma^2)$에서 재매개변수화 기법(reparametrization trick) [4]을 사용하여 임베딩 Z_i를 샘플링한다. 그런 다음 잠재 변수들 사이의 동일한 내적을 사용하여 인접 행렬 $\hat{A} = \sigma(Z^T Z)$을 근사한다.

VGAE를 사용할 때는 인코더의 출력값이 정규 분포를 따르는 것이 중요하다. 이것이 손실 함수에 새로운 항인 **쿨백-라이블러(Kullback-Leibler)** 발산(divergence)을 추가하는 이유인데, 이는 두 분포 간의 차이를 측정한다. **증거 하한(ELBO, evidence lower bound)**이라고도 불리는 다음 손실 함수를 얻는다:

$$\mathcal{L}_{ELBO} = \mathcal{L}_{BCE} - \mathrm{KL}[q(Z|X, A) \mid\mid p(Z)]$$

여기서 $q(Z \mid X, A)$는 인코더를 나타내고 $p(Z)$는 Z의 사전 분포이다.

모델의 성능은 일반적으로 ROC 밑의 넓이(**AUROC**, the area under the ROC)와 **평균 정밀도(AP, average precision)** 두 가지 지표를 사용하여 평가된다.

PyTorch Geometric을 사용하여 VGAE를 구현하는 방법을 살펴보자.

VGAE 구현하기

이전 GNN 구현과의 두 가지 주요 차이점은 다음과 같다:

- 랜덤하게 예측할 링크를 제거하기 위해 데이터셋을 전처리(preprocessing)할 것이다.
- VGAE 클래스에 공급할 인코더 모델을 생성할 것이며, 처음부터 VGAE를 직접 구현하는 대신에 사용할 것이다.

다음 코드는 PyTorch Geometric의 VGAE 예제에서 영감을 받았다:

1. 먼저 필요한 라이브러리를 가져온다:

```
import numpy as np
np.random.seed(0)
import torch
torch.manual_seed(0)
import matplotlib.pyplot as plt
import torch_geometric.transforms as T
from torch_geometric.datasets import Planetoid
```

2. GPU가 있을 시 사용한다.

```
device = torch.device('cuda' if torch.cuda.is_available()
else 'cpu')
```

3. 입력 특성을 정규화하고, 텐서 디바이스 변환을 직접 수행하며, 링크를 무작위로 분할하는 transform 객체를 생성한다. 본 예제에서는 85/5/10 비율로 분할한다. 모델이 이미 네거티브 샘플링을 수행하므로 본 데이터셋에서 필요하지 않기 때문에 add_negative_train_samples 매개변수는 False로 설정된다:

```
transform = T.Compose([
    T.NormalizeFeatures(),
    T.ToDevice(device),
    T.RandomLinkSplit(num_val=0.05, num_test=0.1, is_
undirected=True, split_labels=True, add_negative_train_
samples=False),
])
```

4. 위의 transform 객체와 함께 Cora 데이터셋을 로드한다.

```
dataset = Planetoid('.', name='Cora', transform=transform)
```

5. RandomLinkSplit 함수는 훈련, 검증, 테스트 데이터셋으로 분할한다. 이러한 분할을 다음과 같이 저장한다.

```
train_data, val_data, test_data = dataset[0]
```

6. 이제, 인코더를 구현하자. 우선 GCNConv와 VGAE를 가져오자:

```
from torch_geometric.nn import GCNConv, VGAE
```

7. 새로운 클래스를 선언한다. 이 클래스는 세 개의 레이어로 구성되어있다. 공유 레이어, 평균값 μ_i를 근사하는 두 번째 레이어, 그리고 분산을 근사하는 세 번째 레이어 (실제 구현은 로그 표준편차 $\log\sigma$를 근사함).

```
class Encoder(torch.nn.Module):
    def __init__(self, dim_in, dim_out):
        super().__init__()
        self.conv1 = GCNConv(dim_in, 2 * dim_out)
        self.conv_mu = GCNConv(2 * dim_out, dim_out)
        self.conv_logstd = GCNConv(2 * dim_out, dim_out)

    def forward(self, x, edge_index):
        x = self.conv1(x, edge_index).relu()
        return self.conv_mu(x, edge_index), self.conv_logstd(x, edge_index)
```

8. VGAE를 초기화하고 인코더를 입력으로 제공할 수 있다. 기본적으로 내적을 디코더로 사용할 것이다:

```
model = VGAE(Encoder(dataset.num_features, 16)).
to(device)
optimizer = torch.optim.Adam(model.parameters(), lr=0.01)
```

9. `train()` 함수에는 두 가지 중요한 단계가 포함된다. 먼저, 임베딩 행렬 Z는 `model.encode()`를 사용하여 계산된다; 이름은 직관적이지 않을 수 있지만, 이 함수는 학습된 분포에서 임베딩을 샘플링한다. 그런 다음, ELBO 손실은 `model.recon_loss()`(이진 교차 엔트로피 손실)와 `model.kl_loss()`(KL 발산)를 사용하여 계산된다. 디코더는 교차 엔트로피 손실을 계산하기 위해 암시적으로(implicitly)으로 호출된다:

```
def train():
    model.train()
    optimizer.zero_grad()
    z = model.encode(train_data.x, train_data.edge_index)
    loss = model.recon_loss(z, train_data.pos_edge_label_
index) + (1 / train_data.num_nodes) * model.kl_loss()
    loss.backward()
    optimizer.step()
    return float(loss)
```

10. `test()` 함수는 단순히 VGAE의 전용 메소드를 호출한다:

```
@torch.no_grad()
def test(data):
    model.eval()
    z = model.encode(data.x, data.edge_index)
    return model.test(z, data.pos_edge_label_index, data.
neg_edge_label_index)
```

11. 이 모델을 301 에폭 동안 훈련시키고 두 가지 지표 - AUC와 AP를 출력한다:

```
for epoch in range(301):
    loss = train()
    val_auc, val_ap = test(val_data)
    if epoch % 50 == 0:
        print(f'Epoch {epoch:>2} | Loss: {loss:.4f} | Val
AUC: {val_auc:.4f} | Val AP: {val_ap:.4f}')
```

12. 다음과 같은 출력을 얻는다:

```
Epoch 0 | Loss: 3.4210 | Val AUC: 0.6772 | Val AP: 0.7110
Epoch 50 | Loss: 1.3324 | Val AUC: 0.6593 | Val AP:
0.6922
Epoch 100 | Loss: 1.1675 | Val AUC: 0.7366 | Val AP:
0.7298
Epoch 150 | Loss: 1.1166 | Val AUC: 0.7480 | Val AP:
0.7514
Epoch 200 | Loss: 1.0074 | Val AUC: 0.8390 | Val AP:
0.8395
Epoch 250 | Loss: 0.9541 | Val AUC: 0.8794 | Val AP:
0.8797
Epoch 300 | Loss: 0.9509 | Val AUC: 0.8833 | Val AP:
0.8845
```

13. 테스트셋에서 모델을 평가한다:

```
test_auc, test_ap = test(test_data)
print(f'Test AUC: {test_auc:.4f} | Test AP {test_ap:.4f}')

Test AUC: 0.8833 | Test AP 0.8845
```

14. 마지막으로 근사된 인접 행렬을 수동으로 계산할 수 있다:

```
z = model.encode(test_data.x, test_data.edge_index)
Ahat = torch.sigmoid(z @ z.T)

tensor([[0.8846, 0.5068, ..., 0.5160, 0.8309, 0.8378],
        [0.5068, 0.8741, ..., 0.3900, 0.5367, 0.5495],
        [0.7074, 0.7878, ..., 0.4318, 0.7806, 0.7602],
        ...,
        [0.5160, 0.3900, ..., 0.5855, 0.5350, 0.5176],
        [0.8309, 0.5367, ..., 0.5350, 0.8443, 0.8275],
        [0.8378, 0.5495, ..., 0.5176, 0.8275, 0.8200]
], device='cuda:0', grad_fn=<SigmoidBackward0>)
```

VGAE 학습은 빠르며 결과를 쉽게 이해할 수 있다. 그러나 우리는 GCN이 가장 표현력 있는 연산자가 아니라는 것을 보았다. 모델의 표현력을 향상시키기 위해서는 더 나은 기술을 도입할 필요가 있다.

SEAL을 이용한 링크 예측

이전 섹션에서는 노드 기반 방법을 소개했는데, 이는 관련 노드 임베딩을 학습하여 링크 가능성을 계산한다. 다른 접근법은 대상 노드 주변의 지역 이웃을 살펴보는 것이다. 이러한 기술들은 서브그래프 기반 알고리즘이라고 불리며, SEAL(Subgraphs, Embeddings, and Attributes for Link prediction)에 의해 대중화되었다. 이 섹션에서는 SEAL 프레임워크를 설명하고 PyTorch Geometric을 사용하여 구현할 것이다.

SEAL 프레임워크 소개

2018년 Zhang과 Chen [6]에 의해 소개된 SEAL은 그래프 구조 특성을 학습하여 링크 예측을 위한 프레임워크이다. 이는 대상 노드 (x, y)와 그들의 k-홉 이웃으로 형성된 서브그래프를 **둘러싼 서브그래프**(enclosing subgraph)로 정의한다. 각 둘러싼 서브그래프는 전체 그래프 대신 입력으로 사용되어 링크 가능성을 예측한다. 다른 방식으로 보면, SEAL은 링크 예측을 위한 지역 휴리스틱을 자동으로 학습한다.

프레임워크는 세 단계를 포함한다:

1. **둘러싼 서브그래프 추출**, 실제 링크 세트와 가짜 링크 세트(네거티브 샘플링)를 통해 훈련 데이터를 형성하는 것을 포함한다.

2. **노드 정보 행렬 구축**은 노드 레이블, 노드 임베딩, 노드 특성의 세 가지 구성 요소를 포함한다.

3. **GNN 학습**, 노드 정보 행렬을 입력으로 받아 링크 가능성을 출력한다.

이러한 단계는 다음 그림에 요약되어 있다:

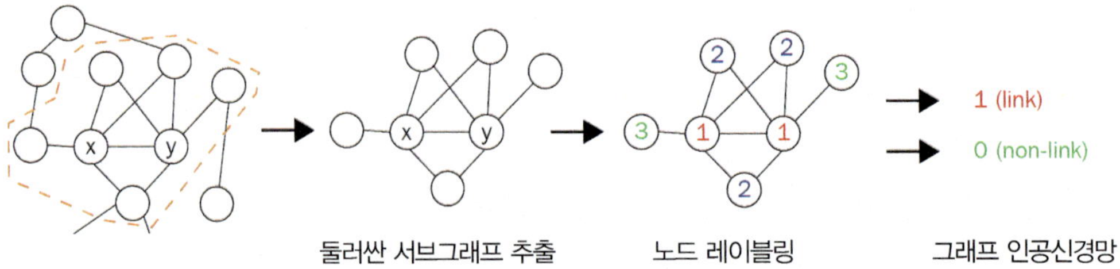

그림 10.3 SEAL 프레임워크

둘러싼 서브그래프 추출은 간단한 과정이다. 이는 대상 노드와 그들의 k-홉 이웃을 나열하여 그들의 간선과 특성을 추출하는 것으로 구성된다. 높은 홉 수는 SEAL이 학습할 수 있는 휴리스틱의 품질을 향상시킬 수 있지만, 동시에 더 크고 계산 비용이 많이 드는 서브그래프를 생성한다.

노드 정보 구축의 첫 번째 구성 요소는 노드 레이블링이다. 이 과정은 각 노드에 특정 번호를 할당한다. 이 과정 없이는 GNN이 대상 노드와 맥락적 노드(그들의 이웃)를 구별할 수 없다. 또한, 노드의 상대적 위치와 구조적 중요성을 설명하는 거리를 포함한다.

실제로, 대상 노드 x와 y는 대상 노드로 식별하기 위해 고유한 레이블을 공유해야 한다. 맥락적 노드들인 i과 j는 대상 노드와 같은 거리를 가지면 같은 레이블을 공유해야 한다 - $d(i,x)=d(j,x)$ 및 $d(i,y)=d(j,y)$. 이 거리를 이중 반경으로 부르며 $(d(i,x),d(i,y))$로 표시된다.

다양한 해결책이 고려될 수 있지만, SEAL의 저자들은 **이중 반경 노드 레이블링(Double-Radius Node Labeling, DRNL)** 알고리즘을 제안한다. 그것은 다음과 같이 작동한다:

1. 먼저 x와 y에 레이블 1을 할당한다.
2. 반경 - (1,1)을 가진 노드에 레이블 1을 할당한다.
3. 반경 - (1,2) 또는 (2,1)을 가진 노드에 레이블 3을 할당한다.
4. 반경 - (1,3), (3,1) 등을 가진 노드에 레이블 4를 할당한다.

DRNL 함수는 다음과 같이 작성될 수 있다:

$$f(i) = 1 + min(d(i,x), d(i,y)) + (d/2)[(d/2) + (d\%2) - 1]1$$

여기서, $d = d(i,x) + d(i,y)$와 $(d/2)$와 $(d\%2)$는 각각 2로 나눈 정수 몫과 나머지이다. 마지막으로, 이 노드 레이블들은 원핫 인코딩(one-hot encoding)된다.

> **참고**
>
> 다른 두 구성 요소는 얻기가 더 쉽다. 노드 임베딩은 선택 사항이지만, Node2Vec과 같은 다른 알고리즘을 사용하여 계산될 수 있다. 그런 다음, 노드 특성과 원핫 인코딩된 레이블과 함께 연결하여 최종 노드 정보 행렬을 구성한다.

마지막으로, 둘러싼 서브그래프의 정보와 인접 행렬을 사용하여 링크를 예측하기 위해 GNN이 훈련된다. 이 작업을 위해 SEAL의 저자들은 **딥 그래프 컨볼루션 신경망(Deep Graph Convolutional Neural Network, DGCNN)** [7]을 선택했다. 이 아키텍처는 세 단계를 수행한다:

1. 여러 GCN 레이어가 노드 임베딩을 계산하고, 그 후 연결된다(GIN과 유사).
2. 글로벌 정렬 풀링 레이어(global sort pooling)는 이 임베딩을 일관된 순서로 정렬한 후 순열 불변이 아닌 컨볼루션(convolutional) 레이어에 입력한다.
3. 전통적인 컨볼루션 및 밀집(dense) 레이어가 정렬된 그래프 표현에 적용되어 링크 확률을 출력한다.

DGCNN 모델은 이진 교차 엔트로피 손실을 사용하여 학습되며 0과 1 사이의 확률을 출력한다.

SEAL 프레임워크 구현

SEAL 프레임워크는 둘러싼 서브그래프를 추출하고 레이블링하기 위한 전처리가 필요하다. PyTorch Geometric을 사용하여 이를 구현해보자:

1. 먼저 필요한 모든 라이브러리를 가져온다:

```
import numpy as np
from sklearn.metrics import roc_auc_score, average_
precision_score
from scipy.sparse.csgraph import shortest_path

import torch
import torch.nn.functional as F
from torch.nn import Conv1d, MaxPool1d, Linear, Dropout,
BCEWithLogitsLoss
```

```
from torch_geometric.datasets import Planetoid
from torch_geometric.transforms import RandomLinkSplit
from torch_geometric.data import Data
from torch_geometric.loader import DataLoader
from torch_geometric.nn import GCNConv, aggr
from torch_geometric.utils import k_hop_subgraph, to_
scipy_sparse_matrix
```

2. Cora 데이터셋을 로드하고 이전 섹션과 같이 링크 수준에서 무작위 분할을 적용한다:

```
transform = RandomLinkSplit(num_val=0.05, num_test=0.1,
is_undirected=True, split_labels=True)
dataset = Planetoid('.', name='Cora',
transform=transform)
train_data, val_data, test_data = dataset[0]
```

3. 링크 수준의 무작위 분할은 Data 객체에 각 긍정적(실제) 및 부정적(가짜) 간선의 레이블과 인덱스를 저장하기 위한 새로운 필드를 생성한다:

```
train_data

Data(x=[2708, 1433], edge_index=[2, 8976], y=[2708],
train_mask=[2708], val_mask=[2708], test_mask=[2708],
pos_edge_label=[4488], pos_edge_label_index=[2, 4488],
neg_edge_label=[4488], neg_edge_label_index=[2, 4488])
```

4. 각 분할을 처리하고 원핫 인코딩된 노드 레이블과 노드 특성값이 있는 둘러싼 서브그래프를 얻기 위한 함수를 생성한다. 이 서브그래프들을 저장하기 위한 리스트를 선언한다:

```
def seal_processing(dataset, edge_label_index, y):
    data_list = []
```

5. 데이터셋의 각 (출발지 및 목적지) 쌍에 대해, k-홉 이웃(여기서 $k = 2$)을 추출한다:

```
    for src, dst in edge_label_index.t().tolist():
        sub_nodes, sub_edge_index, mapping, _ = k_hop_
subgraph([src, dst], 2, dataset.edge_index, relabel_nodes=True)
    src, dst = mapping.tolist()
```

6. DRNL 함수를 사용하여 거리를 계산한다. 먼저, 대상 노드를 서브그래프에서 제거한다:

```
mask1 = (sub_edge_index[0] != src) | (sub_edge_index[1] != dst)
mask2 = (sub_edge_index[0] != dst) | (sub_edge_index[1] != src)
sub_edge_index = sub_edge_index[:, mask1 & mask2]
```

7. 이전 서브그래프를 기반으로 출발지 및 목적지 노드에 대한 인접 행렬을 계산한다:

```
src, dst = (dst, src) if src > dst else (src, dst)
adj = to_scipy_sparse_matrix(sub_edge_index, num_nodes=sub_nodes.size(0)).tocsr()

idx = list(range(src)) + list(range(src + 1, adj.shape[0]))
adj_wo_src = adj[idx, :][:, idx]

idx = list(range(dst)) + list(range(dst + 1, adj.shape[0]))
adj_wo_dst = adj[idx, :][:, idx]
```

8. 모든 노드와 출발지/목적지 대상 노드 사이의 거리를 계산한다:

```
d_src = shortest_path(adj_wo_dst, directed=False, unweighted=True, indices=src)
d_src = np.insert(d_src, dst, 0, axis=0)
d_src = torch.from_numpy(d_src)
d_dst = shortest_path(adj_wo_src, directed=False, unweighted=True, indices=dst-1)
d_dst = np.insert(d_dst, src, 0, axis=0)
d_dst = torch.from_numpy(d_dst)
```

9. 서브그래프의 모든 노드에 대해 노드 레이블 z를 계산한다:

```
dist = d_src + d_dst
z = 1 + torch.min(d_src, d_dst) + dist // 2 * (dist // 2 + dist % 2 - 1)
z[src], z[dst], z[torch.isnan(z)] = 1., 1., 0.
z = z.to(torch.long)
```

10. 이 예제에서는 노드 임베딩을 사용하지 않지만, 특성과 원핫 인코딩된 레이블을 연결하여 노드 정보 행렬을 구성한다:

```
node_labels = F.one_hot(z, num_classes=200).to(torch.float)
node_emb = dataset.x[sub_nodes]
node_x = torch.cat([node_emb, node_labels], dim=1)
```

11. Data 객체를 생성하고 이를 리스트에 추가한다. 이 함수의 최종 출력은 이 리스트이다:

```
    data = Data(x=node_x, z=z, edge_index=sub_edge_index, y=y)
    data_list.append(data)

return data_list
```

12. 각 데이터셋에 대해 둘러싼 서브그래프를 추출하기 위해 이를 사용한다. 긍정적(positive)/부정적(negative) 샘플을 구분하여 예측할 정확한 레이블을 얻는다:

```
train_pos_data_list = seal_processing(train_data, train_
data.pos_edge_label_index, 1)
train_neg_data_list = seal_processing(train_data, train_
data.neg_edge_label_index, 0)

val_pos_data_list = seal_processing(val_data, val_data.
pos_edge_label_index, 1)
val_neg_data_list = seal_processing(val_data, val_data.
neg_edge_label_index, 0)

test_pos_data_list = seal_processing(test_data, test_
data.pos_edge_label_index, 1)
test_neg_data_list = seal_processing(test_data, test_
data.neg_edge_label_index, 0)
```

13. 긍정적 및 부정적 데이터 리스트를 병합하여 훈련, 검증, 테스트 데이터셋을 재구성한다:

```
train_dataset = train_pos_data_list + train_neg_data_list
val_dataset = val_pos_data_list + val_neg_data_list
test_dataset = test_pos_data_list + test_neg_data_list
```

14. 배치(batch)를 사용하여 GNN을 훈련시키기 위한 데이터 로더를 생성한다:

```
train_loader = DataLoader(train_dataset, batch_size=32,
shuffle=True)
val_loader = DataLoader(val_dataset, batch_size=32)
test_loader = DataLoader(test_dataset, batch_size=32)
```

15. DGCNN 모델을 위한 새로운 클래스를 생성한다. k 매개변수는 각 서브그래프에 유지할 노드의 수를 나타낸다:

```
class DGCNN(torch.nn.Module):
    def __init__(self, dim_in, k=30):
        super().__init__()
```

16. 32의 은닉 차원으로 네 개의 GCN 레이어를 생성한다:

```
        self.gcn1 = GCNConv(dim_in, 32)
        self.gcn2 = GCNConv(32, 32)
        self.gcn3 = GCNConv(32, 32)
        self.gcn4 = GCNConv(32, 1)
```

17. DGCNN 아키텍처의 핵심인 글로벌 정렬 풀링을 인스턴스화한다:

```
        self.global_pool = aggr.SortAggregation(k=k)
```

18. 글로벌 풀링에 의해 제공된 노드 순서를 사용하여 전통적인 컨볼루션 레이어를 사용한다.

```
        self.conv1 = Conv1d(1, 16, 97, 97)
        self.conv2 = Conv1d(16, 32, 5, 1)
        self.maxpool = MaxPool1d(2, 2)
```

19. 마지막으로, 예측을 위해 MLP를 사용한다:

```
        self.linear1 = Linear(352, 128)
        self.dropout = Dropout(0.5)
        self.linear2 = Linear(128, 1)
```

20. `forward()` 함수에서 각 GCN에 대한 노드 임베딩을 계산하고 결과를 연결(concatenate)한다:

```
    def forward(self, x, edge_index, batch):
        h1 = self.gcn1(x, edge_index).tanh()
        h2 = self.gcn2(h1, edge_index).tanh()
        h3 = self.gcn3(h2, edge_index).tanh()
        h4 = self.gcn4(h3, edge_index).tanh()
        h = torch.cat([h1, h2, h3, h4], dim=-1)
```

21. 글로벌 정렬 풀링, 컨볼루션 레이어, 밀집 레이어가 이 결과에 순차적으로 적용된다:

```
        h = self.global_pool(h, batch)
        h = h.view(h.size(0), 1, h.size(-1))
        h = self.conv1(h).relu()
        h = self.maxpool(h)
        h = self.conv2(h).relu()
        h = h.view(h.size(0), -1)
        h = self.linear1(h).relu()
        h = self.dropout(h)
        h = self.linear2(h).sigmoid()
        return h
```

22. 가능한 경우 GPU에서 모델을 인스턴스화하고, Adam 최적화 알고리즘과 이진 교차 엔트로피 손실을 사용하여 훈련한다:

```
device = torch.device('cuda' if torch.cuda.is_available()
else 'cpu')
model = DGCNN(train_dataset[0].num_features).to(device)
optimizer = torch.optim.Adam(params=model.parameters(),
lr=0.0001)
criterion = BCEWithLogitsLoss()
```

23. 배치 훈련을 위한 전통적인 `train()` 함수를 생성한다:

```
def train():
    model.train()
    total_loss = 0

    for data in train_loader:
        data = data.to(device)
        optimizer.zero_grad()
        out = model(data.x, data.edge_index, data.batch)
        loss = criterion(out.view(-1), data.y.to(torch.float))
        loss.backward()
        optimizer.step()
        total_loss += float(loss) * data.num_graphs

    return total_loss / len(train_dataset)
```

24. `test()` 함수에서 ROC AUC 점수와 평균 정밀도를 계산하여 SEAL 성능과 VGAE 성능을 비교한다:

```
@torch.no_grad()
def test(loader):
    model.eval()
    y_pred, y_true = [], []

    for data in loader:
        data = data.to(device)
        out = model(data.x, data.edge_index, data.batch)
        y_pred.append(out.view(-1).cpu())
        y_true.append(data.y.view(-1).cpu().to(torch.float))

    auc = roc_auc_score(torch.cat(y_true), torch.cat(y_pred))
    ap = average_precision_score(torch.cat(y_true),torch.cat(y_pred))
    return auc, ap
```

25. DGCNN을 31 에폭 동안 훈련한다:

```
for epoch in range(31):
    loss = train()
    val_auc, val_ap = test(val_loader)
    print(f'Epoch {epoch:>2} | Loss: {loss:.4f} | Val
AUC: {val_auc:.4f} | Val AP: {val_ap:.4f}')

Epoch 0 | Loss: 0.6925 | Val AUC: 0.8215 | Val AP: 0.8357
Epoch 1 | Loss: 0.6203 | Val AUC: 0.8543 | Val AP: 0.8712
Epoch 2 | Loss: 0.5888 | Val AUC: 0.8783 | Val AP: 0.8877...

Epoch 29 | Loss: 0.5461 | Val AUC: 0.8991 | Val AP: 0.8973
Epoch 30 | Loss: 0.5460 | Val AUC: 0.9005 | Val AP: 0.8992
```

26. 마지막으로 테스트 데이터셋에서 테스트한다:

```
test_auc, test_ap = test(test_loader)
print(f'Test AUC: {test_auc:.4f} | Test AP {test_ap:.4f}')

Test AUC: 0.8808 | Test AP 0.8863
```

VGAE를 사용하여 관찰된 결과와 유사한 결과를 얻는다(테스트 AUC - `0.8833` 및 테스트 AP - `0.8845`). 이론적으로, SEAL과 같은 서브그래프 기반 방법은 VGAE와 같은 노드 기반 방법보다 더 표현력이 있다. 대상 노드 주변의 전체 이웃을 명시적으로 고려함으로써 더 많은 정보를 포착한다. k 매개변수로 고려되는 이웃의 수를 늘림으로써 SEAL의 정확도도 개선될 수 있다.

요약

이 장에서는 링크 예측을 통해 새로운 태스크를 살펴보았다. 휴리스틱과 행렬 분해 기술을 소개함으로써 이 분야에 대한 개요를 제공했다. 휴리스틱은 고려하는 *k*-홉 이웃에 따라 분류될 수 있는데, 지역적인 1홉 이웃부터 전체 그래프에 대한 지식을 가진 글로벌까지 다양하다. 반대로, 행렬 분해는 노드 임베딩을 사용하여 인접 행렬을 근사한다. 또한 이 기술이 이전 장에서 설명된 알고리즘(DeepWalk와 Node2Vec)과 어떻게 연결되는지 설명했다.

링크 예측 소개 후, GNN을 사용하여 구현하는 방법을 살펴보았다. 노드 임베딩(GAE 및 VGAE)과 서브그래프 표현(SEAL)을 기반으로 한 두 가지 기술을 간략히 살펴보았다. 마지막으로, Cora 데이터셋에서 간선 수준의 무작위 분할과 네거티브 샘플링을 사용하여 VGAE와 SEAL을 구현했다. 두 모델 모두 비슷한 성능을 보였지만, SEAL은 더 강력한 표현력이 있다.

*11장, 그래프 신경망을 이용한 그래프 생성*에서는 현실적인 그래프를 생성하기 위한 다양한 전략을 살펴볼 것이다. 먼저 인기 있는 에르되시-레니(Erdős–Rényi) 모델로 전통적인 기술을 설명할 것이다. 그런 다음 GVAE를 재사용하고 새로운 아키텍처인 **그래프 순환 신경망(GraphRNN)**을 소개함으로써 딥 생성 방법(deep generative methods)이 어떻게 작동하는지 살펴볼 것이다.

더 읽을거리

- [1] H. Tong, C. Faloutsos and J. -y. Pan. "Fast Random Walk with Restart and Its Applications" in Sixth International Conference on Data Mining (ICDM'06), 2006, pp. 613-622, doi: 10.1109/ICDM.2006.70.
- [2] Yehuda Koren, Robert Bell, and Chris Volinsky. 2009. Matrix Factorization Techniques for Recommender Systems. Computer 42, 8 (August 2009), 30–37. https://doi.org/10.1109/MC.2009.263.
- [3] J. Qiu, Y. Dong, H. Ma, J. Li, K. Wang, and J. Tang. Network Embedding as Matrix Factorization. Feb. 2018. doi: 10.1145/3159652.3159706.
- [4] D. P. Kingma and M. Welling. Auto-Encoding Variational Bayes. arXiv, 2013. doi: 10.48

550/ARXIV.1312.6114.

- [5] T. N. Kipf and M. Welling. Variational Graph Auto-Encoders. arXiv, 2016. doi: 10.4855 0/ARXIV.1611.07308.
- [6] M. Zhang and Y. Chen. Link Prediction Based on Graph Neural Networks. arXiv, 2018. d oi: 10.48550/ARXIV.1802.09691.
- [7] Muhan Zhang, Zhicheng Cui, Marion Neumann, and Yixin Chen. 2018. An end-to-end deep learning architecture for graph classifi cation. In Proceedings of the Th irty-Second AAAI Conference on Artificial Intelligence and Th irtieth Innovative Applications of Artificial Intell igence Conference and Eighth AAAI Symposium on Educational Advances in Artificial Intelli gence (AAAI'18/IAAI'18/EAAI'18). AAAI Press, Article 544, 4438–445.

제11장
그래프 신경망을 이용한 그래프 생성

그래프 생성은 새로운 그래프를 만드는 방법을 찾는 것이다. 학문으로서 그래프 생성은 그래프가 어떻게 작동하고 변화하는지 이해하는 통찰력을 제공한다. 또한 데이터 증강(data augmentation), 이상치 감지(anomaly detection), 신약 개발 등에 직접적으로 응용된다. 그래프 생성은 주어진 그래프를 모방하는 **사실적(realistic) 그래프 생성**(예를 들어, 데이터 증강)과 특정 지표를 최적화하는 그래프를 생성하는 **목표 지향(goal-directed) 그래프 생성**(예를 들어, 분자 구조 생성)의 두 가지 유형으로 구분할 수 있다.

이번 장에서는 그래프를 생성하는 기존 방법을 살펴본다. 널리 사용되는 두 가지 알고리즘인 **에르되시-레니**(Erdős-Rényi)와 **스몰 월드(small-world)** 모델에 집중할 것이다. 이 알고리즘들은 흥미로운 성질을 갖고 있을 뿐만 아니라 GNN 기반 그래프 생성의 필요성을 제기하기도 한다. 두 번째 절에서는 VAE(variational autoencoder) 기반, 자기 회귀(autoregressive), GAN 기반 모델 등 세 가지 솔루션에 대해 설명한다. 마지막으로 새로운 화합물을 생성하기 위해 강화 학습을 적용한 GAN 기반 프레임워크를 구현할 것이다. PyTorch Geometric 대신 TensorFlow로 만든 DeepChem 라이브러리를 사용할 것이다.

이 장을 다 읽으면 기존 기법과 GNN 기반 기법을 사용해 그래프를 생성할 수 있게 된다. 이 분야와 다양한 응용에 대한 개요를 파악할 수 있게 될 것이다. 원하는 속성을 가진 유효한 분자 구조를 생성할 수 있는 하이브리드 구조를 구현하는 방법을 알게 될 것이다.

이 장에서 다루는 주요 주제는 아래와 같다.

- 기존 방법으로 그래프 생성하기
- 그래프 인공신경망으로 그래프 생성하기
- MolGAN으로 분자 구조 생성하기

기술 요구사항

이 장에서 나오는 모든 코드는 GitHub(https://github.com/PacktPublishing/Hands-On-Graph-Neural-Networks-Using-Python/tree/main/Chapter11)에서 찾을 수 있다. 각자의 머신에서 코드를 돌리기 위한 설치 방법은 이 책의 서문을 참조하라.

기존 방법으로 그래프 생성하기

기존 그래프 생성 방법은 수십 년 동안 연구되어 왔다. 따라서 사람들은 그 방법들을 잘 이해하고 있고 다양한 응용에서 기준으로 사용해왔다. 하지만 기존 방법들로는 생성할 수 있는 그래프 유형이 제한되어 있다. 대부분 특정한 위상을 출력하는데 특화되어서 주어진 네트워크를 모방하는 것을 불가능했다.

이 절에서는 두 가지 고전적인 기법인 에르되시-레니 모델과 스몰 월드 모델을 알아본다.

에르되시-레니(Erdős-Rényi) 모델

에르되시-레니 모델은 가장 간단하고 가장 인기있는 랜덤 그래프 모델이다. 헝가리 수학자 폴 에르되시(Paul Erdös)와 알프레드 레니(Alfred Rényi)에 의해 1959년에 소개[1] 되었으며 에드가 길버트(Edgar Gilbert)에 의해서도 독립적으로 같은 해에 제안되었다 [2]. 이 모델은 두 가지 변형 $G(n,p)$와 $G(n,M)$이 있다.

$G(n,p)$ 모델은 단순하다. 노드 n개가 주어져 있고 두 쌍의 노드 사이가 연결 되어있을 가능성이 p이다. 모든 노드에 대해서 다른 노드와 연결 할지 말지 p의 확률로 시도하여 그래프를 만들어 나간다. 다시 말하면 $\binom{n}{2}$개의 간선이 있을 가능성이 있다. 확률 p를 다른 방법으로 이해할 수도 있는데 네트워크의 밀도라고 생각할 수도 있다.

`networkx` 라이브러리에 $G(n,p)$가 구현되어 있다.

1. `networkx` 라이브러리를 불러온다.

```
import networkx as nx
import matplotlib.pyplot as plt
```

2. `nx.erdos_renyi_graph()` 함수를 사용해서 노드가 `10`개($n=10$)이고 간선이 생길 확률이 `0.5`($p=0.5$)인 그래프 G를 생성한다.

```
G = nx.erdos_renyi_graph(10, 0.5, seed=0)
```

3. nx.cirlcular_layout() 함수를 사용해서 결과를 배치한다. 다른 레이아웃을 사용해도 되지만 이 함수가 p의 다양한 값을 비교하는데 유용하다.

```
pos = nx.circular_layout(G)
```

4. nx.draw() 함수를 사용하여 3에서 얻은 pos 값으로 그래프를 그린다. 글로벌 휴리스틱이 일반적으로 더 정확하지만 그래프 전체를 알아야 한다. 그러나 이러한 지식으로 링크를 예측하는 유일한 방법은 아니다:

```
nx.draw(G, pos=pos, with_labels=True)
```

아래 결과를 얻을 수 있다.

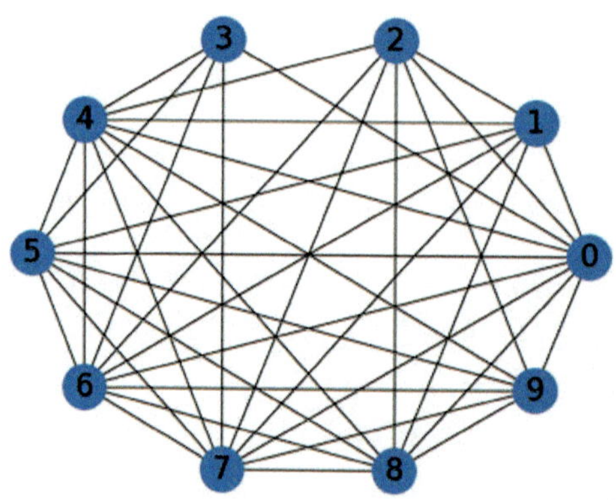

그림 11.1 노드가 10개이고 p가 0.5인 에르되시-레니 그래프

이 과정을 0.1과 0.9에 대해서도 하면 아래 다이어그램을 얻을 수 있다.

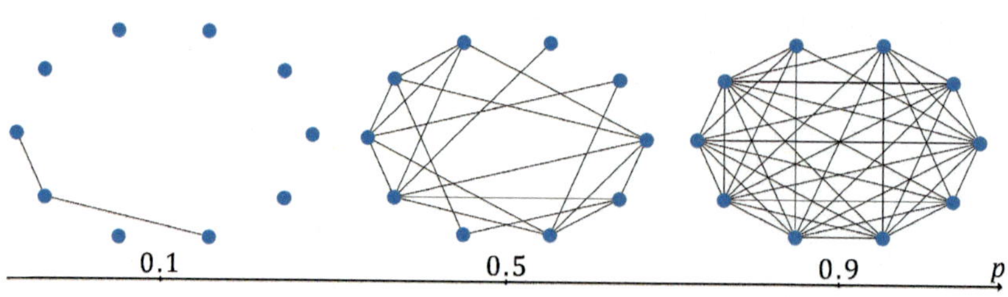

그림 11.2 여러 가지 p에 대한 에르되시-레니 그래프

p가 작으면 노드들이 떨어져 있고 p가 높으면 노드들이 많이 연결되어 있는 것을 관찰할 수 있다.

$G(n, M)$ 모델에서는 노드가 n개이고 간선이 M개인 모든 그래프 중에서 임의로 그래프를 하나 고른다. 예를 들어서 $n = 3$, $M = 2$ 이면 세 가지 가능한 그래프가 있고 (그림 11.3 참고) $G(3,2)$ 모델은 단순히 이 그래프들 중에서 임의로 한 개를 고르는 방법이다. 이것은 같은 문제를 다르게 접근하는 방법이지만 일반적으로 분석하기가 더 어려워서 $G(n,p)$보다 덜 유명하다.

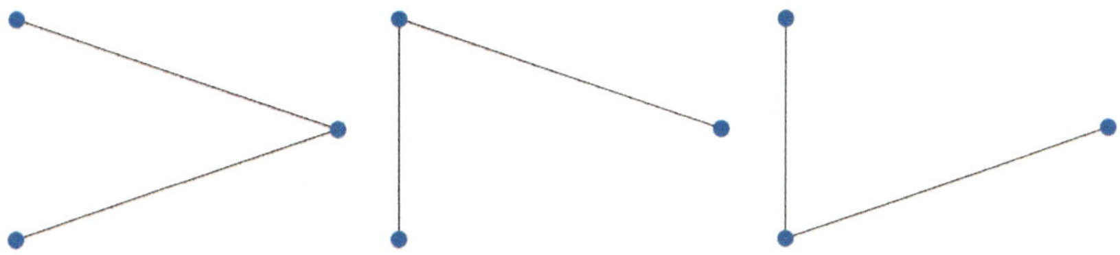

그림 11.3 노드가 3개이고 간선이 2개인 모든 그래프들

`nx.gnm_random_graph()`를 사용해서 파이썬에서 $G(n, M)$ 모델을 구현할 수 있다.

```
G = nx.gnm_random_graph(3, 2, seed=0)
pos = nx.circular_layout(G)
nx.draw(G, pos=pos, with_labels=True)
```

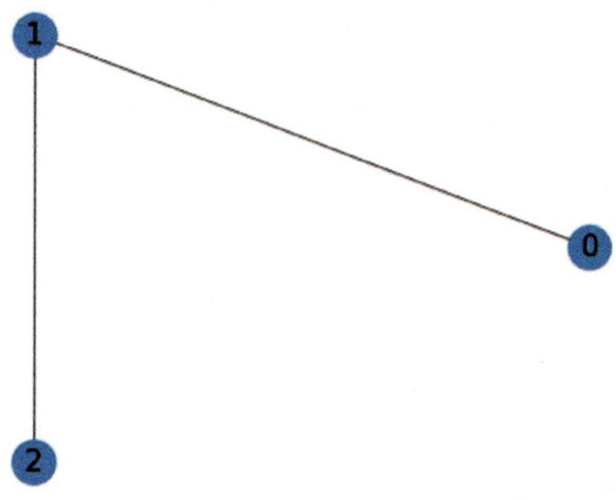

그림 11.4 노드가 3개이고 간선이 2개인 그래프들 중에서 임의로 선택된 그래프

$G(n,p)$ 모델에서 가장 강력하고 흥미로운 가정은 각 간선이 독립적이라는 것이다(즉, 서로 영향을 주지 않는다). 안타깝게도 클러스터나 커뮤니티가 관찰되는 대부분의 실세계 그래프에서는 성립하지 않는 속성이다.

스몰 월드 모델

1998년 던컨 와츠(Duncan Watts)와 스티븐 스트로가츠(Steven Strogatz)[3]에 의해 소개된 스몰 월드 모델은 생물학적, 기술적, 사회적 네트워크의 행동을 모방하려고 했다. 핵심 개념은 실세계의 네트워크는 에르되시-레니 모델처럼 랜덤도 아니고 그렇다고 그리드처럼 완벽히 규칙적이지도 않다. 실제 네트워크는 그 사이 어딘가에 있으며 계수를 사용해서 보완할 수 있다. 스몰 월드 모델은 아래 두 가지를 만족하는 그래프를 생성한다.

- **짧은 경로**: 네트워크의 임의의 두 노드 사이의 평균 거리가 상대적으로 짧아서 네트워크 전체에 정보가 빠르게 확산되기 쉽다.
- **높은 클러스터링 계수**: 네트워크의 노드가 서로 가깝게 연결되어 촘촘한 클러스터를 만든다.

많은 알고리즘이 스몰 월드의 성질을 갖는다. [3]에서 제안된 오리지널 **와츠-스트로가츠(Watts-Strogatz)** 모델을 설명한다. 아래 단계를 사용해서 구현할 수 있다.

1. 그래프의 노드 n개를 생성한다.
2. 각 노드는 가장 가까운 k개와 연결한다. (k가 홀수이면 $k-1$개)
3. 노드 i와 노드 j는 p의 확률로 연결될 가능성이 있다. 여기에서 j는 또 다른 임의의 노드이다. [역자 코멘트: 원서는 k라고 되어 있지만 j가 맞다고 생각하여 j로 수정하였다.]

파이썬에서는 `nx.watts_strogatz_graph()` 함수를 사용해서 구현할 수 있다.

```
G = nx.watts_strogatz_graph(10, 4, 0.5, seed=0)
pos = nx.circular_layout(G)
nx.draw(G, pos=pos)
```

그러면 다음 그래프가 생성된다.

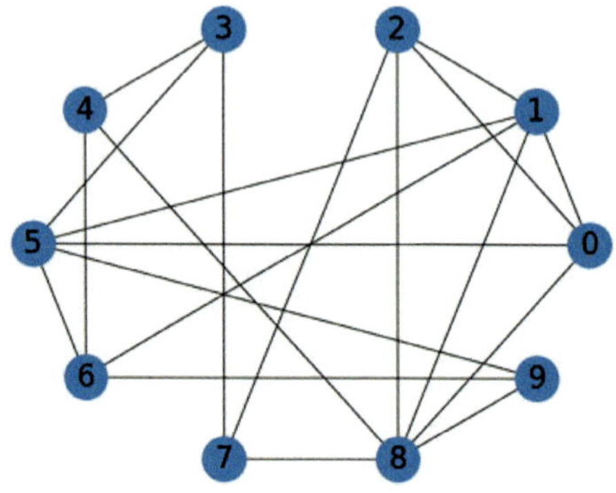

그림 11.5 Wattz-Strogatz 모델로 얻은 스몰 월드 네트워크

에르되시-레니모델처럼 여러 가지 p에 대해서 같은 작업을 반복하여 그림 11.6의 결과를 얻었다.

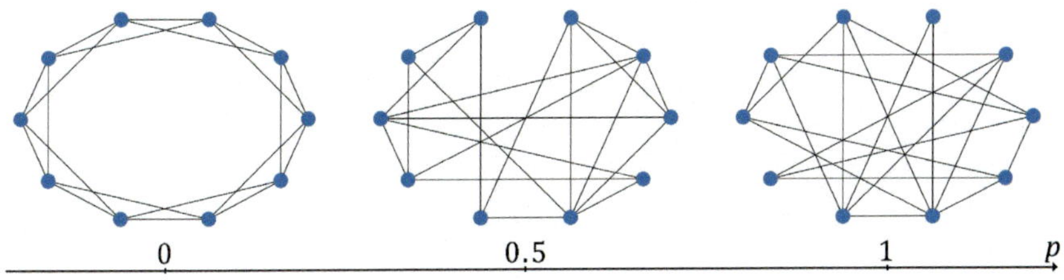

그림 11.6 여러가지 p에 대한 스몰 월드 모델

$p = 0$이면 완전히 규칙적인 그래프를 얻고, 반대로 $p = 1$이면 완전히 랜덤한 그래프를 얻는 것을 확인할 수 있다. 두 극단 사이에서 균형 잡힌 그래프를 얻을 수 있다.

그럼에도 불구하고 와츠-스트로가츠 모델은 실제와 같은 차수 분포를 만들지 못한다. 노드의 수가 정해져 있어야 하는데 그러면 네트워크가 커질 수 없기 때문이다. 일반적으로 고전적인 방법으로는 실세계 그래프의 다양성과 복잡성을 제대로 표현하지 못한다. 이 때문에 새로운 기술이 필요했고 딥 그래프 생성(deep graph generation)이 그 결과이다.

그래프 신경망으로 그래프 생성하기

딥 그래프 생성 모델은 기존 기술보다 표현력이 뛰어난 그래프 신경망 기반의 기술이다. 하지만 너무 복잡해서 기존 방법들처럼 분석하고 이해하는 것이 쉽지 않다는 단점도 있다. 딥 그래프 생성 모델은 크게 세 가지가 있는데 VAE(variational autoencoder), GAN, 자기 회귀(autoregressive) 모델이다. 플로우(flow) 정규화, 디퓨전(diffusion) 모델 등 다른 방법들도 있지만 덜 알려져 있고 덜 연구되었다.

이번 절에서는 VAE, GAN, 자기회귀 모델을 사용하여 그래프를 생성하는 방법에 대해 설명한다.

그래프 변분 오토인코더(Graph variational autoencoder)

지난 장에서 봤듯이 VAE는 인접 행렬을 근사할 때 사용된다. **그래프 변분 오토인코더(Graph Variational Autoencoder, GVAE)**는 인코더와 디코더로 이루어져 있다. 인코더는 첫 번째 층을 공유하는 GCN 두개를 사용하여 각 잠재 정규 본포의 평균과 분산을 학습한다. 디코더는 잠재 변수 Z를 내적하여 학습된 분포를 샘플링한다. 마지막으로 근사 인접 행렬 $\hat{A} = \sigma(Z^T Z)$을 얻는다.

이전 장에서 우리는 $\hat{A}$을 링크 예측에 사용했다. 하지만 그게 유일한 용도는 아니다. 훈련 도중 보이는 그래프를 모방하는 네트워크의 인접 행렬을 줄 수 있다. 링크 예측 대신 새로운 그래프를 생성할 수 있다. 아래 예제는 10장에서 VGAE로 만든 인접 행렬이다.

```
z = model.encode(test_data.x, test_data.edge_index)
adj = torch.where((z @ z.T) > 0.9, 1, 0)
adj

tensor([[1, 0, 0, ..., 0, 1, 1],
        [0,장성철 1, 1, ..., 0, 0, 0],
        [0, 1, 1, ..., 0, 1, 1],
        ...,
        [0, 0, 0, ..., 1, 0, 0],
        [1, 0, 1, ..., 0, 1, 1],
        [1, 0, 1, ..., 0, 1, 1]])
```

2016년부터 이 기술은 GVAE를 넘어 노드와 간선의 특성값까지 얻을 수 있도록 확장되었다. VAE 기반 그래프 생성 모델의 가장 유명한 모델은 GraphVAE[4]이다. 시모노브스키(Simonovsky)와 코모다키스(Komodakis)에 의해 2018년도에 실제 분자 구조를 생성할 수 있도록 설계되었다. 이를 위해서는 노드(원자)와 간선(화학 결합)를 구분할 수 있는 능력이 필요하다.

GraphVAE에서는 그래프를 $G = (A, E, F)$로 정의한다. 여기에서 A는 인접 행렬, E는 간선 속성 텐서, F는 노드 특성값 행렬이다. GraphVAE는 그래프의 확률 버전인 $\widetilde{G} = (\widetilde{A}, \widetilde{E}, \widetilde{F})$를 배운다. 확률 버전에서 $\widetilde{A}$(역주: $\hat{A}$라고 되어있지만 $\widetilde{A}$이다.)는 노드($\widetilde{A}_{a,a}$)와 간선($\widetilde{A}_{a,b}$) 확률로 이뤄져 있고 $\widetilde{E}$는 간선들이 어떤 클래스에 속할지에 대한 확률, $\widetilde{F}$는 노드들이 어떤 클래스에 속할지에 대한 확률을 포함한다. GVAE와 비교해서 GraphVAE의 인코더는 간선 조건부 그래프 컨볼루션(edge-conditional graph convolution, ECC)을 갖는 **피드 포워드 신경망**(feed forward network)이고 디코더는 출력값이 세 개인 **다층 퍼셉트론**(multilayer perceptron, MLP)이다. 전체 구조는 아래 그림에 요약되어 있다.

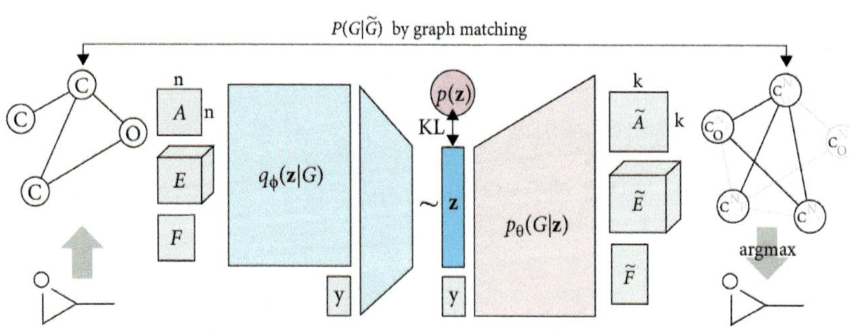

그림 11.7 GraphVAE의 추론 과정

그 밖에도 여러 가지 VAE 기반 그래프 생성 구조가 있다. 그러나 그들은 그래프를 모방하는 것에 그치지 않고, 생성되는 그래프의 유형을 조절하는 기술을 갖고 있다.

이런 조건을 추가하는 유명한 방법은 **CGVAE(Constrained Graph Variational Autoencoder,** [5]) 처럼 디코딩 단계에서 검사를 하는 것이다. 이 구조에서 인코더는 **GGCN(Gated Graph Convolution Network)**이고 디코더는 자기회귀모델이다. 자기회귀 디코더는 특히 이 작업에 적합한데 매 단계마다 모든 제약 조건을 확인할 수 있기 때문이다. 마지막으로 제약 조건을 추가하는 또 다른 방법은 라그랑지안 기반(Lagrangian-based)으로 정규화를 하는 것이다. 이는 계산은 빠르지만 생성 측면에서 덜 엄격하다 [6].

자기회귀 모델

자기회귀 모델도 단독으로 사용될 수 있다. 다른 모델과의 차이는 과거의 출력이 현재의 입력의 일부가 된다는 점이다. 이 프레임워크에서 그래프 생성은 데이터와 과거 의사 결정을 고려하는 순차적 의사 결정 과정이다. 예를 들어, 각 단계에서 자기회귀 모델은 새 노드나 새 링크를 만들 수 있다. 그렇게 얻은 그래프는 다음 생성 단계의 입력이 되고 끝날 때까지 반복된다. 다음 다이어그램은 이 과정을 보여준다.

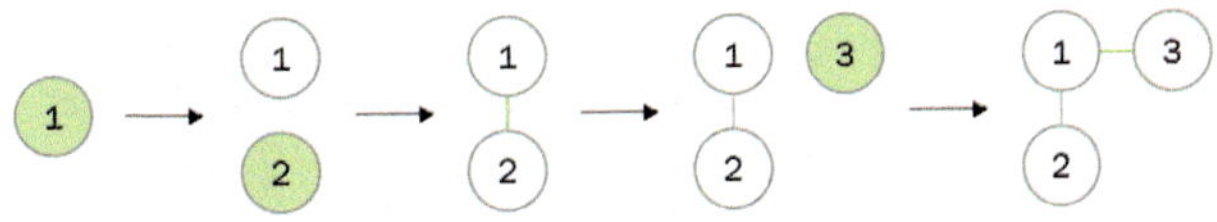

그림 11.8 그래프 생성을 위한 자기회귀 과정

실제로 자기회귀 기능을 구현하기 위해 **순환 인공신경망(Recurrent Neural Networks, RNNs)**을 사용한다. 이 구조에서는 이전 결과가 현재의 은닉 상태를 계산하기 위한 입력으로 쓰인다. 게다가 입력의 길이를 마음대로 조절할 수 있다는 점은 그래프를 반복적으로 생성할 때 매우 핵심적인 역할을 한다. 하지만 결과값을 얻기 위해 지금까지 결과 전체를 사용해야 해서 피드 포워드 신경망보다 느리다. RNN의 종류 중 가장 유명한 것은 **GRU(Gated Reccurent Unit)**과 **LSTM(Long Short-Term Memory)** 네트워크이다.

2018년에 유(You) 등이 소개한 **GraphRNN**[7]은 딥 그래프 생성을 위해 이런 기술을 직접 구현한 것이다. 이 구조는 두 RNN을 사용한다.

- (초기 상태를 포함한) 노드들을 생성하는 그래프 레벨 RNN
- 새로 생긴 노드에 연결을 할지 예측하는 간선 레벨의 RNN

간선 레벨의 RNN은 그래프 레벨 RNN의 은닉 상태를 입력으로 받아서 결과를 제공한다. 추론 시점의 매커니즘이 아래 다이어그램에 설명되어 있다.

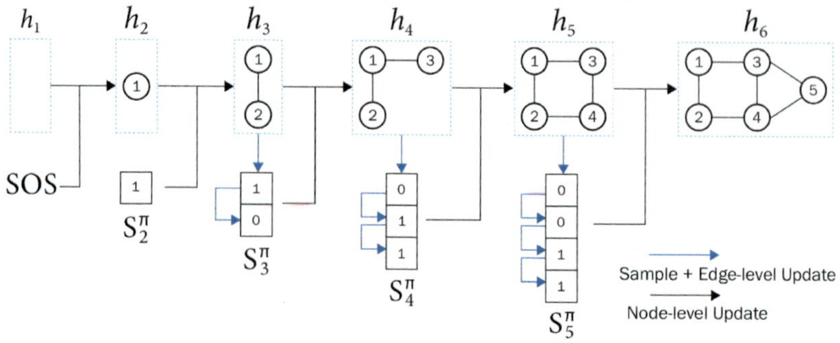

그림 11.9 추론 시점의 GraphRNN의 구조

두 RNN은 실제로 인접 행렬을 채워나간다. 그래프 레벨 RNN에 의해 생성된 노드는 새로운 행과 열을, 간선 레벨의 RNN은 0 또는 1에 대응된다. 요약하면 GraphRNN은 아래 단계들을 수행한다.

1. *새로운 노드 추가*: 그래프 레벨 RNN은 그래프와 그 결과를 초기화하고 간선 레벨 RNN에 전달한다.
2. *새로운 연결 추가*: 간선 레벨 RNN은 새 노드가 기존 노드들에 연결되는지 예측한다.
3. *그래프 생성 중지*: 간선 레벨 RNN이 EOS 토큰을 출력하려 끝을 알릴 때까지 위 두 단계를 반복한다.

GraphRNN은 다양한 유형의 그래프(그리드, 소셜 네트워크, 단백질 등)을 학습할 수 있으며 기존 방법들을 완전히 뛰어넘는 성능을 보인다. 주어진 그래프를 모방해야 한다면 GraphVAE보다 선호된다.

생성적 적대 신경망

VAE와 마찬가지로 GAN은 머신러닝 분야에서 잘 알려진 생성 모델이다. 이 프레임워크에서는 두 개의 신경망이 서로 다른 목표를 가지고 제로섬 게임을 한다. 첫 번째 신경망은 새로운 데이터를 만드는 생성기(generator)이고 두 번째 생성망은 각 샘플이 (훈련 데이터에 있는) 진짜인지 (생성기가 만든) 가짜인지 구분하는 판별기(discriminator)이다.

처음의 구조에서 수년에 걸쳐 제안된 두 가지 큰 개선사항이 있다. 첫 번째는 **WGAN(Wasserstein**

GAN)이다. 두 확률 분포 사이의 바서슈타인(Wasserstein) 거리(또는 얼스 무버(Earth Mover)의 거리)를 최소화하여 학습의 안정성을 높였다. 이 변형은 그라디언트 클리핑(gradient clipping) 방법 대신 그라디언트 패널티(gradient penalty) 방법을 도입하여 더욱 세밀한 조정을 하였다.

딥 그래프 생성에 이 프레임워크가 많이 사용되었다. 이전 기법처럼 GAN은 그래프를 모방하거나 특정 조건을 최적화하는 네트워크를 생성할 수 있다. 후자는 특정 성질을 갖는 새로운 화합물을 찾는 작업에 유용하다. 이 문제는 그래프의 이산적인 특성 때문에 유난히 방대하고 (10^{60} 가지 이상의 조합) 복잡하다.

2018년 데 카오와 킵프(De Cao and Kipf)[8]가 제안한 **MolGAN(molecular GAN)**은 이런 문제의 인기 있는 해결 방법이다. 그래프 구조의 데이터를 직접 처리하는 그라디언트 패널티를 쓰는 WGAN과 원하는 화학적 성질을 갖는 분자를 생성하기 위한 강화 학습 목표를 결합하였다. 이 강화 학습 목표는 결정적 정책 경사법을 사용하는 오프 폴리시 액터 크리틱(off-policy actor-critic) 모델인 **DDPG(Deep Deterministic Policy Gradient)** 알고리즘 기반이다. MolGAN의 구조는 아래 다이어그램으로 요약할 수 있다.

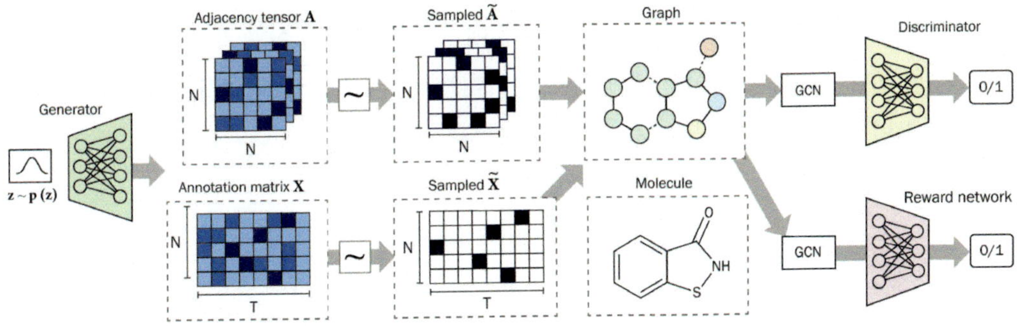

그림 11.10 추론 시점의 MolGAN의 구조

이 프레임워크는 크게 세 부분으로 나눌 수 있다.

- **생성기**는 원자 유형을 포함하는 노드 행렬 X와 간선과 결합 유형을 모두 포함하는 텐서인 인접 행렬 A를 출력하는 MLP이다. 생성기는 WGAN와 강화 학습 손실함수의 선형 조합을 사용하여 학습된다. 이 밀집 표현을 범주형(categorical) 샘플링을 통해 희소 객체($\widetilde{X}$와 $\widetilde{A}$)로 변환한다.
- **판별기**는 생성기와 데이터셋으로부터 그래프를 받고 이를 구분하는 방법을 학습한다. 이때는 WGAN의 손실 함수만 사용하여 학습한다.

- **리워드 신경망(reward network)**은 각 그래프에 점수를 매긴다. 외부 시스템(여기서는 RDKit)에서 제공하는 실제 점수를 기반으로 MSE 손실 함수를 사용하여 학습한다.

판별기와 리워드 신경망은 GCN에서 여러 유형의 간선을 지원하도록 변형한 Relational-GCN을 사용한다. 여러 층의 그래프 컨볼루션을 거쳐 노드 임베딩은 그래프 레벨의 벡터로 출력된다.

$$h_G = \tanh\left(\sum_{i \in V} \sigma\big(MLP_1(h_i, x_i)\big) \odot \tanh\big(MLP_2(h_i, x_i)\big)\right)$$

여기에서, σ는 로지스틱 시그모이드 함수, MLP_1과 MLP_2는 출력이 선형인 두 MLP, $\odot$는 원소끼리 곱하는 연산이다. 세 번째 MLP는 위의 결과값인 그래프 임베딩을 통과시켜서 리워드 함수용으로는 0과 1 사이로, 판별기용으로는 $-\infty$와 $+\infty$ 사이의 값을 얻는다.

MolGAN은 약물 유사성, 합성 가능성, 용해도와 같은 특성을 최적화하는 정상적인 화합물을 생성한다. 다음 절에서 이 구조를 구현하여 새로운 분자를 생성할 것이다.

MolGAN으로 분자 구조 생성하기

딥 그래프 생성은 PyTorch Geometric으로 쉽게 해결되지 않는다. 신약 개발은 그래프 생성의 주요 응용 분야이기 때문에 이 기술에 특화된 라이브러리가 따로 있다. ML 기반 신약 개발을 위한 인기 있는 라이브러리는 `DeepChem`과 `torchdrug`이다. 이번 절에서는 좀 더 발달되었고 MolGAN의 구현이 있는 DeepChem을 사용한다.

다음은 `DeepChem`과 `tensorflow`를 사용한 예제이다.

1. `DeepChem`(https://deepchem.io)를 설치한다. 필요한 라이브러리인 `tensorflow`, `joblib`, `NumPy`, `pandas`, `scikit-learn`, `SciPy`, `rdkit` 등이 함께 설치될 것이다.

```
!pip install deepchem==2.7.1
```

2. 필요한 패키지들을 불러온다.

```
import numpy as np
import tensorflow as tf

import pandas as pd
from tensorflow import one_hot
```

```
import deepchem as dc
from deepchem.models.optimizers import ExponentialDecay
from deepchem.models import BasicMolGANModel as MolGAN
from deepchem.feat.molecule_featurizers.molgan_featurizer
import GraphMatrix

from rdkit import Chem
from rdkit.Chem import Draw
from rdkit.Chem import rdmolfiles
from rdkit.Chem import rdmolops
from rdkit.Chem.Draw import IpythonConsole
```

3. 독성 분석을 하기 위해 6000개 이상의 화합물로 구성된 데이터셋인 tox21(Toxicology in the 21st Century)를 다운로드한다. 이번 예제에서는 SMILES(simplified molecular-input-line-entry system) 표현만 필요하다.

```
_, datasets, _ = dc.molnet.load_tox21()
df = pd.DataFrame(datasets[0].ids, columns=['smiles'])
```

4. smiles는 아래와 같다.

```
0    CC(O)(P(=O)(O)O)P(=O)(O)O
1    CC(C)(C)OOC(C)(C)CCC(C)(C)OOC(C)(C)C
2    OC[C@H](O)[C@@H](O)[C@H](O)CO
3    CCCCCCCC(=O)[O-].CCCCCCCC(=O)[O-].[Zn+2]
... ...
6260  Cc1cc(CCCOc2c(C)cc(-c3noc(C(F)(F)F)n3)cc2C)on1
6261  O=C1OC(OC(=O)c2cccnc2Nc2cccc(C(F)(F)F)c2)c2ccc...
6262  CC(=O)C1(C)CC2=C(CCCC2(C)C)CC1C
6263  CC(C)CCC[C@@H](C)[C@H]1CC(=O)C2=C3CC[C@H]4C[C@...
```

5. 분자 개수가 15개 이하인 분자 구조만 다룬다. smiles 문자열을 모델에 넣을 수 있도록 featurizer을 사용한다.

```
max_atom = 15
molecules = [x for x in df['smiles'].values if Chem.
MolFromSmiles(x).GetNumAtoms() < max_atom]

featurizer = dc.feat.MolGanFeaturizer(max_atom_count=max_atom)
```

6. 주어진 데이터셋을 모두 훑으며 smiles 문자열을 변환한다.

```
features = []
for x in molecules:
    mol = Chem.MolFromSmiles(x)
    new_order = rdmolfiles.CanonicalRankAtoms(mol)
    mol = rdmolops.RenumberAtoms(mol, new_order)
    feature = featurizer.featurize(mol)
    if feature.size != 0:
        features.append(feature[0])
```

7. 다룰 수 없는 분자 구조 데이터는 버린다.

```
features = [x for x in features if type(x) is GraphMatrix]
```

8. MolGAN 모델을 만든다. 지수적 감쇠(exponential decay)가 적용된 학습률로 학습한다.

```
gan = MolGAN(learning_rate=ExponentialDecay(0.001, 0.9, 5000), vertices=max_atom)
```

9. MolGAN에 넣을 데이터셋을 DeepChem의 형식에 맞춘다.

```
dataset = dc.data.NumpyDataset(X=[x.adjacency_matrix for
x in features], y=[x.node_features for x in features])
```

10. MolGAN은 배치 학습을 하기 때문에 아래처럼 함수를 만들어야 한다.

```
def iterbatches(epochs):
    for i in range(epochs):
        for batch in dataset.iterbatches(batch_size=gan.
batch_size, pad_batches=True):
            adjacency_tensor = one_hot(batch[0], gan.edges)
            node_tensor = one_hot(batch[1], gan.nodes)
            yield {gan.data_inputs[0]: adjacency_tensor,
gan.data_inputs[1]: node_tensor}
```

11. 25회 반복하며 학습한다.

```
gan.fit_gan(iterbatches(25), generator_steps=0.2)
```

12. 분자 구조 1000개를 생성한다.

```
generated_data = gan.predict_gan_generator(1000)
nmols = feat.defeaturize(generated_data)
```

13. 생성한 분자 구조가 유효한지 아닌지 체크한다.

```
valid_mols = [x for x in generated_mols if x is not None]
print (f'{len(valid_mols)} valid molecules (out of
{len((generated_mols))} generated molecules)')

31 valid molecules (out of 1000 generated molecules)
```

14. 이 중 겹치는 것이 없는지도 확인한다.

```
generated_smiles = [Chem.MolToSmiles(x) for x in valid_mols]
generated_smiles_viz = [Chem.MolFromSmiles(x) for x in set(generated_smiles)]
print(f'{len(generated_smiles_viz)} unique valid
molecules ({len(generated_smiles)-len(generated_smiles_viz)} redundant molecules)')

24 unique valid molecules (7 redundant molecules)
```

15. 생성된 분자 구조를 보기 좋게 시각화한다.

```
img = Draw.MolsToGridImage(generated_smiles_viz,
molsPerRow=6, subImgSize=(200, 200), returnPNG=False)
```

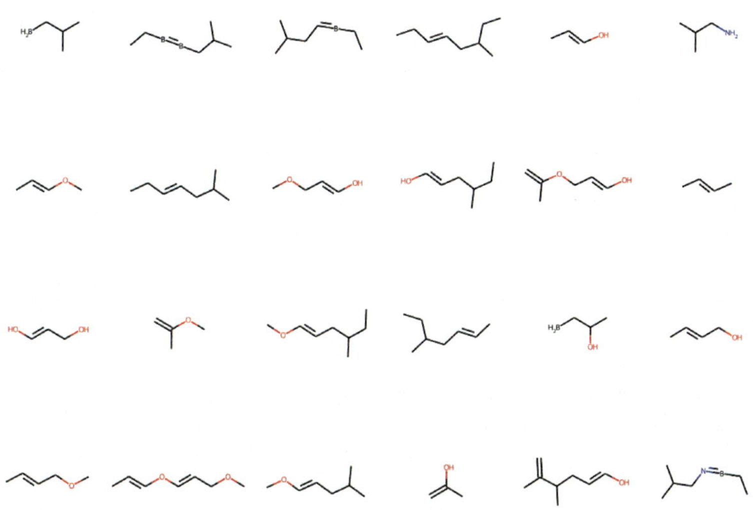

그림 11.11 MolGAN으로 생성된 분자 구조

GAN이 많이 발전됐음에도 불구하고 학습 과정은 꽤 불안정하며 의미 있는 결과를 얻지 못할 수도 있다. 우리가 보여준 예시 코드는 하이퍼파라미터 변화에 민감하며 원본 논문에서 사용한 QM9를 비롯한 다른 데이터셋에서 작동하지 않는다.

그럼에도 불구하고 강화 학습과 GAN을 결합하는 MolGAN의 개념은 신약 개발을 넘어 컴퓨터 네트워크나 추천 시스템 등의 그래프 문제를 푸는데 사용될 수 있다.

요약

이 장에서는 그래프를 생성하는 여러 가지 방법을 살펴보았다. 먼저 흥미로운 수학적 특성을 가진 확률 기반 전통적인 방법이 있다. 하지만 표현력이 약하다는 단점이 있어서 훨씬 더 유연한 GNN 기반 방법으로 넘어갔다. VAE 기반, 자기회귀, GAN 기반의 딥 생성 모델을 살펴봤다. 각각이 실제 세계에 어떻게 적용될 수 있는지 알아보았다.

마지막으로 강화 학습의 리워드 함수와 생산자, 판별자를 결합한 GAN 기반 모델을 구현하였다. 단순히 학습에서 봤던 것을 모방하여 재현하는 대신 이 구조는 용해도 같은 원하는 성질을 최적화 할 수도 있다. DeepChem과 tensorflow로 24개의 서로 다른 유효한 분자구조를 생성했다. 기계 학습을 사용하여 신약 개발의 속도를 획기적으로 높이고 있는 신약 개발 산업계에서도 흔히 사용되는 파이프라인이다.

*12장, 이종 그래프 인공신경망 학습*에서는 이전에 추천 시스템과 분자 구조에서 다뤘던 것과는 다른 새로운 유형의 그래프를 다룰 것이다. 이종 그래프는 노드나 링크의 종류가 여러 가지가 될 수 있고 따라서 특별한 처리 과정이 필요하다. 지금까지 다뤘던 기본 그래프보다 실제로 더 일반적이며 지식 그래프와 같은 곳에서는 특히 유용하다.

더 읽을거리

- [1] P. Erdos and A. Renyi. On random graphs I, Publicationes Mathematicae Debrecen, vol. 6, p. 290, 1959. Available at https://snap.stanford.edu/class/cs224w-readings/erdos59random.pdf.
- [2] E. N. Gilbert, Random Graphs, Th e Annals of Mathematical Statistics, vol. 30, no. 4, pp. 1141–1144, 1959, DOI: 10.1214/aoms/1177706098. Available at: https://projecteuclid.org/journals/annals-of-mathematical-statistics/volume-30/issue-4/Random-Graphs/10.1214/ao

ms/1177706098.full.

- [3] Duncan J. Watts and Steven H. Strogatz. Collective dynamics of small-world networks, N ature, 393, pp. 440–442, 1998. Available at http://snap.stanford.edu/class/cs224wreadings/w atts98smallworld.pdf.
- [4] M. Simonovsky and N. Komodakis. GraphVAE: Towards Generation of Small Graphs Us ing Variational Autoencoders CoRR, vol. abs/1802.03480, 2018, [Online]. Available at http:/ /arxiv.org/abs/1802.03480.
- [5] Q. Liu, M. Allamanis, M. Brockschmidt, and A. L. Gaunt. Constrained Graph Variational Autoencoders for Molecule Design. arXiv, 2018. DOI: 10.48550/
- [6] T. Ma, J. Chen, and C. Xiao, Constrained Generation of Semantically Valid Graphs via Re gularizing Variational Autoencoders. arXiv, 2018. DOI: 10.48550/ARXIV.1809.02630. Avai lable at https://arxiv.org/abs/1809.02630.
- [7] J. You, R. Ying, X. Ren, W. L. Hamilton, and J. Leskovec. GraphRNN: Generating Realist ic Graphs with Deep Auto-regressive Models. arXiv, 2018. DOI: 10.48550/ARXIV.1802.087 73. Available at https://arxiv.org/abs/1802.08773.
- [8] N. De Cao and T. Kipf. MolGAN: An implicit generative model for small molecular graph s. arXiv, 2018. DOI: 10.48550/ARXIV.1805.11973. Available at https://arxiv.org/abs/1805. 11973.

제12장
이종 그래프 인공신경망 학습

이전 장에서, 우리는 다양한 유형의 노드(원자)와 간선(결합)을 가지는 실제 분자들을 생성하려고 시도했다. 또한 우리는 이러한 종류의 행동을 추천 시스템(사용자와 아이템), 소셜 네트워크(팔로워와 팔로잉), 또는 사이버 보안(라우터와 서버)과 같은 다른 응용 프로그램에서도 관찰할 수 있다. 우리는 이러한 종류의 그래프들을 **이종(heterogeneous)** 그래프라고 부르며, 이종 그래프는 단일 유형의 노드와 간선만을 가지는 동종 그래프와 대조된다.

이번 장에서는 먼저 동종 그래프 인공신경망(homogeneous GNNs)에 대해 우리가 알고 있는 모든 내용을 요약하겠다. 우리는 지금까지 본 구조를 일반화하는 메시지 패싱 인공신경망(message passing neural network) 프레임워크를 소개할 것이다. 이를 통해 우리는 우리의 프레임워크를 이종 네트워크로 확장하는 방법을 이해할 수 있게 될 것이다. 먼저 우리만의 이종 데이터셋을 생성하기 시작할 것이며, 그런 다음 동종 그래프 구조를 이종 그래프 구조로 변환할 것이다.

마지막 절에서는 우리는 다른 접근 방식을 취하고 이종 네트워크를 처리하기 위해 특별히 설계된 구조에 대해 논의할 것이다. 이 구조와 전통적인 GAT 간의 차이를 더 잘 이해하기 위해 그 작동 방식을 설명할 것이다. 마지막으로, 우리는 PyTorch Geometric에서 이를 구현하고 이전 방법들과 비교해 볼 것이다.

이 장을 마치면 동종 그래프와 이종 그래프 간의 차이를 완벽히 이해하게 될 것이다. 자신만의 이종 그래프 데이터셋을 만들고 전통적인 모델을 상황에 맞게 사용할 수 있도록 변환할 수 있을 것이다. 또한 이종 네트워크를 최대한 활용하도록 특별히 설계된 구조를 구현할 수 있을 것이다.

이 장에서는 다음과 같은 주요 주제를 다룰 것이다:

- 메시지 패싱 인공신경망 프레임워크

- 이종 그래프 소개
- 동종 그래프 인공신경망을 이종 그래프 인공신경망으로 변환
- 계층적 셀프 어텐션 신경망(hierarchical self-attention network) 구현

기술 요구사항

이 장의 모든 코드 예제는 `https://github.com/PacktPublishing/Hands-On-Graph-Neural-Networks-Using-Python/tree/main/Chapter12`에서 찾을 수 있다. 코드를 로컬 머신에서 실행하기 위해 필요한 설치 단계는 이 책의 서문에 설명되어 있다.

메시지 패싱 인공신경망 프레임워크

이종 그래프에 대해 알아보기 전에, 동종 그래프 인공신경망에 대해 우리가 배운 내용을 되짚어 보겠다. 이전 장에서 우리는 다양한 노드에서의 특성을 집계하고 결합하기 위한 다른 함수들을 살펴보았다. 5장에서 볼 수 있듯이, 가장 간단한 그래프 인공신경망 레이어는 가중치 행렬을 사용하여 이웃 노드들(대상 노드 자체를 포함)에서의 특성을 선형 결합(linear combination) 한 후에 이를 대상 노드 임베딩으로 대체하는 것으로 구성된다.

노드 연산자는 다음과 같이 작성할 수 있다:

$$h_i' = \sum_{j \in \mathcal{N}_i} h_j W^T$$

여기서 $\mathcal{N}_i$는 i 노드의 이웃 노드 집합(자신을 포함)이고, h는 i 노드의 임베딩을 나타내며, W는 가중치 행렬이다.

GCN과 GAT 레이어는 노드 특성에 고정 및 동적 가중치를 더하지만 기본적인 개념은 동일하게 유지되었다. 심지어 GraphSAGE의 LSTM 연산자나 GIN의 최대 집계도 그래프 인공신경망 레이어의 주요 개념을 변경하지 않았다. 이러한 변형을 모두 살펴보면, 그래프 인공신경망 레이어를 **메시지 패싱 인공신경망(Message Passing Neural Network, MPNN 또는 MP-GNN)**이라고 불리는 공통적인 프레임워크로 일반화할 수 있다. 이 프레임워크는 2017년 Gilmer 등 [1]에 의해 소개되었으며, 다음과 같이 세 가지 주요 작업으로 구성된다:

- **메시지(message)**: 각 노드는 각 이웃에 대한 메시지를 만들기 위한 함수를 사용한다. 이는 이전 예제와 같이 자기 자신 노드의 특성값으로만 구성될 수도 있으며, 이웃 노드의 특성

값과 간선의 특성값도 고려할 수 있다.

- **집계(aggregation)**: 각 노드는 이전 예제의 합과 같은 순열 등변(permutation-equivariant) 함수를 사용하여 이웃으로부터 메시지를 집계한다.
- **업데이트(update)**: 각 노드는 현재 특성값과 집계된 메시지를 결합하기 위한 함수를 사용하여 특성값을 업데이트한다. 이전 예제에서는 노드의 현재 특성값을 집계하기 위해 자기 자신을 이웃으로 사용하는 자가 순환(self-loop)을 도입했다.

이러한 단계는 다음과 같은 단일 방정식으로 요약될 수 있다:

$$h_i' = \gamma\left(h_i, \bigoplus_{j \in \mathcal{N}_i} \phi\left(h_i, h_j, e_{j,i}\right)\right)$$

여기서 h_i는 노드의 노드 임베딩, $e_{j,i}$는 간선 임베딩, ϕ는 메시지 함수, $\oplus$는 집계 함수, 그리고 γ는 업데이트 함수이다. 이 프레임워크의 그림 버전은 다음 그림에서 볼 수 있다.

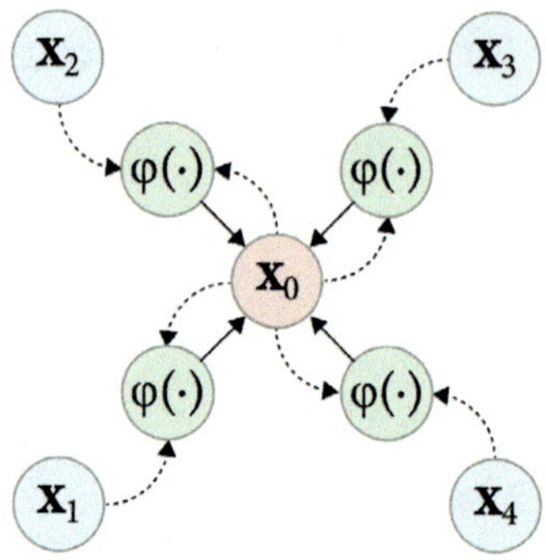

그림 12.1 메시지 패싱 인공신경망 프레임워크

PyTorch Geometric은 `MessagePassing` 클래스를 사용하여 이 프레임워크를 직접 구현한다. 예를 들어, 다음은 이 클래스를 사용하여 GCN 레이어를 어떻게 구현하는지 보여준다.

1. 먼저, 필요한 라이브러리를 가져온다.

```
import torch
from torch.nn import Linear
from torch_geometric.nn import MessagePassing
from torch_geometric.utils import add_self_loops, degree
```

2. `MessagePassing`을 상속하는 GCN 클래스를 선언한다.

```
class GCNConv(MessagePassing):
```

3. 이 클래스는 두 개의 매개변수(입력 차원 및 출력 (은닉) 차원)를 사용한다. MessagePassing은 "add" 집계로 초기화하고 편향(bias)이 없는 단일 PyTorch 선형 레이어를 정의한다.

```
    def __init__(self, dim_in, dim_h):
        super().__init__(aggr='add')
        self.linear = Linear(dim_in, dim_h, bias=False)
```

4. forward() 함수에서는 먼저 대상 노드를 고려하기 위해 인접 행렬에 자간 순환을 추가한다.

```
    def forward(self, x, edge_index):
        edge_index, _ = add_self_loops(edge_index, num_nodes=x.size(0))
```

5. 그런 다음, 이전에 정의한 선형 레이어를 사용하여 선형 변환을 적용한다.

```
        x = self.linear(x)
```

6. 정규화 요소를 계산한다. $\frac{1}{\sqrt{\deg(i)} \cdot \sqrt{\deg(j)}}$

```
        row, col = edge_index
        deg = degree(col, x.size(0), dtype=x.dtype)
        deg_inv_sqrt = deg.pow(-0.5)
        deg_inv_sqrt[deg_inv_sqrt == float('inf')] = 0
        norm = deg_inv_sqrt[row] * deg_inv_sqrt[col]
```

7. 업데이트된 간선 인덱스(자가 순환 포함) 및 노름(norm) 텐서에 저장된 정규화 요소와 함께 propagate() 메서드를 호출한다. 내부적으로 이 메서드는 message(), aggregate() 및 update()를 호출한다. 우리는 이미 자가 순환을 포함했기 때문에 update()를 다시 정의할 필요가 없다. aggregate() 함수는 3번째 단계에서 aggr='add'로 이미 지정되어 있다.

```
        out = self.propagate(edge_index, x=x, norm=norm)
        return out
```

8. 이웃 노드 특성 x를 norm으로 정규화하기 위해 message() 함수를 다시 정의한다.

```
    def message(self, x, norm):
        return norm.view(-1, 1) * x
```

9. 이제 이 객체를 GCN 레이어로 초기화하고 사용할 수 있다.

```
conv = GCNConv(16, 32)
```

이 예제는 PyTorch Geometric에서 직접 그래프 인공신경망 레이어를 만드는 방법을 보여주며, 또한 GCN 또는 GAT 레이어가 소스 코드에서 어떻게 구현되었는지도 알 수 있다.

MPNN 프레임워크는 우리의 GNN을 이종 모델로 변환하는 데 도움이 되는 중요한 개념이다.

이종 그래프 소개

이종 그래프는 다른 대상들 간의 일반적인 관계를 나타내는 강력한 도구다. 다양한 유형의 노드와 간선을 가지는 것은 그래프 구조를 더 복잡하게 만들고 또한 학습하기에 더 어렵게 만든다. 특히, 이종 네트워크의 주요 문제 중 하나는 다양한 유형의 노드나 간선에서 나오는 특성이 반드시 같은 의미나 차원을 가지지는 않는다는 것이다.

따라서 서로 다른 특성을 병합하면 많은 정보가 손실된다. 이는 동종 그래프에서 각 차원이 모든 노드나 간선에 대해 정확히 동일한 의미를 가지는 경우와 다르다.

이종 그래프는 다른 유형의 노드와 간선을 나타낼 수 있는 더 일반적인 종류의 네트워크다. 이종 그래프는 노드 집합인 N과 간선 집합인 E로 구성된 그래프, $G=(N,E)$로 정의된다. 추가적으로 이종 그래프에서는 노드 유형 매핑 함수 $\phi: N \rightarrow T$ (여기서 T는 노드 유형 집합을 나타냄)과 간선 유형 매핑 함수 $\psi: E \rightarrow L$ (여기서 L은 간선 유형 집합을 나타냄)과 연관되어 있다.

다음 그림은 이종 그래프의 예시다.

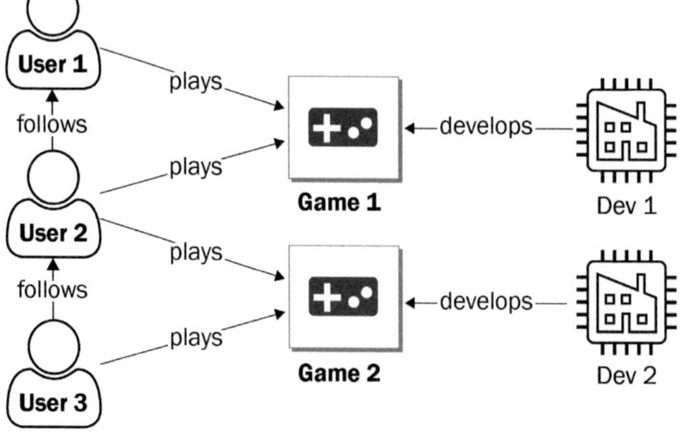

그림 12.2 세 가지 노드 유형과 세 가지 간선 유형을 가진 이종 그래프의 예시

이 그래프에서는 세 가지 유형의 노드(**사용자, 게임, 개발자**)와 세 가지 유형의 간선(**팔로우, 플레이, 개발**)을 볼 수 있다. 이는 사람들(사용자와 개발자)과 게임을 포함하는 네트워크를 나타내며, 게임 추천과 같은 다양한 응용 프로그램에 사용될 수 있다. 이 그래프에 수백만 개의 요소가 포함된다면, 그것은 그래프 구조의 지식 데이터베이스 또는 지식 그래프로 사용될 수 있다. 지식 그래프는 Google이나 Bing과 같은 회사에서 "**개발자 1**이 개발한 게임을 플레이하는 사람은 누구인가?"와 같은 질의에 답변하기 위해 사용된다.

이러한 질문들은 유용한 동종 그래프를 추출할 수 있다. 예를 들어, 우리는 **게임 1**을 플레이하는 사용자만 고려하려 할 수 있다. 결과는 **사용자 1**과 **사용자 2**일 것이다. 더 복잡한 질문을 생성할 수도 있다. 예를 들어, "**개발자 1**이 개발한 게임을 플레이하는 사용자는 누구인가?"와 같은 질문이다. 결과는 같지만 사용자를 얻기 위해 두 개의 관계를 탐색했다. 이러한 유형의 질문을 메타패스(meta-path)라고 한다.

첫 번째 예에서, 메타패스는 *User* → *Game* → *User*(일반적으로 UGU로 표시)이며, 두 번째 예에서 메타패스는 *User* → *Game* → *Dev* → *Game* → *User*(또는 UGDGU)다. 시작 노드 유형과 종료 노드 유형이 동일한 것에 주목해보자. 메타패스는 이종 그래프에서 중요한 개념으로, 서로 다른 노드 간의 유사성을 측정하는 데 자주 사용된다.

이제 이러한 그래프를 PyTorch Geometric으로 어떻게 구현하는지 살펴보겠다. 우리는 `HeteroData`라고 불리는 특수한 데이터 객체를 사용할 것이다. 다음 단계에서는 그림 12.2의 그래프를 저장하기 위한 데이터 객체를 만든다.

1. `torch_geometric.data`에서 `HeteroData` 클래스를 가져오고 데이터 변수를 만든다.

```
from torch_geometric.data import HeteroData
data = HeteroData()
```

2. 먼저 노드 특성을 저장해보자. 우리는 `data['user'].x`를 통해 사용자 특성에 접근할 수 있다. 예를 들어, `[num_users, num_features_users]` 차원의 텐서를 제공한다. 이 예제에서는 내용이 중요하지 않으므로 사용자 1에 대한 특성 벡터는 1로, 사용자 2에 대한 특성 벡터는 2로, 사용자 3에 대한 특성 벡터는 3으로 채워진 특성 벡터를 생성한다.

```
data['user'].x = torch.Tensor([[1, 1, 1, 1], [2, 2, 2, 2], [3, 3, 3, 3]])
```

3. 게임 및 개발자에 대해서도 이 과정을 반복한다. 특성 벡터의 차원이 동일하지 않음에 유의해야 한다. 이것은 다른 표현자(representaitons)를 처리할 때 이종 그래프의 중요한 이점이다.

```
data['game'].x = torch.Tensor([[1, 1], [2, 2]])
data['dev'].x = torch.Tensor([[1], [2]])
```

4. 이제 노드 간의 연결을 만들어 보자. 간선들은 다른 의미를 가질 수 있으므로 간선 인덱스의 셋을 세 개 만들 것이다. 각 셋을 (시작 노드 유형, 간선 유형, 대상 노드 유형) 형식의 삼중 셋으로 선언할 수 있다. 예를 들어 `data['user', 'follows', 'user'].edge_index`와 같이 각 셋을 선언한다. 그런 다음 연결을 [2, 간선 수] 차원의 텐서에 저장한다.

```
data['user', 'follows', 'user'].edge_index = torch.
Tensor([[0, 1], [1, 2]]) # [2, num_edges_follows]
data['user', 'plays', 'game'].edge_index = torch.
Tensor([[0, 1, 1, 2], [0, 0, 1, 1]])
data['dev', 'develops', 'game'].edge_index = torch.
Tensor([[0, 1], [0, 1]])
```

5. 간선도 특성을 가질 수 있다. 예를 들어, `'plays'` 간선은 사용자가 해당 게임을 몇 시간 동안 플레이했는지를 포함할 수 있다. 아래에서는 사용자 1이 게임 1을 2시간 동안 플레이했으며, 사용자 2는 게임 1을 30분 동안 플레이했고 게임 2를 10시간 동안 플레이했으며, 사용자 3은 게임 2를 12시간 동안 플레이했다고 가정할 수 있다.

```
data['user', 'plays', 'game'].edge_attr = torch.
Tensor([[2], [0.5], [10], [12]])
```

6. 마지막으로, 결과를 확인하기 위해 데이터 객체를 출력할 수 있다.

```
HeteroData(
    user={ x=[3, 4] },
    game={ x=[2, 2] },
    dev={ x=[2, 1] },
    (user, follows, user)={ edge_index=[2, 2] },
    (user, plays, game)={
        edge_index=[2, 4],
        edge_attr=[4, 1]
    },
    (dev, develops, game)={ edge_index=[2, 2] }
)
```

이 구현에서 볼 수 있듯이, 서로 다른 유형의 노드와 간선은 동일한 텐서를 공유하지 않는다. 사실, 이는 그들이 동일한 차원을 공유하지 않기 때문에 불가능한 것이다. 그렇다면 그래프 인공신경망을 사용하여 여러 텐서에서 정보를 어떻게 집계할 수 있을까?

지금까지 우리는 단일 유형에만 중점을 두었다. 실제로, 가중치 행렬은 미리 정의된 차원과 곱할 수 있는 올바른 크기를 가지고 있다. 그러나 입력 데이터가 서로 다른 차원을 가질 때 그래프 인공신경망을 어떻게 구현해야 할까?

동종 그래프 인공신경망을 이종 그래프 인공신경망으로 변환

문제를 더 잘 이해하기 위해 실제 데이터셋을 살펴보자. DBLP 컴퓨터 과학 학술지는 논문(14,328), 용어(7,723), 저자(4,057) 및 학회(20) 네 가지 유형의 노드를 포함하는 데이터셋을 제공한다. 이 데이터셋의 목적은 저자를 데이터베이스, 데이터 마이닝, 인공 지능 및 정보 검색 네 가지 범주로 올바르게 분류하는 것이다. 저자의 노드 특성은 그들이 발표한 논문에서 사용했을 가능성이 있는 334개의 키워드의 백 오브 워즈(bag-of-words, "0" 또는 "1")이다. 다음 그림은 다른 노드 유형 간의 관계를 요약한다.

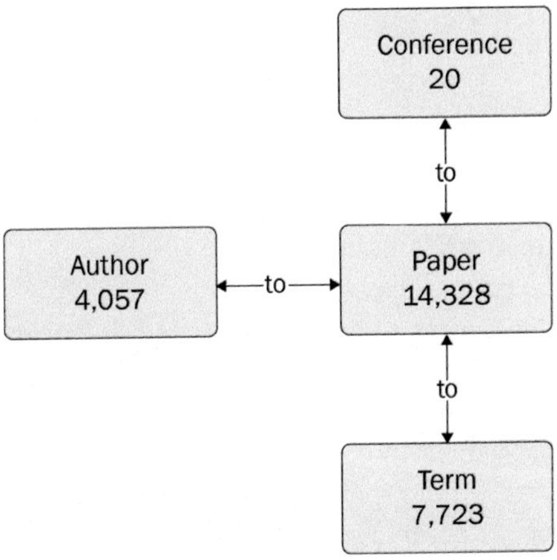

그림 12.3 DBLP 데이터셋의 노드 유형들간의 관계

이러한 노드 유형은 서로 동일한 차원과 의미적 관계를 가지고 있지 않다. 이종 그래프에서는 노드 간의 관계가 중요하며, 따라서 노드 쌍을 고려하고자 한다. 예를 들어, 그래프 인공신경망 레이어에 저자 노드를 공급하는 대신 (저자, 논문)과 같은 쌍을 고려하고자 한다. 이것은 이제 각 관계별로 그래프 인공신경망 레이어가 필요하다는 것을 의미한다. 이 경우 'to' 관계가 양방

향 관계이므로 6개의 레이어를 얻게 된다.

이러한 새로운 레이어는 각 노드 유형에 맞는 올바른 크기의 독립적인 가중치 행렬을 가지고 있다. 불행히도, 문제의 절반만 해결한 것이다. 실제로 이제 정보를 공유하지 않는 6개의 독립적인 레이어가 있다. 이를 해결하기 위해 **스킵 커넥션(skip-connection), 공유 레이어, 지식 도약(jumping knowledge)** 등을 도입할 수 있다.

동종 모델을 이종 모델로 변환하기 전에, DBLP 데이터셋에서 고전적인 GAT을 구현해보겠다. GAT은 다른 관계를 고려할 수 없으므로 저자를 서로 연결하는 고유한 인접 행렬을 제공해야 한다. 다행히 이제 이 인접 행렬을 쉽게 생성할 수 있는 기술이 있다. 예를 들어, 저자-논문-저자와 같은 메타패스를 생성하여 동일한 논문에서의 저자를 연결할 수 있다.

> **참고**
>
> 우리는 랜덤 워크를 통해 좋은 인접 행렬을 구축할 수도 있다. 그래프가 이종 그래프이더라도 동일한 순서에서 자주 나타나는 노드를 탐색하고 연결할 수 있다.

코드는 조금 더 상세하지만, 일반적인 GAT는 다음과 같이 구현할 수 있다.

1. 필요한 라이브러리를 가져온다.

```
from torch import nn
import torch.nn.functional as F

import torch_geometric.transforms as T
from torch_geometric.datasets import DBLP
from torch_geometric.nn import GAT
```

2. 특정 구문을 사용하여 사용할 메타패스를 정의한다.

```
metapaths = [[('author', 'paper'), ('paper', 'author')]]
```

3. `AddMetaPaths` 변환 함수를 사용하여 메타패스를 자동으로 계산한다. `drop_orig_edge_types=True`를 사용하여 데이터셋에서 다른 관계를 제거한다(GAT는 단일 관계만을 고려할 수 있음).

```
transform = T.AddMetaPaths(metapaths=metapaths, drop_orig_edge_types=True)
```

4. DBLP 데이터셋을 불러오고 출력한다.

```
dataset = DBLP('.', transform=transform)
data = dataset[0]
print(data)
```

5. 다음과 같은 출력을 얻을 수 있다. 변환 함수를 사용하여 생성된 (author, metapath_0, author) 관계에 주목해라:

```
HeteroData(
    metapath_dict={ (author, metapath_0, author)=[2] },
    author={
        x=[4057, 334],
        y=[4057],
        train_mask=[4057],
        val_mask=[4057],
        test_mask=[4057]
    },
    paper={ x=[14328, 4231] },
    term={ x=[7723, 50] },
    conference={ num_nodes=20 },
    (author, metapath_0, author)={ edge_index=[2, 11113] }
)
```

6. 레이지 초기화(lazy initialization)를 수행하기 위해 in_channels=-1로 하나의 레이어를 가진 GAT 모델을 직접 생성하고, 저자 노드를 네 가지 범주로 분류해야하기 때문에 out_channels=4로 설정한다.

```
model = GAT(in_channels=-1, hidden_channels=64, out_channels=4, num_layers=1)
```

7. Adam 최적화기를 구현하고 가능하다면 모델과 데이터를 GPU에 저장한다.

```
optimizer = torch.optim.Adam(model.parameters(),
lr=0.001, weight_decay=0.001)
device = torch.device('cuda' if torch.cuda.is_available()
else 'cpu')
data, model = data.to(device), model.to(device)
```

8. test() 함수는 예측의 정확도를 측정한다.

```
@torch.no_grad()
def test(mask):
    model.eval()
    pred = model(data.x_dict['author'], data.edge_index_
dict[('author', 'metapath_0', 'author')]).argmax(dim=-1)
    acc = (pred[mask] == data['author'].y[mask]).sum() /
mask.sum()
    return float(acc)
```

9. 노드 특성값(저자) 및 간선 인덱스(author, metapath_0, author)가 신중하게 선택된 훈련 루프를 생성한다.

```
for epoch in range(101):
    model.train()
    optimizer.zero_grad()
    out = model(data.x_dict['author'], data.edge_index_
dict[('author', 'metapath_0', 'author')])
    mask = data['author'].train_mask
    loss = F.cross_entropy(out[mask],
data['author'].y[mask])
    loss.backward()
    optimizer.step()

    if epoch % 20 == 0:
        train_acc = test(data['author'].train_mask)
        val_acc = test(data['author'].val_mask)
        print(f'Epoch: {epoch:>3} | Train Loss:
{loss:.4f} | Train Acc: {train_acc*100:.2f}% | Val Acc: {val_acc*100:.2f}%')
```

10. 이를 테스트 셋에서 평가하면 다음과 같은 출력을 확인할 수 있다.

```
test_acc = test(data['author'].test_mask)
print(f'Test accuracy: {test_acc*100:.2f}%')

Test accuracy: 73.29%
```

우리는 메타패스를 사용하여 이종 데이터셋을 동종 데이터셋으로 축소하고 전통적인 GAT를 적용했다. 테스트 정확도는 73.29%로, 다른 기술과 비교할 때 좋은 기준을 제공한다. 이제 이 GAT 모델의 이종적 버전을 만들어보자. 이전에 설명한 방법을 따르면 1개 대신 6개의 GAT 레이어가 필요하다. 수동으로 이를 생성하지 않아도 PyTorch Geometric의 to_hetero() 또는 to_hetero_bases() 함수를 사용하여 사용하여 자동으로 생성할 수 있다. to_hetero() 함수는 다음과 같은 세 가지 중요한 매개변수를 사용한다.

- module: 변환하려는 동종 모델
- metadata: 그래프의 이종적 특성에 대한 정보 (노드 유형, 간선 유형으로 표현되는 튜플)
- aggr: 다양한 관계에서 생성된 노드 임베딩을 결합하는 집계자(aggregator) (예: 합, 최대, 또는 평균)

다음 그림은 to_hetero()를 사용하여 얻은 동종 GAT(왼쪽)와 그 이종 버전(오른쪽)을 보여준다.

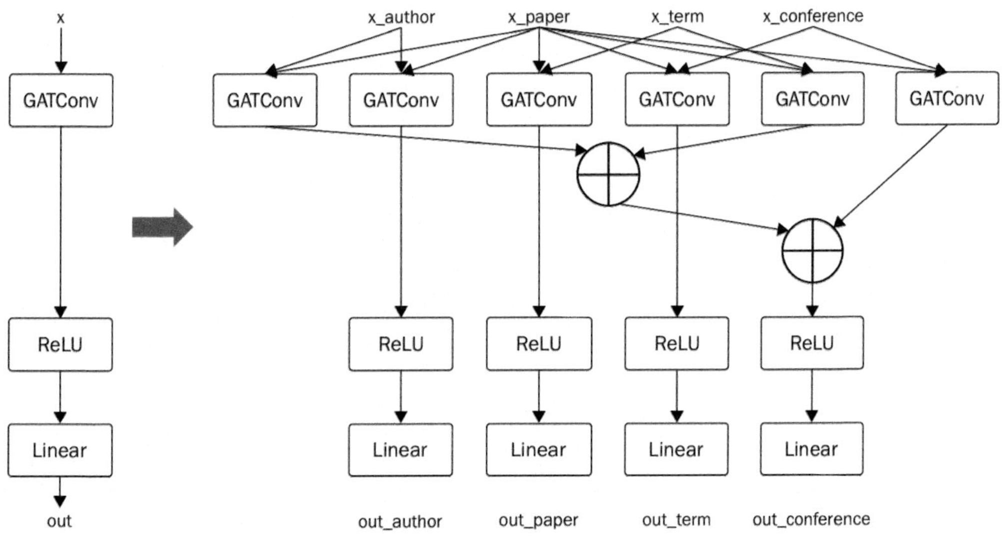

그림 12.4 DBLP 데이터셋에서의 동종 GAT(왼쪽)과 이종 GAT(오른쪽)의 구조

다음 단계에서 보여진 대로, 이종 GAT의 구현은 비슷하다:

1. 먼저, PyTorch Geometric에서 그래프 인공신경망 레이어를 가져온다.

```
from torch_geometric.nn import GATConv, Linear, to_hetero
```

2. DBLP 데이터셋을 로드한다.

```
dataset = DBLP(root='.')
data = dataset[0]
```

3. 이 데이터셋에 관한 정보를 출력할 때, 학회 노드에는 특성이 없음을 알아챘을 것이다. 이는 각 노드 유형이 자체 특성을 가지고 있다고 가정하는 우리의 구조에 문제가 될 수 있다. 이 문제를 해결하기 위해 다음과 같이 특성의 값을 0으로 설정함으로써 해결할 수 있다.

```
data['conference'].x = torch.zeros(20, 1)
```

4. 우리만의 GAT 클래스를 GAT 및 선형 레이어와 함께 만든다. (-1, -1) 튜플을 사용하여 다시 레이지 초기화를 사용하는 점에 유의해야 한다.

```
class GAT(torch.nn.Module):
    def __init__(self, dim_h, dim_out):
        super().__init__()
        self.conv = GATConv((-1, -1), dim_h, add_self_loops=False)
        self.linear = nn.Linear(dim_h, dim_out)

    def forward(self, x, edge_index):
        h = self.conv(x, edge_index).relu()
        h = self.linear(h)
        return h
```

5. 모델을 생성하고 `to_hetero()`를 사용하여 변환한다.

```
model = GAT(dim_h=64, dim_out=4)
model = to_hetero(model, data.metadata(), aggr='sum')
```

6. `Adam` 최적화기를 구현하고 가능하다면 모델과 데이터를 GPU에 저장한다.

```
optimizer = torch.optim.Adam(model.parameters(),
lr=0.001, weight_decay=0.001)
device = torch.device('cuda' if torch.cuda.is_available()
else 'cpu')
data, model = data.to(device), model.to(device)
```

7. 테스트 과정은 매우 유사하다. 이번에는 모델이 모든 관계를 고려하기 때문에 특정 관계를 지정할 필요가 없다.

```
@torch.no_grad()
def test(mask):
    model.eval()
    pred = model(data.x_dict, data.edge_index_dict)
```

```
['author'].argmax(dim=-1)
    acc = (pred[mask] == data['author'].y[mask]).sum() / mask.sum()
return float(acc)
```

8. 훈련 루프에도 동일한 원리가 적용된다.

```
for epoch in range(101):
    model.train()
    optimizer.zero_grad()
    out = model(data.x_dict, data.edge_index_dict)
['author']
    mask = data['author'].train_mask
    loss = F.cross_entropy(out[mask], data['author'].y[mask])
    loss.backward()
    optimizer.step()

    if epoch % 20 == 0:
        train_acc = test(data['author'].train_mask)
        val_acc = test(data['author'].val_mask)
        print(f'Epoch: {epoch:>3} | Train Loss:
{loss:.4f} | Train Acc: {train_acc*100:.2f}% | Val Acc:
{val_acc*100:.2f}%')
```

9. 다음과 같은 테스트 정확도를 얻을 수 있다.

```
test_acc = test(data['author'].test_mask)
print(f'Test accuracy: {test_acc*100:.2f}%')

Test accuracy: 78.42%
```

이종 GAT는 78.42%의 테스트 정확도를 달성한다. 이는 동종 버전 대비 좋은 정확도(+5.13%)이다. 그러나 더 나은 결과를 얻을 수 있을까? 다음 절에서는 이종 네트워크를 처리하기 위해 특별히 설계된 구조를 탐구할 것이다.

계층적 셀프 어텐션 신경망 구현

이 절에서는 이질적 그래프를 처리하는 데 사용되는 그래프 인공신경망 모델을 구현할 것이다. 이 구조는 2021년에 Liu 등[5]에 의해 소개된 **계층적 셀프 어텐션 네트워크(hierarchical self-attention network, HAN)**이다. HAN은 두 가지 다른 수준에서 셀프 어텐션을 사용한다.

- **노드 수준 어텐션(node-level attention)**은 주어진 메타패스(예: 동종 환경에서의 GAT)에서 이웃 노드의 중요성을 이해한다.
- **의미 수준 어텐션(semantic-level attention)**은 각 메타패스의 중요성을 학습한다. 이것이 HAN의 주요 기능으로, 주어진 작업에 대해 최상의 메타패스를 자동으로 선택할 수 있게 해준다. 예를 들어, 게임-사용자-게임 메타패스는 일부 작업(예: 플레이어 수를 예측하는 작업)에서 게임-개발자-게임 메타패스보다 관련성이 높을 수 있다.

다음 절에서는 노드 수준 어텐션, 의미 수준 어텐션 및 예측 모듈이라는 세 가지 주요 구성 요소를 자세히 살펴보겠다. 이 구조는 그림 12.5에서 설명되어 있다.

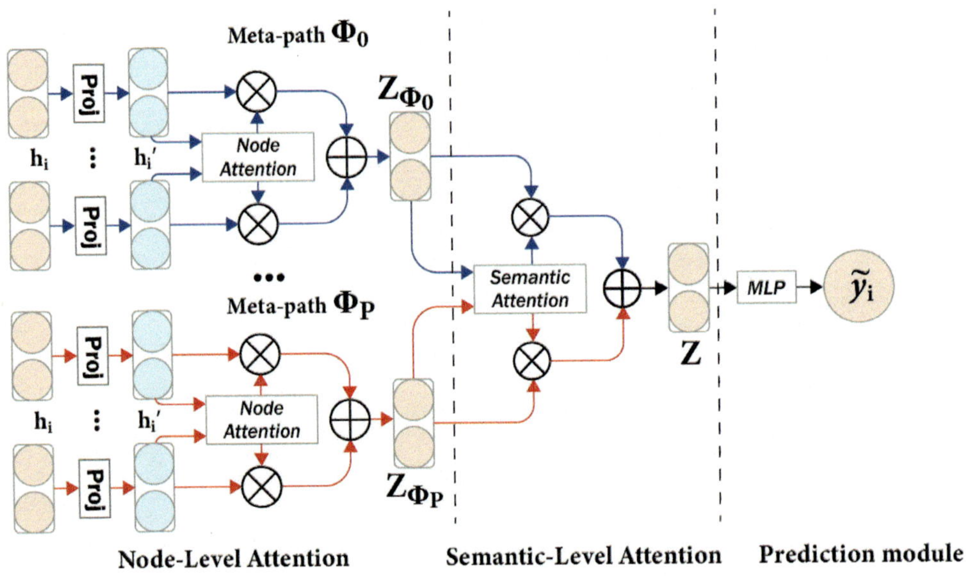

그림 12.5 3가지 주요 모듈로 이루어진 HAN의 구조

GAT과 마찬가지로 첫 번째 단계는 각 메타패스에 대해 노드를 통일된 특성 공간으로 투영하는 것이다. 그런 다음 동일한 메타패스에서 노드 쌍의 가중치(두 투영된 노드의 연결)를 두 번째 가중치 행렬로 계산한다. 이 결과에 비선형 함수를 적용하고, 그런 다음 소프트맥스 함수로 정규화한다. 노드 i에 대한 노드 j의 정규화된 어텐션 점수(중요성)는 다음과 같이 계산될 수 있다.

$$\alpha_{ij}^{\Phi} = \frac{\exp\left(\sigma(\boldsymbol{a}_{\Phi}^{T}[\boldsymbol{W}_{\Phi}\mathbf{h}_i \,||\, \boldsymbol{W}_{\Phi}\boldsymbol{h}_j])\right)}{\sum_{k\in\mathcal{N}_i^{\Phi}}\exp\left(\sigma(\boldsymbol{a}_{\Phi}^{T}[\boldsymbol{W}_{\Phi}\mathbf{h}_i \,||\, \boldsymbol{W}_{\Phi}\boldsymbol{h}_k])\right)}$$

여기서 h_i는 노드 i의 특성을 나타내며, W_Φ는 메타패스 Φ에 대한 공유 가중치 행렬, a_Φ는 메타패스 Φ의 어텐션 가중치 행렬, σ는 비선형 활성화 함수(예: LeakyReLU)이고, $\mathcal{N}_i^{\Phi}$는 메타패스 Φ에서 노드 i의 이웃(자신 포함) 집합이다.

최종 임베딩을 얻기 위해 멀티헤드 어텐션도 수행된다.

$$z_i = \|_{k=1}^{K} \sigma\left(\sum_{j \in \mathcal{N}_i} \alpha_{ij}^{\Phi} \cdot W_{\Phi} h_j\right)$$

의미 수준 어텐션에서는 모든 메타패스의 어텐션 점수에 대해 비슷한 과정을 반복한다($\beta_{\Phi 1}$, $\beta_{\Phi 2}$, ... , $\beta_{\Phi p}$). 주어진 메타패스 Φ에서의 각 노드 임베딩 $Z_{\Phi p}$은 비선형 변환을 적용하는 MLP에 공급된다. 이 결과를 유사도 측정치로서의 새로운 어텐션 벡터 q와 비교한다. 이 결과를 평균하여 특정 메타패스의 중요성을 계산한다.

$$w_{\Phi_p} = \frac{1}{|V|}\sum_{i \in V} q^T \cdot \tanh\left(W \cdot z_i^{\Phi_p} + b\right)$$

여기서 W(MLP의 가중치 행렬), b (MLP의 편향), 그리고 q (의미 수준 어텐션 벡터)는 메타패스 간에 공유된다.

이 결과를 비교하기 위해 다른 의미 수준 어텐션 점수를 정규화해야 한다. 최종 가중치를 얻기 위해 소프트맥스 함수를 사용한다.

$$\beta_{\Phi_p} = \frac{\exp\left(w_{\Phi_p}\right)}{\sum_{k=1}^{P} \exp\left(w_{\Phi_k}\right)}$$

노드 수준 어텐션과 의미 수준 어텐션을 결합한 최종 임베딩 Z는 다음과 같이 얻어진다:

$$Z = \sum_{p=1}^{P} \beta_{\Phi_p} \cdot Z_{\Phi_p}$$

마지막 레이어인 MLP와 같은 레이어는 노드 분류 또는 링크 예측과 같은 특정 작업을 위해 모델을 미세 조정하는 데 사용된다.

이 아키텍처를 PyTorch Geometric에서 `DBLP` 데이터셋에 구현해보자.

1. 먼저, HAN 레이어를 가져온다.

```
from torch_geometric.nn import HANConv
```

2. DBLP 데이터셋을 로드하고 학회 노드에 대한 더미 특성을 생성한다.

```
dataset = DBLP('.')
data = dataset[0]
data['conference'].x = torch.zeros(20, 1)
```

3. HANConv를 사용하는 HAN 컨볼루션과 최종 분류를 위한 선형 레이어로 이루어진 HAN 클래스를 생성한다.

```
class HAN(nn.Module):
    def __init__(self, dim_in, dim_out, dim_h=128, heads=8): super().__init__()
        self.han = HANConv(dim_in, dim_h, heads=heads,
dropout=0.6, metadata=data.metadata())
        self.linear = nn.Linear(dim_h, dim_out)
```

4. forward() 함수에서 우리가 관심을 가지고 있는 것이 저자들임을 지정해야 한다.

```
    def forward(self, x_dict, edge_index_dict):
        out = self.han(x_dict, edge_index_dict)
        out = self.linear(out['author'])
        return out
```

5. 모델을 레이지 초기화(dim_in=-1)로 초기화하므로 PyTorch Geometric이 각 노드 유형의 입력 크기를 자동으로 계산한다.

```
model = HAN(dim_in=-1, dim_out=4)
```

6. Adam 최적화기를 선택하고 가능한 경우 데이터와 모델을 GPU로 전송한다.

```
optimizer = torch.optim.Adam(model.parameters(), lr=0.001, weight_decay=0.001)
device = torch.device('cuda' if torch.cuda.is_available() else 'cpu')
data, model = data.to(device), model.to(device)
```

7. test() 함수는 분류 작업의 정확도를 계산한다.

```
@torch.no_grad()
def test(mask):
    model.eval()
    pred = model(data.x_dict, data.edge_index_dict).
argmax(dim=-1)
```

```
    acc = (pred[mask] == data['author'].y[mask]).sum() / mask.sum()
    return float(acc)
```

8. 모델을 100 에폭 동안 훈련한다. 동종 그래프 인공신경망의 훈련 루프와 유일한 차이점은 저자 노드 유형에 관심이 있다는 것을 명시해야 한다는 것이다.

```
for epoch in range(101):
    model.train()
    optimizer.zero_grad()
    out = model(data.x_dict, data.edge_index_dict)
    mask = data['author'].train_mask
    loss = F.cross_entropy(out[mask], data['author'].y[mask])
    loss.backward()
    optimizer.step()

    if epoch % 20 == 0:
        train_acc = test(data['author'].train_mask)
        val_acc = test(data['author'].val_mask)
        print(f'Epoch: {epoch:>3} | Train Loss:
{loss:.4f} | Train Acc: {train_acc*100:.2f}% | Val Acc: {val_acc*100:.2f}%')
```

9. 훈련 결과는 다음과 같다.

```
Epoch: 0 | Train Loss: 1.3829 | Train Acc: 49.75% | Val
Acc: 37.75%
Epoch: 20 | Train Loss: 1.1551 | Train Acc: 86.50% | Val
Acc: 60.75%
Epoch: 40 | Train Loss: 0.7695 | Train Acc: 94.00% | Val
Acc: 67.50%
Epoch: 60 | Train Loss: 0.4750 | Train Acc: 97.75% | Val
Acc: 73.75%
Epoch: 80 | Train Loss: 0.3008 | Train Acc: 99.25% | Val
Acc: 78.25%
Epoch: 100 | Train Loss: 0.2247 | Train Acc: 99.50% | Val
Acc: 78.75%
```

10. 마지막으로, 테스트 셋에서 평가한다.

```
test_acc = test(data['author'].test_mask)
print(f'Test accuracy: {test_acc*100:.2f}%')

Test accuracy: 81.58%
```

HAN은 테스트 정확도가 81.58%로, 이는 이종 GAT(78.42%) 및 기존 GAT(73.29%)으로 얻은 결과보다 높다. 이것은 다른 유형의 노드 및 관계를 집계하는 좋은 표현을 구축하는 중요성을 보여준다. 이종 그래프 기술은 응용 분야에 따라 크게 달라지지만, 네트워크 안에서의 관계가 의미가 있는 경우 다양한 옵션을 시도할 가치가 있다.

요약

이 장에서는 MPNN 프레임워크를 도입하여 메시지, 집계 및 업데이트 세 단계를 사용하여 GNN 레이어를 일반화했다. 이 장의 나머지 부분에서는 다른 유형의 노드와 간선으로 구성된 이종 네트워크를 고려하도록 프레임워크를 확장했다. 이 특정 유형의 그래프는 대상들 간의 다양한 관계를 더 정확하게 나타낼 수 있다. 이외에도 PyTorch Geometric을 활용하여 동종 GNN을 이종 GNN으로 변환하는 방법을 살펴보았다.

우리는 이종 GAT에서 다른 노드 쌍을 입력으로 사용하여 관계를 모델링하는 다양한 레이어를 설명했다. 마지막으로 HAN과 같은 이종 네트워크에 특화된 아키텍처를 구현하고 `DBLP` 데이터셋에서 세 가지 기술의 결과를 비교하여 이러한 종류의 네트워크에서의 이종 정보를 활용하는 중요성을 입증했다.

*제13장 시간적 그래프 인공신경망*에서는 그래프 신경망에서 시간을 어떻게 고려해야 하는지 살펴볼 것이다. 이 장은 시계열 그래프를 통해 교통 예측과 같은 다양한 새로운 응용 프로그램을 어떻게 구현할 수 있는지 보여줄 것이다. 또한 시간을 처리하기 위해 특별히 설계된 새로운 모델을 구현하는 데 도움이 되는 PyG의 확장 라이브러리인 PyTorch Geometric Temporal을 소개할 것이다.

더 읽을거리

- [1] J. Gilmer, S. S. Schoenholz, P. F. Riley, O. Vinyals, and G. E. Dahl. Neural Message Passi ng for Quantum Chemistry. arXiv, 2017. DOI: 10.48550/ARXIV.1704.01212. Available: ht tps://arxiv.org/abs/1704.01212.
- [2] Jie Tang, Jing Zhang, Limin Yao, Juanzi Li, Li Zhang, and Zhong Su. ArnetMiner: Extract ion and Mining of Academic Social Networks. In Proceedings of the Fourteenth ACM SIGK DD International Conference on Knowledge Discovery and Data Mining (SIGKDD'2008).

pp.990–998. Available: https://dl.acm.org/doi/abs/10.1145/1401890.1402008.

- [3] X. Fu, J. Zhang, Z. Meng, and I. King. MAGNN: Metapath Aggregated Graph Neural Ne twork for Heterogeneous Graph Embedding. Apr. 2020. DOI: 10.1145/3366423.3380297. Available: https://arxiv.org/abs/2002.01680.
- [4] M. Schlichtkrull, T. N. Kipf, P. Bloem, R. van den Berg, I. Titov, and M. Welling. Modeli ng Relational Data with Graph Convolutional Networks. arXiv, 2017. DOI: 10.48550/ARXI V.1703.06103. Available: https://arxiv.org/abs/1703.06103.
- [5] J. Liu, Y. Wang, S. Xiang, and C. Pan. HAN: An Effi cient Hierarchical Self-Attention Net work for Skeleton-Based Gesture Recognition. arXiv, 2021. DOI: 10.48550/ARXIV.2106.13 391. Available: https://arxiv.org/abs/2106.13391.

제13장
시간적 그래프 인공신경망

이전 장들에서, 우리는 간선(edges)과 특성값(features)이 변하지 않는 그래프들만 다뤄왔다. 하지만, 실생활에서는 이런 경우가 아닌 다양한 응용 상황이 많다. 예를 들어, 소셜 네트워크(social network)의 경우, 사람들은 다른 유저(users)를 팔로우 및 언팔로우를 하고, 게시물이 바이럴하게 전파되고 프로필들이 시간에 따라 업데이트 된다. 이러한 동적 변화는 우리가 이전에 언급했던 GNN 구조들로 표현될 수 없다. 동적 변화를 표현하기 위해서는 정적인 그래프들을 동적인 그래프들로 변환할 수 있도록 새로운 시간 차원을 임베딩해야 한다. 이러한 동적 네트워크는 새로운 GNN의 인풋으로 사용될 것이다: **Temporal Graph Neural Networks(T-GNNs)** 소위 **Spatio-Temporal GNNs**이라고 한다.

이번 장에서, 우리는 시공간적 정보(spatiotemporal information)를 포함시키는 두 가지 종류의 **동적 그래프**를 설명할 것이다. 우리는 서로 다른 활용 상황들을 나열한 후 시간적 GNN이 주로 활용되는 시계열 예측을 들여다 볼 것이다. 두 번째 절에서는 이전에 봤었던 활용상황인 웹 트래픽 예측(web traffic forecasting)을 다루도록 하겠다. 이번에, 시간 정보를 활용하여 우리의 결과를 향상시키고 신뢰성 있는 예측 결과를 얻을 것이다. 마지막으로, 우리는 동적 그래프를 위해 구상된 또 다른 시간적 GNN 구조를 알아볼 것이다. 그리고 이것을 사용하여 잉글랜드의 다른 지역 내의 COVID-19 감염자 수를 예측해 볼 것이다.

이번 장을 통해, 동적 그래프의 두 종류 간 차이를 알 수 있을 것이다. 이는 특히 데이터를 올바른 종류의 그래프로 모델링하는데 유용할 것이다. 게다가, 두 시간적 GNN의 구조 및 디자인에 대해 배우고 PyTorch Geometric Temporal을 이용하여 구현하는 법을 알 수 있을 것이다. 이 일련의 과정들은 시간정보를 이용하는 그래프 인공신경망을 생성하는데 큰 도움을 줄 것이다.

이번 장에서, 아래의 내용을 다룰 것이다.

- 동적 그래프 소개하기
- 웹 트래픽 예측
- COVID-19 발병 예측

기술 요구사항

이 장에서 나오는 모든 코드는 GitHub (`https://github.com/PacktPublishing/Hands-On-Graph-Neural-Networks-Using-Python/tree/main/Chapter13`) 에서 찾을 수 있다. 각자의 머신에서 코드를 돌리기 위한 설치 방법은 이 책의 서문을 참조하라.

동적 그래프 소개하기

동적 그래프 및 시간적 GNN은 대중 교통 및 웹 트래픽 예측, 모션 분류, 간선 예측, 파워 시스템 예측 등 다양한 새로운 응용을 가능케 한다. 시계열 예측은 이런 류의 그래프에서 특히 인기 있는데, 데이터 기록들을 이용하여 시스템의 미래 행동을 예측할 수 있기 때문이다.

이번 장에서, 우리는 시간적 요소(temporal components)를 가지는 그래프를 다룰 것이다. 이는 두 가지 카테고리로 분류할 수 있다.

- **시간적 신호를 가진 정적 그래프(static graphs with temporal signals)**: 그래프 구조 자체는 변화하지 않지만 특성값과 레이블이 시간에 따라 변화한다.
- **시간적 신호를 가진 동적 그래프(dynamic graphs with temporal signals)**: 그래프의 구조 자체(노드 및 간선의 유무), 특성값, 및 레이블이 시간에 따라 변화한다.

첫 번째 경우, 그래프의 구조는 정적이다. 예를 들어, 이는 교통 예측에서 한 국가 내의 도시들을 노드로 하는 네트워크로 표현될 수 있다: 특성값은 시간에 따라 변화할 수 있지만, 연결은 변화하지 않는다.

두 번째 경우, 노드 및 연결 구조는 동적이다. 유저 간의 연결이 시간에 따라 나타나기도 하고 사라지기도 하는 소셜 네트워크(social network)를 표현하기에 유용하다. 이러한 그래프는 더 일반적이지만 구현하는 방식에 대해 학습하기는 더 어렵다.

아래 절에서, 우리는 PyTorch Geometric Temporal을 사용하여 시간적 신호가 있는 두 종류의 그래프를 다루는 법을 알아볼 것이다.

웹 트래픽 예측

이번 절에서, 우리는 시간적 GNN을 이용하여 (시간적 신호를 가진 정적 그래프의 예시 중 하나로) 위키피디아의 트래픽(traffic)을 예측할 것이다. 이 회귀 문제는 6장에서 이미 다룬적이 있다. 그러나, 해당 버전에서는 우리는 시간적 신호를 사용하지 않고 정적 그래프 데이터셋을 이용하여 트래픽 예측을 했다: 즉, 모델이 이전 상황에 대한 정보를 가지고 있지 않았다. 이는 트래픽이 현재 많아지는지 적어지는지 고려할 수 없기에 문제가 된다. 우리는 이제 이전 정보에 관한 정보를 포함시킴으로써 모델을 개선할 수 있다.

먼저 두 가지 종류의 시간적 GNN 구조에 대해 소개할 것이고 그 다음에 PyTorch Geometric Temporal을 통해 구현해 볼 것이다.

EvolveGCN 소개

이번 태스크에서, 우리는 **EvolveGCN** 구조를 활용할 것이다. 2019년에 Pareja et al.에 소개된, EvolveGCN은 GNN과 **순환 인공신경망(Recurrent Neural Networks, RNNs)**의 자연스러운 조합을 제안한다. 그래프 컨볼루션 신경망과 같은 이전의 접근 방식은 RNN을 그래프 컨볼루션 연산에 적용하여 노드임베딩을 계산했다. 반대로, EvolveGCN은 RNN을 GCN 파라미터로 활용했다. 이름에서 추론할 수 있듯이, GCN이 시간을 지나며 변화해 관련성 있는 시간적 노드 임베딩을 생성한다. 아래 그림은 이 과정을 보여준다.

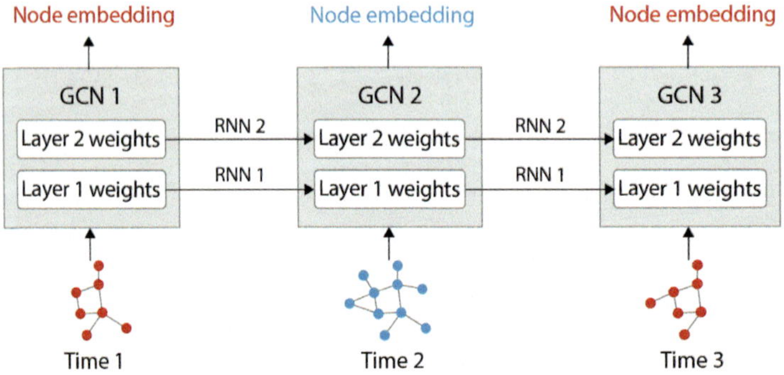

그림 13.1 시간적 신호를 가지는 정적/동적 그래프에서 노드 임베딩을 구하는 EvolveGCN의 구조

이 구조는 두 가지 변종을 가진다:

- EvolveGCN-H, RNN이 이전의 GCN 파라미터와 현재의 노드 임베딩을 고려하는 구조다.
- EvolveGCN-O, RNN이 이전의 GCN 파라미터만 고려하는 구조다.

EvolveGCN-H는 일반적으로 Gate Recurrent Unit(GRU)를 RNN 대신 사용한다. GRU는 Long Short-Term Memory(LSTM) 유닛의 간소화된 버전으로 더 적은 파라미터로 LSTM과 견줄 만한 성능을 보인다. GRU는 초기화 게이트(reset gate), 업데이트 게이트(update gate), 셀 상태(cell state)로 구성되어 있다. 이 구조에서, GRU는 GCN의 t 시점의 l번째 레이어의 가중치 행렬을 아래와 같이 업데이트한다.

$$W_t^{(l)} = \text{GRU}\left(H_t^{(l)}, W_{t-1}^{(l)}\right)$$

$H_t^{(l)}$는 t 시점의 l번째 레이어에서 생성된 노드 임베딩을 나타내고 $W_{t-1}^{(l)}$은 이전 시점의 l번째 레이어의 가중치 행렬을 나타낸다.

이 결과로 얻은 GCN 가중치 행렬은 그 다음 노드 임베딩 노드를 계산하는데 사용된다:

$$\begin{aligned} H_t^{(l+1)} &= \text{GCN}\left(A_t, H_t^{(l)}, W_t^{(t)}\right) \\ &= \tilde{D}^{-\frac{1}{2}} \tilde{A}^T \tilde{D}^{-\frac{1}{2}} H_t^{(l)} W_t^{(t)^T} \end{aligned}$$

여기서, $\tilde{A}$는 자가 순환을 포함한 인접 행렬(adjacency matrix)이며 $\tilde{D}$는 자가 순환을 포함한 차수 행렬(degree matrix)이다.

이 과정들은 아래 그림으로 요약된다.

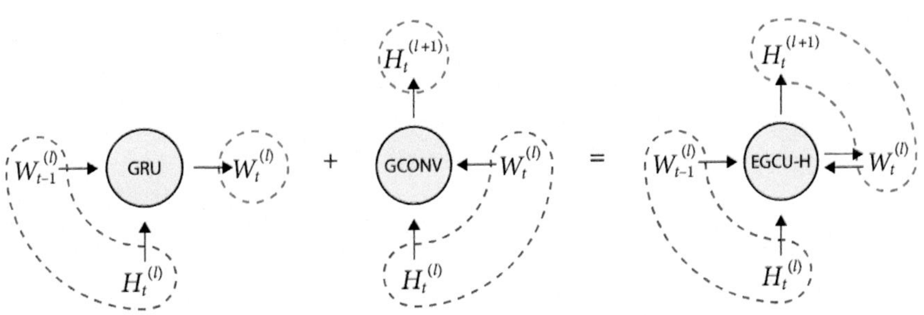

그림 13.2 GRU와 GNN으로 구성된 EvolveGCN-H의 구조

GRU에 아래 두가지 변형을 가함으로써 EvolveGCN-H를 구현할 수 있다:

- 인풋(inputs)과 은닉(hidden) 상태는 벡터가 아닌 행렬로 정의하여 GCN의 가중치를 저장할 수 있도록 한다.

- 인풋의 열 차원(column dimension)을 은닉 상태의 열 차원과 같도록 하여 노드 임베딩 행렬 $H_t^{(l)}$를 요약하는 데 필요한 적절한 수의 열만 유지하도록 한다.

이 확장은 EvolveGCN-O에서는 필요로 하지 않는다. EvolveGCN-O는 LSTM 네트워크에 기반하여 인출력 관계를 모델링한 네트워크이다. 우리는 은닉 상태를 LSTM의 인풋으로 사용할 필요가 없는데, LSTM이 이미 이전의 값들을 기억하는 셀(cell)을 가지고 있기 때문이다. 이 매커니즘(mechanism)은 업데이트 단계를 단순화하는데, 이는 다음과 같이 표현할 수 있다:

$$W_t^{(l)} = \text{LSTM}\,(W_{t-1}^{(l)})$$

결과로 얻는 GCN 가중치 행렬은 다음 레이어의 노드 임베딩을 구할 때와 같은 방식으로 사용된다.

$$\begin{aligned} H_t^{(l+1)} &= \text{GCN}\,(A_t, H_t^{(l)}, W_t^{(t)}) \\ &= \tilde{D}^{-\frac{1}{2}}\,\tilde{A}^T\,\tilde{D}^{-\frac{1}{2}}\,H_t^{(l)}\,W_t^{(t)^T} \end{aligned}$$

시간 차원이 전적으로 LSTM 네트워크에 따라 달라지기 때문에 이 구현방식은 더 단순해질 수 있다. 야래의 그림은 어떻게 EvolveGCN-O가 가중치 행렬 $W_{t-1}^{(l)}$ 을 업데이트하고 노드 임베딩 $H_t^{(l+1)}$을 얻는지를 보여준다.

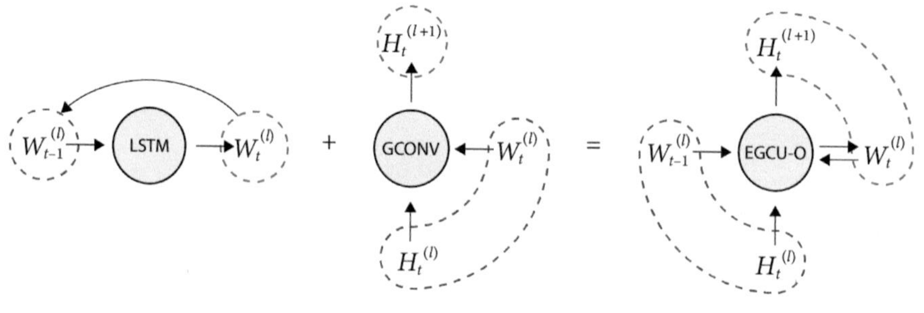

그림 13.3 LSTM과 GCN을 활용한 EvolveGCN-O의 구조

그래서 어떤 버전을 사용해야 할까? 기계 학습에서 자주 볼 수 있듯 가장 좋은 답은 "데이터에 따라 다르다"이다.

- EvolveGCN-H는 노드 특성값이 필수적일 때 더 좋은데, 왜냐하면 EvolveGCN-H의 RNN은 노드 임베딩과 협응하기 때문이다.
- EvolveGCN-O는 그래프 구조가 중요한 역할을 할 때 더 좋은데, 구조적 변화에 더 집중하

고 있기 때문이다.

EvolveGCN 구현

이번 절에서, 우리는 시간적 신호를 가지는 정적 그래프에서 웹 트래픽을 예측할 것이다. WikiMaths 데이터셋은 노드로 표현되는 1,068개의 게시물로 구성되어 있다. 노드 특성값은 과거 일별 방문자 수(8개의 특성값으로 기본 설정)를 나타낸다. 간선에는 가중치가 있으며 가중치는 시작 페이지로 부터 도착 페이지까지의 연결 횟수를 의미한다. 우리는 2019년 3월 16일~2021년 3월 15일 기간(731개의 스냅샷) 동안 이 위키피디아 페이지의 일별 유저 방문수를 예측할 것이다. 각각의 스냅샷(snapshots)은 특정 시간의 시스템의 상태를 나타내는 그래프다.

그림 13.4는 Gephi에 의해 만들어진 WikiMaths를 표현한 것이며, 노드의 크기와 색은 연결 횟수와 비례한다.

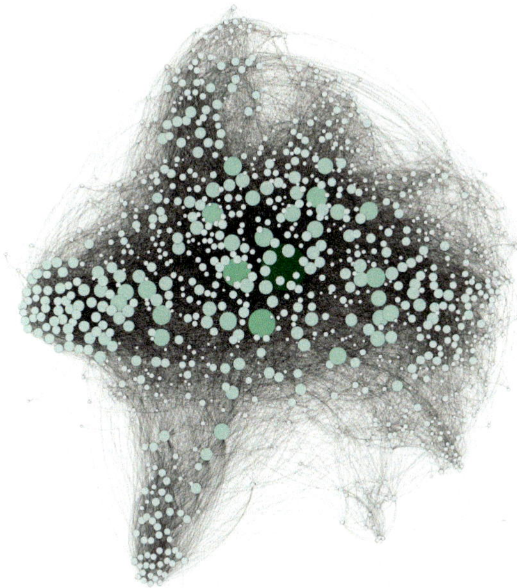

그림 13.4 가중치 없는 그래프로서의 WikiMaths dataset (t=0)

PyTorch Geometric은 원래 시간적 신호를 가지는 정적/동적 그래프를 지원하지 않는다. 다행히도, 확장 버전인 PyTorch Geometric Temporal은 해당 그래프들을 지원하고 심지어 다양한 시간적 GNN 레이어를 사용할 수 있도록 지원한다. WikiMaths 데이터셋 또한 PyTorch Geometric Temporal 개발 도중 공개 되었다. 이번 장에서, 우리는 이 라이브러리를 사용하여 코드를 단순화하고 응용 작업을 들여다 볼 것이다.

1. PyTorch Geometric을 포함하는 환경 내 아래 라이브러리(library)를 설치해야 한다.

```
pip install torch-geometric-temporal==0.54.0
```

2. `WikiMathDatasetLoader`를 통해 WikiMaths 데이터셋, 시간 의식적인 train-test split인 `temporal_signal_split`, GNN layer인 `EvolveGCNH`을 임포트한다:

```
from torch_geometric_temporal.signal import temporal_signal_split
from torch_geometric_temporal.dataset import
WikiMathsDatasetLoader
from torch_geometric_temporal.nn.recurrent import
EvolveGCNH
```

3. `StaticGraphTemporalSignal` 객체(object)인 WikiMaths 데이터셋을 불러들인다. 이 객체에서, `dataset[0]`은 $t = 0$시점의 그래프를 나타내고 `dataset[500]`은 $t = 500$ 시점의 그래프를 나타낸다. 또한 `0.5` 비율로 훈련-테스트 분할을 생성한다. 학습 데이터는 이른 시점의 스냅샷들로 구성되어 있고 테스트 셋은 늦은 시점의 스냅샷들로 구성되어 있다.

```
dataset = WikiMathsDatasetLoader().get_dataset() train_
dataset, test_dataset = temporal_signal_split(dataset, train_ratio=0.5)
dataset[0]
Data(x=[1068, 8], edge_index=[2, 27079], edge_attr=[27079], y=[1068])
dataset[500]
Data(x=[1068, 8], edge_index=[2, 27079], edge_attr=[27079], y=[1068])
```

4. 그래프는 정적이기에 노드와 간선 차원은 변화하지 않는다. 그러나, 텐서에 들어있는 값들은 서로 다르다. 1,068개 노드 각각의 값을 시각화하는 것은 어렵다. 이 데이터셋에 대해 더 나은 이해를 위해, 각 스냅샷에 대해 평균(mean) 및 표준편차(standard deviation)을 계산할 수 있다. 또한, 이동 평균(moving average)는 단기 변동(short-tem fluctuations)을 완화(smoothing out)하는 데에 도움이 된다.

```
import pandas as pd
mean_cases = [snapshot.y.mean().item() for snapshot in dataset]
std_cases = [snapshot.y.std().item() for snapshot in dataset]
df = pd.DataFrame(mean_cases, columns=['mean'])
df['std'] = pd.DataFrame(std_cases, columns=['std'])
df['rolling'] = df['mean'].rolling(7).mean()
```

5. 우리의 작업을 시각화하기 위해 matplotlib를 사용한다.

```
plt.plot(df['mean'], 'k-', label='Mean')
plt.plot(df['rolling'], 'g-', label='Moving average')
plt.grid(linestyle=':')
plt.fill_between(df.index, df['mean']-df['std'],
df['mean']+df['std'], color='r', alpha=0.1)
plt.axvline(x=360, color='b', linestyle='--')
plt.text(360, 1.5, 'Train/test split', rotation=-90, color='b')
plt.xlabel('Time (days)')
plt.ylabel('Normalized number of visits')
plt.legend(loc='upper right')
```

이는 그림 13.5를 생성한다.

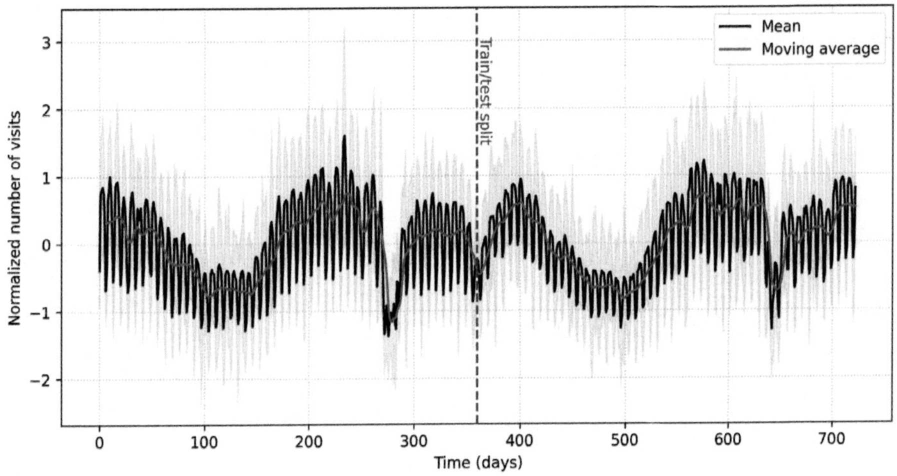

그림 13.5 이동 평균을 통한 WikiMath의 평균 정규화된 방문수

우리의 데이터는 시간적 GNN이 학습하고자 하는 주기성을 보여준다. 우리는 이제 시간적 GNN을 구현할 수 있고 어떻게 작동하는지 확인할 수 있다.

6. 시간적 GNN은 두 개의 파라미터를 인풋으로 가진다: 노드 수(node_count)와 인풋 차원(dim_in). GNN은 오직 두 개의 레이어만 가진다: EvolveGCN-H 레이어와 각 노드의 예측값만을 아웃풋으로 하는 선형 레이어.

```
class TemporalGNN(torch.nn.Module):
    def __init__(self, node_count, dim_in):
        super().__init__()
        self.recurrent = EvolveGCNH(node_count, dim_in)
```

```
        self.linear = torch.nn.Linear(dim_in, 1)
```

7. `forward()` 함수는 두 레이어를 ReLU 활성화 함수와 함께 인풋에 같이 활용한다.

```
    def forward(self, x, edge_index, edge_weight):
        h = self.recurrent(x, edge_index, edge_weight).relu()
        h = self.linear(h)
        return h
```

8. `TemporalGNN`의 인스턴스를 생성하고 WikiMaths 데이터셋으로부터 얻은 노드 수와 인풋의 차원을 해당 인스턴스에 넣어준다.

```
model = TemporalGNN(dataset[0].x.shape[0], dataset[0].x.shape[1])
optimizer = torch.optim.Adam(model.parameters(), lr=0.01)
model.train()
```

9. `EvolveGCNH`에 포함된 레이어들을 관찰하기 위해 모델을 출력할 수 있다:

```
model
TemporalGNN(
    (recurrent): EvolveGCNH(
        (pooling_layer): TopKPooling(8, ratio=0.00749063670411985, multiplier=1.0)
        (recurrent_layer): GRU(8, 8)
        (conv_layer): GCNConv_Fixed_W(8, 8)
    )
    (linear): Linear(in_features=8, out_features=1,bias=True)
)
```

우리는 세 개의 레이어를 확인할 수 있다: 인풋 행렬을 8개의 열로 요약하는 `TopkPooling`, GCN의 가중치 행렬을 업데이트 하는 `GRU`, 새로운 노드 임베딩을 만드는 `GCNConv`. 마지막으로, 선형 레이어는 그래프 내 모든 노드의 예측값을 아웃풋으로 한다.

10. 학습 셋의 모든 스냅샷에 대해 모델을 학습하는 학습 루프를 만든다. 손실 함수는 모든 스냅샷에 대해 역전파(back-propagation)된다.

```
for epoch in range(50):
    for i, snapshot in enumerate(train_dataset):
        y_pred = model(snapshot.x, snapshot.edge_index, snapshot.edge_attr)
        loss = torch.mean((y_pred-snapshot.y)**2)
        loss.backward()
```

```
        optimizer.step()
        optimizer.zero_grad()
```

11. 마찬가지로, 테스트 셋에 대해 모델을 평가한다. 최종 점수를 위해 전체 테스트 셋에 대해 MSE의 평균을 구한다.

```
model.eval()
loss = 0
for i, snapshot in enumerate(test_dataset):
    y_pred = model(snapshot.x, snapshot.edge_index, snapshot.edge_attr)
    mse = torch.mean((y_pred-snapshot.y)**2)
    loss += mse
loss = loss / (i+1)
print(f'MSE = {loss.item():.4f}')
MSE = 0.7559
```

12. 손실값으로 0.7559를 얻었다. 다음으로, 결과 해석을 위해 이전 그래프에 대한 모델에 의해 예측된 평균 값을 시각화한다. 이 과정은 직관적이다: 예측값을 평균내고 그들을 리스트로 저장해야 한다. 그 다음, 그것들을 이전의 플롯에 추가할 수 있다. (그림 13.6 - 예측된 정규화된 방문수 평균) 그림을 통해, 예측값이 데이터의 일반적인 경향을 따르는 것을 확인 할 수 있다. 데이터셋을 제한적으로 사용한 것 치고, 이것은 훌륭한 결과다.

```
y_preds = [model(snapshot.x, snapshot.edge_index,
snapshot.edge_attr).squeeze().detach().numpy().mean() for snapshot in test_dataset]

plt.figure(figsize=(10,5))
plt.plot(df['mean'], 'k-', label='Mean')
plt.plot(df['rolling'], 'g-', label='Moving average')
plt.plot(range(360,722), y_preds, 'r-', label='Prediction')
plt.grid(linestyle=':')
plt.fill_between(df.index, df['mean']-df['std'],
df['mean']+df['std'], color='r', alpha=0.1)
plt.axvline(x=360, color='b', linestyle='--')
plt.text(360, 1.5, 'Train/test split', rotation=-90, color='b')
plt.xlabel('Time (days)')
plt.ylabel('Normalized number of visits')
plt.legend(loc='upper right')
```

이는 그림 13.6을 생성한다.

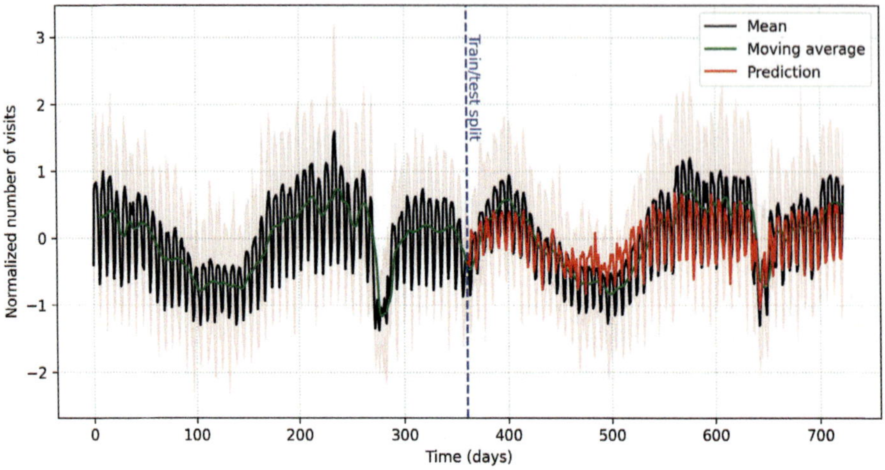

그림 13.6 예측된 평균 정규화된 방문 수

13. 마지막으로, 산점도를 생성하여 한 스냅샷에서 예측값과 정답이 얼마나 다른지 확인해 보자.

```
import seaborn as sns

y_pred = model(test_dataset[0].x, test_dataset[0].edge_
index, test_dataset[0].edge_attr).detach().squeeze().
numpy()
plt.figure(figsize=(10,5))
sns.regplot(x=test_dataset[0].y.numpy(), y=y_pred)
```

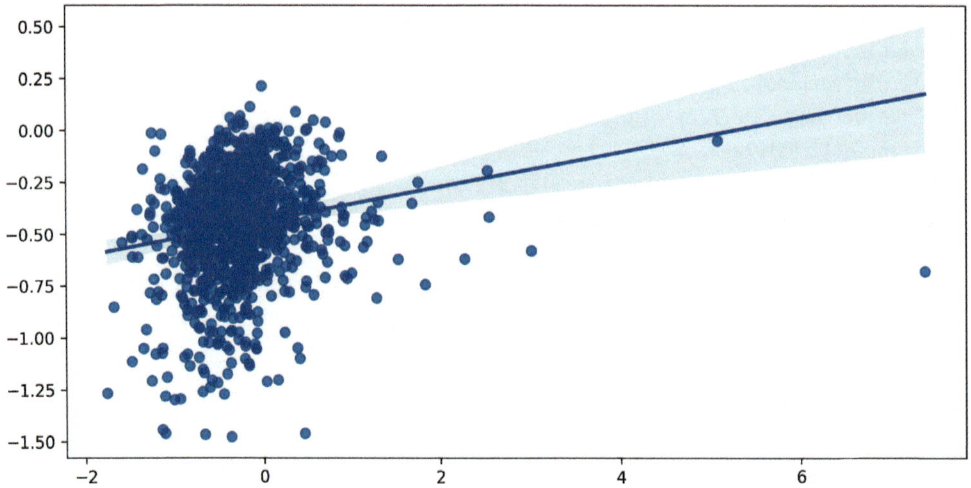

그림 13.7 WikiMaths 데이터셋에서 예측값과 실제값

그림을 보면 예측값과 실제값 사이 약간의 양의 상관관계(positive correlation)가 관측된다. 우리의 모델이 완벽하지는 않지만, 그림을 통해 우리 모델이 주기적인 특징을 잘 이해한다는 것을 알 수 있다.

EvolveGCN-O의 구현하는 과정도 매우 비슷하다. PyTorch Geometric Temporal에서 `EvolveGCNH` 레이어를 사용하는 대신 `EvolveGCNO`으로 대체한다. 이 레이어는 노드 수를 요구하지 않아서 인풋 차원만 입력으로 주면 된다. EvolveGCN-O는 다음과 같이 구현된다:

```
from torch_geometric_temporal.nn.recurrent import EvolveGCNO

class TemporalGNN(torch.nn.Module):
    def __init__(self, dim_in):
        super().__init__()
        self.recurrent = EvolveGCNO(dim_in, 1)
        self.linear = torch.nn.Linear(dim_in, 1)

    def forward(self, x, edge_index, edge_weight):
        h = self.recurrent(x, edge_index, edge_weight).relu()
        h = self.linear(h)
        return h

model = TemporalGNN(dataset[0].x.shape[1])
```

평균적으로 EvolveGCN-O 모델은 평균 MSE가 0.7524로 비슷한 결과를 얻는다. 이 경우에, GRU를 사용하는지 LSTM을 사용하는지는 예측에 영향을 주지 않는다. 이는 이해할 만한 상황이다. 왜냐하면 노드 특성값(node features)에 있는 과거 방문 수와 페이지 간의 연결 둘 다 중요하기 때문이다. 결과적으로, 이 GNN 구조는 특히 교통 예측 업무에 적합하다.

정적 그래프의 예시를 봤으므로 동적 그래프를 다루는 법에 대해 알아보자.

COVID-19 발병 예측

이 절은 전염병 예측에 관한 새로운 응용을 집중적으로 다룰 것이다. 우리는 2021년에 Panagopoulos et al.에 의해 소개된 시간적 정보를 가지는 동적 그래프인 England Covid dataset을 사용할 것이다 [3]. 노드들은 정적인 반면에 노드들간의 연결 및 간선 가중치(edge weights)는 시간에 따라 변화한다. 이 데이터셋은 2020년 3월 3일부터 3월 12일까지 129개의 잉글랜드의 NUTS 3 지역구에서 COVID-19가 보고된 발병 횟수를 나타낸다. 데이터는 페이스북(Facebook)

을 설치하고 위치 기록을 공유하는 핸드폰으로부터 수집되었다. 목표는 하루 동안 각 노드(지역)의 발병 횟수를 예측하는 것이다.

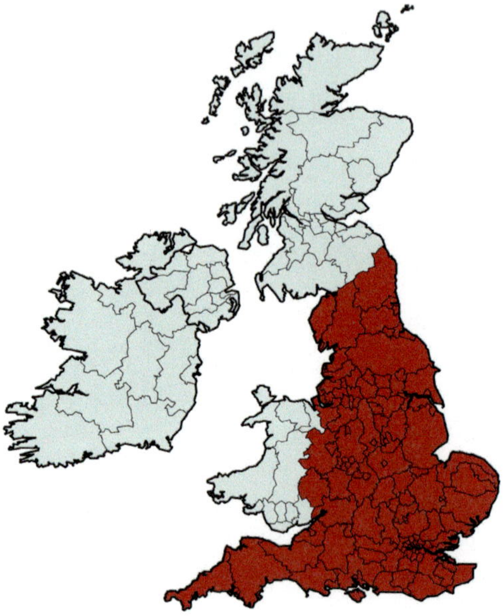

그림 13.8 잉글랜드의 NUTS 3 지역구는 빨간색으로 표시하였다.

이 데이터셋은 잉글랜드를 그래프 $G=(V, E)$로 표현한다. 이 데이터셋의 시간적인 정보를 사용하는 특징 때문에, 연구된 기간 동안의 각 하루를 나타내는 그래프 $G^{(1)}, \ldots, G^{(T)}$를 합친 여러개의 그래프로 데이터를 구성한다. 이 그래프에서, 노드 특성값(node features)은 지역 내 지난 d일 동안 각 하루 내의 발병 횟수를 나타낸다. 간선들은 무향성(undirectional)이며 가중치를 가진다: 간선 (v, u)의 가중치 $w_{v,u}^{(t)}$는 t 시점에 지역 v에서 지역 u로 이동한 사람 수를 나타낸다. 이 그래프는 또한 같은 지역 내에서 이동한 사람들을 나타내는 자가 순환을 포함한다.

이번 절에서 이 작업을 위해 구상된 새로운 GNN 구조를 소개하고 어떻게 구현하는지 차례차례 설명할 것이다.

MPNN-LSTM 소개

이름에서 나타나듯이, MPNN-LSTM 구조는 MPNN과 LSTM을 결합한 구조다. England Covid 데이터셋과 같이, 이 구조 또한 2021년에 Panagopoulos et al.에 의해 소개되었다 [3].

인풋 노드 특성값과 그에 상응하는 간선 인덱스 및 가중치가 GCN 레이어에 들어간다. 아웃풋에 배치 정규화(batch normalization) 레이어와 드롭아웃(dropout)을 적용한다. 이 과정은 첫 번째 MPNN의 아웃풋에 대해 두 번 반복된다. 그 후 노드 임베딩 행렬 $H^{(t)}$를 만들어낸다. 이 MPNN을 각 시간마다 적용하여 노드 임베딩 $H^{(1)}, .. H^{(T)}$를 만든다. 이 노드 임베딩들은 2개의 레이어를 가진 LSTM 네트워크의 인풋으로 사용되어 그래프에 의한 시간적 정보를 포착하도록 한다. 마지막으로, 선형 변환과 ReLU 함수를 적용하여 $t+1$ 시점에서 예측값을 얻는다.

아래 그림은 MPNN-LSTM 구조를 보여준다.

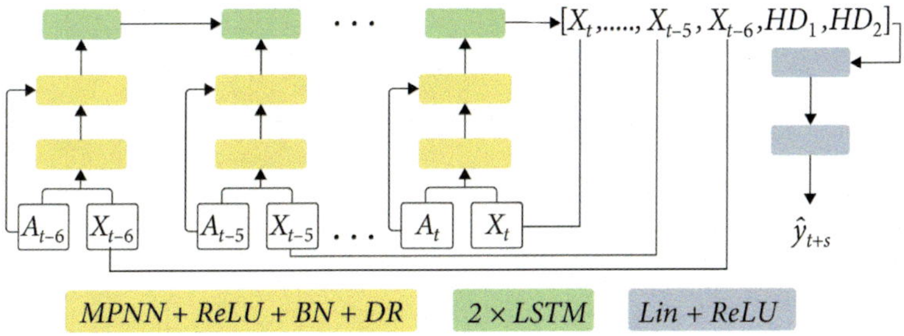

그림 13.9 MPNN-LSTM 구조

MPNN-LSTM 저자들은 England Covid 데이터셋에서 최고의 성능을 보이는 모델이 아니라고 언급했다. 하지만, 이 모델은 다른 시나리오에서 더 잘 작동할 수도 있는 모델이다. 저자들은 또한 우리가 지금 사용하는 버전의 데이터셋처럼 하루 단위 대신 14일을 예측하는 것 같이 장기 예측에 더 적합한 모델이라고 주장한다. 그렇지만 이 절에서는, 편의를 위해 하루 단위의 예측을 진행할 것이다.

MPNN-LSTM 구현

먼저, 우리가 예측하고 싶은 발병 수를 시각화하는 것이 중요하다. 이전 절과 같이, 데이터셋을 구성하는 129개의 다른 시간들을 평균 및 표준편차를 계산하여 요약할 것이다.

1. `pandas`, `matplotlib` 및 PyTorch Geometric Temporal로부터 England Covid dataset, 시간적 훈련-테스트 분할 함수를 임포트 한다.

```
import pandas as pd
import matplotlib.pyplot as plt
from torch_geometric_temporal.dataset import
EnglandCovidDatasetLoader
from torch_geometric_temporal.signal import temporal_
signal_split
```

2. lags를 노드 특성값의 수인 14로 설정하여 데이터셋을 불러들인다.

```
dataset = EnglandCovidDatasetLoader().get_
dataset(lags=14)
```

3. 학습 비율을 0.8로 temproal_signal_split을 작동시킨다.

```
train_dataset, test_dataset = temporal_signal_
split(dataset, train_ratio=0.8)
```

4. 보고된 발병 수의 평균 정규화된 수를 그래프로 시각화한다. 코드는 GitHub를 통해 확인할 수 있고 마지막 절에 사용했던 스니펫(snippet)에 적용 가능하다.

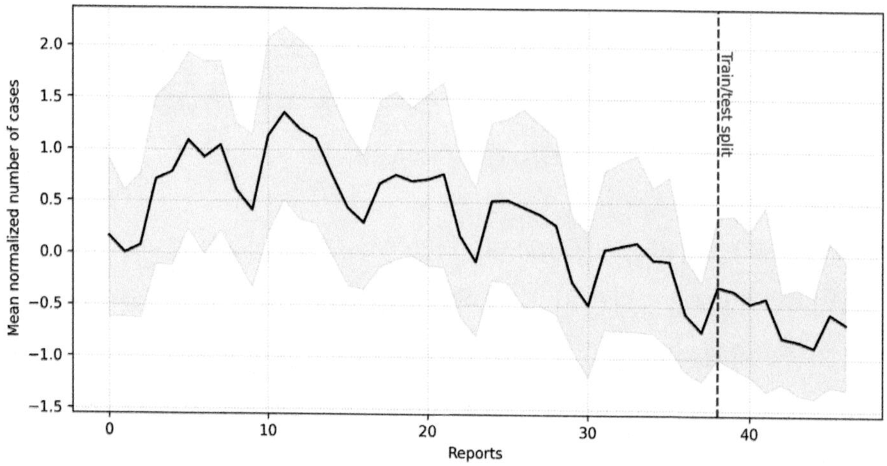

그림 13.10 England Covid 데이터셋의 평균 정규화된 발병 횟수

이 그래프는 많은 변동성과 적은 스냅샷을 보여준다. 그렇기 때문에 이번에는 80/20 훈련-테스트 스플릿을 사용해 볼 것이다. 그렇지만 데이터셋의 크기가 작기 때문에 좋은 성능을 얻는 것은 쉽지 않다.

지금부터 MPNN-LSTM 구조를 구현해 보자.

1. PyTorch Geometric Temporal로부터 MPNNLSTM을 임포트한다.

```
From torch_geometric_temporal.nn.recurrent import
MPNNLSTM
```

2. Temporal GNN은 세 가지 파라미터를 인자로 가진다: 인풋 차원, 은닉 차원 노드 수. 또한

세 개의 레이어를 선언한다: MPNN-LSTM 레이어, 드랍아웃 레이어, 올바른 인풋 차원을 가지는 선형 레이어.

```
Class TemporalGNN(torch.nn.Module):
    def __init__(self, dim_in, dim_h, num_nodes):
        super().__init__()
        self.recurrent = MPNNLSTM(dim_in, dim_h, num_nodes, 1, 0.5)
        self.dropout = torch.nn.Dropout(0.5)
        self.linear = torch.nn.Linear(2*dim_h + dim_in,
1)
```

3. `forward()` 함수는 이 데이터셋에서 중요한 정보를 가지는 간선 가중치를 고려한다. 동적 그래프를 처리하는 것이기에 새로운 edge_index와 edge_weight가 매 타임스텝마다 제공되는 것을 명심해야한다. 이전에 설명한 일반적인 MPNN-LSTM와 다르게, 마지막 ReLU함수를 `tanh` 함수로 바꾼다. tanh를 쓰는 제일 큰 동기는 아웃풋 값을 0과 1 사이가 아닌 -1과 1 사이에 위치시켜 데이터셋에서 우리가 관측한 것과 더 가깝게 하는 것이다.

```
    Def forward(self, x, edge_index, edge_weight):
        h = self.recurrent(x, edge_index, edge_weight).
relu()
        h = self.dropout(h)
        h = self.linear(h).tanh()
        return h
```

4. 은닉 차원 64의 MPNN-LSTM 모델을 만들고 전체적인 아키텍처를 다른 레이어와 함께 보기 위해 출력한다.

```
model = TemporalGNN(dataset[0].x.shape[1], 64,
dataset[0].x.shape[0])
print(model)
TemporalGNN(
    (recurrent): MPNNLSTM(
        (_convolution_1): GCNConv(14, 64)
        (_convolution_2): GCNConv(64, 64)
        (_batch_norm_1): BatchNorm1d(64, eps=1e-05,
momentum=0.1, affine=True, track_running_stats=True)
        (_batch_norm_2): BatchNorm1d(64, eps=1e-05,
momentum=0.1, affine=True, track_running_stats=True)
        (_recurrent_1): LSTM(128, 64)
        (_recurrent_2): LSTM(64, 64)
```

```
    )
    (dropout): Dropout(p=0.5, inplace=False)
    (linear): Linear(in_features=142, out_features=1, bias=True)
)
```

MPNN-LSTM 레이어가 두 개의 GCN, 두 개의 배치 정규화 그리고 두 개의 (드롭아웃이 없는) LSTM 레이어를 가지는 것을 볼 수 있다.

5. 100 에폭 동안 Adam 옵티마이저(optimizer)와 학습률(learning rate)을 0.001로 학습시킨다. 이번에는 매 인스턴스(instance)가 아닌 매 스냅샷에 손실 함수를 역전파시킨다.

```
optimizer = torch.optim.Adam(model.parameters(), lr=0.001)
model.train()
for epoch in range(100):
    loss = 0
    for i, snapshot in enumerate(train_dataset):
        y_pred = model(snapshot.x, snapshot.edge_index,
snapshot.edge_attr)
        loss = loss + torch.mean((y_pred-snapshot.y)**2)
    loss = loss / (i+1)
    loss.backward()
    optimizer.step()
    optimizer.zero_grad()
```

6. 학습된 모델을 테스트 셋에 대해 평가하고 아래와 같은 MSE loss를 얻는다.

```
model.eval()
loss = 0
for i, snapshot in enumerate(test_dataset):
    y_pred = model(snapshot.x, snapshot.edge_index, snapshot.edge_attr)
    mse = torch.mean((y_pred-snapshot.y)**2)
    loss += mse
loss = loss / (i+1)
print(f'MSE: {loss.item():.4f}')
MSE: 1.3722
```

MPNN-LSTM 모델은 상대적으로 높은 1.3722의 MSE loss를 얻는다.

이 데이터셋에 적용된 정규화 과정을 되돌릴 수 없기 때문에 대신 정규화 된 발병 횟수를 사용할 것이다. 우선, 우리 모델이 예측한 정규화된 평균 발병 횟수를 시각화해 보자.

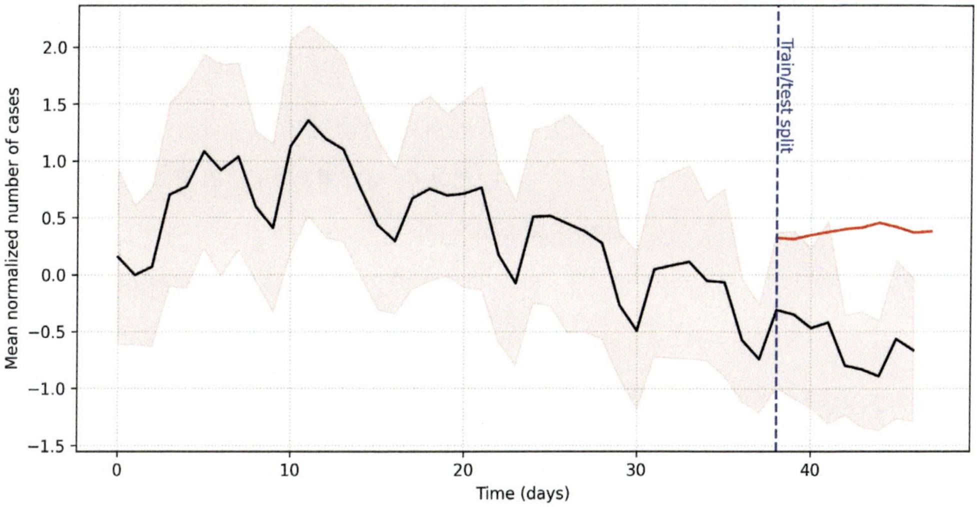

그림 13.11 정규화된 평균 발병횟수. 검은색은 실측값, 붉은색은 예측값을 나타낸다.

예상했던 것처럼, 예측값은 실측값과 잘 맞지 않는다. 이는 데이터의 부족 때문으로 보인다: 우리의 모델이 MSE 손실함수를 최소화하도록 평균 값을 배웠지만 커브에 맞출 수 없었고 주기를 이해할 수 없었다.

테스트 셋의 첫 번째 스냅샷에 상응하는 산점도를 조사해 보자.

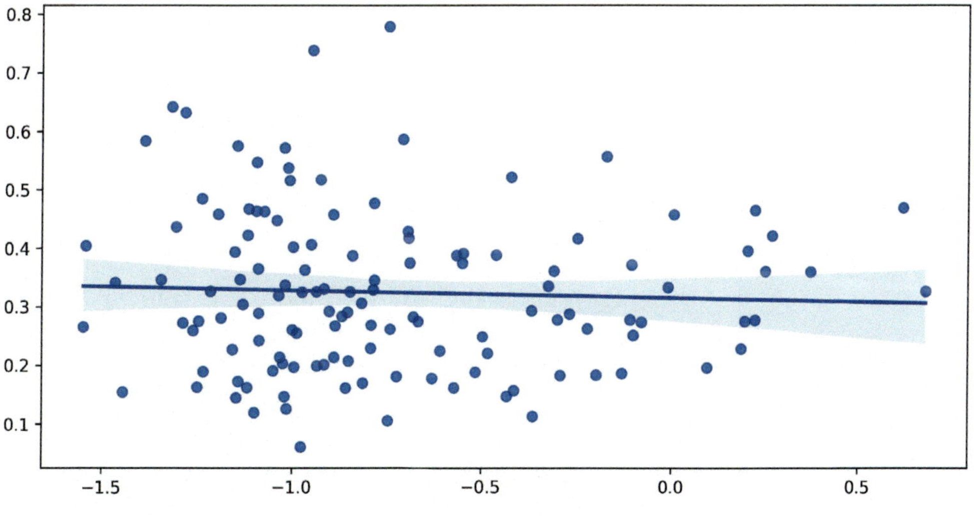

그림 13.12 England Covid 데이터의 예측값과 실측값

산점도는 약한 상관관계를 보인다. 예측값이 0.35 중심으로 약간의 분산을 보이는 것을 확인할

수 있다. 이는 -1.5부터 0.6값을 가지는 실측값에 상응하지 않는다. 우리의 실험에 의하면 두 번째 선형 레이어를 더하는 것은 MPNN-LSTM의 예측을 향상시키지 않았다.

몇몇 전략들이 모델의 향상 도와줄 수도 있다. 첫 번째는, 지금 데이터가 작기에 더 많은 데이터 포인트(data points)들이 크게 도움이 될 수 있다. 게다가, 시계열은 두 개의 흥미로운 특징을 가진다: 트렌드(시간에 따라 상향 및 하향을 지속하는)와 계절성(예측 가능한 패턴). 우리가 예측하고 싶은 신호에 노이즈를 줄 수 있는 이러한 특성을 지우기 위해 전처리 과정을 더해줄 수도 있다.

순환 신경망을 넘어 일반적으로 그래프 컨볼루션에 의해 다뤄지는 공간적 데이터를 고려할 수도 있다. 마지막으로, 시간적 GNN은 이전 장에 다룬 이종 그래프에 확장할 수도 있다. 불행히도, 이 조합은 더 많은 데이터가 필요하고 활발히 연구 중이다.

요약

이번 장에서는 시공간적 정보를 사용하는 새로운 형태의 그래프를 다뤘다. 이 시간적 요소는 다양한 응용 분야에서 유용한데, 시계열 예측에 주로 관련이 깊다. 우리는 두 가지 형태의 그래프에 대해 다뤘다: 노드 특성값(node features)이 시간에 따라 변화하는 정적 그래프, 특성값과 그래프 구조가 변할 수 있는 동적 그래프. 두 그래프 모두 시간적 그래프 인공신경망을 위해 고안된 PyG의 확장 버전인 Pytorch Geometric Temporal을 통해 다뤄졌다.

추가적으로, 시간적 GNN의 두 가지 응용을 다뤘다. 첫 번째는, GCN 파라미터를 업데이트하기 위해 GRU 또는 LSTM을 사용하는 EvolveGCN 아키텍처를 구현해 보았다. 이 구조를 6장에서 다뤘던 태스크인 웹 트래픽 예측에 적용해 보았고 제한적인 데이터셋에 대해 훌륭한 결과를 얻었다. 두 번째로는, 전염병 예측(epidemic forecasing)을 위해 MPNN-LSTM을 사용해 보았다. 시간적 신호를 가진 동적 그래프인 England Covid 데이터셋에 적용해 보았지만 작은 데이터 사이즈로 인해 견줄 만한 결과를 얻지 못하였다.

14장에서, 우리의 결과를 해석하는 방법에 대해 집중적으로 들여다볼 것이다. 지금까지 우리가 소개했던 다양한 시각화를 넘어서, **설명 가능한 인공지능(eXplainable Artificial Intelligence, XAI)**의 기술들을 그래프 인공신경망에 어떻게 적용하는지 알아볼 것이다. 이 분야는 강인한(robust) AI 시스템(AI systems)을 만들고 기계 학습 적용 방식을 향상시키는 데에 있어 필수적인 분야이다. 14장에서, 우리는 사후 해석 방법과 설명 가능한 모델들을 구성하는 새로운 레이어를 소개할 것이다.

더 읽을거리

- [1] A. Pareja et al., EvolveGCN: Evolving Graph Convolutional Networks for Dynamic Graphs. arXiv, 2019. DOI: 10.48550/ARXIV.1902.10191. Available: https://arxiv.org/abs/1902.10191
- [2] B. Rozemberczki et al., PyTorch Geometric Temporal: Spatiotemporal Signal Processing with Neural Machine Learning Models, in Proceedings of the 30th ACM International Conference on Information and Knowledge Management, 2021, pp. 4564–4573. Available: https://arxiv.org/abs/2104.07788
- [3] G. Panagopoulos, G. Nikolentzos, and M. Vazirgiannis. Transfer Graph Neural Networks for Pandemic Forecasting. arXiv, 2020. DOI: 10.48550/ARXIV.2009.08388. Available: https://arxiv.org/abs/2009.08388
- [4] Guo, S., Lin, Y., Feng, N., Song, C., & Wan, H. (2019). Attention Based Spatial-Temporal Graph Convolutional Networks for Traffi c Flow Forecasting. Proceedings of the AAAI Conference on Artificial Intelligence, 33(01), 922-929. https://doi.org/10.1609/aaai.v33i01.3301922

제14장
그래프 인공신경망 설명하기

인공신경망이 가장 많이 듣는 비판 중 하나는 인공신경망의 결과를 이해하기가 어렵다는 것이다. 안타깝게도, 그래프 인공신경망 또한 이러한 문제를 안고 있기에 어떤 특성값(feature)이 중요한지 설명하는 것 외에도 이웃 노드 및 연결을 고려하는 것이 필수적이지만 해석하기에 어려움을 겪는다. 이러한 문제를 다루기 위해, 인공지능 모델이 행하는 행동 및 예측의 이유들에 대해 잘 이해하는 **설명 가능한 인공지능(Explainable Artificial Intelligence)** 분야에서 많은 기술들을 개발해왔다.

이번 장에서, 예측을 도출한 이유에 대해 이해할 수 있는 설명 기술들에 대해 알아볼 것이다. 다양한 설명 기술들에 대해 알아볼 것이며, 특히 기술들 중 가장 유명한 **GNNExplainer**와 **통합 기울기(integrated gradient)**에 대해 집중적으로 다룰 것이다. 전자의 경우 `MUTAG` 데이터셋을 이용하여 그래프 분류 문제에 적용해 볼 것이고 다양한 설명 기술 알고리즘들을 제공하는 파이썬 라이브러리 `Captum`을 소개할 것이다. 마지막으로, Twitch 소셜 네트워크(social network)를 이용하여, 노드 분류 문제에 대해 모델의 아웃풋(output)을 설명할 수 있도록 통합 기울기를 구현해 볼 것이다.

이번 장을 통해, 우리는 GNN에 사용되는 설명 가능한 인공지능 기술들을 이해하고 구현할 수 있을 것이다. 더 구체적으로는, 그래프 및 노드 분류 문제를 위한 GNNExplainer와 `Captum` 라이브러리를 사용하는 방법에 대해 배우게 될 것이다.

이번 장에서, 우리는 아래의 내용들을 다룰 것이다.

- 설명 기술 소개하기
- GNNExplainer를 활용한 GNN 설명하기
- Captum을 활용한 GNN 설명하기

기술 요구사항

이 장에서 나오는 모든 코드는 GitHub(https://github.com/PacktPublishing/Hands-On-Graph-Neural-Networks-Using-Python/tree/main/Chapter14)에서 찾을 수 있다. 각자의 머신에서 코드를 돌리기 위한 설치 방법은 이 책의 서문을 참조하라.

설명 기술 소개하기

그래프 인공신경망 해석은 다른 설명 가능한 인공지능 기술에 영감을 받은 최신 연구 분야다 [1]. 본 책에서는 GNN 해석을 개별적인 예측에 기반하는 지역적 해석과 전체 모델에 대한 전역적 해석으로 나누어서 바라보겠다. 그래프 인공신경망 해석을 통해 그래프 인공신경망 모델 자체의 행동을 이해하는 것을 추구하면서도 예측에 대한 직관을 얻는 데에 있어 본질적이고 더 자주 사용하는 지역적 해석에 집중하도록 하겠다.

이번 장(chapter)에서, "해석 가능한(interpretable)"과 "설명 가능한(explainable)" 모델을 먼저 구별하겠다. 결정 트리(decision tree)와 같이 인간이 직관적으로 이해 가능한 모델의 경우 해당 모델은 "해석 가능"하다고 할 수 있다. 반면에, 예측이 설명 기술을 사용할 경우에만 인간이 이해 가능한 블랙박스(blackbox) 모델의 경우 모델이 설명 가능하다고 할 수 있다. 인공신경망의 경우 전형적으로 설명 가능한 특성을 가지는 모델로 인공신경망의 가중치(weight)와 편향(bias) 모두 결정 트리와 다르게 명백한 규칙을 제공해주지 않기에 모델의 결과를 간접적으로 해석할 수밖에 없기 때문이다.

지역적 해석 기술들은 네 가지 카테고리로 분류할 수 있다.

- **기울기(gradient) 기반 방법**은 속성 스코어의 기울기를 측정한다.
- **왜곡(perturbation) 기반 방법**은 인풋 특성(input feature)을 마스킹 하거나 변화시켜 아웃풋(output)의 변화를 측정한다.
- **분해(decomposition) 방법**은 모델의 예측을 여러 부분으로 나누어 그들의 중요성을 측정한다.
- **대리자(surrogate) 방법**은 단순하고 해석 가능한 모델을 이용하여 기존 모델의 예측을 추정한다.

이 기술들은 때때로 간선과 특성값의 기여도를 다르게 측정하기 때문에 상호 보완적으로 예측의 설명을 더 개선할 수 있다. 설명 기술들은 일반적으로 아래와 같은 지표를 이용하여 측정되어 왔다.

- **신뢰도(fidelity)**는 기존 그래프 G_i와 변형된 그래프 $\hat{G}_i$ 간 y_i에 대한 예측 확률을 비교하는 지표다. 변형된 그래프는 $\hat{y}_i$의 설명을 기반으로 가장 중요한 특징(노드, 간선, 노드 특성 값)만을 유지한다. 즉, 신뢰도는 올바른 예측을 얻기 위해 중요하다고 여겨지는 특징들이 충분한지에 대한 정도를 측정한다. 이것은 수식적으로 다음과 같이 정의된다.

$$Fidelity = \frac{1}{N}\sum_{i=1}^{N}\left(f(G_i)_{y_i} - f(\hat{G}_i)_{y_i}\right)$$

- **희소도(sparsity)**는 중요하다고 여겨지는 특징들의 일부분을 측정한다. 너무 길거나 복잡한 설명을 이해하는 데에 있어 혼란을 가중시키기 때문에 희소도가 필요하다. 이것은 다음과 같이 계산된다.

$$Sparsity = \frac{1}{N}\sum_{i=1}^{N}\left(1 - \frac{|m_i|}{|M_i|}\right)$$

  여기서, $|m_i|$는 중요한 인풋 특징의 개수이고 $|M_i|$는 특징돌의 총 개수이다.

이전 장에서 다뤘던 일반적인 그래프 뿐만 아니라, 설명 기술들은 `BA-Shapes`, `BA-Community`, `Tree-Cycles` 및 `Tree-Grid`와 같은 생성된 데이터에 대해 자주 평가되어 왔다. 이러한 데이터셋은 구체적인 패턴을 생성하는 그래프 생성 알고리즘을 통해 생성된다. 이번 장에서는 이러한 데이터들을 다루지 않지만 이러한 데이터들은 구현 및 이해하기 쉽기 때문에 흥미로운 대안이 될 것이다.

다가오는 절에서는 기울기(gradient) 기반 방식과 왜곡(perturbation) 기반 방식(GNNExplainer)을 다룰 것이다.

GNNExplainer를 활용한 GNN 설명하기

이번 절에서는 GNNExplainer라는 설명 가능한 인공지능을 다룰 것이다. GNNExplainer를 이용해서 MUTAG 데이터셋에서 GIN 모델의 예측을 이해해 보도록 하겠다.

GNNExplainer 소개하기

Ying et al [2]에 의해 2019년에 소개된 GNNExplianer는 다양한 GNN 모델에서 예측값을 설명하도록 설계된 GNN 구조다. 정형 데이터를 사용할 경우에 우리는 어떤 특성이 예측하는 데에 있어 가장 중요한지 알아보기를 원한다. 그러나, 그래프 데이터에서는 어떤 노드가 가장 영향력이 있는지 또한 알 필요가 있기에 이러한 방식만으로는 충분하지 않다. GNNExplainer는 서브그래프 G_s

와 노드 특성값 X_s의 부분집합을 제공함으로써 그래프 및 정형 데이터(tabular data)의 설명을 생성한다. 아래의 그림은 노드가 주어졌을 때 GNNExplianer가 제공하는 설명을 도식화한 것이다.

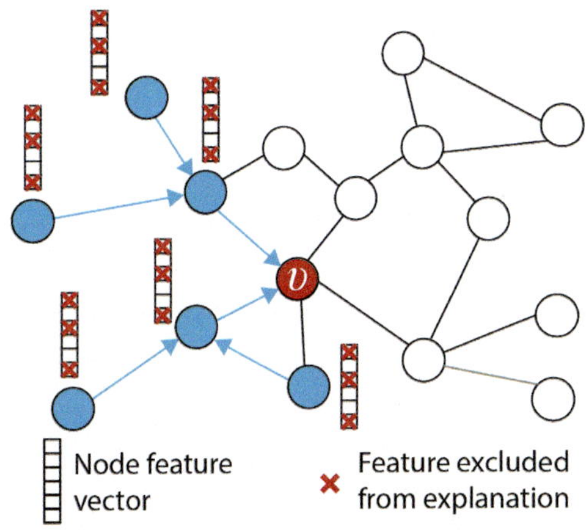

그림 14.1 노드 v의 레이블에 대한 설명

G_x와 X_s를 예측하기 위해 GNNExplainer는 간선 마스크와 특성값 마스크를 이용한다. 만약 간선이나 특성값이 중요하다면, 그것을 지우는 것이 예측 값을 크게 바꿀 것이다. 반면에 예측이 변하지 않는다면, 이는 해당 정보가 중복되는 정보이거나 단순히 예측과 관련이 없는 정보라고 할 수 있다. 이러한 원리는 GNNExplainer와 같은 왜곡 기반 기술들이 주로 사용하는 핵심 원리이다.

실제로 적용시에 가능한 최고의 마스크들을 찾을 수 있는 손실 함수를 만들어야 한다. GNNExplainer는 예측한 레이블 분포(label distribution) Y와 (G_s, X_s)간의 **상호 정보(mutual Information, MI)**라고 불리는 지표를 측정한다. 우리의 목표는 MI를 최대화하는 것으로, 이는 조건부 크로스 엔트로피(conditional cross-entropy)를 최소화하는 것과 동일한 효과를 가진다. GNNExplainer는 예측 $\hat{y}$의 확률을 최대화하도록 하는 변수 G_s와 X_s를 찾도록 학습한다.

이러한 최적화 프레임워크뿐만 아니라, GNNExplainer는 이진 특성값 마스크를 학습하고 몇몇의 정규화(regularization) 기술들을 이용한다. 가장 중요한 기술은 설명의 규모를 최소화하도록 하는 식이다. 이것은 마스크 매개변수의 요소들의 합으로 계산되고 손실 함수에 더해진다. 이것은 더 사용자 친화적이고 이해하기에 더 간단명료한 설명을 생성한다.

GNNExplainer는 대부분의 GNN 구조와 노드 분류, 링크 예측, 그래프 분류와 같은 서로 다른 태스크들에 적용 될 수 있다. 또한, GNNExplainer는 전체 그래프 혹은 클래스 레이블의 설명을 만들어낼 수 있다. 그래프를 분류할 경우, 모델은 한 그래프의 인접 행렬을 사용하는 대신 그래프 내의 모든 노드들의 인접 행렬의 합집합을 사용할 수도 있다. 다음 절에서는 이를 그래프 분류 문제를 설명하는 데에 적용해 볼 것이다.

GNNExplainer 구현하기

이번 예시에서는 MuTAG 데이터셋을 활용할 것이다. 이 데이터셋에 있는 188개의 각 그래프는 노드가 원자, 간선이 화학 결합으로 이루어진 화합물을 나타낸다. 노드와 간선의 특성값은 원자와 간선 타입의 원핫 인코딩(one-hot encoding)을 나타낸다.

이 데이터셋의 목표는 화합물을 박테리아 *Salmonella typhimurium*에 주는 돌연변이 유발 효과에 따라 두 클래스로 분류하는 것이다.

단백질 분류를 위해 9장에서 소개한 GIN 모델을 다시 사용하도록 하겠다. 9장에서, 모델의 정확하게 분류한 것과 틀리게 분류한 것을 시각화 했지만 GNN에 의해 만들어진 예측을 설명할 수가 없었다. 이번에는 GNNExplainer를 활용하여 분류를 하는데에 있어 가장 중요한 서브그래프(subgraph) 및 노드 특성이 무엇인지 알아보도록 하겠다. 이번 예시에서, 간선 특성값은 무시하도록 하겠다.

1. PyTorch와 PyTorch Geometric으로부터 필요한 클래스들을 임포트한다.

```
import matplotlib.pyplot as plt
import torch.nn.functional as F
from torch.nn import Linear, Sequential, BatchNorm1d,
ReLU, Dropout
from torch_geometric.datasets import TUDataset
from torch_geometric.loader import DataLoader
from torch_geometric.nn import GINConv, global_add_pool,
GNNExplainer
```

2. MUTAG 데이터셋을 불러오고 셔플한다.

```
dataset = TUDataset(root='.', name='MUTAG').shuffle()
```

3. 훈련, 검증, 테스트 셋을 생성한다.

```
train_dataset = dataset[:int(len(dataset)*0.8)]
val_dataset = dataset[int(len(dataset)*0.8):int(len(dataset)*0.9)]
test_dataset = dataset[int(len(dataset)*0.9):]
```

4. 미니배치를 구현하기 위한 `Dataloader`들을 생성한다.

```
train_loader = DataLoader(train_dataset, batch_size=64, shuffle=True)
val_loader = DataLoader(val_dataset, batch_size=64, shuffle=True)
test_loader = DataLoader(test_dataset, batch_size=64, shuffle=True)
```

5. 9장의 코드를 사용하여 32의 은닉 차원을 가진 GIN 모델을 만든다.

```
class GIN(torch.nn.Module):
...
model = GIN(dim_h=32)
```

6. 9장의 코드를 사용하여 이 모델을 100 에폭 동안 학습시키고 검증한다.

```
def train(model, loader):
...
model = train(model, train_loader)
test_loss, test_acc = test(model, test_loader)
print(f'Test Loss: {test_loss:.2f} | Test Acc: {test_acc*100:.2f}%')
Test Loss: 0.48 | Test Acc: 84.21%
```

7. GIN 모델은 잘 학습되었고 높은 정확도(`84.21%`)를 보여주었다. 이제, PyTorch Geometric의 `GNNExplainer` 클래스를 이용하여 GNNExplainer를 생성하자. 이번에 GNNExplainer를 100 에폭 동안 학습할 것이다.

```
explainer = GNNExplainer(model, epochs=100, num_hops=1)
```

8. GNNExplainer는 예측을 설명하는데 사용될 수 있고 노드(`.explain_node()`) 또는 전체 그래프(`.explain_graph()`)를 설명하도록 사용될 수 있다. 이번 경우에, 테스트 셋의 마지막 그래프에 이를 사용할 것이다.

```
data = dataset[-1]
feature_mask, edge_mask = explainer.explain_graph(data.x, data.edge_index)
```

9. 마지막 단계는 특성값과 간선 마스크를 반환하는 것이다. 가장 중요한 값들을 알아보기 위해 특성값 마스크를 출력해보면 아래와 같다:

```
feature_mask
tensor([0.7401, 0.7375, 0.7203, 0.2692, 0.2587, 0.7516, 0.2872])
```

값들은 정규화 되어 0 (가장 덜 중요)과 1(가장 중요) 사이에 존재한다. 이 7개의 값들은 다음 순서대로 데이터셋의 7개의 원소들을 지칭한다: 탄소 (C), 질소(N), 산소(O), 플루오린 (F), 아이오딘(I). 염소(Cl), 브로민(Br). 특성값들은 비슷한 중요성을 가지고 있지만 가장 유용한 특성값은 브로민(Br)을 나타내는 마지막 것이고 가장 덜 중요한 것은 아이오딘 (I)을 나타내는 다섯 번째 것이다.

10. 간선 마스크를 출력하는 대신, `.visualize_graph()` 메소드를 이용하여 그래프에 나타낼 수 있다. 화살표의 불투명도가 각 연결의 중요성을 나타낸다.

```
ax, G = explainer.visualize_subgraph(-1, data.edge_index, edge_mask, y=data.y)
plt.show()
```

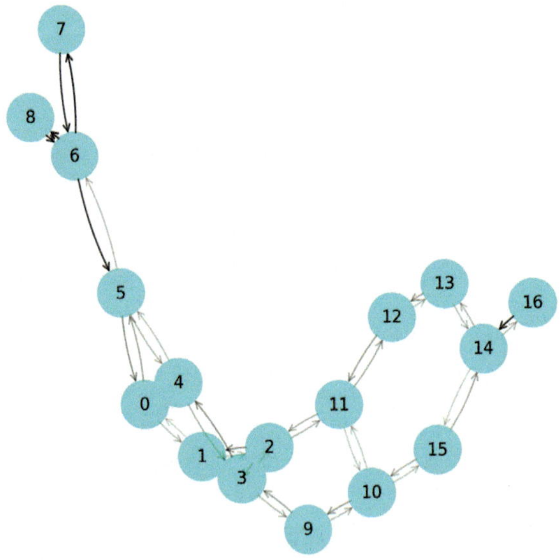

그림 14.2 화합물의 그래프 표현: 화살표의 불투명도는 연결의 중요성을 나타냄

마지막 그림은 예측에 가장 도움이 되는 연결을 보여준 것이다. 이 경우 GIN 모델이 그래프를 맞게 분류했다. 그림을 통해 6, 7, 8번째 노드 간 연결이 가장 기여도가 큰 것을 알 수 있다. 강조된 연결들은 화합물을 분류하는데에 중요한 역할을 했다. 화합 결합과 관련있는 레이블을 얻는 `data.edge_attr`를 출력함으로써 이에 대해 자세히 알아볼 수 있다. 이 예시에서, `data.edge_attr`는 16~19번째 간선을 지칭하는데 이들 모두 단일 결합 혹은 이중 결합이다.

`data.x`를 출력함으로써 6, 7,8번째 노드가 더 많은 정보를 받는다는 것을 또한 알 수 있다. 6번째노드는 질소 원자를 나타내지만 7, 8번째 노드는 산소 원자를 나타낸다. 이 결과들은 해당 도

메인에 지식을 가진 사람들에게 보고되어 우리 모델에 대한 피드백을 받아야 한다.

GNNExplainer는 결정 과정(decision-making process)의 정밀한 규칙을 제공하지는 않지만 GNN 모델이 예측을 하는 데에 있어 무엇에 집중했는지를 알려준다. 하지만 아직은 이것이 일관성이 있고 기존 도메인 지식과 부합하는지를 보장하는 데에 있어 인간의 전문성이 요구된다.

다음 절에서는 Captum을 이용하여 새로운 사회 신경망에서 노드 분류를 설명하는 방법을 알아볼 것이다.

Captum을 활용한 GNN 설명하기

이번 절에서 Captum 및 그래프 데이터에 적용되는 통합 기울기(integrated gradients) 기술을 먼저 다뤄 볼 것이다. 그 다음, Twitch 소셜 네트워크에 PyTorch Geometric 모델을 사용하여 이를 구현해 볼 것이다.

Captum 및 통합 기울기소개

`Captum(captum.ai)`은 PyTorch 모델을 위한 다양한 최신 설명 알고리즘들을 구현할 수 있는 파이썬 라이브러리다. 이 라이브러리는 GNN에만 한정되어 있지 않고 텍스트, 이미지, 정형 데이터 등등 다양한 데이터에 적용 가능하다. 다양한 기술들을 빠르게 시험해보고 같은 예측 값에 대해 서로 다른 설명 기술들을 비교해 볼 수 있어 이 라이브러리는 특히 유용하다고 할 수 있다. 게다가, Captum은 LIME 및 Gradient SHAP 같은 유명한 알고리즘을 구현해두었다.

이번 절에서 Captum을 활용하여 통합 기울기의 그래프 버전을 구현할 것이다 [4]. 이 기술은 모든 인풋 특성값에 속성 점수를 할당하는 것을 목표로 한다. 이를 위해, 모델의 인풋에 대해 기울기를 사용한다. 구체적으로, 인풋 x와 베이스라인 인풋 x'(모든 간선이 0 가중치를 가지는 경우만 다룬다.)을 사용한다. x와 x' 사이 경로를 따라 모든 점에서의 기울기를 계산하고 축적한다.

수식으로 표현하자면, 인풋 x의 i번째 차원을 따라 통합 기울기는 다음과 같이 정의된다.

$$IntegratedGrads_i(x) ::= (x_i - x_i') \times \int_{\alpha=0}^{1} \frac{\partial F\left(x' + \alpha \times (x - x')\right)}{\partial x_i} d\alpha$$

실제로는, 적분을 직접적으로 계산하는 대신에 이산 합(discrete sum)으로 근사한다.

통합 기울기는 모델에 독립적이며 아래 두 개의 원칙에 기반한다.

- **민감성(sensitivity):** 예측에 관여하는 모든 인풋은 0이 아닌 속성을 받아야만 한다.
- **구현 불변(Implementation invariance):** 모든 인풋에 대해 아웃풋이 동일한 두 인공신경망은 동일한 특성값을 가져야만 한다.

우리가 이용할 그래프 버전은 약간 다른데, 특성값 대신 노드와 간선을 고려하게 된다. 결과적으로 노드 특성값과 간선을 고려하는 GNNExplainer와는 다른 아웃풋을 보게 될 것이다. 그래서 두 방식이 상호 보완적이라고 할 수 있다.

이제 Captum을 구현하고 결과를 시각화해 보자.

통합 기울기 구현하기

새로운 데이터셋인 Twitch 소셜 네트워크 데이터에 대해 통합 기울기를 구현해 보자. 이 그래프 데이터는 노드가 Twitch 스트리머이고 연결이 상호 간의 친구를 나타내는 유저-유저 그래프 데이터다. 1128차원의 노드 특성값은 취미, 위치 좋아하는 게임 등등을 나타낸다. 이 데이터셋의 목적은 스트리머가 명시적인 언어를 사용할 수 있는지를 결정하는 것이다.

이 업무를 위해 PyTorch Geometric을 이용하여 두 개의 레이어를 가진 GCN을 구현해 볼 것이다. 그 다음에, 우리의 모델을 통합 기울기 알고리즘을 사용하고 우리의 결과를 설명하기 위해서 우리의 모델을 Captum으로 변환하도록 할 것이다. 다음은 그 과정이다:

1. `Captum` 라이브러리를 설치한다.

```
!pip install captum
```

2. 필요한 라이브러리를 임포트 한다.

```
import numpy as np
import matplotlib.pyplot as plt
import torch.nn.functional as F
from captum.attr import IntegratedGradients

import torch_geometric.transforms as T
from torch_geometric.datasets import Twitch
from torch_geometric.nn import Explainer, GCNConv, to_captum
```

3. 일정한 결과를 얻기 위해 랜덤 시드를 고정한다.

```
torch.manual_seed(0)
np.random.seed(0)
```

4. Twitch 게이머 네트워크 데이터셋을 불러온다.

```
dataset = Twitch('.', name="EN")
data = dataset[0]
```

5. 이제 드롭아웃을 사용한 두 개의 레이어를 가진 GCN을 구현한다.

```
class GCN(torch.nn.Module):
    def __init__(self, dim_h):
    super().__init__()
        self.conv1 = GCNConv(dataset.num_features, dim_h)
        self.conv2 = GCNConv(dim_h, dataset.num_classes)

    def forward(self, x, edge_index):
        h = self.conv1(x, edge_index).relu()
        h = F.dropout(h, p=0.5, training=self.training)
        h = self.conv2(h, edge_index)
        return F.log_softmax(h, dim=1)
```

6. Adam 최적화기를 이용하여 GPU가 있다면 GPU를 사용하여 모델을 학습한다.

```
device = torch.device('cuda' if torch.cuda.is_available() else 'cpu')
model = GCN(64).to(device)
data = data.to(device)
optimizer = torch.optim.Adam(model.parameters(), lr=0.01, weight_decay=5e-4)
```

7. 음의 로그 가능도(negative log-likelihood) 손실 함수를 사용하여 모델을 200 에폭 동안 학습한다.

```
for epoch in range(200):
    model.train()
    optimizer.zero_grad()
    log_logits = model(data.x, data.edge_index)
    loss = F.nll_loss(log_logits, data.y)
    loss.backward()
    optimizer.step()
```

8. 학습된 모델을 검증한다. 테스트를 따로 정하지 않았기 때문에 GCN의 정확도를 훈련 데이터셋에 평가할 것이다.

```
def accuracy(pred_y, y):
    return ((pred_y == y).sum() / len(y)).item()
@torch.no_grad()
def test(model, data):
    model.eval()
    out = model(data.x, data.edge_index)
    acc = accuracy(out.argmax(dim=1), data.y)
    return acc
acc = test(model, data)
print(f'Accuracy: {acc*100:.2f}%')
Accuracy: 79.75%
```

훈련 데이터셋에 평가한 것 치고 낮은 성능인 79.75% 정확도를 얻었다.

9. 이제 우리가 고른 설명 방법인 통합 기울기를 구현하기 시작할 수 있다. 우선, 설명하고 싶은 노드를 정하고 PyTorch Geometric 모델을 Captum으로 전환해야 한다. 여기서 특성값과 type=node_and_feature인 간선 마스크를 명시할 것이다.

```
node_idx = 0
captum_model = to_captum(model, mask_type='node_and_
edge', output_idx=node_idx)
```

10. Captum을 사용하여 통합 기울기를 생성하자. 통합 기울기에 이전 스텝의 결과를 인풋으로 넣어준다.

```
ig = IntegratedGradients(captum_model)
```

11. 이미 Captum에 전달할 노드 마스크(data.x)를 가지고 있지만, 간선 마스크에 대한 텐서를 만들어야 한다. 이 예제에서 그래프의 모든 간선을 고려해야 하므로 data.num_edges 크기의 1로 초기화된 텐서를 만든다:

```
edge_mask = torch.ones(data.num_edges, requires_grad=True, device=device)
```

12. .attribute() 메소드는 노드와 간선 마스크에 대해 특정 형식의 입력을 사용한다(따라서 이러한 텐서를 다시 포맷하기 위해 .unsqueeze(0)을 사용한다). 타겟은 우리의 타겟 노드의 클래스에 해당한다. 마지막으로, 인접 행렬을 부차적인 포워드 인자로 통과해준

다.

```
attr_node, attr_edge = ig.attribute((data.x.unsqueeze(0), edge_mask.unsqueeze(0)),
    target=int(data.y[node_idx]),
    additional_forward_args=(data.edge_index),
    internal_batch_size=1)
```

13. 속성 스코어를 0에서 1 사이로 조정해 준다.

```
attr_node = attr_node.squeeze(0).abs().sum(dim=1)
attr_node /= attr_node.max()
attr_edge = attr_edge.squeeze(0).abs()
attr_edge /= attr_edge.max()
```

14. PyTorch Geometric의 `Explainer` 클래스를 사용하여 이 속성의 그래프 표현자를 시각화한다.

```
explainer = Explainer(model)
ax, G = explainer.visualize_subgraph(node_idx, data.edge_
index, attr_edge, node_alpha=attr_node, y=data.y)
plt.show()
```

이는 아래의 아웃풋을 생성한다.

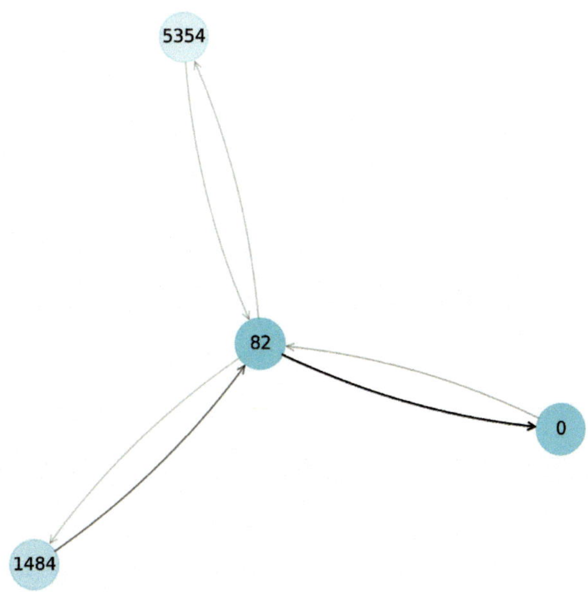

그림 14.3 노드 0의 분류에 대한 설명, 서로 다른 투명도 값으로 나타낸 간선 및 노드 속성 점수

노드 0의 서브그래프는 같은 클래스를 가지는 파란색 노드로 구성되어 있다. 노드 82가 가장 중요한 노드이고 두 노드간 연결이 가장 중요한 간선임을 확인할 수 있다. 이는 같은 언어를 사용하는 네 명의 스트리머 그룹을 가진다라는 직관적인 설명이 가능하다. 노드 0과 82간의 상호 간 친구 관계는 이 예측에 있어 좋은 근거이다.

이제 노드 101의 분류결과를 설명하는 그림 14.4에 그려진 그래프를 관찰하자.

그림 14.3 노드 101의 분류에 대한 설명, 서로 다른 투명도 값으로 나타낸 간선 및 노드 속성 점수

이 경우에, 우리의 타겟 노드는 다른 클래스의 이웃들과 연결된다. 통합 기울기는 노드 101과 같이 같은 클래스를 가지는 노드들에 대해 더 큰 중요성을 부여한다. 또한, 이들 간의 연결이 분류에 있어 많이 기여하는 것을 확인할 수 있다. 이 서브그래프는 더 풍부해질 수 있는데 심지어 2홉(hop) 이웃들이 조금 기여하는 것을 확인할 수 있다.

그러나 이 설명들이 최고로 여겨져서는 안 된다. AI에서의 설명 가능성은 종종 서로 다른 배경지식을 가지는 사람들을 포함시키는 중요한 토픽이다. 그러므로 결과에 대해 상호 작용하고 좋은 피드백을 받는 것은 특히 중요하다. 간선, 노드 및 특성값의 중요성을 아는 것은 중요하지만 이는 논의의 시작점이 되어야 한다. 다른 분야들의 전문가들이 이 설명들을 이용하고 정제할 수 있고 설명 방식의 구조에 변화를 줄 수 있는 문제점들을 찾을 수 있다.

요약

이번 장에서, GNN에 적용되는 XAI 분야에 대해 알아보았다. 설명 가능성은 많은 영역에서의 중요한 요소이고 더 나은 모델을 만드는 데 우리에게 큰 도움을 줄 수 있다. 지역적 설명을 제공하는 서로 다른 기술들에 대해 알아보았고 GNNExplainer와 통합 기울기에 집중했다. 그래프 및 노드 분류를 위한 설명을 얻기 위해 PyTorch Geometric 및 Captum을 이용하여 두개의 다른 데이터셋들에서 GNNExplainer와 통합 기울기를 구현했다. 마지막으로 이 기술들의 결과에 대해 논의해 보고 시각화했다.

15장에서는 A3T-GCN을 사용한 교통 예측을 살펴볼 것이다. 여기서는 도로 네트워크를 그래프로 변환하고 최근 GNN 아키텍처를 적용하여 단기 교통을 정확하게 예측하는 방법을 실제 응용에서 다룰 것이다.

더 읽을거리

- [1] H. Yuan, H. Yu, S. Gui, and S. Ji. Explainability in Graph Neural Networks: A Taxonomi c Survey. arXiv, 2020. DOI: 10.48550/ARXIV.2012.15445. Available at https://arxiv.org/abs /2012.15445.
- [2] R. Ying, D. Bourgeois, J. You, M. Zitnik, and J. Leskovec. GNNExplainer: Generating Ex planations for Graph Neural Networks. arXiv, 2019. DOI: 10.48550/ARXIV.1903.03894.A vailable at https://arxiv.org/abs/1903.03894.
- [3] Debnath, A. K., Lopez de Compadre, R. L., Debnath, G., Shusterman, A. J., and Hansch, C. (1991). Structure-activity relationship of mutagenic aromatic and heteroaromatic nitro co mpounds. Correlation with molecular orbital energies and hydrophobicity. DOI: 10.1021/jm 00106a046. Journal of Medicinal Chemistry, 34(2), 786–797. Available at https://doi.org/10. 1021/jm00106a046.
- [4] M. Sundararajan, A. Taly, and Q. Yan. Axiomatic Attribution for Deep Networks. arXiv, 2017. DOI: 10.48550/ARXIV.1703.01365. Available at https://arxiv.org/abs/1703.01365.
- [5] B. Rozemberczki, C. Allen, and R. Sarkar. Multi-Scale Attributed Node Embedding. arXi v, 2019. DOI: 10.48550/ARXIV.1909.13021. Available at https://arxiv.org/pdf/1909.1302 1.pdf.

응용

PART 4

이 책의 마지막 파트인 네 번째 파트에서는, 실생활의 데이터를 사용하는 응용 문제에 대해 깊게 알아볼 것이다. 이번 장에서는 이전 장에서 생략된 데이터 분석 및 전처리 등에 집중할 것이다. 원본 데이터에서 모델 출력 분석에 이르는 전반적인 기계 학습 파이프라인 개요를 제공할 것이다. 또한, 지금까지 논의된 기술들의 강점과 한계에 대해 알아볼 것이다.

- 15장, A3T-GCN을 사용한 교통 예측
- 16장, 이종 그래프 인공신경망을 활용한 이상 감지
- 17장, LightGCN을 활용한 추천 시스템 구축
- 18장, 실세계 응용을 위한 그래프 인공신경망의 잠재력 활용하기

제15장

A3T-GCN을 사용한 교통 예측

제13장에서 T-GNN을 소개했지만, 주된 응용 분야인 **교통 예측**에 대해 자세히 다루지 않았다. 최근 몇 년간 스마트 시티 개념이 점점 인기를 얻고 있다. 스마트 시티는 데이터를 활용하여 운영 및 서비스를 관리하고 개선하는 도시를 나타낸다. 이러한 맥락에서 핵심적으로 강조되는 것 중 하나는 지능형 교통 시스템의 구축이다. 정확한 교통 예측은 교통 관리자에게 신호 최적화, 인프라 계획 및 혼잡도 감소 등의 방면에서 큰 도움이 될 수 있다. 그러나 교통 예측은 복잡한 공간 및 시간 의존성으로 인해 어려운 문제이다.

본 장에서는 특정 교통 예측 사례에 T-GNN을 적용할 것이다. 먼저 새로운 데이터셋을 탐색하고 처리하여 원본 CSV 파일에서 시계열 그래프를 생성할 것이다. 그런 다음 새로운 유형의 T-GNN을 적용하여 미래의 교통 속도를 예측할 것이다. 마지막으로 결과를 시각화하고 기존 방법과 비교하여 우리가 제안한 모델이 쓸모 있는지 판단할 것이다.

이 장을 마치면, 정형(tabular) 데이터에서 시계열 그래프 데이터셋을 만드는 방법을 알게 될 것이다. 특히 우리는 간선 가중치를 제공하는 가중 인접 행렬을 어떻게 만들 수 있는지 살펴볼 것이다. 마지막으로 T-GNN을 교통 예측 작업에 적용하고 결과를 평가하는 방법을 배우게 될 것이다.

이 장에서는 다음과 같은 주요 주제를 다룰 것이다:

- PeMS-M 데이터셋 탐색
- 데이터셋 처리
- A3T-GCN 아키텍처 구현

기술 요구사항

이 장에서 나오는 모든 코드는 GitHub(https://github.com/PacktPublishing/Hands-On-Graph-Neural-Networks-Using-Python/tree/main/Chapter13)에서 찾을 수 있다.

각자의 머신에서 코드를 돌리기 위한 설치 방법은 이 책의 서문을 참조하라.

이 장은 많은 양의 GPU를 필요로 한다. 코드에서 훈련 세트의 크기를 줄이면 GPU 요구 사항을 낮출 수 있다.

PeMS-M 데이터셋 탐색

이 절에서는 패턴을 찾고 테스크를 해결하는 데에 유용한 아이디어를 얻기 위해 데이터셋을 탐구해 볼 것이다. 이 응용 프로그램에 사용할 데이터셋은 `PeMSD7` 데이터셋의 중간 크기 버전이다. 원본 데이터셋은 Caltrans **성능 측정 시스템 (PeMS)**을 사용하여 2012년 5월과 6월의 평일에 캘리포니아의 39,000개 센서 스테이션에서 교통 속도를 수집하여 얻었다. 중간 크기 버전에서는 캘리포니아 제 7지구 내의 228개 스테이션만을 고려할 것이다. 이러한 스테이션들은 30초 간격으로 속도를 측정하며, 이 데이터셋에서는 5분 간격으로 집계된다. 예를 들어 다음 그림은 다양한 교통 속도를 보여주는 Caltrans PeMS(`pems.dot.ca.gov`)이다:

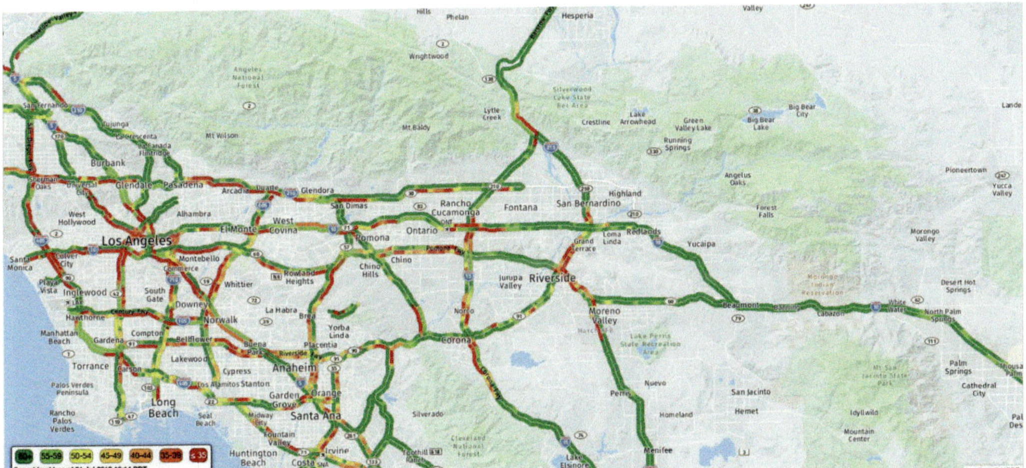

그림 15.1 Caltrans PeMS의 교통 데이터, 빠른 속도(>60mph)는 초록색, 느린 속도(<35mph)는 빨간색으로 표기

GitHub에서 데이터셋을 직접 불러오고 압축 해제 할 수 있다.

```
from io import BytesIO
from urllib.request import urlopen
from zipfile import ZipFile

url = 'https://github.com/VeritasYin/STGCN_IJCAI-18/raw/master/
data_loader/PeMSD7_Full.zip'
with urlopen(url) as zurl:
    with ZipFile(BytesIO(zurl.read())) as zfile:
        zfile.extractall('.')
```

결과 폴더는 두 파일(`V_228.csv`, `W_228.csv`)을 포함하고 있다. `V_228.csv`파일은 228개의 센서 스테이션에서 수집한 교통 속도를 보여주고 `W_228.csv`는 스테이션간의 거리를 나타낸다.

pandas 모듈을 이용하여 이들을 불러온다. 쉬운 접근을 위해 `range()`를 이용하여 열 이름을 바꿀 것이다.

```
import pandas as pd
speeds = pd.read_csv('PeMSD7_V_228.csv', names=range(0,228))
distances = pd.read_csv('PeMSD7_W_228.csv.csv', names=range(0,228))
```

우리가 이 데이터셋을 이용해서 하고자 하는 것은 교통 속도의 변화를 시각화하는 것이다. 시계열 예측에 있어 계절성과 같은 특성은 매우 유용하고 이는 시계열 예측에 있어 고전적인 방식이다. 반면에, 비정상적인(non-stationary) 시계열은 사용되기 전에 추가적인 처리가 필요할 수 있다.

`matplotlib`를 사용해서 시간에 따른 교통 속도를 시각화 해보자.

1. `numPy`와 `matplotlib` 모듈을 임포트한다.

```
import numpy as np
import matplotlib.pyplot as plt
```

2. `plt.plot()`을 사용하여 DataFrame의 모든 행마다 선 그래프를 시각화한다.

```
plt.figure(figsize=(10,5))
plt.plot(speeds)
plt.grid(linestyle=':')
plt.xlabel('Time (5 min)')
plt.ylabel('Traffic speed')
```

3. 아래 플롯을 얻을 수 있다.

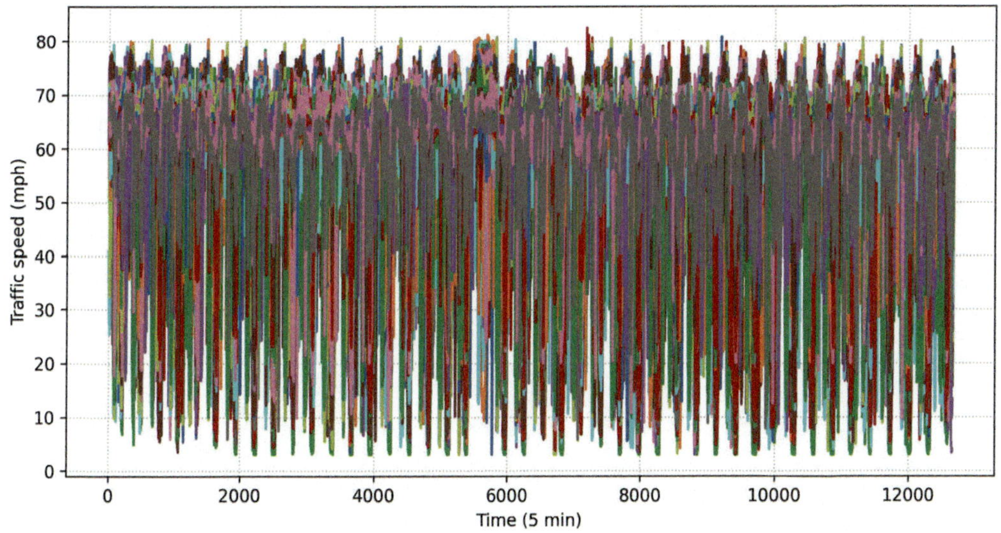

그림 15.2 228개의 센서 스테이션의 시간에 따른 교통 속도

안타깝게도, 이 방법을 사용하여 어떠한 결론을 얻기에는 데이터가 너무 지저분하다. 대신, 몇 개의 센서 스테이션에 해당하는 데이터를 시각화할 수 있다. 그러나 이는 전체 데이터셋을 대표하는 것이 아닐 수 있다. 다른 옵션으로는 평균 교통 속도와 표준 편차를 함께 시각화하는 방법이 있다. 이렇게 하면 데이터셋의 요약을 시각적으로 확인할 수 있다.

실전에서 두 방식을 사용할 수 있지만 두 번째 옵션을 지금 시도해보자.

1. 각 열(시간)의 표준 편차에 상응하는 평균 교통 속도를 계산한다.

```
mean = speeds.mean(axis=1)
std = speeds.std(axis=1)
```

2. 평균 값을 실선으로 그린다.

```
plt.plot(mean, 'k-')
```

3. `plt.fill_between()`을 이용하여 평균 값 주위 표준 편차를 옅은 빨간색으로 플롯한다.

```
plt.fill_between(mean.index, mean-std, mean+std, color='r', alpha=0.1)
plt.grid(linestyle=':')
```

4. 아래 플롯을 생성했다.

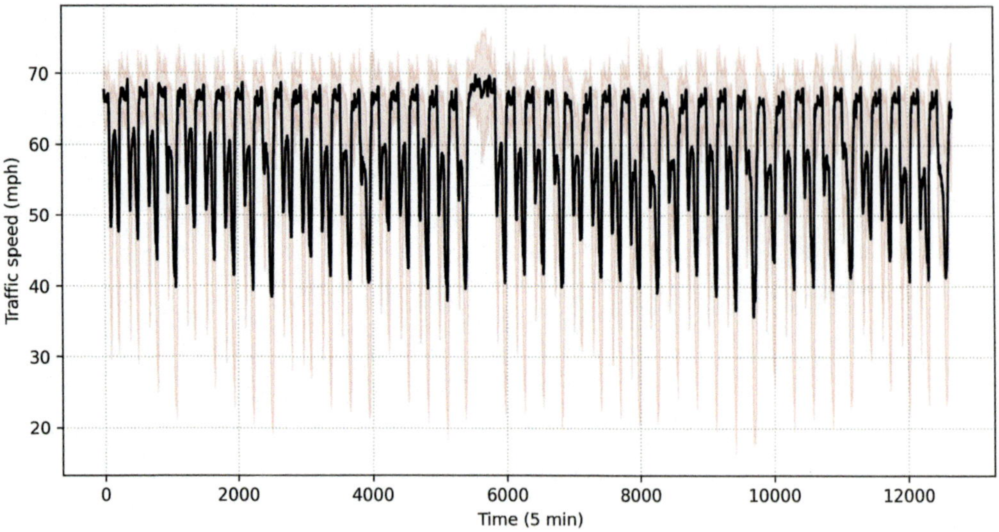

그림 15.3 시간에 따른 교통 속도의 평균 및 표준 편차

이 그림은 훨씬 더 이해하기 쉽다. 5,800번째 데이터 샘플을 제외하고는 시계열 데이터에서 명확한 계절성(패턴)을 확인할 수 있다. 교통 속도에는 중요한 변동이 많이 있다. 이는 센서 스테이션이 캘리포니아 7지구에 퍼져 있어 어떤 센서에는 교통이 막혀있을 수 있지만 다른 센서에는 그렇지 않을 수 있기 때문에 발생한 현상으로 이해할 수 있다. 이를 확인하기 위해 각 센서의 속도 값 간의 상관관계를 그래프로 그릴 수 있다. 또한, 각 스테이션 간의 거리와 비교할 수 있다. 서로 가까운 스테이션은 먼 스테이션보다 더 자주 유사한 값을 나타낼 것이다.

이 두 그림을 동일한 그림에 비교해 보겠다.

1. 두 개의 그래프를 생성한다.

```
fig, (ax1, ax2) = plt.subplots(1, 2, figsize=(8, 8))
fig.tight_layout(pad=3.0)
```

2. 우선, `matshow()` 함수를 이용하여 거리 행렬(distance matrix)을 그린다.

```
ax1.matshow(distances)
ax1.set_xlabel("Sensor station")
ax1.set_ylabel("Sensor station")
ax1.title.set_text("Distance matrix")
```

3. 그 다음, 각 센서 스테이션에 피어슨 상관계수(Pearson correlation coefficients)를 계산한다. 이때, 속도 행렬을 전치(transpose)해야 한다. 그렇지 않을 경우 각 시간에 대한 상관계수를 얻게 된다. 마지막으로 이를 반전하여 두 그림을 비교하기 쉽게 해준다.

```
ax2.matshow(-np.corrcoef(speeds.T))
ax2.set_xlabel("Sensor station")
ax2.set_ylabel("Sensor station")
ax2.title.set_text("Correlation matrix")
```

4. 아래의 그림을 얻을 수 있다.

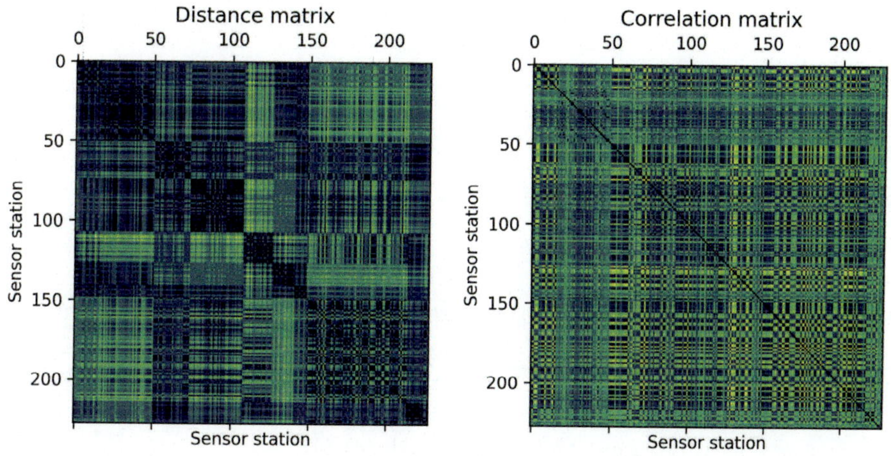

그림 15.4 어두울수록 짧은 거리와 높은 상관관계를 나타내고 밝을수록 긴 거리와 낮은 상관관계를 나타낸다.

흥미롭게도, 스테이션간의 긴 거리는 반드시 그들이 높은 상관관계를 가지지 않음을 나타낸다. 이는 특히 이 데이터셋의 일부만 고려하는 경우에 중요하다. 가까운 스테이션들은 매우 다른 결과를 가질 수 있어 교통 예측을 더 어렵게 만들 수 있기 때문이다. 본 장에서는 데이터셋 내의 모든 센서 스테이션을 고려할 것이다.

데이터셋 처리

이제 이 데이터셋에 대하여 더 많은 정보를 가지고 있으니 T-GNN을 학습하기 전에 데이터를 처리해야 한다.

첫 번째 단계는 정형 데이터를 시계열 그래프로 변환하는 것이다. 따라서 먼저, 원본 그래프로부터 그래프를 생성해야 한다. 즉, 다양한 센서 스테이션을 의미있는 방식으로 연결해야 한다.

다행히, 스테이션 간의 거리를 나타내는 거리 행렬에 접근 할 수 있으며 이는 스테이션을 연결하는 좋은 방법이 될 것이다.

거리 행렬로부터 인접 행렬을 계산하는 여러 방식이 있다. 예를 들어, 두 스테이션 간의 거리가 평균 거리보다 작을 경우에 링크를 할당할 수 있지만 본 장에서는 [2]에서 소개된 발전된 방식을 이용하여 가중 인접 행렬을 계산할 것이다. 이진 값(binary value) 대신, 0(연결 없음)에서 1 (강한 연결) 까지의 가중치를 계산하기 위해 아래의 공식을 사용할 것이다:

$$w_{ij} = \{exp\left(-\frac{d_{ij}^2}{\sigma^2}\right), i \neq j \; and \; exp\left(-\frac{d_{ij}^2}{\sigma^2}\right) \geq \epsilon \;\; 0, otherwise.$$

여기서 w_{ij}는 노드 i와 노드 j 사이의 가중치를 나타내고, d_{ij}는 이 두 노드 간의 거리를 나타내며, σ^2과 ϵ은 인접 행렬의 분포와 희소성(sparsity)를 제어하는 두 임계값이다. [2]의 공식 구현 코드는 GitHub(https://github.com/VeritasYin/STGCN_IJCAI-18)에서 확인할 수 있다. 기존과 동일하게 임계값 σ^2=0.1, ϵ=0.5를 재사용할 것이다.

이를 파이썬으로 구현하고 결과로 나오는 인접 행렬을 그려보자.

1. 세 가지 파라미터(거리행렬과 두 개의 임계값)를 사용하는 인접 행렬을 계산하는 함수를 먼저 생성한다. 공식 구현과 같이, 거리를 10,000으로 나누고 d^2을 계산한다:

```
def compute_adj(distances, sigma2=0.1, epsilon=0.5):
    d = distances.to_numpy() / 10000.
    d2 = d * d
```

2. 여기서, 값이 ϵ보다 크거나 같을 때의 가중치를 원한다. 가중치가 ϵ보다 크거나 같은지 검증할 때, 그 결과는 True 혹은 False로 나온다. 이로 인해, 0과 1의 값으로 다시 변환하기 위해 1로만 구성된 마스크(w_mask)를 필요로 한다. 그리고 이 마스크를 두 번 곱하여 ϵ보다 크거나 같은 가중치의 실제 값을 얻을 수 있다:

```
    n = distances.shape[0]
    w_mask = np.ones([n, n]) - np.identity(n)
    return np.exp(-d2 / sigma2) * (np.exp(-d2 / sigma2)
>= epsilon) * w_mask
```

3. 위 코드를 통해 인접 행렬을 계산하고 첫 번째 줄에 대한 결과를 출력하면 다음과 같다.

```
adj = compute_adj(distances)
adj[0]
array([0.        , 0.        , 0.        , 0.        , 0. ,
       0.        , 0.        , 0.61266012, 0.        , ...
```

4. 행렬을 더 효율적으로 시각화하는 방법은 matplotlib의 matshow()를 사용하는 것이다:

```
plt.figure(figsize=(8, 8))
cax = plt.matshow(adj, False)
plt.colorbar(cax)
plt.xlabel("Sensor station")
plt.ylabel("Sensor station")
```

다음 그림을 얻을 수 있다.

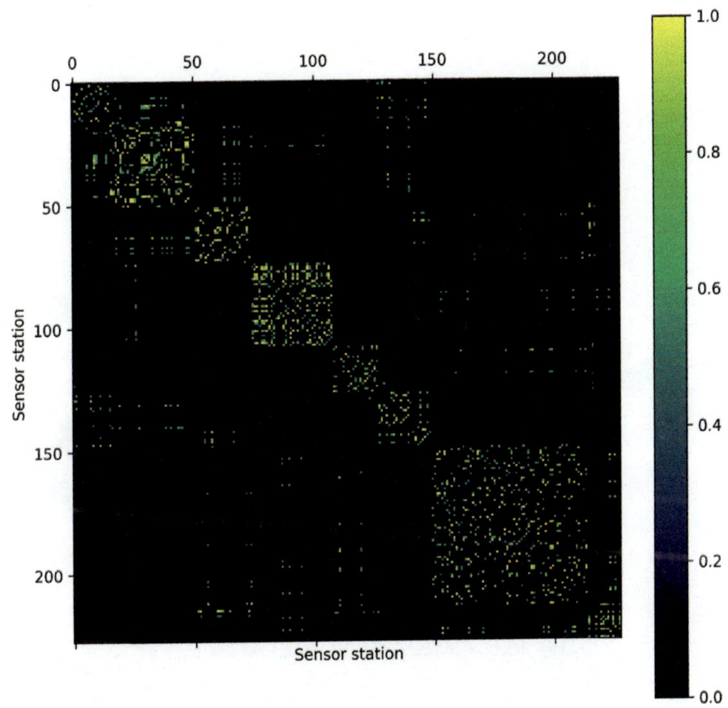

그림 15.5 PeMS-M데이터의 가중 인접 행렬

이는 첫 번째 전처리 단계를 요약하는 아주 좋은 방법이다. 우리는 이 행렬을 우리가 전에 그렸던 거리 행렬과 비교하여 유사한 점을 찾을 수 있다.

5. 계산하여 얻은 인접 행렬을 networkx를 사용해서 곧바로 그래프로 나타낼 수 있다. 이 경우, 연결은 이진이며 0보다 높은 모든 가중치를 고려할 수 있다. 또한, 연결 가중치를 간선 레이블을 활용해서 시각화할 수 있지만 알아보기에 큰 어려움이 있을 것이다.

```
import networkx as nx

def plot_graph(adj):
    plt.figure(figsize=(10,5))
    rows, cols = np.where(adj > 0)
    edges = zip(rows.tolist(), cols.tolist())
    G = nx.Graph()
    G.add_edges_from(edges)
    nx.draw(G, with_labels=True)
    plt.show()
```

6. 레이블이 없더라도, 결과로 나오는 그래프는 알아보기 어렵다.

```
plot_graph(adj)
```

위 코드가 아래의 결과를 보여준다.

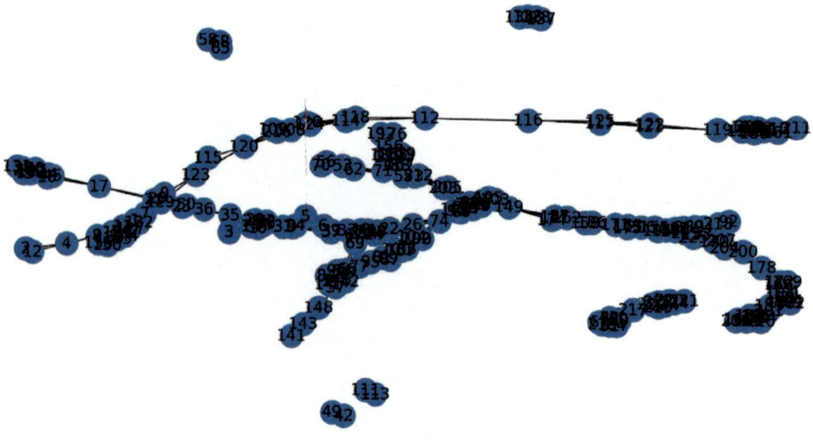

그림 15.6 그래프로 표현한 PeMS-M 데이터

사실, 많은 노드들은 서로 매우 가까워서 상호간에 연결되어 있다. 그럼에도 불구하고, 실제 도로에 해당하는 여러 브랜치들(branches)을 구분할 수 있다.

이제 그래프가 있으므로, 이 문제의 시계열 측면에 집중할 수 있다. 첫 번째 단계는 인공신경망으로 학습을 위해 속도를 정규화하는 것이다. 교통 예측 문헌에서, 많은 저자들은 z-점수 정규화(z-score normalization)를 선택하는데 이를 여기서 구현하도록 하겠다.

1. z-점수를 계산하는 함수를 생성한다.

```
def zscore(x, mean, std):
return (x - mean) / std
```

2. 우리 데이터셋에 위 함수를 적용하고 정규화하는 함수를 생성한다.

```
speeds_norm = zscore(speeds, speeds.mean(axis=0), speeds.
std(axis=0))
```

3. 결과를 확인할 수 있다.

```
speeds_norm.head(1)
```

아래 결과를 얻을 수 있다.

0	1	2	3	4	5	6	...
0	0.950754	0.548255	0.502211	0.831672	0.793696	1.193806	...

그림 15.7 표준화된 속도값의 예시

이 값들은 올바르게 표준화 되었다. 이제, 이를 사용해서 각 노드에 대한 시계열을 생성할 수 있다. 각 시간 t에 대하여 $t+h$에서의 속도를 예측하기 위해 n개의 입력 데이터 샘플이 필요하다. 많은 양의 입력 데이터 샘플은 메모리 필요량을 증가시킨다. Horizon이라고도 불리는 h 값은 우리가 수행하려는 작업이 단기 예측인지 장기 예측인지에 따라 달라지게 된다.

이번 예시에서는, 4시간 후의 교통 속도를 예측하기 위해 48이라는 높은 숫자를 사용하도록 하겠다.

1. `lags`(데이터 샘플의 수) 값, `horizon`, 입력 행렬, 정답 행렬 변수들을 초기화한다.

```
lags = 24
horizon = 48
xs = []
ys = []
```

2. 각 시간 t마다 xs에 12개의 이전 값들을 저장하고 ys에 $t+h$ 시점의 값을 저장한다.

```
for i in range(lags, speeds_norm.shape[0]-horizon):
xs.append(speeds_norm.to_numpy()[i-lags:i].T)
ys.append(speeds_norm.to_numpy()[i+horizon-1])
```

3. 마지막으로, PyTorch Geometric Temporal을 사용해서 시계열 그래프를 생성할 수 있다. COO 포맷으로 간선 인덱스 및 간선 가중치를 제공해야 한다.

```
from torch_geometric_temporal.signal import
StaticGraphTemporalSignal
edge_index = (np.array(adj) > 0).nonzero()
edge_weight = adj[adj > 0]
dataset = StaticGraphTemporalSignal(edge_index, adj[adj > 0], xs, ys)
```

4. 첫 번째 그래프에 관한 정보를 출력해서 모든 정보가 정상적인지 확인하자.

```
dataset[0]
Data(x=[228, 12], edge_index=[2, 1664], edge_attr=[1664], y=[228])
```

5. 데이터셋을 훈련/테스트 셋으로 분리한다.

```
from torch_geometric_temporal.signal import temporal_signal_split
train_dataset, test_dataset = temporal_signal_split(dataset, train_ratio=0.8)
```

마지막으로 얻은 시계열 그래프는 12개의 값과 1664개의 연결과 228개의 노드로 구성되어 있다. 이제 T-GNN을 교통 예측에 적용해 보도록 하자.

A3T-GCN 아키텍처 구현

이번 절에서는 교통 예측을 위해 설계된 Attention Temporal Graph Convolutional Network (A3T-GCN)을 학습할 것이다. 이 아키텍처는 복잡한 공간 및 시간 의존성을 고려한다.

- 공간적 의존성(spatial dependencies)은 한 위치의 교통 상태가 주변 위치의 교통 상태에 영향을 받을 수 있다는 사실을 나타낸다. 예를 들어, 교통 체증은 주변 도로로 자주 확산된다.
- 시간적 의존성(temporal dependencies)은 한 위치의 특정 시간의 교통 상태가 이전 시간의 동일한 위치의 교통 상태에 영향을 받을 수 있다는 사실을 나타낸다. 예를 들어, 아침에

도로가 정체되었다면, 저녁 교통량이 많은 시간대까지 정체되어 있을 가능성이 높다.

A3T-GCN은 시간적 GCN(Temporal GCN, TGCN)의 개선된 아키텍처다. TGCN은 각 입력 시계열에서 은닉 벡터를 만드는 GCN과 GRU의 조합이다. 이 두 레이어의 조합은 인풋으로부터 공간적 정보와 시간적 정보를 포착하게 해준다. 그 다음 어텐션 모델(attention model)을 사용하여 가중치를 계산하고 컨텍스트 벡터(context vector)를 얻어낸다. 마지막 예측값은 컨텍스트 벡터를 기반으로 한다. 어텐션 모델의 추가는 전체적인 트렌드를 이해하는 필요성에 기인한다.

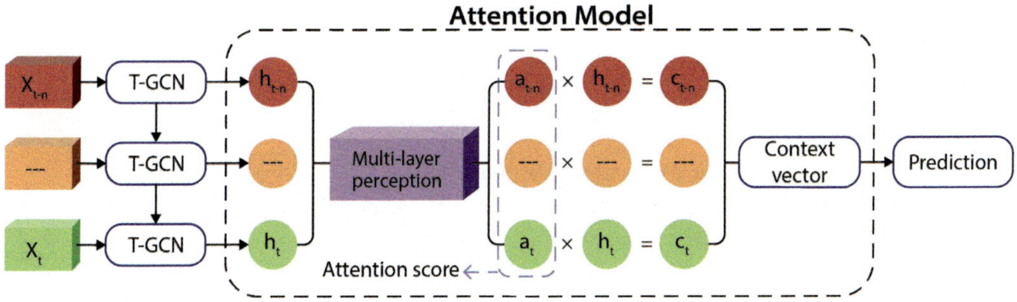

그림 15.8 A3T-GCN의 구조

이제 PyTorch Geometric Temporal 라이브러리를 활용하여 구현해 볼 것이다.

1. 우선 필수 라이브러리를 임포트한다.

```
import torch
from torch_geometric_temporal.nn.recurrent import A3TGCN
```

2. 32개의 은닉 차원(hidden dimensions)을 가지는 선형 레이어와 A3TGCN 레이어로 구성되는 T-GNN을 생성한다. edge_attr 매개변수는 간선 가중치 값을 가질 것이다.

```
class TemporalGNN(torch.nn.Module):
    def __init__(self, dim_in, periods):
        super().__init__()
        self.tgnn = A3TGCN(in_channels=dim_in, out_channels=32, periods=periods)
        self.linear = torch.nn.Linear(32, periods)

    def forward(self, x, edge_index, edge_attr):
        h = self.tgnn(x, edge_index, edge_attr).relu()
        h = self.linear(h)
        return h
```

3. T-GNN과 0.005의 학습률의 Adam 최적화기를 인스턴스화한다. 구현 세부 사항으로 인해 이 모델을 GPU 대신 CPU로 훈련할 것이다.

```
model = TemporalGNN(lags, 1).to('cpu')
optimizer = torch.optim.Adam(model.parameters(), lr=0.005)
```

4. 손실 함수로 **평균 제곱 오차**(Mean Squared Error, MSE)를 사용하여 30 에폭 동안 모델을 훈련시킨다. 손실 함수 값은 각 에폭마다 역전파된다.

```
model.train()
for epoch in range(30):
    loss = 0
    step = 0
    for i, snapshot in enumerate(train_dataset):
        y_pred = model(snapshot.x.unsqueeze(2), snapshot.
edge_index, snapshot.edge_attr)
loss += torch.mean((y_pred-snapshot.y)**2)
step += 1
loss = loss / (step + 1)
loss.backward()
optimizer.step()
optimizer.zero_grad()
if epoch % 10 == 0:
print(f"Epoch {epoch+1:>2} | Train MSE:
{loss:.4f}")
```

5. 이를 통해 다음 결과를 얻는다.

```
Epoch 1  | Train MSE: 1.0209
Epoch 10 | Train MSE: 0.9625
Epoch 20 | Train MSE: 0.9143
Epoch 30 | Train MSE: 0.8905
```

이제 모델이 훈련되었으니, 모델을 평가해야 한다. Root Mean Squared Error(RMSE)와 Mean Absolute Error(MAE)와 같은 고전적인 평가 방식 외에도, 시계열 데이터에 대한 기준 방식과 모델을 비교하는 것이 특히 도움이 된다. 다음 목록에서, 두가지 방식을 소개하겠다.

- **랜덤 워크**를 나이브한 예측기로 사용. 이 경우에 RW는 예측된 값으로 마지막 관측치를 사용한다. 즉, t 시점의 값이 $t+h$ 시점의 값과 같게 한다.
- Historical Average(HA)를 더 발전된 방식으로 사용. 이 경우에, $t+h$ 시점에서 이전 k개

의 샘플들의 평균 값을 계산한다. 이 예시에서, k값을 랙(lags)의 수로 사용할 것이지만 전체적인 과거의 평균을 사용할 수도 있다.

테스트 셋에 대한 모델의 예측을 평가해 보자:

1. z-점수를 역변환하여 원래 값으로 돌아가기 위한 함수를 생성한다.

```
def inverse_zscore(x, mean, std):
return x * std + mean
```

2. 이 함수를 활용하여 정규화된 값으로부터 우리가 원하는 속도를 다시 계산한다. 다음 루프는 매우 효율적이지 않지만, 더 최적화된 코드보다 이해하기 더 명료하다.

```
y_test = []
for snapshot in test_dataset:
    y_hat = snapshot.y.numpy()
    y_hat = inverse_zscore(y_hat, speeds.mean(axis=0), speeds.std(axis=0))
y_test = np.append(y_test, y_hat)
```

3. GNN으로부터 얻은 예측에 대해 같은 전략을 적용한다.

```
gnn_pred = []
model.eval()
for snapshot in test_dataset:
    y_hat = model(snapshot.x.unsqueeze(2), snapshot.edge_
index, snapshot.edge_weight).squeeze().detach().numpy()
    y_hat = inverse_zscore(y_hat, speeds.mean(axis=0), speeds.std(axis=0))
    gnn_pred = np.append(gnn_pred, y_hat)
```

4. RW와 HA 방식에 같은 것을 적용한다.

```
rw_pred = []
for snapshot in test_dataset:
    y_hat = snapshot.x[:,-1].squeeze().detach().numpy()
    y_hat = inverse_zscore(y_hat, speeds.mean(axis=0), speeds.std(axis=0))
    rw_pred = np.append(rw_pred, y_hat)

ha_pred = []
for i in range(lags, speeds_norm.shape[0]-horizon):
    y_hat = speeds_norm.to_numpy()
[i-lags:i].T.mean(axis=1)
    y_hat = inverse_zscore(y_hat, speeds.mean(axis=0),
```

```
speeds.std(axis=0))
    ha_pred.append(y_hat)
ha_pred = np.array(ha_pred).flatten()[-len(y_test):]
```

5. MAE, RMSE와 Mean Absolute Percentage Error(MAPE)를 계산하기 위한 함수를 생성한다.

```
def MAE(real, pred):
    return np.mean(np.abs(pred - real))

def RMSE(real, pred):
    return np.sqrt(np.mean((pred - real) ** 2))

def MAPE(real, pred):
    return np.mean(np.abs(pred - real) / (real + 1e-5))
```

6. GNN의 예측 값을 평가하고 모든 기술에 대해 이 과정을 반복한다.

```
print(f'GNN MAE  = {MAE(gnn_pred, y_test):.4f}')
print(f'GNN RMSE = {RMSE(gnn_pred, y_test):.4f}')
print(f'GNN MAPE = {MAPE(gnn_pred, y_test):.4f}')
```

마지막으로, 다음 결과 표를 얻을 수 있다.

	RMSE	MAE	MAPE
A3T-GCN	**11.9396**	**8.3293**	**14.95%**
Random Walk	17.6501	11.0469	29.99%
Historical Average	17.9009	11.7308	28.93%

그림 15.9 예측의 아웃풋 표

기본 방식들에 비해 A3T-GCN 모델에서 큰 향상을 얻는 것을 확인할 수 있다. 기본 방식들을 이기기 어려울 수 있기 때문에 이 표는 중요한 결과이다. 그래프 구조 정보의 중요성을 알아내기 위해서 LSTM 또는 GRU 네트워크의 예측값과 비교하는 것도 매우 흥미로울 것이다.

마지막으로, 그림 15.3과 유사하게 평균 예측을 시각화하여 표현할 수 있다.

1. 이전 방식보다 약간 더 빠른 리스트 컴프리헨션(list comprehensions)을 사용하여 평균 예측값을 얻는다.

```
y_preds = [inverse_zscore(model(snapshot.x.unsqueeze(2),
snapshot.edge_index, snapshot.edge_weight).squeeze().
detach().numpy(), speeds.mean(axis=0), speeds.
std(axis=0)).mean() for snapshot in test_dataset]
```

2. 기본 데이터셋의 평균과 표준 편차를 계산한다.

```
mean = speeds.mean(axis=1)
std = speeds.std(axis=1)
```

3. 평균 교통 속도를 표준 편차와 같이 시각화하고 이를 예측값과 비교한다:

```
plt.figure(figsize=(10,5), dpi=300)
plt.plot(mean, 'k-', label='Mean')
plt.plot(range(len(speeds)-len(y_preds), len(speeds)), y_
preds, 'r-', label='Prediction')
plt.grid(linestyle=':')
plt.fill_between(mean.index, mean-std, mean+std,
color='r', alpha=0.1)
plt.axvline(x=len(speeds)-len(y_preds), color='b',
linestyle='--')
plt.xlabel('Time (5 min)')
plt.ylabel('Traffic speed to predict')
plt.legend(loc='upper right')
```

다음 그림을 얻을 수 있다.

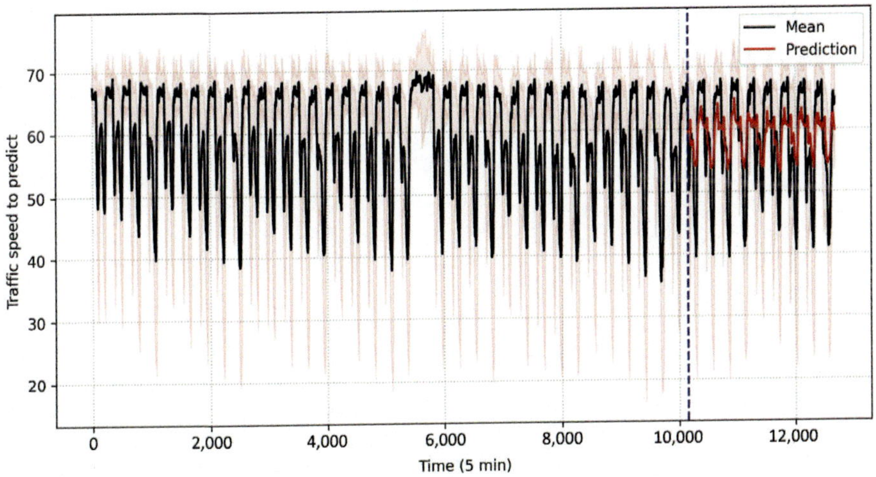

그림 15.10 테스트셋에서 A3T-GCN 모델의 평균 교통 속도 예측값

T-GNN은 대체로 올바르게 경향을 따르는 것을 확인할 수 있다. 그러나, 예측된 속도는 전체 평균 값에 가까운데 이는 MSE 손실함수로 인해 심각한 실수를 범하는 것이 더 큰 손실을 일으키기 때문이다. 그럼에도 불구하고, GNN은 상당히 정확하며 더 극단적인 값을 출력할 수 있도록 미세 조정(fine-tune)되었다.

요약

본 장에서는 T-GNN을 사용한 교통 예측에 중점을 두었다. 먼저 PeMS-M 데이터셋을 탐색하고 이를 시간 신호를 가지는 정적 그래프 데이터셋으로 변환하였다. 실제로는, 입력 거리 행렬을 기반으로 가중 인접 행렬을 생성하고 교통 속도를 시계열로 변환했다. 마지막으로 교통 예측을 위해 설계된 T-GNN을 A3T-GCN 모델을 구현했다. 그리고 결과를 두 가지 기본 방식과 비교하였다.

더 읽을거리

- [1] B. Yu, H. Yin, and Z. Zhu. Spatio-Temporal Graph Convolutional Networks: A Deep Lea rning Framework for Traffi c Forecasting. Jul. 2018. doi: 10.24963/ijcai.2018/505. Available at https://arxiv.org/abs/1709.04875.
- [2] Y. Li, R. Yu, C. Shahabi, and Y. Liu. Diff usion Convolutional Recurrent Neural Network: Data-Driven Traffi c Forecasting. arXiv, 2017. doi: 10.48550/ARXIV.1707.01926. Available at https://arxiv.org/abs/1707.01926.

제16장 이종 그래프 인공신경망을 활용한 이상 감지

기계 학습에서 이상 감지는 예상되는 행동에서 벗어나는 데이터의 패턴을 식별하는 것을 목표로 하는 잘 알려진 태스크이다. 이상 감지는 금융 거래에서 사기 감지, 제조 공정에서 불량 제품 식별, 컴퓨터 네트워크에서 사이버 공격 탐지와 같이 다양한 실제 응용 프로그램에서 발생하는 기본적인 문제다.

그래프 인공신경망은 네트워크의 정상적인 동작을 학습하고 그 동작에서 벗어나는 노드나 패턴을 식별하는 데 사용될 수 있다. 사실, 그래프 인공신경망의 복잡한 관계를 이해하는 능력 덕분에 약한 신호를 감지하는 데 특히 적합하다. 또한, 그래프 인공신경망은 대규모 데이터로 확장할 수 있어, 대량의 데이터를 처리하는 효율적인 도구가 된다.

이번 장에서는 컴퓨터 네트워크에서의 이상 감지를 위한 그래프 인공신경망 애플리케이션을 구축할 것이다. 먼저 컴퓨터 네트워크에서의 공격과 정상적인 트래픽이 포함되어 있는 `CIDDS-001` 데이터셋을 소개할 것이다. 다음으로 데이터셋을 전처리하고 그래프 인공신경망에 입력하기 위해 준비할 것이다. 그런 다음 다양한 유형의 노드와 간선을 다루기 위한 이종 그래프 인공신경망을 구현할 것이다. 마지막으로 처리된 데이터셋을 사용하여 모델을 훈련시키고, 네트워크 트래픽에서 어떻게 이상 감지를 잘 수행하는지 결과를 평가할 것이다.

이 장을 마치면 이상 감지를 위한 그래프 인공신경망을 구현하는 방법을 알게 될 것이다. 또한 공격을 감지하기 위한 특징을 생성하고 이를 그래프 인공신경망에 공급하는 방법을 알게 될 것이다. 마지막으로 드문 공격을 감지하기 위한 이종 그래프 인공신경망을 구현하고 평가하는 방법을 배울 것이다.

본 장에서는 다음과 같은 주요 주제를 다룰 것이다:

- CIDDS-001 데이터셋 탐색
- CIDDS-001 데이터셋 전처리
- 이종 그래프 인공신경망 구현

기술 요구사항

본 장의 모든 코드 예제는 다음 GitHub에서 찾을 수 있다: `https://github.com/PacktPublishing/Hands-On-Graph-Neural-Networks-Using-Python/tree/main/Chapter16`.

이 코드를 로컬 컴퓨터에서 실행하려면 이 책의 서문에서 찾을 수 있는 설치 단계를 따라야한다. 이 장은 많은 양의 GPU를 필요로 한다. 코드에서 훈련 세트의 크기를 줄이면 GPU 요구 사항을 낮출 수 있다.

CIDDS-001 데이터셋 탐색

이 절에서는 데이터셋을 탐색하고 특성의 중요성과 스케일링에 대해 더 자세히 이해할 수 있다.

`CIDDS-001` 데이터셋[1]은 이상 기반 네트워크 침입 감지 시스템을 교육하고 평가하기 위해 설계되었다. 이 시스템을 평가하기 위해 최신 공격을 포함한 현실적인 트래픽을 제공한다. 이 데이터셋은 OpenStack을 사용하여 가상 환경에서 8,451,520개의 트래픽 흐름을 수집하고 레이블을 지정하여 생성되었다. 즉, 각 행은 NetFlow 연결에 해당하며, 교환된 바이트 수와 같은 **인터넷 프로토콜 (IP)** 트래픽 통계 정보를 포함한다.

다음 그림은 `CIDDS-001`에서 시뮬레이션된 네트워크 환경을 개요로 제공한다.

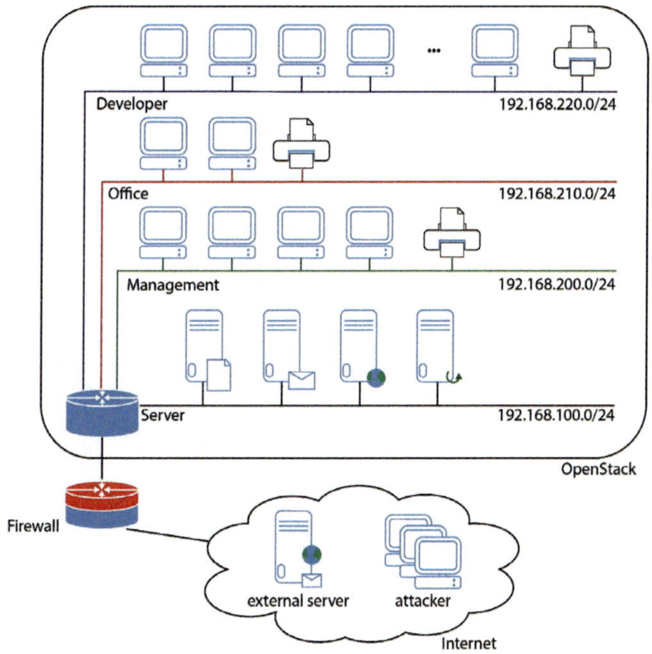

그림 16.1 CIDDS-001에서 시뮬레이션된 가상 네트워크의 개요

CIDDS-001 데이터셋에서는 네 개의 다른 서브넷(개발자, 사무실, 관리 및 서버)과 각각의 IP 주소 범위가 나타난다. 모든 이러한 서브넷은 하나의 서버에 연결되며 이 서버는 방화벽을 통해 인터넷에 연결된다. 외부 서버도 존재하며 파일 동기화 서비스와 웹 서버 두 가지 서비스를 제공한다. 마지막으로, 공격자는 로컬 네트워크 외부에서 표현된다.

CIDDS-001에서의 연결은 로컬 및 외부 서버에서 수집되었다. 이 데이터셋의 목표는 이러한 연결을 정확하게 다섯 가지 범주로 분류하는 것이다: 양호(공격 없음), 무차별 대입, 서비스 거부, 핑 스캔 및 포트 스캔.

이제 CIDDS-001 데이터셋을 다운로드하고 입력 특성을 탐색해 보겠다.

1. CIDDS-001 데이터셋을 다운로드한다.

```
from io import BytesIO
from urllib.request import urlopen
from zipfile import ZipFile

url = 'https://www.hs-coburg.de/fileadmin/hscoburg/
WISENT-CIDDS-001.zip'
with urlopen(url) as zurl:
```

```
    with ZipFile(BytesIO(zurl.read())) as zfile:
        zfile.extractall('.')
```

2. 필요한 라이브러리를 가져온다.

```
import numpy as np
import pandas as pd
import matplotlib.pyplot as plt
import itertools
from sklearn.model_selection import train_test_split
from sklearn.preprocessing import PowerTransformer
from sklearn.metrics import f1_score, classification_report, confusion_matrix
from torch_geometric.loader import DataLoader
from torch_geometric.data import HeteroData
from torch.nn import functional as F
from torch.optim import Adam
from torch import nn
import torch
```

3. pandas를 사용하여 데이터셋을 로드한다.

```
df = pd.read_csv("CIDDS-001/traffic/OpenStack/CIDDS-001-
internal-week1.csv")
```

4. 첫 다섯 개의 연결에 해당하는 데이터를 살펴보겠다.

```
df.head(5)
Date first seen Duration Proto Src IP Addr Src Pt Dst
IP Addr Dst Pt Packets Bytes Flows Flags Tos class
attackType attackID attackDescription
2017-03-15 00:01:16.632 0.000 TCP 192.168.100.5 445
192.168.220.16 58844.0 1 108 1 .AP... 0 normal --- ---
---
2017-03-15 00:01:16.552 0.000 TCP 192.168.100.5 445
192.168.220.15 48888.0 1 108 1 .AP... 0 normal --- ---
---
2017-03-15 00:01:16.551 0.004 TCP 192.168.220.15 48888
192.168.100.5 445.0 2 174 1 .AP... 0 normal --- --- ---
2017-03-15 00:01:16.631 0.004 TCP 192.168.220.16 58844
192.168.100.5 445.0 2 174 1 .AP... 0 normal --- --- ---
2017-03-15 00:01:16.552 0.000 TCP 192.168.100.5 445
192.168.220.15 48888.0 1 108 1 .AP... 0 normal --- ---
---
```

모델에 사용할 수 있는 몇 가지 흥미로운 특성이 있다.

- 먼저, 날짜는 요일 및 시간 정보를 추출할 수 있는 타임스탬프다. 일반적으로 네트워크 트래픽은 계절적이며, 밤이나 일반적이지 않은 날에 발생하는 연결은 의심스럽다.
- IP 주소(예: 192.168.100.5)는 복잡한 규칙을 따르는 수치 값이 아니기 때문에 처리하기 어렵다. 로컬 네트워크가 어떻게 설정되어 있는지 알기 때문에 몇 가지 범주로 나눌 수 있다. 더 일반적이고 일반화할 수 있는 대안은 IP 주소를 이진 표현("192"를 "11000000"으로 변환)으로 변환하는 것이다.
- 지속 시간, 패킷 수 및 바이트 수는 일반적으로 꼬리가 두꺼운 분포를 가진다. 따라서 그런 경우에는 특별한 처리가 필요할 것이다.

마지막 항목을 확인하고 이 데이터셋에서의 공격 분포를 자세히 살펴보겠다:

1. 이 프로젝트에서 고려하지 않을 특성을 제거하겠다: 포트, 흐름 수, 서비스 유형, 클래스, 공격 ID 및 공격 설명을 포함한다.

```
df = df.drop(columns=['Src Pt', 'Dst Pt', 'Flows', 'Tos',
'class', 'attackID', 'attackDescription'])
```

2. 양호한 클래스의 이름을 변경하고 "Date first seen" 특성을 타임스탬프 데이터 유형으로 변환하겠다.

```
df['attackType'] = df['attackType'].replace('---', 'benign')
df['Date first seen'] = pd.to_datetime(df['Date first seen'])
```

3. 레이블을 계산하고 가장 많이 나타나는 세 개의 클래스로 파이 차트를 작성하겠다 (다른 두 클래스는 0.1% 미만이다).

```
count_labels = df['attackType'].value_counts() / len(df) * 100
plt.pie(count_labels[:3], labels=df['attackType'].
unique()[:3], autopct='%.0f%%')
```

4. 다음과 같은 그래프를 얻는다. 보다시피, 양호한 트래픽이 이 데이터셋의 압도적인 대부분을 차지한다.

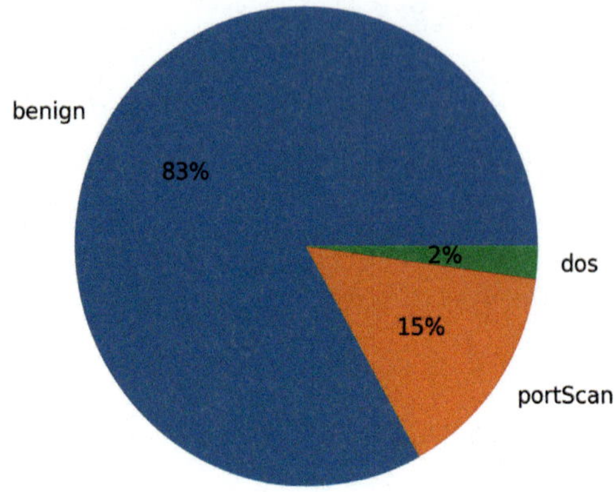

그림 16.2 CIDDS-001 데이터셋의 각 클래스 비율

반면, 무차별 대입 공격과 핑 스캔은 비교적 샘플이 매우 적다. 이는 드문 클래스를 다룰 때 모델의 성능에 부정적인 영향을 미칠 수 있는 불균형 학습 환경이다.

5. 마지막으로 지속 시간, 패킷 수 및 바이트 수 분포를 표시할 수 있다. 이렇게 하면 이러한 특성이 실제로 특별한 재조정 과정이 필요한지 확인할 수 있다.

```
fig, ((ax1, ax2, ax3)) = plt.subplots(1, 3, figsize=(20,5))
df['Duration'].hist(ax=ax1)
ax1.set_xlabel("Duration")
df['Packets'].hist(ax=ax2)
ax2.set_xlabel("Number of packets")
pd.to_numeric(df['Bytes'], errors='coerce').hist(ax=ax3)
ax3.set_xlabel("Number of bytes")
plt.show()
```

다음과 같은 그림이 출력된다.

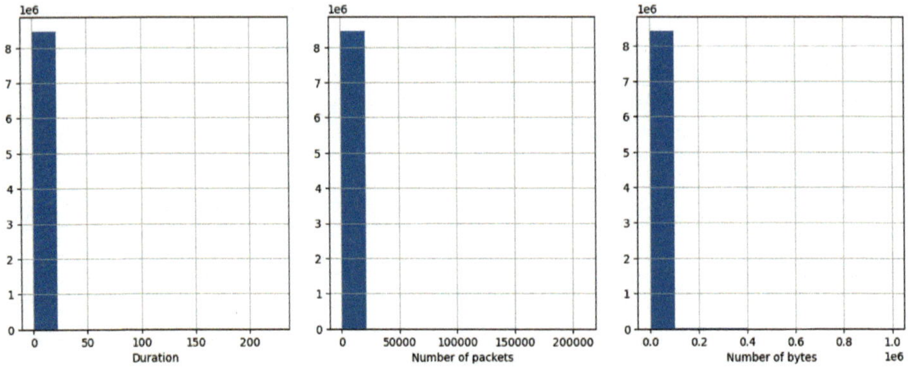

그림 16.3 지속 시간, 패킷 수 및 바이트 수의 분포

대부분의 값은 거의 0에 가깝지만, x 축을 따라 뻗어 나가는 드문 값들의 긴 꼬리도 있다. 이러한 특성을 정규 분포와 더 유사하게 만들기 위해 거듭제곱 변환(power transform)을 사용할 것이며, 이는 모델 훈련 중에 도움이 될 것이다.

이제 `CIDDS-001` 데이터셋의 주요 특성을 탐색했으므로 전처리 단계로 넘어갈 수 있다.

CIDDS-001 데이터셋 전처리

이전 섹션에서 모델의 정확도를 향상시키기 위해 처리해야 할 데이터셋의 몇 가지 문제를 식별했다.

`CIDDS-001` 데이터셋에는 지속 시간과 같은 수치 값, 프로토콜(TCP, UDP, ICMP 및 IGMP)과 같은 범주형 특성, 타임스탬프 또는 IP 주소와 같은 기타 특성이 포함되어 있다. 다음 연습에서는 이러한 데이터 유형을 이전 섹션과 전문 지식을 기반으로 어떻게 표현할지 선택할 것이다.

1. 먼저 타임스탬프에서 이 정보를 추출하여 요일을 원핫 인코딩할 수 있다. 그런 다음 결과 열의 이름을 더 읽기 쉽게 변경할 것이다.

```
df['weekday'] = df['Date first seen'].dt.weekday
df = pd.get_dummies(df, columns=['weekday']).
rename(columns = {'weekday_0': 'Monday','weekday_1':
'Tuesday','weekday_2': 'Wednesday', 'weekday_3':
'Thursday','weekday_4': 'Friday','weekday_5':
'Saturday','weekday_6': 'Sunday',})
```

2. 타임스탬프를 사용하여 얻을 수 있는 중요한 정보 유형은 하루 중 시간이다. 이것도 `0`과 `1` 사이로 정규화할 것이다.

```
df['daytime'] = (df['Date first seen'].dt.second
+df['Date first seen'].dt.minute*60 + df['Date first
seen'].dt.hour*60*60)/(24*60*60)
```

3. 아직 TCP 플래그에 대해 이야기하지 않았다. 각 플래그는 TCP 연결 중의 특정 상태를 나타낸다. 예를 들어, `F` 또는 `FIN`은 TCP 피어가 데이터 송신을 완료했음을 나타낸다. 각 플래그를 추출하고 다음과 같이 원핫 인코딩할 수 있다.

```
df = df.reset_index(drop=True)
ohe_flags = one_hot_flags(df['Flags'].to_numpy())
ohe_flags = df['Flags'].apply(one_hot_flags).to_list()
df[['ACK', 'PSH', 'RST', 'SYN', 'FIN']] =
pd.DataFrame(ohe_flags, columns=['ACK', 'PSH', 'RST', 'SYN', 'FIN'])
```

4. 이제 IP 주소를 처리하겠다. 이 예에서는 이진 인코딩을 사용할 것이다. IPv4 주소 전체를 인코딩하는 데 32비트를 사용하는 대신 여기서 가장 중요한 마지막 16비트만 유지할 것이다. 실제로 첫 16비트는 호스트가 내부 네트워크에 속하는 경우 `192.168`에 해당하고 외부인 경우 다른 값을 갖는다.

```
temp = pd.DataFrame()
temp['SrcIP'] = df['Src IP Addr'].astype(str)
temp['SrcIP'][~temp['SrcIP'].str.contains('\d{1,3}\.', regex=True)] = '0.0.0.0'
temp = temp['SrcIP'].str.split('.', expand=True).
rename(columns = {2: 'ipsrc3', 3: 'ipsrc4'}).astype(int)
[['ipsrc3', 'ipsrc4']]
temp['ipsrc'] = temp['ipsrc3'].apply(lambda x: format(x,
"b").zfill(8)) + temp['ipsrc4'].apply(lambda x: format(x, "b").zfill(8))
df = df.join(temp['ipsrc'].str.split('', expand=True)
            .drop(columns=[0, 17])
            .rename(columns=dict(enumerate([f'ipsrc_{i}' for i in range(17)])))
            .astype('int32'))
```

5. 이 작업을 대상 IP 주소에 대해서도 반복한다.

```
temp = pd.DataFrame()
temp['DstIP'] = df['Dst IP Addr'].astype(str)
temp['DstIP'][~temp['DstIP'].str.contains('\d{1,3}\.',
regex=True)] = '0.0.0.0'
temp = temp['DstIP'].str.split('.', expand=True).
rename(columns = {2: 'ipdst3', 3: 'ipdst4'}).astype(int)
[['ipdst3', 'ipdst4']]
temp['ipdst'] = temp['ipdst3'].apply(lambda x: format(x,
"b").zfill(8)) + temp['ipdst4'].apply(lambda x: format(x, "b").zfill(8))
df = df.join(temp['ipdst'].str.split('', expand=True)
            .drop(columns=[0, 17])
.rename(columns=dict(enumerate([f'ipdst_{i}'for i in range(17)])))
            .astype('int32'))
```

6. 'Bytes' 특성값에 문제가 있다. 백만은 숫자 값 대신 'm'으로 표시된다. 이 문제를 해결하기 위해 이러한 비수치 값의 숫자 부분을 백만으로 곱하여 수정할 수 있다.

```
m_index = df[pd.to_numeric(df['Bytes'], errors='coerce').
isnull() == True].index
df['Bytes'].loc[m_index] = df['Bytes'].loc[m_index].
apply(lambda x: 10e6 * float(x.strip().split()[0]))
df['Bytes'] = pd.to_numeric(df['Bytes'], errors='coerce',
downcast='integer')
```

7. 인코딩해야 할 마지막 특성값은 가장 쉬운 것이다. 프로토콜 및 공격 유형과 같은 범주형 특성값이다. 판다스의 get_dummies() 함수를 사용할 것이다.

```
df = pd.get_dummies(df, prefix='', prefix_sep='', columns=['Proto', 'attackType'])
```

8. 80/10/10 비율로 훈련/검증/테스트 분할을 생성한다.

```
labels = ['benign', 'bruteForce', 'dos', 'pingScan',
'portScan']
df_train, df_test = train_test_split(df, random_state=0,
test_size=0.2, stratify=df[labels])
df_val, df_test = train_test_split(df_test, random_
state=0, test_size=0.5, stratify=df_test[labels])
```

9. 마지막으로 지속 시간, 패킷 수 및 바이트 수의 스케일링 문제를 처리해야 한다. 이러한 특성값들의 분포를 수정하기 위해 scikit-learn의 PowerTransformer()를 사용할 것이다.

```
scaler = PowerTransformer()
df_train[['Duration', 'Packets', 'Bytes']] = scaler.fit_
transform(df_train[['Duration', 'Packets', 'Bytes']])
df_val[['Duration', 'Packets', 'Bytes']] = scaler.
transform(df_val[['Duration', 'Packets', 'Bytes']])
df_test[['Duration', 'Packets', 'Bytes']] = scaler.
transform(df_test[['Duration', 'Packets', 'Bytes']])
```

10. 새로운 분포를 비교하기 위해 그래프를 그린다.

```
fig, ((ax1, ax2, ax3)) = plt.subplots(1, 3, figsize=(15,5))
df_train['Duration'].hist(ax=ax1)
ax1.set_xlabel("Duration")
df_train['Packets'].hist(ax=ax2)
ax2.set_xlabel("Number of packets")
df_train['Bytes'].hist(ax=ax3)
ax3.set_xlabel("Number of bytes")
plt.show()
```

다음과 같은 그림이 출력된다.

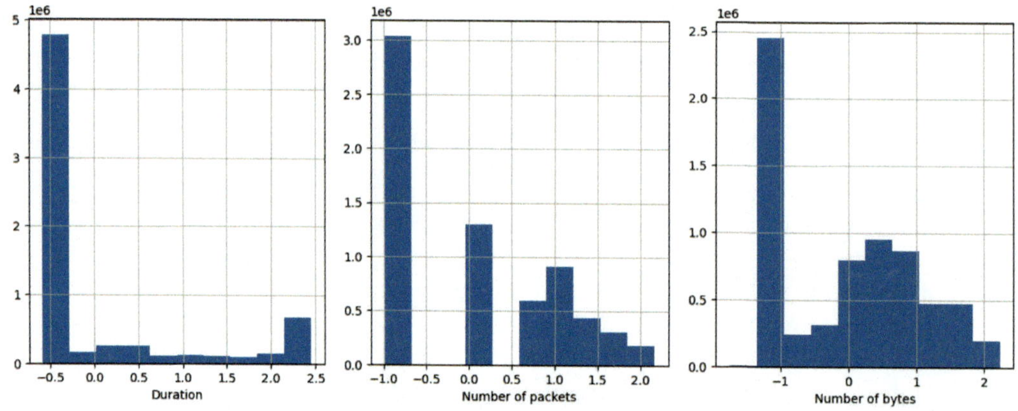

그림 16.4 지속 시간, 패킷 수 및 바이트 수의 재조정된 분포

새로운 분포들은 정규 분포는 아니지만 값들이 더 퍼져 있으므로 모델에 도움이 될 것이다.

처리한 데이터셋은 순전히 정형 데이터이다. GNN에 공급하기 전에 그래프 데이터셋으로 변환해야 한다. 우리의 경우, 트래픽 흐름을 노드로 변환하는 명확한 방법이 없다. 이상적으로, 동일한 컴퓨터 간의 흐름을 연결해야 한다. 이것은 두 가지 유형의 노드를 가진 이종 그래프를 사용하여 달성할 수 있다.

- **호스트(hosts)**: 컴퓨터에 해당하며 IP 주소를 특성값으로 사용한다. 더 많은 정보가 있다면 로그 또는 CPU 사용률과 같은 다른 컴퓨터 관련 특성값을 추가할 수 있다.
- **흐름(flows)**: 두 개의 호스트 간의 연결에 해당한다. 데이터셋의 모든 다른 특성값을 고려한다. 또한 예측하려는 레이블(양호한 흐름 또는 악성 흐름)을 가지고 있다.

이 예에서는 흐름이 단방향이기 때문에 호스트-흐름(host-to-flow, 출발지를 의미) 및 흐름-호스트(flow-to-host, 도착지를 의미) 두 가지 유형의 간선을 정의한다. 하나의 그래프는 너무 많은 메모리가 필요하기 때문에 그래프를 서브그래프로 분할하고 데이터 로더에 배치한다.

1. 호스트 및 흐름 노드에 대해 고려할 배치 크기와 특성을 정의한다.

```
BATCH_SIZE = 16
features_host = [f'ipsrc_{i}' for i in range(1, 17)] +
[f'ipdst_{i}' for i in range(1, 17)]
features_flow = ['daytime', 'Monday', 'Tuesday',
'Wednesday', 'Thursday', 'Friday', 'Duration', 'Packets',
'Bytes', 'ACK', 'PSH', 'RST', 'SYN', 'FIN', 'ICMP ',
'IGMP ', 'TCP ', 'UDP ']
```

2. 데이터 로더를 생성할 함수를 정의한다. 이 함수는 두 개의 매개변수를 사용한다: 생성한 테이블 형식의 DataFrame 및 서브그래프 크기 (이 예에서는 1024개 노드).

```
def create_dataloader(df, subgraph_size=1024):
```

3. 서브그래프를 저장할 data라는 리스트를 초기화하고 생성할 서브그래프 수를 계산한다.

```
data = []
n_subgraphs = len(df) // subgraph_size
```

4. 각 서브그래프에 대해 DataFrame에서 해당 샘플, 출발 IP 주소 목록 및 도착 IP 주소 목록을 검색한다.

```
for i in range(1, n_batches+1):
subgraph = df[(i-1)*subgraph_size:i*subgraph_size]
src_ip = subgraph['Src IP Addr'].to_numpy()
dst_ip = subgraph['Dst IP Addr'].to_numpy()
```

5. IP 주소를 노드 인덱스에 매핑하는 딕셔너리를 생성한다.

```
ip_map = {ip:index for index, ip in enumerate(np.
unique(np.append(src_ip, dst_ip)))}
```

6. 이 딕셔너리는 호스트에서 흐름 및 그 반대로 가는 간선 인덱스를 만드는 데 도움이 될 것이다. get_connections()라는 함수를 사용할 것이며, 이 함수는 뒤에서 만들 것이다.

```
host_to_flow, flow_to_host = get_connections(ip_map, src_ip, dst_ip)
```

7. 지금까지 수집한 모든 데이터를 사용하여 각 서브그래프에 대한 이종 그래프를 생성하고 리스트에 추가한다.

```
        batch = HeteroData()
        batch['host'].x = torch.Tensor(subgraph[features_host].to_numpy()).float()
        batch['flow'].x = torch.Tensor(subgraph[features_flow].to_numpy()).float()
        batch['flow'].y = torch.Tensor(subgraph[labels].to_numpy()).float()
        batch['host','flow'].edge_index = host_to_flow
        batch['flow','host'].edge_index = flow_to_host
        data.append(batch)
```

8. 마지막으로 적절한 배치 크기를 가진 데이터 로더를 반환한다.

```
return DataLoader(data, batch_size=BATCH_SIZE)
```

9. 아직 구현해야 할 함수인 get_connections()이 있다. 이 함수는 출발 및 도착 IP 주소 목록과 해당 맵에서 두 개의 간선 인덱스를 계산한다.

```
def get_connections(ip_map, src_ip, dst_ip):
```

10. IP 주소에서 인덱스(출발지 및 도착지 모두)를 가져와서 쌓는다.

```
    src1 = [ip_map[ip] for ip in src_ip]
    src2 = [ip_map[ip] for ip in dst_ip]
    src = np.column_stack((src1, src2)).flatten()
```

11. 연결은 고유하므로 적절한 숫자 범위로 쉽게 인덱싱할 수 있다.

```
    dst = list(range(len(src_ip)))
    dst = np.column_stack((dst, dst)).flatten()
```

12. 마지막으로 다음 두 개의 간선 인덱스를 반환한다.

```
return torch.Tensor([src, dst]).int(), torch.Tensor([dst,
src]).int()
```

13. 이제 필요한 모든 것을 갖췄으므로, 첫 번째 함수를 호출하여 학습, 검증 및 테스트 데이

터 로더를 생성할 수 있다.

```
train_loader = create_dataloader(df_train)
val_loader = create_dataloader(df_val)
test_loader = create_dataloader(df_test)
```

14. 이제 학습, 검증 및 테스트 세트에 해당하는 세 개의 데이터 로더가 있다. 다음 단계는 GNN 모델을 구현하는 것이다.

이종 그래프 인공신경망 구현

이 절에서는 GraphSAGE 연산자를 사용하여 이종 GNN을 구현할 것이다. 이 아키텍처를 사용하여 노드 유형(호스트 및 흐름)을 모두 고려하여 더 나은 임베딩을 구축할 수 있다. 이것은 아래 그림에 나와 있는 것처럼 다른 레이어 간에 메시지를 복제하고 공유함으로써 수행된다.

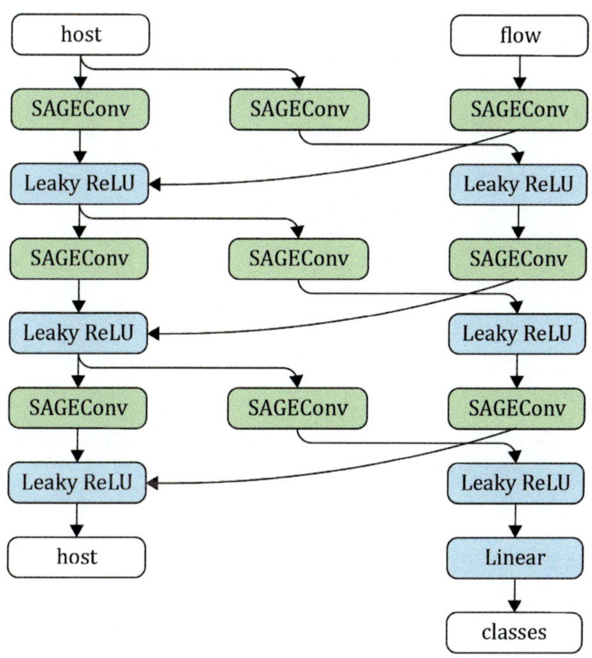

그림 16.5 이종 그래프 인공신경망 구조

우리는 각 노드 유형에 대해 LeakyReLU를 포함한 SAGEConv의 세 개의 레이어를 구현할 것이다. 마지막으로, 각 차원이 클래스에 해당하는 5차원 벡터를 출력할 선형 레이어가 있다. 또한, 이 모델을 Adam 최적화기를 사용하여 교차 엔트로피 손실을 통해 지도 방식으로 훈련할 것이다.

1. PyTorch Geometric에서 관련된 신경망 레이어를 가져온다.

```
import torch_geometric.transforms as T
from torch_geometric.nn import Linear, HeteroConv,SAGEConv
```

2. 우리는 이종 GNN을 세 개의 매개변수로 정의한다: 은닉 차원의 수, 아웃풋 차원의 수 및 레이어의 수.

```
class HeteroGNN(torch.nn.Module):
    def __init__(self, dim_h, dim_out, num_layers):
        super().__init__()
```

3. 각 레이어 및 간선 유형에 대한 GraphSAGE 연산자의 이종 버전을 정의한다. 여기서 각 간선 유형에 다른 GNN 레이어를 적용할 수 있으며, 예를 들어 GCNConv 또는 GATConv를 사용할 수 있다. HeteroConv() 래퍼(wrapper)는 레이어 간의 메시지를 관리한다(그림 16.5 참조).

```
        self.convs = torch.nn.ModuleList()
        for _ in range(num_layers):
            conv = HeteroConv({
                ('host', 'to', 'flow'): SAGEConv((-1,-1),
dim_h, add_self_loops=False),
                ('flow', 'to', 'host'): SAGEConv((-1,-1),
dim_h, add_self_loops=False),
            }, aggr='sum')
            self.convs.append(conv)
```

4. 최종 분류를 출력할 선형 레이어를 정의한다.

```
        self.lin = Linear(dim_h, dim_out)
```

5. 호스트 및 흐름 노드의 임베딩을 계산하는 forward() 메서드를 생성한다(x_dict 딕셔너리에 저장). 그런 다음 흐름 임베딩을 사용하여 클래스를 예측한다.

```
    def forward(self, x_dict, edge_index_dict):
        for conv in self.convs:
            x_dict = conv(x_dict, edge_index_dict)
            x_dict = {key: F.leaky_relu(x) for key, x in x_dict.items()}
        return self.lin(x_dict['flow'])
```

6. 64개의 히든 차원, 5개의 아웃풋(5개 클래스) 및 3개의 레이어를 사용하여 이종 GNN을

인스턴스화한다. 사용 가능한 경우 GPU에 배치하고 학습률이 0.001인 Adam 최적화기를 생성한다.

```
device = torch.device('cuda' if torch.cuda.is_available()
else 'cpu')
model = HeteroGNN(dim_h=64, dim_out=5, num_layers=3).
to(device)
optimizer = Adam(model.parameters(), lr=0.001)
```

7. test() 함수를 정의하고 예측 및 실제 레이블을 저장할 배열을 생성한다. 또한 서브그래프 수와 전체 손실 함수를 계산하는 변수를 생성한다.

```
@torch.no_grad()
def test(loader):
    model.eval()
    y_pred = []
    y_true = []
    n_subgraphs = 0
    total_loss = 0
```

8. 각 배치에 대한 모델의 예측을 얻고 교차 엔트로피 손실을 계산한다.

```
    for batch in loader:
        batch.to(device)
        out = model(batch.x_dict, batch.edge_index_dict)
        loss = F.cross_entropy(out,
batch['flow'].y.float())
```

9. 예측된 클래스를 예측 목록에 추가하고 실제 레이블도 마찬가지로 처리한다.

```
        y_pred.append(out.argmax(dim=1))
        y_true.append(batch['flow'].y.argmax(dim=1))
```

10. 다음과 같이 서브그래프 수와 총 손실을 계산해본다.

```
        n_subgraphs += BATCH_SIZE
        total_loss += float(loss) * BATCH_SIZE
```

11. 이제 배치 루프가 끝났으므로 예측 및 실제 레이블 목록을 사용하여 F1 점수(매크로)를 계산한다. 매크로 평균 F1 점수는 샘플 수와 관계없이 모든 클래스를 동등하게 다루기 때문에 이 불균형 학습 환경에서 좋은 평가 지표이다.

```
    y_pred = torch.cat(y_pred).cpu()
    y_true = torch.cat(y_true).cpu()
    f1score = f1_score(y_true, y_pred, average='macro')
```

12. 최종 손실, 매크로 평균 F1 점수, 예측 목록 및 실제 레이블 목록을 반환한다.

```
return total_loss/n_subgraphs, f1score, y_pred, y_true
```

13. 101 에폭 동안 모델을 훈련하기 위한 훈련 루프를 생성한다.

```
model.train()
for epoch in range(101):
    n_subgraphs = 0
    total_loss = 0
```

14. 교차 엔트로피 손실을 사용하여 각 배치에서 이종 GNN을 훈련한다.

```
    for batch in train_loader:
        optimizer.zero_grad()
        batch.to(device)
        out = model(batch.x_dict, batch.edge_index_dict)
        loss = F.cross_entropy(out,
batch['flow'].y.float())
        loss.backward()
        optimizer.step()
        n_subgraphs += BATCH_SIZE
        total_loss += float(loss) * BATCH_SIZE
```

15. 매 10 에폭마다, 모델을 검증 세트에서 평가하고 관련 지표를 표시한다(훈련 손실, 검증 손실 및 검증 매크로 평균 F1 점수).

```
    if epoch % 10 == 0:
        val_loss, f1score, _, _ = test(val_loader)
        print(f'Epoch {epoch} | Loss: {total_loss/n_
subgraphs:.4f} | Val loss: {val_loss:.4f} | Val F1 score: {f1score:.4f}')
```

이를 통해 다음 결과를 얻는다.

```
Epoch 0 | Loss: 0.1006 | Val loss: 0.0072 | Val F1 score:
0.6044
Epoch 10 | Loss: 0.0020 | Val loss: 0.0021 | Val
F1-score: 0.8899
Epoch 20 | Loss: 0.0015 | Val loss: 0.0015 | Val
F1-score: 0.9211
...
Epoch 90 | Loss: 0.0004 | Val loss: 0.0008 | Val
F1-score: 0.9753
Epoch 100 | Loss: 0.0004 | Val loss: 0.0009 | Val
F1-score: 0.9785
```

16. 마지막으로, 모델을 테스트 세트에서 평가한다. 또한 scikit-learn의 분류 보고서를 출력하며, 이는 매크로 평균 F1 점수를 포함한다.

```
_, _, y_pred, y_true = test(test_loader)
print(classification_report(y_true, y_pred, target_
names=labels, digits=4))

              precision  recall     f1-score         support

benign        0.9999     0.9999        0.9999        700791
bruteForce    0.9811     0.9630        0.9720        162
dos           1.0000     1.0000        1.0000        125164
pingScan      0.9413     0.9554        0.9483        336
portScan      0.9947     0.9955        0.9951        18347

accuracy                               0.9998        844800
macro avg     0.9834     0.9827        0.9831        844800
weighted avg  0.9998     0.9998        0.9998        844800
```

우리는 매크로 평균 F1 점수 0.9831을 얻었다. 이 우수한 결과는 우리 모델이 각 클래스를 신뢰성 있게 예측하는 방법을 보여준다.

우리가 채택한 방식은 더 많은 호스트 관련 특성값들을 활용할 수 있다면 더 적합할 것이지만, 필요에 따라 모델을 보여준다. GNN의 다른 주요 이점은 대량의 데이터를 처리할 수 있는 능력이다. 수백만 개의 흐름을 다룰 때 이 방식은 더욱 의미가 있다. 이 프로젝트를 마무리하기 위해 모델의 오류를 시각화하여 어떻게 개선할 수 있는지 살펴보자.

예측(y_pred)과 실제 레이블(y_true)을 저장하기 위한 데이터프레임을 먼저 생성한다. 이 새로운 데이터프레임을 사용하여 오분류된 샘플의 비율을 시각화한다.

```
df_pred = pd.DataFrame([y_pred.numpy(), y_true.numpy()]).T
df_pred.columns = ['pred', 'true']
plt.pie(df_pred['true'][df_pred['pred'] != df_pred['true']].
value_counts(), labels=labels, autopct='%.0f%%')
```

이로 통해 다음 차트가 생성된다.

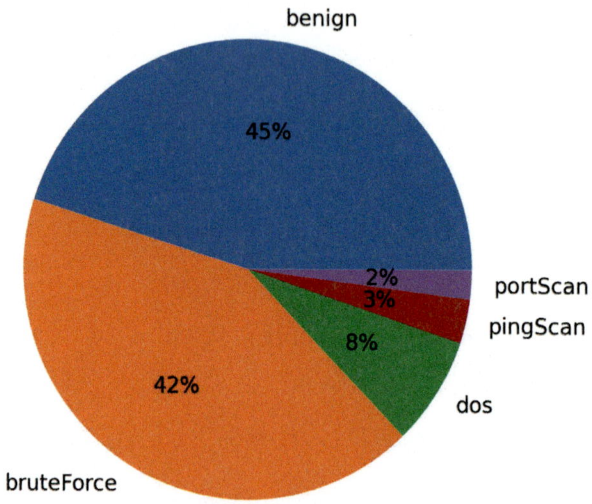

그림 16.6 각 오분류된 클래스의 비율

이 파이 차트를 데이터셋의 원래 비율과 비교하면 모델이 주요 클래스에 대해 더 나은 성능을 발휘하는 것을 볼 수 있다. 이는 적은 샘플을 가진 클래스가 학습하기 어려우며 그것들을 감지하지 못하는 것에 제약(penalty)을 덜 주기 때문이다(700,000개의 양성 흐름 대 336개의 핑 스캔). 포트 및 핑 스캔 감지는 오버샘플링(oversampling) 및 훈련 중 클래스 가중치 도입과 같은 기술을 사용하여 개선될 수 있다.

혼동 행렬(confusion matrix)을 살펴봄으로써 더 많은 정보를 수집할 수 있다(해당 코드는 GitHub에서 찾을 수 있다).

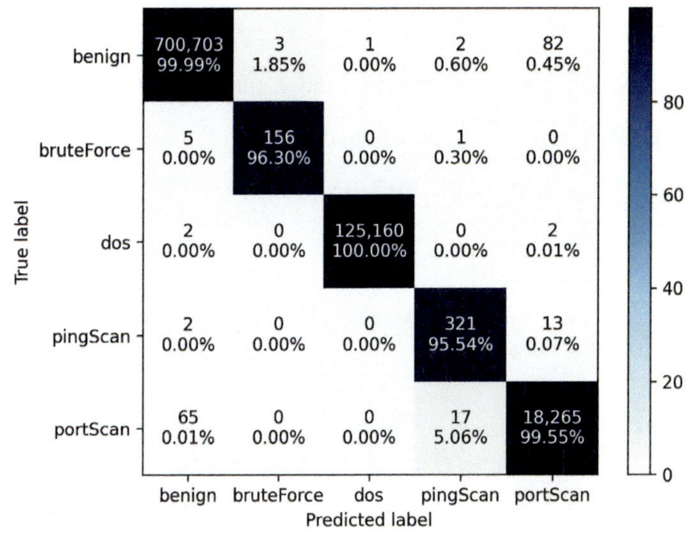

그림 16.7 다중 클래스 흐름 분류를 위한 혼동 행렬

이 혼동 행렬은 양성 클래스로의 편향이나 핑 및 포트 스캔 사이의 오류와 같은 흥미로운 결과를 보여 준다. 이러한 오류는 이러한 공격 사이의 유사성으로 인한 것으로 볼 수 있다. 추가적인 기능을 엔지니어링함으로써 모델이 이러한 클래스를 구별하는 데 도움을 줄 수 있다.

요약

이 장에서는 CIDDS-001 데이터셋이라는 새로운 데이터셋에서 이상 감지를 위한 GNN의 활용을 탐구했다. 먼저 데이터셋을 전처리하고 그래프 표현으로 변환하여 네트워크의 다양한 구성 요소 간의 복잡한 관계를 포착할 수 있도록 했다. 그런 다음 GraphSAGE 연산자를 사용한 이종 GNN을 구현했다. 이것은 그래프의 이종을 포착하고 흐름을 양성 또는 악성으로 분류하는 데 도움이 되었다.

네트워크 보안에서 GNN의 응용은 유망한 결과를 보여주고 연구의 새로운 방향을 열어 주었다. 기술이 계속 발전하고 네트워크 데이터의 양이 늘어남에 따라 GNN은 보안 침입을 감지하고 예방하는 데 점점 더 중요한 도구가 될 것이다.

17장에서는 GNN의 가장 인기 있는 응용 중 하나인 추천 시스템을 탐구할 것이다. 우리는 대규모 데이터셋에서 가벼운 GNN을 구현하고 특정 사용자를 위한 책 추천 모델을 생성할 것이다.

더 읽을거리

- [1] M. Ring, S. Wunderlich, D. Grudl, D. Landes, and A. Hotho, Flow-based benchmark dat a sets for intrusion detection, in Proceedings of the 16th European Conference on Cyber Warf are and Security (ECCWS), ACPI, 2017, pp. 361-369.

제17장
LightGCN을 활용한 추천 시스템 구축

사용자의 관심사와 과거 기록을 바탕으로 개인화된 추천을 제공하는 성공 사례가 많아지면서 추천 시스템은 온라인 플랫폼의 필수적인 요소가 되었다. 이커머스(e-commerce) 웹사이트에서 구매할 상품을 추천하고 스트리밍 서비스에서 볼 콘텐츠를 추천하고 소셜 미디어에서 친구를 추천하는 등 여러 가지 분야에서 사용되고 있다.

추천 시스템은 GNN의 주요 응용 분야 중 하나이다. 사용자, 아이템, 그들의 상호 작용 사이의 복잡한 관계를 다루기에 GNN은 효과적인 모델이다. 특히 유저나 아이템의 메타 데이터 같은 부가 정보를 그래프 구조에 녹여서 추천의 성능을 높일 수 있다.

이번 장에서는 추천시스템을 위해 만들어진 LightGCN이라는 새로운 GNN 구조를 소개한다. 또한 사용자, 책, 백만 개가 넘는 평점이 포함된 새로운 데이터셋인 `Book-Crossing` 데이터셋을 소개한다. 이 데이터를 사용해서 협업 필터링이 적용된 책 추천 시스템을 만들고 특정 사용자에게 추천할 책 목록을 구해볼 것이다. 이 과정을 통해 실제 추천 시스템을 만들기 위해 LightGCN을 어떻게 사용하는지 살펴볼 것이다.

이 장이 끝나면 LightGCN을 사용하여 자신만의 추천 시스템을 만들 수 있다. 협업 필터링을 적용하기 위해 유저, 아이템, 점수로 된 데이터셋을 다루는 방법을 배운다. 마지막으로 이 구조를 구현하고 평가하는 방법과 사용자 각각에 대해 추천 결과를 얻는 방법도 배운다.

이 장에서는 아래 주제들을 다룬다.

- Book-Crossing 데이터셋 살펴보기
- Book-Crossing 데이터셋 전처리하기
- LightGCN 구조 구현하기

기술 요구사항

이 장에서 나오는 모든 코드는 GitHub(https://github.com/PacktPublishing/Hands-On-Graph-Neural-Networks-Using-Python/tree/main/Chapter17)에서 찾을 수 있다. 각자의 머신에서 코드를 돌리기 위한 설치 방법은 이 책의 서문을 참조하라.

이 장에서는 GPU가 많이 필요하다. 코드에서 학습 데이터의 크기를 줄이면 적은 양의 GPU로도 돌릴 수 있다.

Book-Crossing 데이터셋 살펴보기

이번 절에서는 새 데이터셋에 대한 탐색적 데이터 분석을 진행하고 주요 특징을 시각화한다.

`Book-Crossing` 데이터셋[1]은 278,858명의 사용자가 BookCrossing 커뮤니티에서 평가한 도서의 평점을 모은 것이다. 직접적인 피드백(1점~10점의 평점)과 간접적인 피드백(유저가 도서를 클릭하거나 구매한 경우 등)으로 구성된 평가 기록은 총 1,149,780개이며 데이터셋에 있는 책은 271,379개이다. 이 데이터셋은 카이-니콜라스 지글러(Cai-Nicolas Ziegler)가 2004년 8월과 9월에 4주 동안 크롤링을 해서 얻었다. 이 장에서 도서 추천 시스템을 만들기 위해서 `Book-Crossing` 데이터셋을 사용할 예정이다.

아래 명령으로 데이터셋을 다운로드하고 압축을 해제한다.

```
from io import BytesIO
from urllib.request import urlopen
from zipfile import ZipFile

url = 'http://www2.informatik.uni-freiburg.de/~cziegler/BX/BXCSV-
Dump.zip'
with urlopen(url) as zurl:
with ZipFile(BytesIO(zurl.read())) as zfile:
zfile.extractall('.')
```

코드를 실행하면 아래 세 개의 파일이 생긴다.

- `BX-Users.csv` 파일은 BookCrossing 사용자 데이터다. 사용자 아이디는 익명화되어 정수로 되어있다. 사는 곳, 나이 등 인구 통계학적 정보가 있는 사용자도 있다. 정보가 없는 경우에는 해당 필드는 NULL 값으로 되어있다.

- BX-Books.csv 파일은 도서 데이터가 들어있고 ISBN으로 식별된다. 유효하지 않은 ISBN은 데이터셋에서 제외되었다. 책의 제목, 저자, 출판연도, 출판사 등 도서 정보 뿐만 아니라 세 가지 크기의 이미지 URL도 포함되어 있다.
- BX-Book-Ratings.csv 파일은 데이터셋에 있는 책에 대한 평가 정보들이 있다. 직접적인 평가들은 1부터 10까지의 숫자로 표시되어 있으며 높을수록 좋은 평가를 의미한다. 간접적인 평가들은 0으로 표시되어 있다.

다음 그림은 이 데이터셋의 일부를 샘플링하여 Gephi로 만든 그래프이다.

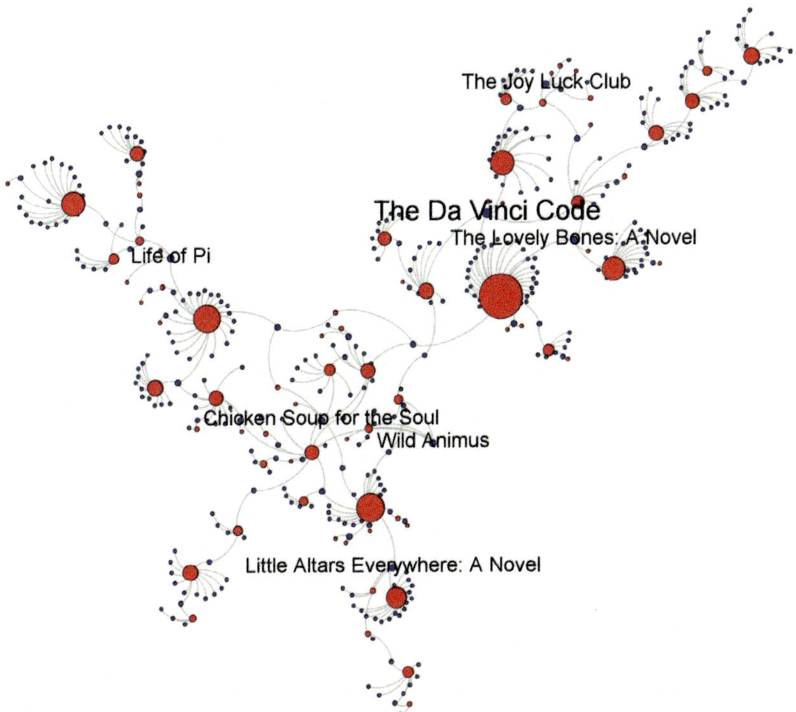

그림 17.1 도서는 빨간색, 사용자는 파란색으로 표시된 그래프

노드의 크기는 그래프에서 연결된 간선의 수에 비례한다. **다빈치 코드**처럼 인기있는 책은 연결된 간선이 많아서 허브와 같은 역할을 한다.

이제 데이터셋을 탐색해서 통찰을 더 얻어보자.

1. pandas를 불러온 후 파일들을 구분자 ';', 인코딩 'latin-1'로 모든 파일을 읽는다. BX-Books.csv는 error_bad_lines=False의 설정도 필요로 한다.

```
import pandas as pd
ratings = pd.read_csv('BX-Book-Ratings.csv', sep=';', encoding='latin-1')
users = pd.read_csv('BX-Users.csv', sep=';', encoding='latin-1')
books = pd.read_csv('BX-Books.csv', sep=';',
encoding='latin-1', error_bad_lines=False)
```

2. 데이터프레임이 어떻게 생겼고 행과 열이 몇 개인지 확인해 보자.

```
ratings

         User-ID   ISBN         Book-Rating
0        276725    034545104X   0
1        276726    0155061224   5
... ... ... ...
1149777  276709    0515107662   10
1149778  276721    0590442449   10
1149779  276723    05162443314  8
1149780 rows × 3 columns
```

3. 같은 작업을 사용자 데이터프레임에 대해서도 수행하자.

```
users

User-ID         Location                         Age
0       1       nyc, new york, usa               NaN
1       2       stockton, california, usa        18.0
2       3       moscow, yukon territory, russia  NaN
...     ...     ...                              ...
278855  278856  brampton, ontario, canada        NaN
278856  278857  knoxville, tennessee, usa        NaN
278857  278858  dublin, n/a, ireland             NaN
278858 rows × 3 columns
```

4. 도서 데이터프레임은 열이 너무 많으니 전체를 확인하는 대신 열의 이름을 출력해 보자.

```
list(books.columns)

['ISBN', 'Book-Title', 'Book-Author', 'Year-Of-
Publication', 'Publisher', 'Image-URL-S', 'Image-URL-M', 'Image-URL-L']
```

평점 데이터프레임은 사용자 데이터프레임과 연결할 수 있는 User-ID, 도서 데이터프레임과 연결할 수 있는 ISBN, 가중치로 취급할 수 있는 평점으로 이루어져 있다. 유저 데이터프레임은 가능한 경우 사용자의 위치나 연령과 같은 인구 통계학적 정보로 이루어져 있다. 도서 데이터프레임은 제목, 저자, 출판연도, 출판사, 세 사이즈의 이미지 링크로 생성된다.

5. 이 정보를 어떻게 사용할지 보기 위해 평점 데이터의 분포를 확인해 보자. `matplotlib`과 `seaborn`을 사용하였다.

```
import matplotlib.pyplot as plt
import seaborn as sns

sns.countplot(x=ratings['Book-Rating'])
```

6. 다음과 같은 그림을 얻을 수 있다.

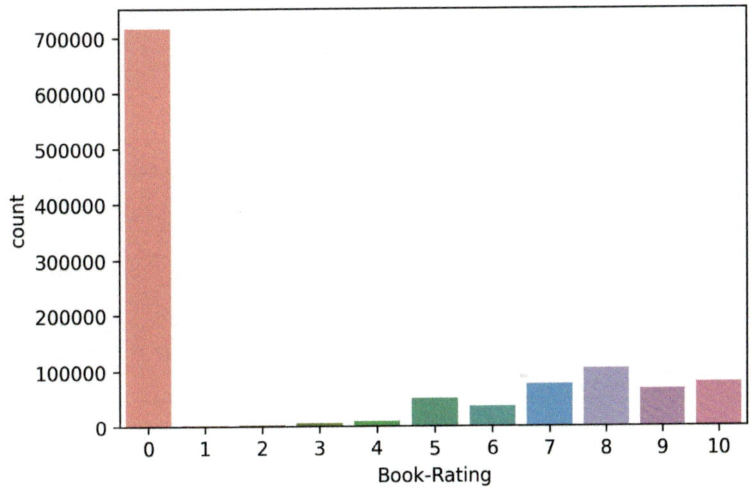

그림 17.2 평점 분포. 책에 대한 간접적인 기록은 0으로 되어있고 직접적으로 평가한 정보는 1부터 10까지의 평점으로 되어있다.

7. 이 평점들이 도서 데이터프레임과 사용자 데이터프레임에 잘 대응되는가? 이를 확인하기 위해 서로 다른 `User-ID`와 `ISBN`의 수를 확인할 수 있다.

```
print(len(ratings['User-ID'].unique()))
print(len(ratings['ISBN'].unique()))

105283
340556
```

흥미롭게도 사용자는 더 적고(평점 데이터프레임에는 사용자가 105,283명, 사용자 데이터프레임에는 사용자가 278,858명) 도서는 더 많다(평점 데이터프레임에는 책이 340,556

권, 도서 데이터프레임에는 책이 271,379권). 이는 데이터에 누락된 값이 많다는 것을 의미하기 때문에 테이블을 합칠 때 주의해야 한다.

8. 이번에는 책을 기준으로 각 책들이 받은 평점 수를 그려보자. 평점 데이터프레임에 있는 ISBN 행에 groupby() 함수와 size() 함수를 적용한다.

```
isbn_counts = ratings.groupby('ISBN').size()
```

평점 데이터프레임에 있는 ISBN이 몇 번씩 등장하는지에 대한 정보가 있는 isbn_counts라는 새로운 데이터프레임을 만들게 된다.

9. Values_count() 함수를 사용하여 각 값의 빈도를 계산한다. 새 데이터프레임은 isbn_counts에 있는 값들의 빈도를 얻게 된다. [역자: 부연 설명하면, 8에서는 각 책의 평점 수를 집계하고 9에서는 평점 수의 빈도를 집계한다.]

```
count_occurrences = isbn_counts.value_counts()
```

10. pandas의 plot() 함수를 사용하여 분포를 그린다. 상위 15개의 값만 그릴 것이다.

```
count_occurrences[:15].plot(kind='bar')
plt.xlabel("Number of occurrences of an ISBN number")
plt.ylabel("Count")
```

11. 다음과 같은 그림을 얻는다.

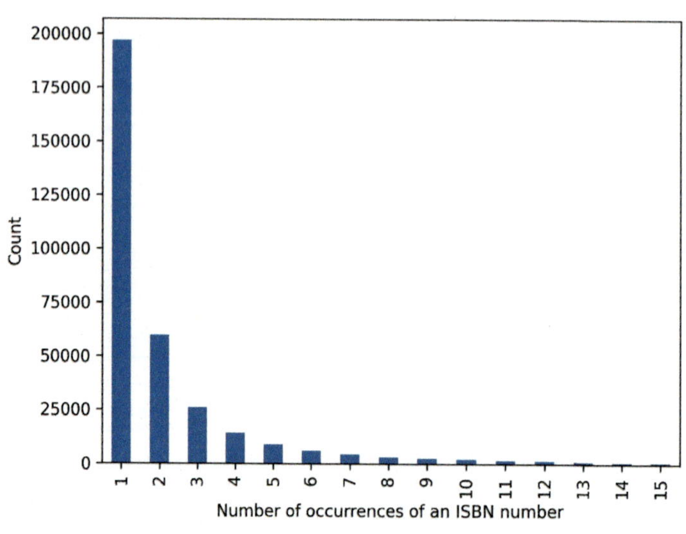

그림 17.2 각 도서(ISBN)의 평점 수의 분포 상위 15개

평점이 한 개거나 두 개인 도서가 아주 많다는 것을 알 수 있다. 평점이 많은 책은 매우 드물다는 것을 알 수 있고 이 연결을 학습에 쓰는 우리에게는 안 좋은 소식임을 알 수 있다.

12. 같은 과정을 사용자(User-ID)에 대해 반복한다.

```
userid_counts = ratings.groupby('User-ID').size()
count_occurrences = userid_counts.value_counts()
count_occurrences[:15].plot(kind='bar')
plt.xlabel("Number of occurrences of a User-ID")
plt.ylabel("Count")
```

13. 비슷한 분포를 얻는다.

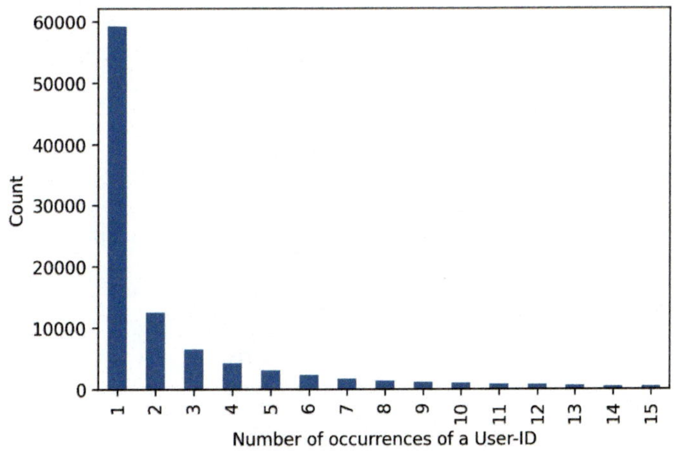

그림 17.4 각 사용자(User-ID)의 평가 수의 분포 상위 15개

이 또한 대부분의 사용자는 한두 권의 책만 평가하며 많은 책을 평가한 사용자는 적다는 것을 관찰할 수 있다.

이 데이터셋에 다른 문제들도 있는데, 출판 연도나 출판사 등의 정보 누락도 있고 잘못된 값들이 들어있는 경우도 있다. 그러나 이 장에서는 도서나 사용자 데이터프레임에 있는 부가 정보를 사용하지 않을 것이다. User-ID와 ISBN 사이의 연결성에 의존할 것이므로 부가 정보가 누락된 데이터를 정리할 필요는 없다.

다음 절에서는 LightGCN에 데이터를 넣을 수 있도록 데이터셋을 전처리하는 과정을 설명한다.

Book-Crossing 데이터셋 전처리하기

아이템을 추천하는 작업, 그 중에서도 협업 필터링을 사용하는 작업을 수행하기 위해 데이터를 처리 해 놓아야 한다. 협업 필터링은 사용자에게 개인화된 추천을 제공하는 데 사용되는 기술이다. 이 기술은 비슷한 선호나 행동을 보이는 사용자는 비슷한 관심사를 가질 가능성이 높다는 아이디어에 기반한다. 협업 필터링 알고리즘은 이 정보를 사용하여 패션을 식별하고 비슷한 사용자들의 선호도에 따라 추천 결과를 제공한다.

아이템의 특성을 기반으로 비슷한 아이템을 찾아서 추천하는 콘텐츠 기반 필터링과는 다르다. 콘텐츠 기반 필터링은 과거에 사용자가 좋아했던 아이템의 특성을 파악하여 다른 아이템의 특성과 매칭하여 매칭된 다른 아이템을 추천하는 방식이다. 콘텐츠 기반 필터링은 일반적으로 사용자가 특정 특성을 가진 아이템을 좋아하면 비슷한 특성을 가진 아이템도 좋아할 것이라는 아이디어에 기반한다.

이 장에서는 협업 필터링을 다룬다. 우리의 목표는 다른 사용자의 선호도에 따라 사용자에게 어떤 책을 추천할지 결정하는 것이다. 이 문제는 다음 그림과 같이 이분 그래프(bipartite graph)로 나타낼 수 있다.

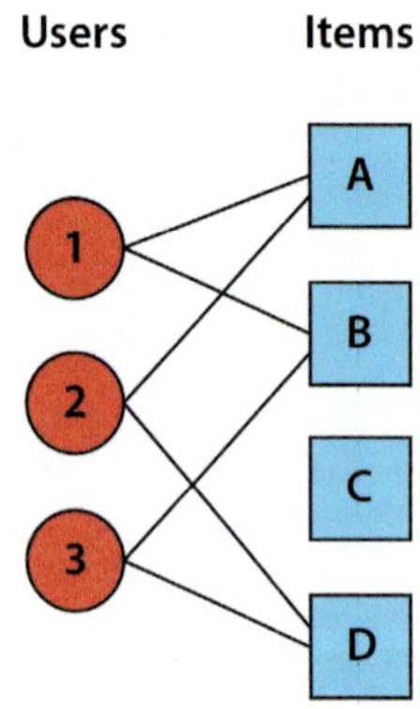

그림 17.5 각 사용자-아이템 이분 그래프 예시

사용자 1이 아이템 A와 B를 좋아하고 사용자 3인 아이템 B와 D를 좋아한다는 것을 알 때, 아이템 A와 D를 좋아하는 사용자 2에게 아이템 B를 추천해야 할 것이다.

이런 그래프가 우리가 `Book-Crossing` 데이터셋으로부터 만들고자 하는 그래프이다. 더 나아가 부정적인 샘플도 포함하고 싶다. 여기에서 부정적인 샘플은 사용자가 평가하지 않은 아이템을 의미한다. 특정 사용자가 평가한 아이템을 긍정적인 아이템이라고도 부른다. 손실 함수를 구현할 때 사용하는 네거티브 샘플링 기법을 왜 사용하는지 설명할 예정이다.

이 장의 나머지 부분에서 LightGCN의 코드는 주로 공식 구현과 Hotta and Zhou [2]와 Lie et al. [3]가 다른 데이터셋으로 작업한 코드를 많이 참고하였다.

1. 다음 라이브러리를 임포트 한다.

```
import numpy as np
from sklearn.model_selection import train_test_split

import torch
import torch.nn.functional as F
from torch import nn, optim, Tensor

from torch_geometric.utils import structured_negative_sampling
from torch_geometric.nn.conv.gcn_conv import gcn_norm
from torch_geometric.nn import LGConv
```

2. 데이터셋을 다시 불러온다.

```
df = pd.read_csv('BX-Book-Ratings.csv', sep=';',
encoding='latin-1')
users = pd.read_csv('BX-Users.csv', sep=';',
encoding='latin-1')
books = pd.read_csv('BX-Books.csv', sep=';',
encoding='latin-1', error_bad_lines=False)
```

3. 도서 데이터프레임에 있는 `ISBN` 값과 사용자 데이터프레임에 있는 `User-ID` 값만 사용한다.

```
df = df.loc[df['ISBN'].isin(books['ISBN'].unique()) &
df['User-ID'].isin(users['User-ID'].unique())]
```

4. 평점이 8점 이상인 데이터만 남겨서 사용자가 긍정적으로 평가한 데이터만 남긴다. 또한 편의상 데이터를 100,000개만 남겨서 학습 속도를 높인다.

```
df = df[df['Book-Rating'] >= 8].iloc[:100000]
```

5. 사용자와 아이템 식별자를 정수 인덱스로 매핑하는 딕셔너리를 만든다.

```
user_mapping = {userid: i for i, userid in
enumerate(df['User-ID'].unique())}
item_mapping = {isbn: i for i, isbn in
enumerate(df['ISBN'].unique())}
```

6. 사용자 수, 아이템 수, 두 수의 합을 계산한다.

```
num_users = len(user_mapping)
num_items = len(item_mapping)
num_total = num_users + num_items
```

7. 평점 데이터를 기반으로 사용자와 아이템 인덱스 텐서를 만든다. edge_index 텐서는 두 텐서를 쌓아서 만든 텐서이다.

```
user_ids = torch.LongTensor([user_mapping[i] for i in df['User-ID']])
item_ids = torch.LongTensor([item_mapping[i] for i in df['ISBN']])
edge_index = torch.stack((user_ids, item_ids))
```

8. scikit-learn의 train_test_split() 함수를 사용하여 Edge_index를 gnsfus, 검증, 테스트 셋으로 나눈다.

```
train_index, test_index = train_test_
split(range(len(df)), test_size=0.2, random_state=0)
val_index, test_index = train_test_split(test_index,
test_size=0.5, random_state=0)
```

9. np.random.choice() 함수를 사용하여 랜덤 인덱스의 배치를 만든다. 0부터 edge_index.shape[1]-1까지의 정수를 BATCH_SIZE 개의 랜덤 인덱스 리스트로 나눈다. 이 인덱스 리스트는 edge_index 텐서에서 행을 고를 때 사용된다.

```
def sample_mini_batch(edge_index):
    index = np.random.choice(range(edge_index.shape[1]),
size=BATCH_SIZE)
```

10. PyTorch Geometric의 structured_negative_sampling() 함수를 사용해서 네거티브 샘플링을 한다. 네거티브 샘플은 사용자가 반응하지 않은 아이템들을 말한다. torch.stack() 함수로 차원을 맞추어 준다.

```
edge_index = structured_negative_sampling(edge_index)
edge_index = torch.stack(edge_index, dim=0)
```

11. index와 edge_index를 사용하여 배치에서 사용자, 긍정 아이템, 부정 아이템(네거티브 샘플)을 구분한다.

```
user_index = edge_index[0, index]
pos_item_index = edge_index[1, index]
neg_item_index = edge_index[2, index]

return user_index, pos_item_index, neg_item_index
```

user_index 텐서는 배치에서 유저의 인덱스를, pos_item_index 텐서는 배치에서 긍정 아이템의 인덱스를, neg_item_index 텐서는 배치에서 부정 아이템의 인덱스를 의미한다.

이제 세 가지 데이터와 미니 배치를 만드는 함수를 가지게 되었다. 다음 단계는 LightGCN 구조를 이해하고 구현하는 것이다.

LightGCN 구조 구현하기

LightGCN의 구조는 그래프에서 특징을 스무딩(smoothing)하여 노드의 표현을 학습하도록 설계되었다. 이웃 노드 특징을 합쳐서 타겟 노드의 새로운 표현을 만드는 그래프 컨볼루션 연산을 반복한다. 전체 구조는 그림 17.6에 요약되어 있다.

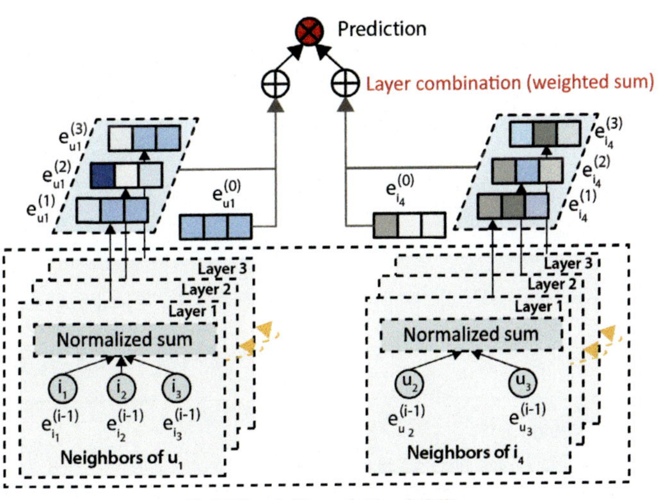

그림 17.6 컨볼루션과 층 결합을 하는 LightGCN 모델 구조

그러나 LightGCN은 GCN이나 GAT와 같은 모델에서 볼 수 있는 특징 변환이나 비선형 활성화 함수를 사용하는 대신 간단한 가중치 덧셈을 적용하였다. 이 가벼운 그래프 합성곱 연산은 $k+1$ 번째 유저와 아이템의 임베딩 $e_u^{(k+1)}$, $u_i^{(k+1)}$을 아래와 같이 계산한다.

$$\mathbf{e}_u^{(k+1)} = \sum_{i \in \mathcal{N}_u} \frac{1}{\sqrt{|\mathcal{N}_u|}\sqrt{|\mathcal{N}_i|}} \mathbf{e}_i^{(k)}$$

$$\mathbf{e}_i^{(k+1)} = \sum_{u \in \mathcal{N}_i} \frac{1}{\sqrt{|\mathcal{N}_i|}\sqrt{|\mathcal{N}_u|}} \mathbf{e}_u^{(k)}$$

대칭 정규화 항은 그래프 합성곱 연산을 하면서 임베딩의 범위가 계속 커지는 것을 막는다. 다른 모델과 다르게 `LightGCN`은 연결된 이웃만 합하고 자기 자신은 포함하지 않는다.

실제로, 층 결합 연산을 사용하면 같은 효과를 얻을 수 있다. 이 연산은 각 층의 사용자와 아이템 임베딩을 사용한 가중치 합이다. 아래 방정식으로 e_u와 e_i의 최종 임베딩을 얻는다.

$$\mathbf{e}_u = \sum_{k=0}^{K} \alpha_k \mathbf{e}_u^{(k)}$$

$$\mathbf{e}_i = \sum_{k=0}^{K} \alpha_k \mathbf{e}_i^{(k)}$$

여기서, k번째 레이어의 기여도는 $\alpha_k \geq 0$ 만큼이다. `LightGCN`의 저자는 $1/(K+1)$로 하는 것을 제안한다.

그림 17.6에서의 예측(prediction)이 평점 혹은 랭킹 점수에 해당한다. 예측값은 사용자 최종 임베딩과 아이템 최종 임베딩의 내적으로 얻는다.

$$\hat{y}_{ui} = \mathbf{e}_u^T \mathbf{e}_i$$

이제 PyTorch Geometric으로 이 구조를 구현해보자.

1. `num_users`, `num_items`, `num_layers`, `dim_h`를 인자로 받는 `LightGCN` 클래스를 선언한다. `num_users`와 `num_items`는 각각 데이터셋에 있는 사용자와 아이템의 수이다. `num_layers`는 `LightGCN`에서 사용할 층의 수이고 `dim_h`는 (사용자와 아이템의) 임베딩의 크기이다.

```
class LightGCN(nn.Module):
    def __init__(self, num_users, num_items, num_
layers=4, dim_h=64):
    super().__init__()
```

2. 사용자 수, 아이템 수를 저장하고 사용자 임베딩 층, 아이템 임베딩 층을 만든다. emb_users와 $e_u^{(0)}$의 모양은 (num_users,dim_h)이고 emb_items와 $e_i^{(0)}$의 모양은 (num_items,dim_h)이다.

```
        self.num_users = num_users
        self.num_items = num_items
        self.emb_users = nn.Embedding(num_
embeddings=self.num_users, embedding_dim=dim_h)
        self.emb_items = nn.Embedding(num_
embeddings=self.num_items, embedding_dim=dim_h)
```

3. Pytorch Geometric의 LGConv()를 사용하여 num_layers개(앞 설명에서는 K개)의 LightGCN 층을 만든다. 그래프 컨볼루션 연산 부분을 할 것이다.

```
        self.convs = nn.ModuleList(LGConv() for _ in
range(num_layers))
```

4. 표준편차가 0.01인 정규분포로 사용자 임베딩과 아이템 임베딩 층을 초기화한다. 이는 학습 시에 모델이 나쁜 지역 최적 지점(local optima)에 빠지지 않도록 도와준다.

```
        nn.init.normal_(self.emb_users.weight, std=0.01)
        nn.init.normal_(self.emb_items.weight, std=0.01)
```

5. forward() 함수는 간선 인덱스 텐서를 받아서 최종 사용자 임베딩 벡터 $e_u^{(K)}$와 아이템 임베딩 벡터 $e_i^{(K)}$를 반환한다. 사용자 임베딩 층과 아이템 임베딩 층을 붙인 후 emb 텐서로 저장한다. 그리고 emb를 첫 원소로 갖는 리스트 embs를 생성한다.

```
    def forward(self, edge_index):
        emb = torch.cat([self.emb_users.weight, self.emb_items.weight])
        embs = [emb]
```

6. 반복문 안에서 LightGCN 층을 적용하고 그 결과를 embs 리스트에 저장한다.

```
        for conv in self.convs:
            emb = conv(x=emb, edge_index=edge_index)
            embs.append(emb)
```

7. embs에 있는 텐서의 평균을 계산하여 최종 임베딩 벡터를 얻는다.

```
emb_final = torch.mean(torch.stack(embs, dim=1), dim=1)
```

8. emb_final을 사용자 임베딩 벡터(e_u)와 아이템 임베딩 벡터(e_i)로 나누고 $e_u^{(0)}$, $e_i^{(0)}$과 함께 반환한다.

```
        emb_users_final, emb_items_final = torch.
split(emb_final, [self.num_users, self.num_items])

        return emb_users_final, self.emb_users.weight,
emb_items_final, self.emb_items.weight
```

9. 마지막으로 num_users와 num_items를 넣은 LightGCN() 클래스를 만든다.

```
model = LightGCN(num_users, num_items)
```

만든 모델을 훈련하기 위해 손실 함수가 필요하다. LightGCN 구조는 주어진 유저에 대해서 긍정적인 아이템의 점수가 부정적인 아이템의 점수보다 높도록 최적화하는 BPR(Bayesian Personalized Ranking)을 사용한다. 수식으로 나타내면 아래와 같다.

$$L_{BPR} = -\sum_{u=1}^{M}\sum_{i\in\mathcal{N}_u}\sum_{j\notin\mathcal{N}_u} ln\,\sigma\left(\hat{y}_{ui} - \hat{y}_{uj}\right) + \lambda\left\|\mathbf{E}^{(0)}\right\|^2$$

여기에서 $E^{(0)}$는 0번째 층의 임베딩 행렬(처음 사용자 임베딩과 아이템 임베딩을 붙인 것)이고 λ는 정규화 상수, $\hat{y}_{ui}$는 긍정적인 아이템의 점수, $\hat{y}_{uj}$는 부정적인 아이템의 점수이다.

PyTorch로 아래와 같이 구현할 수 있다.

1. LightGCN 모델에 저장한 임베딩들을 사용해서 정규화 손실을 계산한다.

```
def bpr_loss(emb_users_final, emb_users, emb_pos_items_
final, emb_pos_items, emb_neg_items_final, emb_neg_items):
    reg_loss = LAMBDA * (emb_users.norm().pow(2) +
                         emb_pos_items.norm().pow(2) +
                         emb_neg_items.norm().pow(2))
```

2. 사용자 임베딩과 아이템 임베딩을 내적하여 긍정적인 아이템과 부정적인 아이템의 점수를 계산한다.

```
    pos_ratings = torch.mul(emb_users_final, emb_pos_
items_final).sum(dim=-1)
    neg_ratings = torch.mul(emb_users_final, emb_neg_
items_final).sum(dim=-1)
```

3. 이전 식에서의 로그 시그모이드와 달리 BPR 손실을 계산할 때는 긍정적인 아이템의 점수와 부정적인 아이템의 점수의 차에 `softplus` 함수를 적용하여 평균을 계산한다. 실험을 통해 이 방법이 좋다는 것을 확인하였다.

```
    bpr_loss = torch.mean(torch.nn.functional.
softplus(pos_ratings - neg_ratings))
```

4. BPR 손실과 정규화 손실을 아래와 같이 반환한다.

```
    return -bpr_loss + reg_loss
```

BPR 손실 외에도 모델의 성능을 평가하기 위해 두 가지 지표를 사용한다.

- **Recall@k**는 모든 관련된 아이템들 중에서 추천한 k개의 아이템과 겹치는 아이템의 비율을 의미한다. 하지만 이 지표는 관련된 아이템들 안에서의 순서는 무시한다.

$$recall@k = \frac{\text{추천한 아이템 중 관련된 아이템의 수}}{\text{모든 관련된 아이템 수}}$$

- **NDCG(Normalized Discounted Cumulative Gain)**는 추천 결과의 순서가 얼마나 효과적이었는지를 측정한다. 아이템의 관련성을 순서에 따라 점수로 환산하여 지표를 계산한다.

가독성을 높이기 위해 구현은 생략한다. 하지만 다른 코드들과 함께 GitHub에서 찾을 수 있다.

이제 훈련을 위한 반복문을 만들고 `LightGCN`의 학습을 시작해보자.

1. 상수를 아래와 같이 정의한다. 하이퍼파라미터를 조정하여 모델의 성능을 개선할 수 있다.

```
K = 20
LAMBDA = 1e-6
BATCH_SIZE = 1024
```

2. GPU가 있으면 사용하고 없으면 CPU를 쓴다. 모델과 데이터가 해당 장치로 이동시킨다.

```
device = torch.device('cuda' if torch.cuda.is_available()
else 'cpu')
model = model.to(device)
edge_index = edge_index.to(device)
train_edge_index = train_edge_index.to(device)
val_edge_index = val_edge_index.to(device)
```

3. 학습률이 `0.001`인 Adam 최적화기를 사용한다.

```
optimizer = optim.Adam(model.parameters(), lr=0.001)
```

4. 훈련을 위한 반복문을 시작하자. 먼저 `BATCH_SIZE`로부터 `num_batch`를 계산한다. 반복문을 두 개 만들 것이다. 이때 바깥 반복문의 반복 횟수는 31번이고 그 안에 `num_batch`만큼 반복하는 반복문을 만든다.

```
num_batch = int(len(train_index)/BATCH_SIZE)
for epoch in range(31):
    model.train()
    for _ in range(num_batch):
```

5. 모델에 학습 데이터를 넣고 사용자 임베딩과 아이템 임베딩을 얻는다.

```
    optimizer.zero_grad()
    emb_users_final, emb_users, emb_items_final, emb_
items = model.forward(train_edge_index)
```

6. 다음으로 학습 데이터를 `sample_mini_batch()` 함수로 샘플링한다. 이 함수는 샘플된 사용자와 긍정 아이템, 부정 아이템의 인덱스들을 반환한다.

```
    user_indices, pos_item_indices, neg_item_indices
= sample_mini_batch(train_edge_index)
```

7. 샘플된 사용자 임베딩, 긍정 아이템 임베딩, 부정 아이템 임베딩을 가져온다.

```
    emb_users_final, emb_users = emb_users_final[user_
indices], emb_users[user_indices]
    emb_pos_items_final, emb_pos_items = emb_items_
final[pos_item_indices], emb_items[pos_item_indices]
    emb_neg_items_final, emb_neg_items = emb_items_
final[neg_item_indices], emb_items[neg_item_indices]
```

8. 손실 함수는 `bpr_loss()` 함수로 계산한다.

```
    train_loss = bpr_loss(emb_users_final, emb_users,
emb_pos_items_final, emb_pos_items, emb_neg_items_final, emb_neg_items)
```

9. 옵티마이저를 사용하여 역전파 과정을 진행하고 모델 파라미터를 업데이트한다.

```
train_loss.backward()
optimizer.step()
```

10. 다섯 번째 반복마다 `test()` 함수를 사용하여 검증 데이터셋에 대해 성능을 측정하여 출력한다.

```
    if epoch % 5 == 0:
        model.eval()
        val_loss, recall, ndcg = test(model, val_edge_
index, [train_edge_index])
        print(f"Epoch {epoch} ¦ Train loss: {train_loss.
item():.5f} ¦ Val loss: {val_loss:.5f} ¦ Val recall@{K}:
{recall:.5f} ¦ Val ndcg@{K}: {ndcg:.5f}")
```

11. 아래와 같은 결과를 얻을 수 있다.

```
Epoch 0 | Train loss: -0.69320 | Val loss: -0.69302 | Val
recall@20: 0.00700 | Val ndcg@20: 0.00388
Epoch 5 | Train loss: -0.70283 | Val loss: -0.68329 | Val
recall@20: 0.01159 | Val ndcg@20: 0.00631
Epoch 10 | Train loss: -0.73299 | Val loss: -0.64598 |
Val recall@20: 0.01341 | Val ndcg@20: 0.00999
...
Epoch 25 | Train loss: -1.53056 | Val loss: -0.19498 |
Val recall@20: 0.01507 | Val ndcg@20: 0.01016
Epoch 30 | Train loss: -1.95703 | Val loss: 0.06340 | Val
recall@20: 0.01410 | Val ndcg@20: 0.00950
```

12. 테스트 셋에 대해서 아래와 같이 성능을 측정한다.

```
test_loss, test_recall, test_ndcg = test(model, test_
edge_index.to(device), [train_edge_index, val_edge_index])
print(f"Test loss: {test_loss:.5f} | Test recall@{K}:
{test_recall:.5f} | Test ndcg@{K}: {test_ndcg:.5f}")
Test loss: 0.06827 | Test recall@20: 0.01936 | Test
ndcg@20: 0.01119
```

recall@20은 0.01936, ndcg@20은 0.01119를 얻었다. 이는 LightGCN의 저자들이 다른 데이터셋에 대해서 얻은 결과와 비슷하다.

이번에는 학습된 모델을 사용해서 특정 사용자에게 추천할 내용을 확인해 보자. 추천 함수는 아래와 같이 두 부분으로 나눈다.

1. 먼저 사용자가 좋아한 책들을 가져온다. 이는 유저를 이해하여 추천 맥락을 파악하는데 도움이 된다.
2. 다음으로 추천 결과를 만든다. 추천 결과에는 이미 읽은 책들은 제외한다.

이 함수를 단계별로 작성해 보자.

1. user_id(사용자 식별자)와 num_recs(추천할 책의 수)를 받는 recommend라는 함수를 만든다.

```
def recommend(user_id, num_recs):
```

2. user_mapping 딕셔너리에서 사용자의 식별자인 user_id를 통해 user 변수를 선언한다.

```
    user = user_mapping[user_id]
```

3. 입력으로 받은 특정 사용자에 대한 LightGCN 모델의 학습 결과인 dim_h차원의 벡터를 얻는다.

```
    emb_user = model.emb_users.weight[user]
```

4. 이를 사용하여 평점을 예측할 수 있다. 이 emb_user와 LightGCN의 emb_items를 내적하여 모든 아이템과의 평점을 계산할 수 있다.

```
    ratings = model.emb_items.weight @ emb_user
```

5. topk() 함수에 ratings 텐서를 넣어서 상위 100개의 값과 인덱스들을 얻을 수 있다.

```
    values, indices = torch.topk(ratings, k=100)
```

6. 이 사용자가 좋아하는 책을 불러오자. 위에서 얻은 indices 중에서 user_items 딕셔너리에 이 사용자에 해당하는 값만 사용한다. num_recs개 만큼만 가져오자.

```
    ids = [index.cpu().item() for index in indices if
index in user_items[user]][:num_recs]
```

7. 책 아이디를 ISBN으로 바꾼다.

```
    item_isbns = [list(item_mapping.keys())[list(item_
mapping.values()).index(book)] for book in ids]
```

8. 이제 ISBN을 사용해서 책의 자세한 정보를 가져올 수 있다. 제목과 저자를 출력해보도록 하자.

```
    titles = [bookid_title[id] for id in item_isbns]
    authors = [bookid_author[id] for id in item_isbns]
```

9. 아래 코드로 출력할 수 있다.

```
    print(f'Favorite books from user n°{user_id}:')
    for i in range(len(item_isbns)):
        print(f'- {titles[i]}, by {authors[i]}')
```

10. 이번에는 user_pos_items[user]를 사용해서 이 사용자가 읽지 않은 책을 가져온다. 위 과정과 비슷하게 할 수 있다.

```
    ids = [index.cpu().item() for index in indices if
index not in user_pos_items[user]][:num_recs]
    item_isbns = [list(item_mapping.keys())[list(item_
mapping.values()).index(book)] for book in ids]
    titles = [bookid_title[id] for id in item_isbns]
    authors = [bookid_author[id] for id in item_isbns]

    print(f'\nRecommended books for user n°{user_id}')
    for i in range(num_recs):
        print(f'- {titles[i]}, by {authors[i]}')
```

11. 사용자 277427에게 책 5권을 추천해보자.

```
recommend(277427, 5)
```

12. 우리가 얻은 결과이다.

```
Favorite books from user n°277427:
- The Da Vinci Code, by Dan Brown
- Lord of the Flies, by William Gerald Golding
- The Cardinal of the Kremlin (Jack Ryan Novels), by Tom Clancy
- Into the Wild, by Jon Krakauer

Recommended books for user n°277427
- The Lovely Bones: A Novel, by Alice Sebold
- The Secret Life of Bees, by Sue Monk Kidd
- The Red Tent (Bestselling Backlist), by Anita Diamant
- Harry Potter and the Sorcerer's Stone (Harry Potter
(Paperback)), by J. K. Rowling
- To Kill a Mockingbird, by Harper Lee
```

이제 원본 데이터프레임 df에 있는 모든 유저에 대해서 추천 결과를 제공할 수 있다. 다른 아이디를 사용하여 테스트하고 추천하는 책들이 어떻게 변하는지 확인할 수 있다.

요약

이 장에서는 책 추천 업무에 LightGCN을 사용하는 법에 대해 자세히 알아보았다. Book-Crossing 데이터셋을 사용하여 이분 그래프를 만들고 BPR 손실을 사용하는 LightGCN 모델을 구현하였다. 모델을 학습하고 recall@20과 ndcg@20을 사용하여 평가했다. 특정 사용자의 추천 결과를 뽑아서 제목과 저자를 확인하여 추천이 잘 되었는지 정성적으로도 검증하였다.

전반적으로 이 장에서는 추천 작업에서 LightGCN 모델을 어떻게 사용하는지 값진 통찰력을 제공했다. 이 모델을 더 복잡한 모델들보다 더 좋은 성능을 내는 최첨단의 구조이다. 행렬분해나 node2vec 같이 이전 장들에서 설명한 기법을 시도해서 이 작업을 더 개선할 수 있다.

더 읽을거리

- [1] C.-N. Ziegler, S. M. McNee, J. A. Konstan, and G. Lausen, Improving Recommendation Lists through Topic Diversifi cation, in Proceedings of the 14th International Conference on

World Wide Web, 2005, pp. 22–32. doi: 10.1145/1060745.1060754. Available: https://dl.acm.org/doi/10.1145/1060745.1060754

- [2] D. Li, P. Maldonado, A. Sbaih, Recommender Systems with GNNs in PyG, Stanford CS224W GraphML Tutorials, 2022. Available: https://medium.com/stanfordcs224w/recommender-systems-with-gnns-in-pyg-d8301178e377
- [3] X. He, K. Deng, X. Wang, Y. Li, Y. Zhang, and M. Wang, LightGCN: Simplifying and Powering Graph Convolution Network for Recommendation. arXiv, 2020. doi: 10.48550/ARXIV.2002.02126. Available: https://arxiv.org/abs/2002.02126
- [4] H. Hotta and A. Zhou, LightGCN with PyTorch Geometric. Stanford CS224W GraphML Tutorials, 2022. Available: https://medium.com/stanford-cs224w/lightgcnwith-pytorch-geometric-91bab836471e

제18장
실세계 응용에서 그래프 인공신경망의 잠재력 활용하기

"핸즈온 그래프 인공신경망 with Python(Hands-On Graph Neural Networks Using Python)"을 읽어준 독자분들께 감사를 표한다. 이 책이 그래프 신경망과 그 응용에 대한 유익한 통찰력을 제공했기를 희망한다.

책을 마치며, GNN을 효과적으로 사용하는 방법에 대한 몇 가지 조언을 제공하고자 한다. GNN은 적절한 조건에서 매우 높은 성능을 발휘할 수 있지만, 다른 딥러닝 기법들과 비슷하게 장단점을 가지고 있다. 이 모델들을 어디에 어떻게 적용할지 아는 것은 매우 중요하고 과도하게 설계된 솔루션은 저하된 성능을 얻을 수 있다.

먼저, GNN은 학습 시 대량의 데이터를 사용할 수 있을 경우 특히 효과적이다. 딥러닝 알고리즘은 복잡한 패턴과 관계를 효과적으로 학습하기 위해 많은 데이터를 필요로 하기 때문이다. 충분히 큰 데이터셋을 사용할 경우 높은 수준의 정확도와 일반화된 성능을 얻을 수 있을 것이다.

비슷한 이유로, GNN은 복잡하고 고차원의 데이터를 다룰 때 가장 가치 있다. GNN은 인간이 식별하기 어렵거나 불가능한 복잡한 패턴 및 관계를 자동적으로 학습할 수 있다. 선형 회귀(linear regression)나 결정 트리(decision tree)와 같은 전통적인 기계 학습 알고리즘은 실생활의 복잡도를 반영하는 데 제한적인 수동적인 작업에 의존한다.

마지막으로, GNN을 사용할 때 그래프 표현이 특성값(features)에 가치를 더하는지 확인하는 것이 중요하다. 이는 그래프가 소셜 네트워크나 단백질 구조와 같은 자연적인 것이 아닌 인위적으로 구성된 표현일 때 특히 적합하다. 노드 간의 연결은 임의적이어서는 안 되며, 노드 간의 의미 있는 관계를 나타내야 한다.

이 책의 몇몇 예시들이 이전의 규칙들을 따르지 않았을 수도 있다. 이는 주로 Google Colab에서 코드를 실행할 수 있는 기술적 한계와 고품질의 데이터셋의 부족에서 기인한다. 그러나, 이는 실제 데이터셋이 어지럽고 대량으로 얻기 힘들다는 것을 반영한다. 대부분의 데이터는 테이블 형식이며 XGBoost와 같은 트리 기반 모델을 능가하는 것은 쉬운 일이 아니다.

더 일반적으로, 탄탄한 베이스라인은 매우 중요하다. 적절한 조건에서도 이들을 능가하는 것은 어려울 수도 있다. GNN을 사용할 때 가장 강력한 전략은 여러 유형의 GNN을 구현하고 이들의 성능을 비교하는 것이다. 예를 들어, 컨볼루션 기반의 GCN(제 6장)은 특정 형태의 그래프에서 잘 작동할 수 있지만 GAT(제 7장)와 같은 어텐션 기반 GNN은 다른 형태에서 더 잘 작동할 수 있다. 게다가 MPNN(제 12장)과 같은 메세지 패싱 기반 GNN은 특정 상황에서 탁월할 수 있다. 각 접근 방식이 이전 방식보다 표현력이 높은지 어떠한 장단점을 가지는지를 살펴보아야 한다.

더 구체적인 문제를 다루고 있는 경우, 이 책에서 다룬 여러 GNN 방식이 더 적합할 수도 있다. 예를 들어, 노드와 간선 특성이 적은 작은 그래프를 다룬다면, Node2Vec(제 4장)을 고려할 수도 있다. 반대로, 큰 그래프를 다룰 경우, GraphSAGE와 LightGCN이 계산 시간 및 메모리 요구량을 관리하는데 큰 도움을 줄 수 있다(제 8, 17장).

또한, GIN과 글로벌 풀링(global pooling) 레이어는 그래프 분류 문제(제 9장)에 적합할 수 있으며 그래프 변분 오토인코더(Graph Variational Autoencoders) 및 SEAL은 링크 예측(제 10장)에 유용할 수 있다. 새로운 그래프를 생성할 경우, GraphRNN 및 MolGAN(제 11장)을 활용할 수도 있다. 이종 그래프에 대해 작업할 경우, 다양한 종류의 이종 GNN을 고려할 수도 있다(제 12, 16장). 시공간적 그래프를 다룰 경우, Graph WaveNet, STGraph 및 다른 시간적 GNN이 유용할 수 있다(제 13, 15장). 마지막으로, GNN의 예측에 대해 설명하고 싶을 경우, 제 14장에서 다룬 그래프 설명 기술을 사용할 수 있다.

이 책을 읽으면서, GNN에 대한 깊은 이해와 GNN이 실생활에 어떻게 활용되는지 알 수 있었을 것이다. 이 분야에서 계속 일하면서, 이 지식을 실천에 옮기고 새로운 접근 방식을 실험하며 전문성을 계속 향상시키기를 권장한다. 기계 학습 분야는 끊임없이 진화하고 있으며, 시간이 지남에 따라 여러분들의 기술은 더욱 가치있게 될 것이다. 배운 것을 적용하여 챌린지에 맞서고 세상에 긍정적인 영향을 미치길 바란다. 다시 한 번 이 책을 읽어 주셔서 감사드리며 앞으로의 모든 일에 행운을 빈다.